KB273705

빛깔이 있는

학급운영 1

학급운영 터잡기

ⓒ 우리교육, 2004

1999년 3월 20일 1판 1쇄
2021년 1월 15일 2판 21쇄

엮은이 · 우리교육
펴낸곳 · (주)우리교육
펴낸이 · 신명철
주소 · 03993 서울특별시 마포구 월드컵북로 6길 46
전화 · 02-3142-6770
팩스 · 02-3142-6772
등록 · 제313-2001-52호
홈페이지 · www.uriedu.co.kr

ISBN 978-89-8040-610-4 14370
       978-89-8040-609-8 (세트)

고침판

빛깔이 있는

학급운영 1

학급운영 터잡기

우리교육 엮음

우리교육

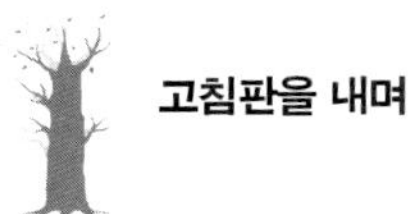

고침판을 내며

책을 낸 지 꼭 5년 만에 고침판을 내게 되었습니다.

초판본이 여러 쇄를 거듭하는 동안, 끊임없는 성원과 격려로 힘을 실어주신 전국의 여러 선생님들께 진심으로 감사의 인사를 드립니다.

처음 이 책을 펴내면서 가슴에 심어둔 꿈이 하나 있었습니다.

그것은, 이 책 이후로 각 영역에서 내밀하게 갈고 벼린 결과물들이 낱권으로 구체화되어 계속 잇대어 출간되는 것이었습니다. 이름하여 '빛깔시리즈'입니다. 10년, 20년 공들여 가꾸고 연구한 지혜와 경험이 갈래별로 축적된 빛깔시리즈는, 상상하는 것만으로도 설레는 일이었습니다.

아직도 그 기대감을 버리지 않고 있습니다. 서둘러 고침판을 내는 것도 — 물론 환경 변화에 따른 고침판에 대한 요구도 있었습니다만 — 빛깔시리즈에 대한 추임새를 좀 더 충실하게 해내고 싶은 욕심 때문입니다.

고침판은 그런 취지를 반영하여, 허름한 곳을 손질하고, 새로운 정보를 꼼꼼하게 보완하는 수준에서 작업을 진행했습니다. 낡은 예화나 상투적인 해설은 솎아내고, 그 사이에 이루어낸 성과물은 엄선하여 덧보탰습니다. 필요하면, 과감히 새로운 꼭지를 신설하여 추가하기도 했습니다. 그리고 선생님들의 편의를 위해 인용 자료와 주제어 색인도 덧붙였습니다.

그러나, 처음 유지하고 있던 틀을 흔들지는 않았습니다. 환경의 변화 속도가 너무 빨라서 감당하기 어려운 부분이 있다지만, 기본적인 철학과 지향점은 여전히 유효하기 때문입니다.

이 책이 행복한 교실을 꿈꾸는 선생님들에게 값진 거름으로 쓰였으면 하는 바람은 처음 책을 펴낼 때와 똑같습니다. 거듭 강조컨대, 이 책은 시작일 뿐입니다. 선생님들의 관심과 열정이 '빛깔시리즈'로 더 깊어지고 넓어질 수 있기를 기원합니다.

고침판을 내는 과정에서 아낌없이 지혜와 경험을 빌려주신 여러 선생님들, 그리고 초판에 이어 책의 표지와 꼴을 다시 반듯하게 다듬어주신 이정은 님께 감사드립니다. 아울러 '교육의 희망'을 위해 사방에서 고군분투하시는 선생님들께도 변함없는 존경과 사랑을 전합니다.

2004년 2월 우리교육

《빛깔이 있는 학급운영》을 펴내며

오랫동안 벼르던 학급운영 지침서를 이제야 내놓게 되었습니다.

책이 나오기까지 적지 않은 준비 기간을 거친 셈입니다. 그간 많은 선생님들의 요구가 있기도 했지만, 《우리교육》이 10년간 일구어낸 성과가 버팀목이 되었기에 가능한 출발이었습니다. 이 책을 엮기 위해 선생님들의 열정과 지혜를 찾아 떠나는 탐색은 — 매우 어려운 일이었지만 — '교육의 희망'을 앞세운 작업이었으므로 내내 설렘 같은 것으로 충만할 수 있었습니다.

기획 과정에서 많은 선생님들을 만나 이 책의 방향성 문제를 두고 집중적인 검토 작업을 벌였습니다. 교육의 의미를 엄정하게 되짚어볼 필요도 있었지만, 학교를 둘러싼 환경과 조건이 너무 많이 변했기 때문입니다.

집약된 의견은 크게 두 가지로 나뉘었습니다. 하나는 프로그램의 나열보다 현재 학급운영의 철학을 한 단계 끌어올릴 수 있는 '진보적 논점'을 중심에 두자는 것이고, 또 다른 하나는 학급운영의 고민을 현실적으로 해결할 수 있는 대안에 무게를 싣자는 것이었습니다. 한 가지 주제를 선택하더라도, 그것의 도입부터 끝까지 프로그램의 내면화 과정을 집중적으로 추적하자는, 이름하여 '주제가 있는 학급운영'에 대한 의견도 있었습니다. 이 가운데 우리가 택한 것은 이 모든 것을 한 틀로 다스리되, 발전적인 대안 탐색에 무게를 두는 것이었습니다. 그 편이 선생님들에게 운용의 공간을 만들어주는 데 훨씬 유효할 것이란 판단 때문입니다.

본격적인 작업은 편집부의 연구 작업과 전국 각지에서 선생님들이 일구어낸 사례를, 사전의 개념으로 결합시키는 방향에서 이루어졌습니다. 물론 미완성입니다. 완성은 선생님의 손에 달려 있습니다. 구슬이 영롱하게 희망의 빛깔을 품었다 해도, 끈에 꿰어지지 않는 한 그저 낱낱의 구슬일 뿐입니다. 이 책은 99개의 구슬입니다. 여기에 하나를 덧보태고 끈에 꿰어 보배로 만드는 것은 선생님의 몫입니다. 덧보탤 하나는 곧 관심과 사랑입니다. 그래서 책 머리에 '빛깔'이라는 수식어를 넣었습니다. 아이들을 헤아리는 사랑의 폭에 따라 아이들과 학급의 빛깔이 빚어질 것입니다.

이 책은 모두 세 권으로 구성되어 있습니다.

제1권에서는 '학급운영 터잡기'라는 주제로 첫만남, 모둠활동 등의 일상활동의 영역을 담았고, 제2권은 학생 생활지도와 상담을 중심 테마로 삼았습니다. 3권에서는 각종 학급 행사와 마무리에 대한 실제 방법론을 모았습니다.

각 권의 짜임은 4단계 구성으로, 각 단계가 갖는 빈틈을 서로 엇갈려 보완할 수 있도록 마치 그물을 짜듯 엄정하게 갈고 다듬었습니다.

우선 첫 단계인 '약이 되는 이야기'는 해당 주제에 대한 원론을 새로운 각도에서 조망해보는, 일종의 '뒤집어보기'이며, 이에 대한 본격적인 방법적 탐색은 둘째 가름에서 이루어집니다.

셋째 가름은 해당 주제에 대한 선생님들의 사례입니다. 사례는 되도록 단일한 주제를 다루되, 그 주제를 통해 전체 학급운영의 골격을 경험할 수 있는 이야기를 우선해서 실었습니다. 마지막 가름은 정보쌈지입니다. 앞에서 미처 담아내지 못한 짤막한 자료를 걸러내고 가다듬어 실속 있게 활용할 수 있도록 편집했습니다.

우리는 이 책이 이제 겨우 시작일 뿐이라는 것을 잘 알고 있습니다. 완성은 여러 선생님의 가슴과 교실에서 이루어질 것입니다. 학급은 야생의 텃밭입니다. 텃밭의 생명 원리는 더불어 어울리되, 제각각 다양한 꽃과 열매를 맺으며 자기 모습을 구현하는 데 있습니다. 모쪼록 이 책이 선생님의 텃밭에 놓이는 기름진 거름으로 쓰였으면 하는 바람입니다.

이 책이 나오기까지 기획과 원고 가름을 맡아주신 이상대 선생님과, 설문지 같은 귀찮은 일거리를 내 일처럼 해결해주시고 격려까지 아끼지 않으신 전국의 많은 선생님께도 고맙다는 말씀 전합니다.

1999년 3월 우리교육

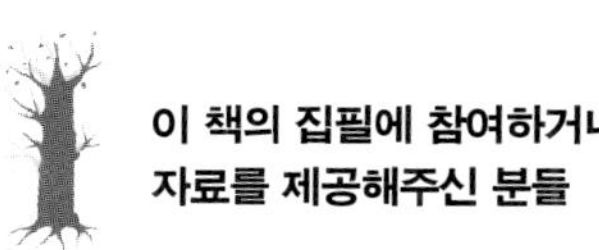

**이 책의 집필에 참여하거나
자료를 제공해주신 분들**

첫째 마당 **학급운영 터잡기**

새 학년 첫만남　　　김만경 (서울 한영외고 교사)
　　　　　　　　　　　박계해 (전 경남 개운중 교사)
　　　　　　　　　　　송재홍 (충남 서산중 교사)
　　　　　　　　　　　신형교 (전북 안천중 교사)
　　　　　　　　　　　이경근 (서울 한가람고 교사)
　　　　　　　　　　　이상대 (서울 신월중 교사)
　　　　　　　　　　　조한일 (충남 대건중 교사)
　　　　　　　　　　　최승룡 (강원 경포고 교사)
　　　　　　　　　　　최　진 (경기 백마중 교사)

정·부반장 선거　　　박계해 (전 경남 개운중 교사)
　　　　　　　　　　　송병필 (경기 세원고 교사)
　　　　　　　　　　　이상대 (서울 신월중 교사)
　　　　　　　　　　　최상근 (서울여고 교사)
　　　　　　　　　　　최　진 (경기 백마중 교사)

둘째 마당 **학급 조직 꾸리기**

모둠활동　　　　　　박계해 (전 경남 개운중 교사)
　　　　　　　　　　　박춘애 (광주 두암중 교사)
　　　　　　　　　　　이상대 (서울 신월중 교사)
　　　　　　　　　　　이현종 (전남 여천고 교사)
　　　　　　　　　　　최승룡 (강원 경포고 교사)
　　　　　　　　　　　최　진 (경기 백마중 교사)

학급회의　　　　　　윤기홍 (서울 목동중 교사)
　　　　　　　　　　　이상대 (서울 신월중 교사)

셋째 마당 **일상활동 이끌기**

일상생활 지도　　　도종환 (전 충북 덕산중 교사)
　　　　　　　　　　　박계해 (전 경남 개운중 교사)
　　　　　　　　　　　박춘애 (광주 두암중 교사)
　　　　　　　　　　　이경근 (서울 한가람고 교사)
　　　　　　　　　　　이상대 (서울 신월중 교사)
　　　　　　　　　　　이선실 (서울 월촌중 교사)
　　　　　　　　　　　임종길 (경기 권선고 교사)
　　　　　　　　　　　주희선 (경기 회룡중 교사)

학급 책읽기 지도　　김명희 (경북 안동여중 교사)
　　　　　　　　　　　김호정 (서울 오류중 교사)
　　　　　　　　　　　서미선 (서울 구룡중 교사)
　　　　　　　　　　　송승훈 (경기 광동고 교사)
　　　　　　　　　　　송재희 (문화평론가)
　　　　　　　　　　　안정선 (서울 경희중 교사)
　　　　　　　　　　　이상대 (서울 신월중 교사)
　　　　　　　　　　　책으로 따뜻한 세상 만드는 교사들

상담과 생활지도 길잡이

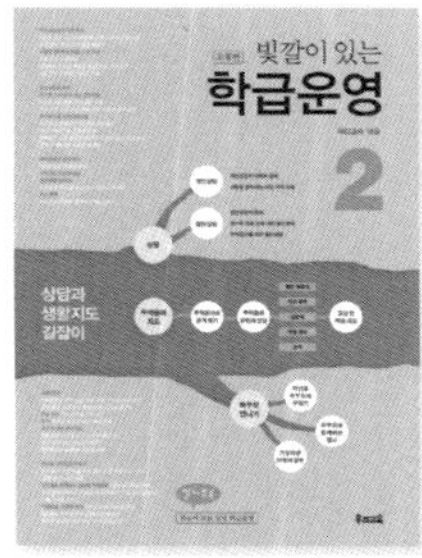

● 2권은 상담과 일상생활 이끌기가 중심 테마입니다.

상담은 구체적인 방법론을 다루기보다 사람에 대한 '이해와 수용'을 앞세웠으며, 생활지도에서는 부적응의 양상을 유형별로 살피는 데 주목했습니다. 특히 고침판에서는 이 영역을 중시해 집단따돌림 같은 항목을 추가하였고, 각 장마다 여러 도움글을 덧보탰습니다. '학부모 만나기'도 여러 요소를 빼고 더하여 비중을 높였습니다. 사람을 만나는 것에 관한 한 '귀와 입의 철학'을 새기라는 것이 2권의 약속이기도 합니다.

첫째 마당 ● 상담

개인상담

약이 되는 이야기　귀와 입의 철학

개인상담의 이해와 준비

사람을 움직이는 여덟 가지 지혜

사례●나의 개인상담　'나의 발자국 공책' 활용하기 외

집단상담

약이 되는 이야기　지혜로운 교사의 조건

집단상담의 준비

학년초 또래 관계 개선 집단상담

부적응아를 위한 집단상담

둘째 마당 ● 부적응아 지도

**부적응의
유형과 상담**

약이 되는 이야기　우리는 동료로서 만나야 합니다

부적응아와 관계 맺기

유형별 부적응아 이끌기

집단따돌림(왕따) 상담 / 학교폭력 상담 / 성(性)문제 상담

학업 태도 상담 / 도벽 상담

일상생활 지도

교실 안 적응 지도 8훈

사례●집단따돌림 지도　당당하게 맞서면 오히려 해결이 빠르다 외

사례●나의 생활지도　나는 아이들을 믿는다 외

셋째 마당 ● 학부모 만나기

약이 되는 이야기　이제 교사만의 교실이 아닙니다

학년초 학부모회 꾸리기

학부모와 함께하는 다양한 학급활동

가정방문, 어떻게 할까

사례●학부모 통신 활용　학부모 통신의 위력 외

사례●학부모 만나기　학급 홈페이지로 시작한 학부모 만남

사례●나의 가정방문　집에 가면 아이들이 보인다 외

학급 행사 이끌기

● 3권은 학급의 각종 문화 활동과 행사, 마무리에 대한 실제 방법을 모아 묶었습니다.

사실, 구태여 애써 하지 않아도 되는 '선택'의 개념들로 비칠 수도 있습니다. 그러나, 이런 '비주류'들이 제대로 설 때, 비로소 교실은 넘치는 생명력으로 거듭나게 됩니다. 교실 꾸미기가 그러하며 소풍과 야영을 포함한 다양한 학급활동이 그러하며, 학급문집이 그러합니다. 평가와 마무리 또한 빼놓을 수 없는 키워드입니다. 교육의 잠재력과 매력이 다 이 안에 숨어 있습니다.

학급운영 터잡기

새 학년 첫만남

정·부반장 선거

설레는 첫만남,
그러나 과대포장하지는 마십시오

1

새 학년 첫시간을 휘어잡는 기술이 아주 노련한 한 교사를 알고 있습니다.

그는 첫 대면식에서 출석부 없이 모든 학생의 이름을 불러 얼굴을 확인합니다. 미리 명렬표를 받아 아이들의 이름을 모두 외워둔 것입니다. 아이들은 놀라움과 감탄을 금치 못합니다. 자기들의 이름을 미리 다 알고 있는 이 선생님은 또 얼마나 감동적인 프로그램을 가지고 있을 것인가, 아이들의 표정은 기대감으로 반짝입니다.

누구 하나 교사에게서 눈을 떼지 못합니다. 선생님의 말씀과 눈빛은 한 모금도 새지 않고 아이들의 머릿속으로 흘러들어갑니다.

이 선생님은 아마 초등학교 선생님들이 즐겨 읽는 일본교육서 번안물인 '훌륭한 교사' 시리즈에서 지혜를 얻은 듯합니다. 그 시리즈 중 만남을 주제로 다룬 대목에 이런 이야기가 나옵니다.

첫만남입니다. 학급 전원의 이름과 특징을 기억하며 만남을 준비합시다. 이름과 특징은 일람표를 만들거나 카드를 만들면 간단하게 기억할 수 있습니다.

"여러분, 나는 여러분들의 담임 ○○○입니다. 선생님은 이날을 매우 즐겁게 기다리고 있었습니다. 매일 일람표를 보며 어떤 아이일까 이것저것 생각하고 있었기 때문에 한 사람도 남김없이 모두의 이름을 기억했습니다. 지금부터 한 사람 한 사람 이름을 부르겠습니다. 큰 소리로 대답합시다.

강형철, (네!) 너는 이 학급의 1번이다. 그래서 선생님은 가장 먼저 너의 이름을 기억

했단다. 체육을 잘한다면서? 열심히 해보세요.

김동수, (네!) 큰 소리로 아주 대답을 잘했어요. 너의 누나가 미숙이지? 작년에 방송반에서 같이 일했기 때문에 잘 알고 있지. 네 이야기도 많이 들었다. ……."

첫만남은 학교생활을 하면서 맞는 가장 드라마틱한 만남 가운데 하나입니다. 선생님들의 첫만남 방식은 참으로 다양합니다.

교실 문 앞에 서서 일일이 악수를 하며 맞이하는 따스한 선생님이 있는가 하면, 말없이 아이들을 둘러보다가 "일년은 길다. 잘해보자."라는 함축성 있는 말 한마디만 남겨놓고 나오는 선생님도 있습니다. 동그랗게 둘러앉아 서로의 첫인상과 느낌을 나누면서 더불어 나누며 살아가야 할 일년을 예고하는 선생님도 있고, 미리 준비한 일년 계획을 문서로 만들어와서 첫시간부터 본격적으로 머리 맞대고 학급운영에 대한 목표와 설계를 공유하는 '준비된' 선생님도 있습니다.

고학년을 맡은 선생님들은 상징적인 훈화를 즐겨합니다. 닭이 된 독수리 이야기를 통해 자신을 발견하는 노력의 소중함을 설파하기도 하고, 교실을 '단군 신화의 동굴'에 빗대어 '나를 거듭나게 하는 신화의 공간으로 만들자.'는 다짐을 받기도 합니다.

선생님마다 가치관과 목표 추구 방법이 다르듯 갖추는 만남의 격식과 내용은 모두 다릅니다. 아이들 입장에서야 그런 경험은 다양할수록 좋습니다. 설령 바람직하지 않은 경우일지라도 다양한 만남은 아이들의 성장을 돕는 밑거름 역할을 하는 법입니다.

그러나, 역설적이게도 '훌륭한 첫만남'은 그만큼의 실패 확률을 안고 있습니다. 따져보면 모든 생활은 그 하나하나가 만남의 연속입니다. 수업 시간에 만나고, 청소하면서 만나고, 편지로 만나고, 문제 상황에서 만납니다.

첫만남은 그런 만남 가운데 하나일 뿐입니다. 물론 첫만남, 첫인상은 매우 중요합니다. 그러나, 만남은 지속적인 상승 균형을 유지할 때 진정한 의미가 살아납니다. 아무리 첫만남이 훌륭하더라도 그 이후의 만남이 소홀해지면 그것은 거짓이요 과장일 뿐입니다. 이것이 첫만남 안에 담겨 있는 어려움입니다.

아이들의 이름을 다 외우면서 시작하는 첫만남조차도 그에 걸맞는 만남의 방식이 자연스럽게 이어지지 못하면 그것은 그저 하나의 '빛바랜 일화'에 지나지 않습니다.

물론 참신한 만남의 방법 자체를 부정하거나, 그런 노력이 가져오는 신뢰와 부가가치를 깎아내리자는 것은 아닙니다. 다만, 처음만 요란하고 뒤가 없는 무망함을 경계하고자 함입니다. 공책 첫장은 글씨 획부터 범상치 않으나 서서히 엉망이 되어가는 학생을 불러 그 게으름을 탓하지만, 아이들이라고 해서 어른의 '부실한 시종일관(始終一貫)'을 모르겠습니까?

2

첫만남 즈음에 선생님들이 자칫 소홀하기 쉬운 것이 또 있습니다.

아이들은 교사만 바라보고 있지 않습니다. '도대체 어떤 녀석들이 우리 반이 되었을까?'가 아이들에겐 더 큰 사건입니다. 이런 아이들의 만남을 적절하게 주선하는 '중매' 시기를 놓치면 이후의 일은 난항을 거듭하기 일쑤입니다.

경험 많은 교사들은 말합니다 "아이들의 문제는 아이들 안에 열쇠가 있다." 아이들끼리의 관계를 잘 맺어주는 교사가 곧 훌륭한 교사라는 것입니다. 중·고등학교에서 교사의 배려로 좋은 친구 관계를 형성하게 되면 부모와 형제와의 관계 회복까지도 영향을 끼친다는 어느 상담 전문가의 이야기는 새겨들을 필요가 있습니다.

형식적인 자기 소개 방식을 벗어나 여러 방법을 모색하는 교사들의 모습을 보게 됩니다. 꼼꼼하게 만든 자기 소개서를 빈 교실 공간에 붙이는 것도 그런 가운데 하나입니다. 그것은 머리만 쓱쓱 긁다가 "나는 언놈이, (혹은) 언년이입니다."라며 얼렁뚱땅 넘어가기 일쑤인 말하기보다 좀 더 치밀할 수 있다는 점에서 긍정적입니다.

그런 만남의 방식을 반장 뽑기까지 잇대어 활용하는 선생님도 있습니다.

이런 식입니다. 자신의 경력과 성격, 특기, 취미, 희망 직업, 고민, 가족 관계, 반 아이들에게 하고 싶은 말 등을 자유롭게 적어 교실 뒷벽에 전시하게 합니다.

(미리 이 소개서는 학급 임원을 뽑는 일종의 소견서 역할을 겸하게 된다는 점을 이야기합니다.)

소개서 양식은 자유롭게 합니다. 반 친구들은 사흘간에 걸쳐 그것을 다 읽습니다. 그러면 선생님은 짤막한 훈화와 함께 자신의 도장이 찍힌 딱지를 하나씩 나누어줍니다. 아이들은 자기가 원하는 후보의 소개서에 그 딱지를 붙입니다. 출신 학교별로 친분 관계가 있는 아이끼리 담합을 하는 경우도 있지만, 결론은 '버킹엄'이라는 것이 이 선생님의 증언입니다. 언제나 성격이 원만하고 자격을 갖춘 친구 두서너 명이 후보에 오른다는 것입니다. 이 친구들 가운데서 반장이 나오는 것이지요.

학년초에 이루어지는 모든 행사는 넓게 보면 모두 첫만남의 범주에 속합니다.

첫시간에 눈에 띄지 않던 아이를 청소 시간에 만날 수도 있고, 한참 뒤에 교실 꾸미기 때 만날 수도 있습니다. 아이들을 들뜨게 했던 첫시간의 모습이 불과 한 달을 못 넘겨 아이들의 낙서장에서 아주 초라한 모습으로 발견되기도 합니다.

만남의 상황을 각기 따로 볼 것이 아니라 장기적인 관점에서 배려하고 균형을 잡는 만남의 철학이야말로 '영원한 첫만남'을 가능케 하는 포석 전법입니다. ▪

첫만남을 다스리는 지혜

우리는 훌륭한 교육이란 어떤 것인지 이론적으로 잘 알고 있다. 민주주의, 사랑, 포용성, 개인적 차이의 수용 등의 개념도 다 파악하고 있다. 그러나 불행하게도 그러한 개념 파악이나 착상만으로는 아이들을 잘 가르칠 수 없다. 그것은 너무 추상적이고 광범위하다. 비유하자면 그것들은 마치 수백, 수천만원짜리 수표 같아서 친구와 따뜻한 차 한 잔을 마시고, 공중전화를 거는 것과 같은 사소한 일에는 직접적인 도움을 주지 못한다.

일상생활에는 동전이 필요하다. 큰 수표를 헐어 동전을 만드는 노력, 그것이 곧 첫만남을 준비하는 지혜이다.

교실에 가지런히 앉아 있는 아이들은 이미 누군가를 맞이하고 그와 함께할 마음의 준비가 되어 있다. 숨을 죽이고 앉아 있는 아이들의 빛나는 눈빛은 그들이 보내는 '준비 완료'의 신호이다. 이런 마흔 남짓의 '작은 역사(歷史)'를 맞이하기 위해서는 수표를 헐어낸 작은 동전 — 미리 옥석을 가려낸 프로그램과 대안이 필요하다.

미리 점검해보자. ①아이들과 더불어 이루어낼 학급운영의 목표는 세워졌는지, ②그런 골격을 어떻게 소개하여 그들의 빛나는 관심과 기대를 자연스럽게 맞아들일 것인지, ③학부모를 배려한 통신 준비는 되어 있는지, ④그리고 당장 첫날 해결해야 할 번호 정하기나 자리 배치, 임시 반장 뽑기, 청소나 주번 정하기 등에 대한 대안은 마련되어 있는지, ⑤내 소개를 할 준비는 되어 있는지, ⑥그들에게 들려줄 만한 이야기와 눈빛은 준비되어 있는지.

아무리 노련한 교사라도 준비를 하지 않으면, 허둥대고 사무적인 표정과 일 처리 태도를 보일 수밖에 없다. 아이들의 눈빛은 그런 것을 놓치지 않는다.

물론 이런 프로그램의 전제는 교사 자신에 대한 파악이다. 스스로의 교직관과 학생관, 그리고 무엇을 얼마만큼 해낼지에 대한 입장을 명확히 정리하지 못하면, 학급운영은 지속성을 갖지 못하고, 무원칙하게 그때그때 분위기에 휩쓸려 결국 좌절과 의욕 상실만을 거듭하게 된다. 작고 소박하더라도 차분하고 확신에 찬 출발이 믿음과 기대를 심어준다.

'준비된 교사'는 첫만남이 여유롭다.

상견례와 아이들 읽기

상견례

상견례는 매년 반복되는 일이지만 미리 준비해서 신중하게 대처해야 자연스런 믿음의 공감대를 형성할 수 있다. 상견례는 단순히 일 처리를 하는 시간이기에 앞서 서로에 대한 믿음을 나누는 자리이다.

학생과 담임의 만남은 선택보다는 인위적으로 구성된 단남이다. 그렇기 때문에 담임과 학급운영에 대한 첫시간 안내는 좀 더 차분하고 친절하게 이루어져야 한다. 특히 신입생의 경우에는 그 눈높이에 맞춘 소개가 이루어져야 여유 있게 다음 날을 준비할 수 있다.

담임 소개가 장황할 필요는 없다. '아, 이런 선생님이면 믿고 기댈 수 있겠다.'는 신뢰와 기대를 심어줄 수 있는 선에서 이야기를 추스르는 것이 효과적이다.

설득력 있는 자기만의 이야기를 개발하는 것은 아이들과 열린 가슴으로 만날 수 있는 힘이 된다. 과장된 자랑이나 엄포는 아이들의 마음을 움직이는 데 도움이 되지 않는다. 첫날 잡아야 일년이 편하다는 신화는 교사의 편안함을 위한 횡포일 뿐이다. 아이들의 마음을 움직이는 것은 진실뿐이다. 풀어놓으면 몸은 고달프지만 마음으로 얻는 감동은 크다.

미리 준비되어 있다면 담임의 소신이 담긴 학급운영의 얼개와 원칙을 이 시간에 소개한다. 물론 첫시간에 이것을 해야 한다는 강박관념을 가질 필요는 없다. 처음부터 간판처럼 내걸고 사는 것보다 살아가면서 모두가 하나의 조각이 되어 서로 맞추어 완성하고 싶다는 긴 호흡의 바람을 가지고 있다면, 홀가분한 마음과 설렘 그 하나만으로도 충분하다. 어느 것이든 원칙은 없다.

학급운영을 설계하는 오리엔테이션은 말로 설명하는 것보다 예쁘게 편집된 자료를 준비해서 하나씩 나누어주고 차근차근 짚어가는 것이 바람직하다.

자료에는, 담임으로서 지금 어떤 기대를 걸고 있는지, 앞으로 어떤 학급을 만들어 갈 것인지, 그를 위해 담임과 학생들은 각기 어떤 마음의 준비를 해야 하는지, 담임으

첫날 상견례 시간은 대부분 담임과 학급운영에 대한 일종의 오리엔테이션에 이어 번호와 자리 배치, 청소 당번 정하기, 과제 제시 등의 실무적인 일을 처리하는 수순을 밟는다.

로서 어떤 당부를 하고 싶은지 등의 필요한 내용을 간략하게 담는다.

끝에 일주일간의 학사 일정이나 준비물 등을 안내하면 며칠 동안 비슷한 이야기를 조회·종례 시간에 반복하는 것을 피할 수 있다. 교실 앞 게시판에도 하나 붙여둔다. 신입생일수록 이런 친절한 안내는 스스로 알아서 확인하고 챙기는 습관을 길러줄 수 있다.

교사와 학급운영에 대한 소개에 이어 아이들과 친근감을 나눌 수 있는 프로그램을 진행할 수도 있다. 교사의 자기 소개가 진솔하게 이루어진 경우라면, 짧막하게 서로 돌아가며 자기 소개나 소감 발표를 할 수도 있고, 명함 나누기나 아이들의 첫날 소망을 담은 꿈봉투 만들기(32~33쪽 사례 참고)를 할 수도 있다.

거창하지 않아도 좋다. '난 너희들에 대한 기대가 크다.' 라는 눈빛으로 한 명씩 이름을 불러주는 것만으로도, 재미있는 이야기를 한 편 들려준 뒤에. 긴장이 고스란히 묻어 있는 아이들의 손을 맞잡아 악수를 나누는 것만으로도 아이들의 얼굴엔 느낌이 엉킨다. 그러한 교감은 먼 길을 가야 하는 교사나 학생에게 큰 힘이 된다.

아이들 읽기

학급운영에서 아이들을 제대로 파악하는 것보다 중요한 일은 없다. 거기에 성패가 달려 있다. 아이들 읽기는 비단 학급운영뿐 아니라 진로 지도나 교과 지도를 위한 가장 기본적인 준비 과정이기도 하다.

이러한 아이들 읽기는 교사가 아이들을 파악하는 것, 아이들이 교사를 파악하는 것, 그리고 아이들이 서로를 파악하는 것, 세 축으로 이루어진다. 이 세 축이 조화롭게 균형을 이룰 때 아이들의 성장을 돕고 장애를 제거하기 위한 준비 작업으로서의 좀 더 섬세한 탐색이 가능하다.

물론 서둘 일은 아니다. 일상생활 속에서 천천히 자연스럽게 만나간다는 마음의 자세가 중요하다. 서둘다보면 억지가 생기고, 억지가 생기면 아이들이 바로 보이지 않는다.

1) 교사의 아이들 읽기 — 자기 소개서·학부모 설문지 활용하기

아이들을 파악할 수 있는 가장 빠르고 보편적인 방법은 '자기 소개서' 를 활용하는 것이다. 학교에서 일괄적으로 활용하는 가정 환경 조사서의 틀을 이용해도 이름과 가족 관계, 통학 방법, 장래 희망 등의 객관적인 정보는 얻을 수 있다. 그러나 이것은 겉 이야기일 뿐이어서 구체적인 생활을 읽어내기에 한계가 있다. 좀 더 세밀한 '이야깃

거리'를 구하려면 학교 실정이나, 교사의 교육 방향을 고려한 나름대로의 자기 소개서 양식을 개발해서 쓰는 것이 효과적이다. (36쪽 정보쌈지 참고)

이런 소개서에 담긴 내용은 상담 기초 자료로도 유용하므로 기존의 상식적인 질문에 덧보태 아이들의 생활을 자연스럽게 이끌어낼 수 있는 질문거리를 개발하는 것이 좋다. 예를 들어 "아침에 일어나서 학교에 오기까지의 과정을 자세히 써보세요." 하는 항목을 달면, 몇 시에 일어나는지, 취침 습관이 어떤지, 가족 관계에 문제는 없는지, 아침을 거르지는 않는지 등을 알 수 있어 한결 수월하게 대화 통로를 열 수 있다.

아이들에 대한 정보를 얻을 수 있는 또 다른 창구는 가정이다. 아이들 읽기는 그야말로 전방위적으로 이루어져야 한다. 아이들의 문제나 심성의 형성이 가정에서 비롯된다는 점을 감안하면 오히려 부모를 통해 얻는 정보가 더 설득력이 있다. 그런 점에서 부모를 통한 아이들 읽기는 선택이 아니라 필수다.

가정방문 등을 통해 부모를 실제 만나는 것이 좋지만, 형편상 어렵다면 그 대안으로 학년초에 학부모용 설문지를 활용하는 방법도 있다. 설문조사를 하는 취지를 간단히 밝힌 뒤, 전체적인 학부모 학력 수준을 고려해 쉬운 어투로 설문 항목을 제시하는 방식이다. 이런 설문은 되도록 학생 모르게 써서 보내 줄 것을 당부한다. (39쪽 정보쌈지 참고)

그러나 이런 일회성 방법보다 효과가 큰 것은, 주기적으로 가정통신문을 보내고 그를 통해 정보를 구하는 것이다. 매달 학급 행사와 교사의 생각을 편지 형식으로 정리해서 꼬박꼬박 가정통신문을 보내는 교사가 있다. 그는 상견례 때도 담임 소개와 교육관이 담긴 가정통신문을 잊지 않고 아이들 손에 들려 보낸다. 가정통신문 끝에는 항상 학부모 의견란을 두는데, 몇 번의 통신문을 통해 이미 담임의 '팬'이 된 학부모들은 아이들에 얽힌 다양한 이야기를 구구절절하게 적어 보낸다. 얼마나 고마운지 모르겠다는 진심 어린 인사와 함께.

학부모와 건강한 협력 관계를 형성하는 데 유능한 교사는 아이들을 읽는 데도 탁월한 능력을 발휘한다.

"내가 말야, 관상을 좀 볼 줄 아는데…… 너 찬바람 알레르기 있지? 맞지? 내가 체육 선생님께 미리 말

〈예시 1〉 학부모 통신

1학년 3반 학부모님께 드리는 글

안녕하십니까?

저는 1학년 3반 담임을 맡게 된 조한일입니다. 앞으로 일년 동안 댁의 자녀를 가르침에 있어 저의 교육관과 교육활동 계획을 알려드리려고 편지로 인사드립니다.

첫째, 아이들에게 자신감을 갖도록 해줄 것입니다. 이것은 바로 아이들의 기(氣)를 살리는 교육입니다.

둘째, 민주적인 삶의 태도와 행동에 대해 가르칠 것입니다.

셋째, 더불어 이웃과 함께 살아가는 생활을 가르칠 것입니다.

넷째, 최고보다는 최선을 다하여 열심히 공부하는 아이들로 가르치겠습니다.

앞으로 일년간 앞서 말씀드린 교육관을 가지고 심성 계발을 위한 상담과 학부모님과의 전화상담, 아이들 기를 세우고 더불어 함께 사는 학급 문화 활동, 공동체 삶의 울타리인 모둠별 활동과 가정방문, 진실한 삶을 가꾸는 좋은 책 읽기, 한 달에 한 번 이상 부모님께 편지 올리기, 향토문화 답사, 우리 떡 해먹기, 내 고장 산 오르기 등 문화 행사를 가질 것입니다.

자녀의 문제로 상의할 일이 있으면 언제든지 학교에 오시거나 또는 전화해주십시오. (학교 041-735-196×, 041-736-750×)

항상 관심과 격려, 그리고 끝없는 비판을 기다리며, 온 가정의 평화와 건강을 기원드리겠습니다.

○○○○년 3월 중순
1학년 3반 담임 조한일 올림

씀드려놓을 테니까, 만약에 운동장에서 체육 하다가 문제가 생기면 바로 선생님께 도움을 청해야 한다. 그런데 이번 모둠신문에 왜 네 이름이 안 보이지? 초등학교 때 가족신문 편집장을 맡아 상도 여러 번 탄 것으로 알고 있는데 말야. 다음 신문은 네가 맡아서 해보지 않겠니?"

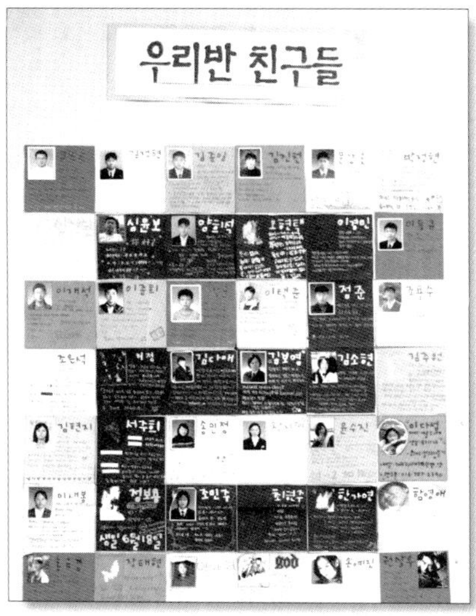

개성 있는 자기 소개서로 채워진 게시판

2) 아이들의 아이들 읽기 — 교실 게시판 100% 활용하기

아이들 읽기의 본론은 아이들의 관계를 좀 더 생산적으로 묶어주는 일이다. 중학생 이상이 되면 교사의 영향력보다 친구의 영향력이 훨씬 더 큰 힘으로 작용한다. 학년초 아이들의 주된 관심사는 누가 우리 반이 되었느냐는 데 모아져 있다. 이런 관심을 적극적으로 활용하면 학생들의 관계를 돕는 여러 장치를 매끄럽게 만들어낼 수 있다.

학년초 교실은 텅 비어 있다. 이런 황량함을 덜어낼 겸, 뒷게시판을 아이들 소개 공간으로 활용해보자. 규격을 B5나 A4 용지 크기로 적절하게 정해주고 — 어쩌면 이런 크기조차 정할 필요가 없을지도 모르겠다. — 글이나 그림, 만화 등을 활용해, 마음껏 자신을 표현하도록 해서 뒷게시판에 붙이도록 하는 것이다. '나의 신문' 이라는 제목을 붙여도 좋다.

자기 소개 삼아 '인생 곡선(아리랑 곡선)' 을 그려 붙이게 해도 재미있다. 인생 곡선은 자기가 살아왔던 과정을 가로선을 중심으로, 기뻤던 일은 위쪽에 슬펐던 일은 아래쪽에 순서대로 간단히 쓰고 선으로 연결하는 것인데, 지나온 삶을 남에게 자세히 소개할 수 있다는 장점이 있다.

이때, 모아두었던 선배들의 재미있는 소개서를 미리 보여주거나, 교사가 먼저 만들어 붙이는 방법으로 관심을 불러일으킬 수도 있다. 일주일 정도 시간을 주고, 아이들 마음대로 자신이 원하는 방식과 위치에 붙이도록 한다. (이 소개서는 모아두었다가 나중에 학급문집 자료로 써먹는다.)

소개서로 꽉찬 게시판은 교실 꾸미기가 본격적으로 이루어지기 전까지 훌륭한 장식물이 될 뿐 아니라 아이들의 눈길과 관심이 모이는 '만남의 광장' 이 된다. 컴퓨터 게임 프로그램을 다수 갖추고 있다는 소개문은 그 방면에 관심을 가지고 있는 학생들을 불러모으고, 아버지가 일찍 돌아가셨다는 자기 소개는 같은 처지의 친구 발걸음을 묶어둔다. 그리고 그를 찾아 가슴에 담아둔다. 이렇게 아이들이 아이들을 읽는 과정은 모둠을 편성할 때 힘을 발휘한다.

아이들의 성장을 중심에 놓는 학급운영이든, 스스로 주체가 되어 움직이는 학급운영이든 그런 목표들이 꼭 대단한 프로그램으로 구현되는 것만은 아니다. 오히려 작은 지혜와 관심이 도화선 구실을 할 때가 더 많다.

자리 배치와 임시 반장·청소 당번 정하기

정·부반장을 뽑고 모둠을 짜서 본격적인 학급활동을 하기까지 2~3주는 임시 방법으로 학급을 이끌게 된다. 임시라지만 기본적인 질서는 있어야 한다. 튼튼한 줄기를 앉히기 위한 탐색 기간이기 때문이다. 3월 활동은 그래서 하나하나가 의미 있다.

자리 배치

번호는 학교에 따라 미리 만들어져 나오는 경우도 있고, 첫시간 때 담임 재량껏 해결하기도 한다. 담임 재량에 맡겨지는 경우, 대부분 키순으로 번호를 정하는데, 장차 모둠 중심의 학급활동을 계획하고 있다면 굳이 키순이 아니라 가나다순이어도 무방하다.

번호가 정해지면 자리를 배치한다. 우선 학년초 자리 배치에서 중요하게 고려해야 할 사항은 학습 환경 조성과 서로(교사와 학생, 학생과 학생)에 대한 파악이다. 따라서 3월 한 달 정도는 번호를 고려한 고정적인 자리 배치가 무난하다. 이때 시력이나 지체(肢體) 등 신체적인 장애가 있는 아이는 다른 아이들의 양해를 얻어 자리를 결정해준다.

자리가 확정된 후, 사진과 이름을 붙인 좌석 배치도를 만들어 교탁 유리 밑에 깔아두면 교과 담당 교사들이 학생들을 익히는 데 도움이 된다.

교사와 아이들이 어느 정도 익숙해지고 학습 환경이 조성된 4월부터는 학급운영의 시기, 내용 등을 고려하여 정기적으로 자리에 변화를 줄 필요가 있다. 자리를 바꿀 경우, 자기 짝과 자리에 대한 집착 때문에 불평을 터뜨리는 경우가 많다. 이때는 이기적인 태도라고 몰아치기보다는 여러 친구들과 사귀는 소중한 기회가 될 수 있다는 점을 잘 이해시킨다. 자칫 아이들에게 휘둘려 내내 원칙 없이 자리만 바꾸다 마는 경우도 있는데, 담임의 입장에서는 아이들과 공유된 원칙을 학급 규칙으로 공시한 후 그를 바탕으로 적절하게 응용하는 지혜가 필요하다.

모둠별로 자리를 배치할 경우, 모둠원 간의 친밀감과 학습 효과 등에는 긍정적인 효과가 있으나, 자칫 학습 분위기를 흐트러뜨리고 같은 모둠원끼리만 친하고 다른 모둠과는 경쟁심, 이질감이 생겨서 반 전체에 나쁜 영향을 끼칠 수 있다. 3~4주 간격으로 모둠의 위치를 바꾸되, 모둠 안에서는 자유롭게 돌려앉게 하고, 일정한 날을 정해 모둠을 벗어나 자유롭게 앉게 하는 것도 한 방법이다. 자유롭게 앉는 날은 속담 등을 이용한 간단한 놀이를 통해 짝을 정하는 방법을 활용해보자.

임시 반장 뽑기

희망자나 추천을 받아서 정할 수도 있고, 1번 혹은 마지막 번호부터 순서대로 임시 반장을 해도 좋다. '집단 가위바위보' 같은 재미있는 놀이를 통해 당일 임시 반장을 뽑을 수도 있다. 임시 반장에게는 수업 인사나 그날의 수업 변동 사항 알려주기, 과제물 걷기 등의 역할을 맡긴다. 가능하면 지난 학년에 정·부반장 경력이 있는 학생에게 맡기는 것은 피한다. 당장 일 처리는 손쉬워도 학생들이 교사에게 편견을 가질 위험성이 있는 데다 다음 반장 선거에 부정적인 영향을 끼치기 쉽다. 규칙으로 정해지지 않았을 때는 누구에게나 고르게 기회를 제공하는 태도를 보여주어야 한다.

임시 청소 당번과 주번 정하기

1) 임시 청소 당번

계획에 따른 학급활동이 본격적으로 전개되기 전까지는 청소 역시 임시 당번을 정해서 한다. 여러 방법이 가능하나 학년초인만큼 번호순으로 하는 것이 무난하다.

임시 활동이긴 하지만 청소 지도는 매우 중요하다. 이 기간을 통해 교실은 하루 종일 학교생활을 하는 기본 장소이므로, 능동적으로 참여하여 스스로 깨끗이 해야 한다는 사실을 인식시켜야 한다. 아이들은 청소하는 일에 서툰 데다 대부분 청소를 의미 없고 귀찮은 일로 여기고 있기 때문에 자칫 이 시기에 지도를 소홀히 하면 일년 내내 지저분한 교실 때문에 아이들과 신경전을 벌이게 된다.

이 기간의 청소 지도는 청소 구역에 대한 확인과 청소 방법(청소 방법을 모르는 아이가 뜻밖에 많다.)의 틀을 잡아주는 데 중점을 둔다. 청소는 학급원이라면 누구든 기꺼이 감당해야 할 일이라는 인식을 심어줄 겸 이 기간에는 담임도 청소에 적극적으로 참여한다.

청소는 인원이 많다고 잘되는 것이 아니다. 인원이 많으면 오히려 서로 미루는 경향이 생긴다. 6~7명의 적정한 인원으로 청소 당번을 돌려서 하되, 청소 방법과 의의에 대해 인식을 같이 하도록 창문 여는 것부터 시작해서 먼지 안 나도록 빗자루에 물

집단 가위바위보
(행운아 뽑기)

교사와 아이들이 동시에 하는 놀이로, 모두 오른손을 들고 가위바위보를 동시에 하여 교사에게 진 아이는 손을 내린다. 계속 진행하여 마지막으로 남은 한 사람이 그날의 행운아이다. 한 사람이나 몇 사람을 무작위로 뽑을 때 좋은 방법이다.

문혀 쓸기, 청소 끝난 뒤 쓰레기통 정리까지 세세하게 직접 설명하고 모범을 보인다. 대걸레질하는 것도 지도하지 않으면 교실 바닥에 땟국물만 바르고 다니기 십상이다. 학년초 방향을 잘 잡아놓으면 금세 틀이 잡힌다.

청소하는 모습을 지켜보면 아이들이 보인다. 청소가 끝나면 간단하게 과자 모임이라도 가지면서 마무리하는 것도 즐거운 청소를 배려하는 지혜다. (188쪽 '즐거운 청소 시간 만들기' 참고)

2) 주번 활동

주번('학급 도우미'라는 말로 바꾸어 부르는 것이 좋겠다.)은 정해진 기간 동안 수업 준비는 물론 쾌적한 교실 환경을 돌보는 도우미로서, 청소 당번과는 또 다른 관점에서 일년 내내 지속적인 지도가 필요하다.

주번이 얼마만큼 자발적으로 활동하느냐에 따라 일주일간의 학급 분위기가 달라진다. 그러므로 주번 교대하는 날, 다음 주 주번을 따로 불러서 주번의 중요성과 해야 할 일을 꼼꼼하게 일러준다. 저학년일수록 방법을 몰라서 그냥 지나치기 쉽다. 이것은 다음 주번은 물론이고 학급원 전체에게 영향을 끼치기 때문에 학년초 주번 지도는 담임이 꼭 챙겨야 할 일 가운데 하나다.

우선 주번의 할 일을 명확하게 밝혀 교실 게시판에 걸어둔다.

주번은 일이 많기 때문에 몸과 마음이 고달프다. 항상 잘 살피고 활동을 잘할 때는 칭찬을 아끼지 않는다. 주번 활동이 끝나는 날, 한 주간의 관찰을 바탕으로 학급원 가운데 휴지를 잘 줍거나 청소를 열심히 한 아이를 '우리 반 봉사인'으로 추천, 시상하는 권리를 주는 것도 주번 활동을 격려하는 한 방법이다. 그런 경우 주번 활동 지침에 한 항목으로 넣는다.

특별구역 청소 당번, 교문 지도를 하는 자율부, 정·부반장 등은 학급회의에 부쳐 주번에서 제외할 수도 있다. 주번 편성은 두 명씩 번호대로 하는 것이 가장 무난한데, 학년초에는 날도 춥고 할 일도 많으므로 지원을 받거나 키가 큰 학생부터 시키는 것이 좋다.

남녀 혼성반인 경우, 아이들이 원하면 남녀 짝을 지어 주번을 시켜도 되지만, 아이들이 서로 잘 모르는 상태에서 짝을 지어 주번을 시키면 남자 아이들이 꾀를 부리는 경우가 많으므로 잘 살펴 지도한다. ■

〈예시 2〉게시판에 붙인 주번 활동

학급 도우미는 이런 활동을 합니다

● ( )시까지 와서 창문을 활짝 열어 환기를 시킵니다.
● 교실 앞뒤 칠판, 교탁 주변을 정리하고 물걸레질을 깨끗이 합니다.
● 주번조회에 참석하여 필요한 사항을 칠판에 적어 알립니다.
● 쉬는 시간에 칠판을 지우고 분필 등을 정리하여 다음 시간을 준비합니다.
● 학급원이 교실을 비울 때(예 : 체육 시간) 문단속을 잘 하고 나갑니다.
● 청소가 끝나면(폐휴지를 따로 분리한 뒤) 쓰레기통 주변을 정리합니다.
● 교실 정리와 문 잠금 장치를 확인한 뒤 집으로 돌아갑니다.

주번은 우리 반을 빛내는 도우미입니다.
기쁜 마음으로 일합시다.

첫날 첫만남을 위한 체크리스트 

첫날 첫만남 준비 체크리스트

1. 자기 소개 준비가 되었는가?

첫날 교사의 자기 소개는 아이들에 대한 일종의 예의이다. 딱 이름 석 자만 밝히고 '잘해보자.' 며 바로 전달사항을 쏟아놓기보다는 간단하게라도 자신을 소개하면서 올해의 기대감 같은 것을 차분하게 풀어놓을 때 아이들의 가슴도 열린다. 쉬워 보이지만 미리 준비를 해야 명쾌하고 산뜻하게 수습할 수 있다. 이야기 훈화나 명함 돌리기 같은 인상적인 소개 방법도 있다.

2. 학급운영 오리엔테이션 자료는 마련했는가?

아이들과 더불어 어떻게 한 해 학급살이를 할 것인가에 대한 청사진을 공유하는 오리엔테이션은 말보다는 글로 준비하는 것이 좋다. 그래야 학급운영에 대한 입장을 분명하게 이해시킬 수 있고, 아이들에게 호감 있게 다가설 수 있다. 학급문집이나 생일잔치 등의 행사 계획도 이 자료를 통해 밝힌다. 기왕이면 예쁘게 편집하여 성의와 기대감을 담는다.

3. 첫날의 다짐을 빛낼 프로그램을 준비했는가?

첫날 아이들의 눈빛은 하나같이 기대감으로 충만하다. 각오와 다짐도 찬란하다. 이런 것을 놓치 지 말자. '꿈봉투 쓰기'(33쪽, 43쪽 참고) 같은 간단한 프로그램만 챙겨도 중간중간 아이들이 풀어지거나 방황할 때 유용한 격려 장치로 삼을 수 있다. 연말에는 그 성장도를 견주어볼 수도 있다. 작고 소박하더라도 첫날 다짐을 모을 수 있는 프로그램을 하나쯤은 준비하자.

4. 첫날 해야 할 일상활동 차비는 갖추었는가?

번호를 정하고, 자리를 배치하고, 임시 반장을 뽑고, 청소와 주번을 정하는 것은 첫날 담임이 해 야 할 중요한 업무이다. 임시로 운영하는 것이라고 즉흥적으로 대응하면 이후 일상생활의 질서 를 세우는 일에 나쁜 영향을 끼치게 된다. 꼼꼼하게 준비해야 산뜻하게 첫날을 열 수 있다. 아이 들의 입장과 눈높이에 맞춘 교사의 일 처리 모습은 은연중 기대감과 신뢰를 불러일으킨다.

5. 첫주에 활용할 쪽지통신을 준비했는가?

첫주는 아이들도 정신없고, 교사도 정신없다. 첫주만이라도 내일의 계획, 시간표, 준비물, 담임

말씀 등을 담은 '쪽지통신'을 내보내자. 간략한 양식을 마련해두고 그날그날 만들어서 종례 시간에 나눠주면 된다. 작은 배려지만 이런 마음씀씀새가 감동을 불러일으킨다.

1. 자기 소개서를 준비했는가?

아이들에 대한 정보는 환경 조사서만으로는 빈약하다. 학급원의 상황과 환경에 맞게 재구성한 자기 소개서를 준비했다가 첫날 혹은 그 이튿날 작성하게 한다. 학생 정보는 구체적일수록 활용 가치가 높다. (36쪽 정보쌈지 참고)

2. 학부모 통신 혹은 학부모 설문을 준비했는가?

담임 인사와 학급운영관을 담은 학부모 통신을 첫주 안에 내보낸다. 학부모 통신의 위력이야 새삼 강조할 것도 없다. (자세한 내용은 《빛깔이 있는 학급운영》 2권 참고) 첫 학부모 통신을 내보낼 때, 학부모 설문도 함께 첨부하는 것이 좋다. 학부모 설문은 활용도가 높은 정보 공급처. 학부모를 통해서 꼭 알고 싶은 내용을 바탕으로 간단하고 쉽게 만들어서 아이들 편에 주고받는다. (가능한 밀봉한다.) 늦어도 둘째 주를 넘기지 않는다.

3. 학급일기, 만남일기를 마련했는가?

첫날부터 일기를 쓴다. 모둠일기와 별개로 학급 전원이 돌아가며 쓰는 학급일기는 (학교나 학급에서 벌어진 일을 골격으로 거기에 개개인의 생활을 얹어서 쓴다.) 학급역사로서 또 다른 의미를 지닌다. 미리 예쁜 공책을 준비했다가 첫날 맨 앞번호 아이에게 건네준다. 아이들의 학급일기와 별도로 담임은 만남일기를 쓴다. 일종의 교단일지다. 일상적으로 이루어지는 아이들과 만남, 대화, 관찰 내용을 수시로 메모하다보면 상담 자료로, 교사의 자기 성찰 자료로 거듭난다. 역시 첫날부터 쓴다.

학급 공동체는 '급훈 정하기'부터

급훈은 교사의 학급운영 철학과 교육관을 포괄하는 개념이며, 아울러 학급 안에서 지켜야 할 학생들의 연간 수칙을 큰 틀로 규정짓는 지침이다. 급훈은 교사나 학급 구성원 전체가 공동의 질서 체계로 나아가야 할 방향을 제시하고 있다는 점에서 일종의 깃발의 성격을 가지고 있다. 그러나 대부분 학교에서 급훈은 그저 벽에 걸어두는 장식품 정도로 취급받고 있다. 다른 교사가 사용했던 급훈을 그대로 이어받는 학급도 있고, 또 학생은 학생대로 우리 반 급훈이 무엇인지도 모르고 한 해를 넘기는 경우도 흔하다.

급훈의 형식화는 애당초 교사가 학급운영의 목표와 방향을 명확하게 하지 않는 데서 비롯된다. 교사는 급훈의 선정 단계부터 적극적인 실천 의지를 갖고 관심을 기울일 필요가 있다. 급훈만으로 '아, 이 학급은 이런 학급이구나.' 하는 학급의 특색 전반을 짐작할 수 있어야 하며, 교사와 아이들이 일년 동안 이룩하고자 하는 학급운영에 대한 총체적 밑그림이 투영될 수 있어야 한다.

급훈의 내용

급훈의 내용은 가급적 삶과 밀착된 것이어야 하며, 학급 전체를 아우르는 공동의 질서를 우선적으로 고려해야겠다. 흔히 급훈으로 정해지는 '성실, 근면, 인내, 정숙, 충효' 등의 구호는 막연하고 추상적이라는 점에서 급훈으로서 설득력을 가지지 못한다. 급훈이 구체적이지 못하면 구체적인 실천을 기대할 수가 없다. 삶에 대한 구체성은 지녔으되, 비인간적이고 경쟁심만을 부추기는 경우도 있다. '하면 된다.' '우리가 한눈 팔 때 남들은 공부한다.' '오늘은 고생, 내일은 영광!' '교실에서 조용히 하자.' 등은 교사의 일방적 의도만 반영된 통제성 급훈이다. 이러한 급훈은 올바른 인격체에 대한 지향성이 없다. 오직 '나'만이 중요할 뿐 '우리'라는 공동의 관심사를 확보할 수 없는 것이다. 급훈을 정할 때에는 실천을 뒷받침할 수 있는 구체성과, 올바른 인격체 형성을 위한 공동의 윤리를 먼저 생각하자.

〈예시 3〉 좋은 급훈

- 시내처럼 즐겁게 산처럼 의젓하게
- 서로 알고 서로 돕자
- 나에게는 엄격하게, 남에게는 너그럽게
- 생각은 깊게, 행동은 바르게
- 하나는 모두를, 모두는 하나를
- 늘 처음처럼
- 눈은 미래, 마음엔 뜨거운 사랑
- 한 사람의 열 걸음보다 열 사람의 한 걸음을
- 시간에는 성실, 일에는 자신
- 말은 내가 나중, 실천은 내가 먼저
- 스스로 서고, 더불어 살자

급훈 정하기의 방법

급훈을 정하는 방법은 여러 가지다. 먼저 교사가 자신의 교육관을 제시하여 정하는 방법도 있고, 아이들에게 공모해서 표결을 통해서 결정하는 방법도 있다. 이 두 가지 방법은 각기 장·단점이 있다. 먼저 교사가 주도하는 경우는 교사의 교육 철학과 방침을 충실하게 담을 수 있으나, 아이들의 의사가 반영되지 않는 '일방성'의 문제가 있다. 의사결정 과정을 존중해서 아이들끼리 정하게 하는 방법은 자칫 지나치게 개별화되어서 집중된 종합성을 담아내기 어렵다.

이런 불편을 줄이는 방법으로 교사와 아이들이 함께 결정 과정에 참여하는 방식을 생각할 수 있다. 전 학급원에게 급훈 공모를 알린 뒤, 사흘 정도의 말미를 두고 모집한다. (자그마한 상품도 걸자.) 제출된 모든 급훈에 대해서 일일이 제안 설명을 듣기는 어려우므로, 미리 교사가 일정한 내용을 담아낸 것으르 예닐곱 작품 정도 골라낸 뒤, 학급회의 시간을 통해 각각 제안 설명을 듣는다. 물론 교사도 참여하여 제안 설명을 한다. 그런 뒤 표결을 거쳐 결정한다.

급훈이 결정되면 이제는 실행을 위한 다음 활동으로 들어간다. 학급 내규를 정하는 일과, 반가를 정하는 일, 교실 꾸미기가 그것이다. 이 점은 교사가 특별히 유의해야 할 사항이다. 전체 학급운영 계획과 연결되지 않을 때 급훈은 그야말로 '왕따'가 되기 쉽다. 급훈 따로, 내규, 반가, 교실 꾸미기가 제각기 따로 정해져서는 학급운영의 집중성이 떨어진다. 급훈을 상위 개념으로, 내규, 반가 등이 동일 선상에 놓여야 한다. 그래야 급훈의 실천 여부를 항목별로 확인할 수 있고 실천으로 이어갈 수 있다.

'학급 내규'를 통한 급훈의 실천

학급 내규는 급훈의 하위 개념이다. 아무리 급훈을 구체화시킨다 해도 급훈만으로 학생들 한 명 한 명의 구체적인 행동을 이끌어낼 수는 없다. 마땅히 급훈을 지지해주는 낱낱의 내규가 필요하다. 내규를 선정할 때에는 급훈과의 관련성을 먼저 생각해야 한다. 학급 내규는 모둠별로 안을 내서 보강하는 방법도 있고, 모조지 전지 같은 곳에 학급원 전체가 한두 개씩 안을 낸 뒤, 비슷한 항목을 하나로 묶어 학급회의를 통해 하나씩 점검해서 결정하는 방법도 있다. ■

	적용 사례 1	적용 사례 2
급훈	하나 모두 위해 사랑하고 모두, 하나 위해 아낌없이	늘 처음처럼
학급 내규	- 하나는 모두를 먼저 생각한다. - 모두는 하나를 아낀다. - 교실의 모든 것을 소중하게 다룬다. - 학급 행사에 빠짐없이 참여한다. - 모둠일기를 매일 쓴다. - 모둠원 간의 의견을 서로 존중한다.	- 하루의 처음을 인사로 시작하자. - 항상 만남을 소중히 여기자. - 나보다는 전체를 먼저 생각하자. - 친구 이름을 불러주자. - 생각과 행동을 바르게 갖자. - 학기초의 각오를 끝까지 이어가자.

첫만남 땐 명함을 나누어준다

첫만남은 매우 중요하다. 나는 새 학년 첫날엔 아이들과 간단하게 인사를 나눈 뒤 명함을 한 장씩 돌린다. 뭔가 좀 더 색다르게 만날 수 있는 방법은 없을까 고민을 하다가 시도한 게 명함 돌리기인데 뜻밖에 반응이 좋아서 지금까지 계속하고 있다.

명함은 한글 프로그램의 표 만들기를 이용하면 누구든 쉽게 만들 수 있다. 참교육 마크는 전교조 홈페이지에 있는 것을 따오면 된다.

주소, 전화번호, 이메일 주소, 휴대폰 번호 등의 내용을 담아 마음에 드는 구성을 갖춘 후 A4 용지에 인쇄를 한다. 조금 두껍고 색이 고운 종이를 사다가 학교 복사기를 이용하여 복사한 뒤 규격대로 자르면 명함 완성. 인쇄소에 맡겨 세련되게 만들 수도 있지만, 교사가 직접 만드는 것이 어설프더라도 풋풋한 맛이 있어 나는 이 방법을 고집한다.

명함에는 주소와 전화번호, 이메일 주소 등이 있기 때문에 언제라도, 어떤 문제 상황에서라도 교류가 가능하다. 물론 여기에는 아이들을 어른으로 대접하겠다는 암묵적인 의미도 있다. 명함을 나눈다는 것 자체가 상대방을 동등하게 받아들이겠다는 표현 아닌가. 참교육 마크를 새겨넣은 것은 교육 방향에 대한 나 스스로의 다짐이자, 아이들과 학부모를 향한 의지의 표현이다. 사람이 사람을 가르친다는 것이 얼마나 어려우며, 타성과 타협의 길로 이끄는 유혹은 또 얼마나 많은가. 참교육 마크는 부끄러운 대로 그런 제어 장치 구실을 한다.

아이들은 전혀 예상하지 못한 명함을 받고서 한순간 놀라면서 웃음을 터뜨린다. 그러나 곧 진지해진다. 나도 덩달아 결연한 의지의 감정이 새겨진다. 한 장씩 건넬 때마다, 머리 다 굵은 녀석들이지만 기대에 찬 눈빛은 어찌 그리 맑은지. 그런 뒤에 나누는 이야기는 나에게나 아이들에게 다 같이 편하고 자연스럽다.

아이들은 뜻밖에도 명함을 소중히 간직한다. 몇 해가 지났는데도 귀 헐은 명함을 그대로 간직한 아이들을 적지 않게 만났다. 그래서 연락도 자주 온다. 나의 첫만남은 명함 덕분에 몇 년을 이어가는 셈이다.

최승룡 / 강원 경포고 교사

첫걸음의 다짐을 '꿈봉투'에 담다

새로운 담임이 어떤 사람인가 궁금해하는 아이들에게 나는 먼저 학급운영 원칙을 소개한다. 내 학급운영의 영원한 주제는 '공동체 삶의 즐거움'이다.

요즘 아이들, 특히 도시에서 자란 아이들일수록 누군가와 더불어 산다는 것을 매우 낯설어한다. 나는 공부나 재주와는 상관없이 누구나 학급의 당당한 주인이 될 수 있다는 자신감을 가지라고 이야기한다. 덧붙여 '한 사람의 열 걸음보다 열 사람의 한 걸음'이라는 말을 인용하여 모두가 주인인 학급에서 어우러져 사는 삶이 얼마나 중요한지 강조한다. 공동체 삶의 즐거움을 찾아가는 기본틀로서 학급의 모든 생활은 모둠 단위로 운영된다는 점도 미리 안내해준다.

그런 뒤에 깨끗한 백지를 한 장씩 나누어주고, 올해 자신이 이루고 싶은 가장 큰 꿈 한 가지를 적어보라고 한다. 이때 내가 좋아하는 신차호 선생의 '대한의 희망'이라는 글을 읽어준다. 아이들과 같이 나도 내 꿈을 적는다. 다 쓰면 아무도 못 보게 반으로 접어서 미리 준비한 큰 봉투에 담은 뒤 밀봉한다. 이른바 '꿈봉투'이다.

"이 꿈봉투는 학년말에 개봉합니다. 여기 담긴 여러분의 꿈을 현실로 바꾸어주는 요술 방망이가 하나 있습니다. 바로 '노력'입니다. 선생님은 여러분의 일년 뒤를 기대하겠습니다."

이 꿈봉투는 내가 보관한다. 아이들은 시간이 지나면서 이 꿈봉투의 존재를 까맣게 잊게 된다. 얼마나 바쁘고, 또 얼마나 많은 변화를 겪는 시기인가.

학년말, 일년을 마무리하는 자리에서 꿈봉투를 꺼낸다. 아이들 사이에서 나지막한 탄성이 터져나온다. 하나씩 공개하면서 '일년 전에 가장 이루고 싶었던 꿈'과 '지금 자기 자신의 모습'을 비교해보게 한다. 꿈을 이룬 아이에게는 칭찬의 박수를, 그렇지 못한 아이에게는 격려의 박수를 함께 보낸다. 재미있는 추억이 되면서 동시에 나름대로 일년을 되돌아보는 계기가 된다.

사실 꿈봉투는 하나의 상징이다. 누구나 첫걸음을 내디딜 때는 순결하고 높은 목표를 세운다. 그 목표에 대한 약속을 혼자만 맹세하는 것이 아니라 친구, 선생님과의 약속이 될 수도 있도록 무게를 실어주는 것이다.

최진 / 경기 백마중 교사

해마다 새로운 아이들을 만날 때면 이들과 함께할 일년이라는 세월의 무게에 긴장감을 느낀다. 나를 만난 것을 불행으로 생각하는 일은 없어야 한다는 다짐은 교사로서 최소한의 자존심이다.

내가 첫시간에 하는 이야기

호기심 가득한 동그란 눈동자들을 마주 바라보기는 가슴이 벅차다. 그래도 그 눈동자들을 바로 마주 본다. 두 뺨이 달아올라 발그레해진 아이도 있고 입술을 굳게 다문 아이도 있다. 너무 예뻐서 웃음이 자꾸만 비집고 나오지만 꾹 참는다.

복도에는 깨끗이 차려입은 어머니들이 창으로 들여다보고 있다. 중학생이 된 자식의 모습에서 눈을 떼지 못하는 어머니들은 내가 안심시켜드려야 할 의무가 있는 분들이다. 당신의 아이를 잘 돌보아줄 것인지 궁금한 얼굴들이다. 밖으로 나가 "교실에 들어오셔도 좋습니다."라고 말하니, 좋아라 들어오기도 하고 쭈뼛거리기도 한다. "모두 들어오십시오!" 하며 뒤로 모신 다음 교단에 섰다.

"나는 여러분의 담임이 된 사람입니다. 먼저 여러분이 제대로 반을 찾아왔는지 확인할 테니 이름을 부르면 손을 드세요." 마치 내가 그 얼굴에 도장을 찍고 기억이라도 하는 것처럼 신경 써서 대답하는 아이들의 얼굴을 보며 '너희들에게 좋은 선생님이 될게.' 하고 마음으로 다짐을 하며 내 소개를 시작한다.

"나는 올해 이 학교에 근무한 지 14년 되었어요. 집은 소주리 백동에 있습니다. 남편도 있고 아이도 있고 개도 있습니다. 그리고 자가용도 있는데 8년 된 빨간 티코입니다. 혹시 고장날 때를 대비해서 트렁크에는 그랜저를 넣고 다니지요.

중학생이 된 것을 축하합니다. 아니 사실은, 어린이로 즐겁게 지내다가 어쩔 수 없이 중학생이 된 것을 딱하게 생각합니다. 여러분이 초등학교를 졸업하고 나서 가장 많이 들은 말이 무엇인지 맞춰볼까요? '공부 좀 해! 네가 초등학생인 줄 아니? 만화 영화를 보다니 네가 초등학생인 줄 아니? 중학생 될 애가 동생이랑 싸우니? 세상에 중학생이 될 애가 이렇게 늦잠을 자다니…….' 이런 말들일 게 분명합니다. 엄마랑 똑같다고요? 맞아요. 엄마들도 웃으시는 걸 보니 내 말이 맞긴 맞네요.

이제 어리다고 용서받는 일은 드물어지니 아무래도 많이 힘들어지겠지요.

오늘 여러분들은 아주 말 잘 듣고 얌전한 아이들인 체하는군요. 물론 지금은 '이제부터 정말 착실한 학생이 될 거야!' 하고 생각하고 있겠지요? 하지만 나는 여러분이 얼마나 시끄럽고 말을 안 들으며 공부하기를 싫어하게 될 것인지 잘 압니다. 그리고 또 청소를 게을리하고 싸움도 할 거라는 걸 알지요. 왜냐하면 14년 동안 언제나 그랬으니까요. 그러면 나는 어떻게 해야 할까요? 매를 들 수도 있고 화를 낼 수도 있겠지요? 기합을 주거나 잔소리를 할 수도 있을 것입니다. 하지만 나는 절대로 안 때릴 겁니다. 기합도 주지 않을 것입니다. 화를 내거나 잔소리는 하겠지만 많이는 안 할 거예요.

우리는 이 교실에서 행복하게 지낼 겁니다. 무슨 일이든지 같이 의논하고 얘기해서 다 풀어나갈 수 있을 겁니다. 나는 아무리 작은 잘못이라도 지적해서 고쳐줄 것이고 또한 아무리 큰 잘못이라도 용서해줄 거니까요. 예를 들어, 방금 모 학생이 코딱지를 책상 옆에 슬쩍 붙인 일도 나중에 불러서 얘기할 겁니다. '그러면 책상이 더러워진다!' 하고. 그러면 다음에는 안 붙이게 되지요. 하지만 만약 내가 지적하지 않으면 수많은 코딱지가 붙을지도 모르죠. 아! 둘러보지 마세요. 실은 아무도 안 붙였어요. 또 모 학생이 이 세상을 불태워버리는 잘못을 해도 나는 용서할 겁니다. 하지만 그럴 땐 심하게 화를 내겠지요. 눈물을 흘리며 뉘우치고 새 사람이 될 때까지 잔소리를 해야겠지요. 그리고 그것은 나쁜 일임을 꼭 알게 할 것입니다.

하지만 공부하라는 말은 하지 않을 겁니다. 왜냐하면 공부는 즐거운 것이어야 하고 스스로 필요성을 깨닫는 것이 중요하기 때문입니다. 그리고 학과 공부만이 공부는 아니거든요. 어떤 공부를 해야 할지 그것을 공부하도록 합시다. 나는 가급적 화를 안 내겠다고 했지만 청소 시간에는 화를 많이 낼지 모릅니다. 원래 청소란 모두가 함께 하면 즐겁고 뿌듯한 것인데, 노는 사람이 있고 약삭빠르게 하는 사람이 있으니까 다른 사람도 하기 싫어지는 거지요. 우리가 함께 보내는 공간을 함께 힘써서 청소하는 일을 잘하도록 합시다.

자! 여기를 보세요. 우리 반 급훈입니다. 다 같이 읽어볼까요? '참! 땀! 사랑!' 진실하고 성실하며 더불어 사랑할 수 있는 사람이 되기를 바랍니다. 나는 오늘 말한 것을 잘 실천할 테니 여러분도 꼭 그렇게 합시다. 입학을 진심으로 축하해요."

인사가 긴 감이 있지만 첫날의 마음을 진지하게 하는 일은 중요하다는 생각이 들어서 확신에 찬 태도로 이야기를 마치고 '벙어리 빙고'를 하도록 지도하였다. 아이들이 돌아다니면서 벙어리 빙고를 하는 동안 뒤에 계신 어머니들과 인사를 나누었다.

아이들이 돌아간 빈 교실에서 전지를 가득 채운 '중학생이 된 소감'을 읽으며 그들의 담임도 한마디 썼다. "잘 살자!" 이것이 나의 학급운영 목표가 될 것이다. 이를 주제로 함께 얘기하고 실천해나갈 것을 다짐해본다.

박계해 / 전 경남 개운중 교사

벙어리 빙고

기존 빙고놀이에서 응용한 것으로, 말을 하면 안 되고 몸짓이나 입 모양으로만 의사표시를 할 수 있도록 하여 친구들의 이름을 칸에 다 채워오는 점이 다르다. 처음 만난 아이들끼리 친숙해질 수 있다.

저를 소개합니다 (1)

(   )번   이름 ________________

한자 이름			주민등록번호	
집주소				
연락처	전화		손전화	
이메일			홈페이지	

제 취미와 특기입니다.

취미		특기		진학 희망 계열	희망 직업
현재 가지고 있는 자격증				본인	
올해 취득 예정인 자격증				부모님	

제 부모님을 소개합니다.

	성함	연세	직업 / 직장	종교	연락처
어머니					
아버지					

부모님 외 같이 살고 있는 가족을 소개합니다.

이름	나이	관계	현재 하는 일	나와의 친밀도

저와 가장 친한 친구는 아래 두 명입니다.

이름	반 번	연락처	이름	반 번	연락처

저는 현재 몸의 이런 점이 좋지 않습니다. (시력, 신체 허약, 질병 경험 등)

저를 소개합니다 (2)

이 자료는 여러분의 학교 · 학급활동의 적응을 돕기 위해 선생님이 따로 만든 '비밀' 자기 소개서입니다.
이 소개서는 공개되지 않으니 안심하고 솔직하게 써주시기 바랍니다. 만나서 반갑습니다.

저는 작년 _______ 반으로 담임 선생님은 _______________ 선생님이셨으며,

학급에서 주로 했던 일은 (임원, 부서 등 맡은 일) ____

저는 이런 것을 잘할 수 있습니다. (세 가지만 꼽는다면)

잘할 수 있는 일	어느 정도로

저의 컴퓨터 능력은 …… (워드, 문서 편집 능력 등 있는 대로 자세히 쓰세요.)

저는 작년에 특히 _______________ 선생님 수업 시간이 좋았습니다. 그 이유는 ……

저는 작년에 특히 _______________ 선생님과 사이가 좋지 않았습니다. 그 이유는 ……

올해 이런 습관을 꼭 고치고 싶습니다.

제가 가장 좋아하는 친척은 _________________ 입니다. 그 이유는 ……

저는요 ……

내가 가장 소중하게 여기는 물건 셋	부모님께 가장 자주 듣는 말 셋
1.	1.
2.	2.
3.	3.

제가 생각하는 제 자신은 이렇습니다.

나는 나의 이런 점을 좋아하지요.	나는 나의 이런 점이 싫답니다.
1.	1.
2.	2.
3.	3.

선생님께만 알려드립니다.

집안 이야기	개인적인 고민
생활보호대상자, 부모님 이혼, 별거, 질병, 퇴직 등 집안 문제가 있으면, 힘들겠지만 솔직하게 써주십시오.	

그 밖에 선생님께 하고 싶은 말이 있으면 다 써주시기 바랍니다.

수고했습니다. 여러분과 좀 더 친하게 지내는 데 귀한 자료로 쓰겠습니다.

선생님께 알려드리는 우리 아이 이야기

이 설문은 학교교육에 대한 학부모님들의 기대치와 바람, 그리고 자녀들의 가정 환경과
생활 · 학습 습관 등을 세심하게 파악하여 학교생활과 성장 발달을 좀 더 알차게 지도하
기 위한 자료로 쓰고자 마련한 것입니다. 바쁘시더라도 학부모님께서 서로 상의하여 솔
직하고 꼼꼼하게 써주시면 자녀 지도에 여러모로 도움이 될 것입니다. 감사합니다.

● 학생 :　　학년　　반　　번　이름 (　　　　　　)
● 작성 학부모님 : 이름 (　　　　　) 직업 (　　　　) 나이 (　　세) 연락처 : ________________

자녀관 / 교육관

1. 자녀가 어떤 직업(희망 직종)을 갖기를 바랍니까?

2. 올 일년 동안 자녀의 어떤 부분이 특히 발전했으면
　좋겠습니까? (　　)
　① 성적 향상　　　　② 건강 증진
　③ 성격 성숙　　　　④ 안정된 생활 습관
　⑤ 기타 (　　　　　　　　　　　　　　　)

3. 자녀의 가정생활 태도 가운데 가장 불만스러운 점이
　있다면 어떤 것입니까?

4. 가정방문에 대해서 어떻게 생각하십니까? (　　)
　① 찬성한다　　　　② 반대한다

가정 환경

1. 부모님께서는 맞벌이를 하십니까? (　　)
　① 예　　　　　　　② 아니오

2. 지금 같이 사는 식구들은 모두 몇 명이며 누구입니
　까?
　① (　　)명
　② 누구 :

3. 자녀에 대한 문제(용돈, 학원, 성적 관리 등)는 누가
　주로 결정을 합니까? (　　)
　① 주로 어머니가 하는 편이다
　② 주로 아버지가 하는 편이다
　③ 둘이 상의해서 하는 편이다
　④ 때에 따라 다르다

4. 부모님은 집에서 자녀를 전반적으로 엄하게 대하는
　편입ᅟ니까? (　　)
　① 무척 엄격하게 대한다
　② 비교적 엄격하게 대하는 편이다
　③ 아주 자유분방하게 대한다
　④ 기타 (　　　　　　　　　　　　　　　)

5. 부모님께서 특히 엄하게 꾸짖는 때가 있다면 어떤 경우입니까?

6. 자녀가 식구들 가운데 특히 따르는 사람은 누구이며, 왜 그를 따른다고 생각합니까?

7. 자녀와 큰 갈등을 빚었던 적이 있었습니까? 있었다면 그 내용을 간단히 적어주십시오.

학습지도

1. 현재 자녀의 학습 성취도(성적과 노력)에 만족하십니까? (　)
　① 만족스럽다
　② 대체로 만족스럽다
　③ 전혀 만족스럽지 못하다

2. 집에서 '공부하라.' 는 소리를 자주 하십니까? (　)
　① 알아서 하기 때문에 전혀 하지 않는다
　② 조금 하는 편이다
　③ 시키지 않으면 안 하기 때문에 많이 하는 편이다
　④ 기타 (　　　　　　　　　　　　　　)

3. 자녀는 주로 어디에서 공부를 하는 편입니까? (　)

① 자기 방　　　　② 학교 도서관
③ 독서실　　　　④ 친구 집
⑤ 기타 (　　　　　　　　　　　　　　)

4. 집에서 공부를 따로 봐주는 사람은 누구입니까?
(　)
① 아버지　　　　② 어머니
③ 형제 / 자매　　④ 삼촌 / 고모
⑤ 과외 교사　　　⑥ 없다

5. 자녀는 학원을 다니고 있습니까? 있다면 무슨 학원입니까?

6. 자녀는 컴퓨터 사용을 어떻게 하고 있습니까? (　)
　① 하고 싶은 때는 언제든 한다
　② 시간 약속을 정해놓고 한다
　③ 공부를 위한 목적 이외에는 전혀 사용하지 못하게 한다
　④ 기타 (　　　　　　　　　　　　　　)

7. 자녀의 성적이 올랐을 경우, 어떤 방법으로 격려를 해줍니까?

8. 자녀가 공부를 하는 데 가장 큰 방해요소가 있다면 어떤 것이라고 생각합니까? (　)
　① 텔레비전 / 비디오　　② 라디오 / 카세트
　③ 만화　　　　　　　　④ 친구
　⑤ 컴퓨터　　　　　　　⑥ 핸드폰
　⑦ 기타 (　　　　　　　　　　　　　　)

9. 자녀의 학습 습관 가운데 꼭 고쳤으면 좋겠다 하는 것이 있다면 어떤 것입니까?

생활지도

1. 자녀는 방을 어떻게 쓰고 있습니까? ( )
   ① 혼자 쓰고 있다
   ② 형제들과 함께 쓰고 있다
   ③ 할머니(혹은 삼촌, 고모)와 함께 쓰고 있다
   ④ 방이 따로 없다

2. 평소에 자녀의 책상 서랍이나 일기장, 가방 등을 확인하는 편입니까? ( )
   ① 정기적으로 한다
   ② 가끔 한다
   ③ 전혀 하지 않는다

3. 자녀는 특히 어떤 때 부정적 반응(짜증, 화)을 두드러지게 보입니까? ( )
   ① 공부하라고 할 때
   ② 생활 습관에 대해 잔소리할 때
   ③ 제 물건에 손댈 때
   ④ 사달라는 것을 사주지 않을 때
   ⑤ 기타 (   )

4. 용돈은 한 달에 평균 얼마쯤이며, 어떻게 줍니까?
   (원)
   ① 달라고 할 때 준다
   ② 매일 (원)씩 준다
   ③ 매주 (원)씩 준다
   ④ 매월 (원)씩 준다

5. 자녀는 친구들을 자주 집에 데려옵니까? ( )
   ① 매일 데려온다
   ② 가끔 데려온다
   ③ 전혀 데려오지 않는다

6. 부모님께서는 자녀가 친구를 사귀는 것에 대해 간섭을 하는 편입니까? ( )
   ① 골라 사귈 수 있도록 간섭을 하는 편이다
   ② 나쁜 친구를 사귀지 않는 한 간섭하지 않는다
   ③ 거의 간섭하지 않는다.
   ④ 기타 (   )

7. 평소에 자녀들에게 특히 강조하고 있는 생활 습관은 어떤 것입니까? (물건 제자리에 놓기 등)

8. 자녀의 성격 가운데 장·단점은 무엇이라고 생각하십니까?
   ① 장점

   ② 단점

9. 자녀의 건강 가운데 특히 안 좋거나 염려스러운 점이 있다면 어떤 것입니까?

※ 그 밖에 담임에게 하고 싶은 말씀이 있으면 써주십시오.

짝과 금방 친해지는 첫만남 놀이

쥐, 고양이

두 명의 짝 중에서 한 명은 쥐, 다른 한 명은 고양이로 정한다. 등을 맞댄 상태에서 교사의 신호(하나 둘 셋)에 따라 각각 고개를 왼쪽이나 오른쪽, 마음대로 돌린다. 얼굴이 마주치면 고양이가 이기고, 그 반대면 쥐가 이긴다. 놀이 자체는 매우 간단하지만, 대신 벌칙을 재미있게 주어야 한다. 예를 들어 "이긴 사람은 만세! 진 사람은 손들고 있는 사람 간지럼 태워!" "이긴 사람은 진 사람의 코를 살짝 잡아! 지금부터 하나 둘 셋 하면 코를 꽉 쥔다! 그리고 진 사람들은 일제히 코를 푼다." "이긴 사람은 왼손으로 진 사람의 턱을 받치고 오른손으로 진 사람의 이마에 손을 올린다. 그리고 나서 이긴 사람은 진 사람에게 뽀뽀를 한다."는 벌칙을 주면 쑥스러워 키득거리면서도 금방 친해질 수 있다.

솥뚜껑 바가지

서로 왼 주먹 오른 주먹을 교대로 쌓아올린다. 교사가 "위!"라고 말하면 누구의 주먹이든 상관없이 맨 아래에 있는 주먹을 맨 위로 올린다. "아래!"라고 말하면 맨 위에 있는 주먹을 맨 아래로 내린다.

몇 번 반복 후에 "솥뚜껑!"이라고 하는데, 이때는 짝과 나의 주먹 중 아래에 있는 두 개의 주먹 중에 먼저 주먹을 펴서 꼭대기로 가져가 덮는 사람이 이긴다. '바가지'는 '솥뚜껑'과 반대로 짝과 나의 주먹 중 위에 있는 주먹을 펴서 맨 아래에 받치는 사람이 이긴다.

송아지 노래 부르기

송아지 노래에 맞춰 양손 검지로 제 얼굴을 톡톡 친다.
양 뺨 두 번(송아 -), 양 뺨 엇갈려 두 번(지 -), 이마와 턱 두 번(송아 -), 손 엇갈려 두 번(지 -).
"송아지 노래 부르자." 하면서 시작하면 아

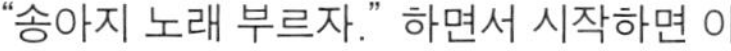
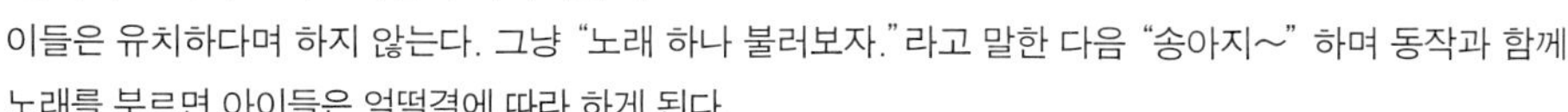

이들은 유치하다며 하지 않는다. 그냥 "노래 하나 불러보자."라고 말한 다음 "송아지~"하며 동작과 함께 노래를 부르면 아이들은 얼떨결에 따라 하게 된다.
노래가 끝난 후 "시시하니까 이번엔 똑같은 동작을 짝의 얼굴에다 해보자."고 하여 서로 마주 보고 서로의 얼굴을 톡톡 치면서 노래하게 한다. 짝의 얼굴을 손으로 톡톡 치다보면 어느새 친해져 있음을 느낀다.

야광 도깨비

'도깨비 나라' 노래를 부른 후, 노래가 끝나면 짝끼리 가위바위보를 한다.
이상하고 아름다운 도깨비 나라 / 방망이로 두드리면 무엇이 될까 / 금 나와라 와라 뚝딱 / 은 나와라 와라 뚝딱 / 가위바위보
가위바위보에서 이긴 사람은 진 사람의 손등을 때린다. 만약 비기면 자기 귀 옆에 손을 대고 손가락을 꼼지락거리며 "깨비깨비"라고 한다.
몇 차례 진행하다가 '야한 도깨비'(방법은 같으나 때리지 않고 이긴 사람이 뽀뽀를 한다.) '미친 도깨비'(진 사람이 이긴 사람을 때린다.)로 진행한다.

이 꿈봉투는 학년초 첫날 활용합니다. 작성된 꿈봉투는 모아두었다가 학년말에 나누어줍니다.
학급문집을 만든 경우라면 그때 같이 나누어줍니다. 첫날의 다짐을 새기는 장치로 매력적입니다.

나의 꿈봉투

내가 올해 꼭 이루고 싶은 것, 꼭 고치고 싶은 버릇을 각각 한 가지씩만 적어봅시다. 이 꿈봉투는 오늘 이 자리에서 묶어두었다가 일년 뒤 학년말에 풀게 됩니다. 꿈과 소망을 이루는 것은 매우 어려운 일입니다. 그러나 여기 담긴 여러분의 꿈을 이루는 오술 방망이가 하나 있습니다. 첫마음과 노력입니다. 일년 뒤 이 꿈봉투를 받아드는 여러분의 얼굴에 기쁜 웃음꽃이 가득하길 기대해봅니다.

● 올해 내가 꼭 이루고 싶은 소망 한 가지와 그 이유

● 올해 내가 꼭 고치고 싶은 습관 한 가지와 그 이유

● 일년 뒤 이 글을 읽을 나에게 쓰는 쪽지편지

그는 왜 독수리가 되지 못했나

인디언 민화에 이런 이야기가 있다. 어떤 개구쟁이가 산에 갔다가 독수리 알 하나를 주워왔다. 그는 마침 알을 품고 앉아 있는 암탉의 둥지 속에 독수리 알을 집어넣었다. 얼마 뒤 여러 병아리들과 함께 새끼독수리도 부화되어 나왔다.

새끼독수리는 그저 자신이 병아리려니 하고 다른 병아리들이 하는 짓을 따라 하며 지냈다. 자신의 날카로운 부리와 발톱이 어디에 쓸모가 있는지도 생각하지 않았고, 겨드랑이 밑이 근질거리는 것도 날개가 돋으려고 그러는 것인 줄을 전혀 깨닫지 못하고 있었다.

어느 날 밤, 들쥐떼가 닭장을 습격했다. 닭들은 무서움에 떨며 몸집 큰 독수리를 쳐다보았다. 그러나 쥐떼가 무섭게 느껴지기는 그도 마찬가지였다. 이미 발톱과 부리는 닳아버렸고 눈망울에도 힘이 하나도 없어 다른 닭이나 다름없었다. 닭들은 일제히 독수리를 손가락질하면서 미워했다.

"저건 몸이 큰 먹충이일 뿐이지, 아무것도 아니야!"

세월이 흘러 닭장 속의 독수리도 늙었다. 그러던 어느 날 독수리는 구름 한 점 없는 맑은 하늘을 높이 나는 위용 있는 새를 보았다.

'아, 저렇게 멋진 새도 있구나.'

초라하게 늙은 독수리가 중얼거리자 친구 닭이 점잖게 말했다.

"응, 저건 독수리라는 새다. 날개 달린 새들 가운데서도 왕이지. 그러니까 넌 꿈도 꾸지 말아야 한다. 넌 들쥐한테도 쫓겨다니는 닭이니까 말이야."

생각해봅시다

여러분들은 각각 능력을 갖고 있다. 어떤 사람은 만들기에, 어떤 사람은 친구들을 즐겁게 하는 데, 어떤 사람은 공부에……. 자기가 가진 능력을 깨닫고 여럿을 위해 발휘할 때 여러분은 독수리가 된다. 즉 '진정한 나' 가 되는 것이다.

사랑의 무게

나무 아래에서 석가모니가 바르게 산다는 것이 무엇인가, 진정한 사랑이 무엇인가 곰곰히 생각하고 있었다. 그때 아귀(餓鬼 : 늘 배고픈 귀신)에게 쫓기던 비둘기 한 마리가 그의 품 안으로 도망쳐 들어왔다. 석가모니는 비둘기를 감싸안고 내놓지 않았다.

"난 배가 고파서 미치겠소. 내 먹이를 빨리 내놓으시오."

아귀는 텅빈 배를 가리키며 울부짖었다. 석가모니는 고개를 저었다.

"이 가련한 비둘기의 생명을 내팽개칠 수는 없다. 차라리 비둘기 무게만큼 내 살점을 베어가거라."

아귀는 양쪽에서 무게를 달 수 있는 천칭저울을 가져왔다. 석가모니는 넓적다리 살점을 베어 올려놓았다. 한쪽엔 비둘기가 한쪽엔 살점이 올라간 저울은 비둘기 쪽으로 기울었다.

석가모니는 피를 흘리면서도 살점을 더 베어냈다. 그래도 비둘기 쪽이 더 무거웠다. 분명 비둘기 무게보다 많은 살을 떼어내었는데도 저울은 비둘기 쪽으로 기울고 있었다.

석가모니는 벌떡 일어나 저울 위에 자신의 몸을 올려놓았다. 그때서야 저울은 평형을 이루었다.

홀연 아귀는 그 자취를 감추었고, 어디선가 음악 소리가 들리며 꽃이 휘날렸다. 석가모니는 진리를 깨친 것이다.

생각해봅시다

생명의 무게를 잴 수 있을까? 생명의 무게는 아주 작은 것도 큰 것도 없다. 다만 하나이며 전체다. 내가 가진 일부와 하나의 생명이 같은 가치를 지닐 수 없다. 하찮은 미물일지라도, 아무리 보잘것없는 사람일지라도 그의 생명은 모든 것을 다해 지켜야 할 소중한 것이다. 비둘기의 생명은 석가모니의 생명과 같은 무게였고, 그걸 깨닫고 저울에 뛰어오른 석가모니의 행동은 사랑의 완성이었다. "친구여, 사랑은 나의 모든 것을 주는 것이다."

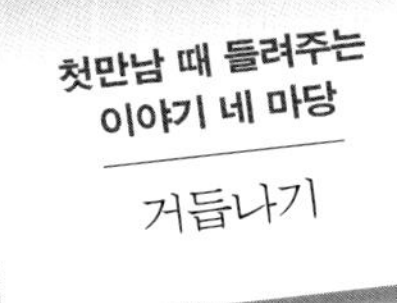

ST

한 소년이 있었다. 그는 너무도 가난했다. 옷은 다 헐어서 찬바람이 새어 들어왔고 주린 배는 등가죽에 착 달라붙었다. 그는 고통을 이기지 못하고 도둑질을 하기 시작했다. 남의 목장에 숨어들어가 양을 훔쳐다 파는 것이었다. 그런데 양들이 자꾸 없어지는 것을 안 주민들의 경계가 심해져 결국 그는 붙잡히고 말았다.

"요 녀석, 사지가 멀쩡한 놈이 왜 도둑질을 하는 거야?"

"용서해주세요. 배가 고파서 그만……."

배가 고팠다는 말이 도둑질을 변호해줄 수는 없었다. 결국 소년은 마을 사람들에 의해 달군 쇠로 ST라는 글자를 이마에 새기게 되었다. '양 도둑(Sheep Thief)'이라는 글의 약자였다. 소년은 부끄러워서 밖에 나갈 수가 없었다. 그러나 그는 절망을 딛고 이렇게 결심했다.

'내가 이 마을에서 다시 명예를 회복하는 길은 올바르게 사는 길밖에 없다. 누구보다 성실하게 살아서 ST라는 글자가 나에게 어울리지 않는다는 것을 보여주겠어.'

소년은 열심히 일했다. 마을의 궂은 일은 도맡아했으며 조금이라도 돈이 생기면 자기보다 어려운 사람을 위해 아낌없이 내놓았다. 소년이 양 도둑이었다는 기억은 마을 사람의 뇌리에서 차츰 지워져갔다. 마침내 소년이 어른이 되었을 때에는 마을 사람이 그를 훌륭한 사람으로 칭송했으며, 싫다는 그에게 시장 자리를 떠맡겼다.

그가 시장으로 취임하는 날, 아버지의 손을 잡고 나온 소년이 아버지에게 물었다.

"아빠, 시장님의 이마에 쓰여진 ST라는 글자는 무슨 뜻이에요?"

아버지는 난처했다. 그도 옛날에 소년의 이마에 낙인을 찍는 데 한몫했던 사람이었기 때문이었다. 잠시 망설이던 그는 이렇게 대답했다.

"얘야, 저분의 이마에 찍힌 ST라는 글자는 성자(Saint)라는 뜻을 가지고 있단다. 저분은 하느님께서 인정하신 성자란다."

생각해봅시다

사랑은 사회와 자신을 모두 변화시키는 놀라운 힘이다. 우리에게는 알게 모르게 많은 결점과 쓰라린 상처가 있다. 그러나 이런 결점과 아픔을 딛고 사랑을 베풀 때 우린 그 결점을 오히려 장점으로 인정받을 수 있다. 결점을 딛고 서는 장점이야말로 무너지지 않는 성같이 빛나는 아름다움이다.

눈물 흘려본 사람이 남의 눈물을 닦아줄 줄 안다

시장에 강아지 몇 마리를 가지고 나와 앉아 있는데, 남자 아이가 다가와 강아지를 사겠다고 했다. 그 아이는 강아지 값을 물어보곤 제가 가지고 있는 돈과 견주어보기도 하고 여러 마리를 살 수 있는지 물어보기도 하다가 그 가운데 한 마리를 사겠다고 했다.

그 아이가 사겠다고 하는 강아지는 다리 하나를 못 쓰는 강아지였다.

나는 그 아이에게 이 강아지는 한쪽 다리를 쓰지 못하니 이왕이면 다른 강아지를 사는 게 어떻겠느냐고 권했다. 그러나 그 아이는 굳이 한쪽 다리를 못 쓰는 강아지를 사겠다고 하는 것이었다.

나는 할 수 없이 한쪽 다리가 불구인 강아지를 그 아이에게 팔았다.

아주 좋아라 하며 강아지를 품에 안고 일어서서 걸어가는 아이를 바라보다가 나는 가슴을 진하게 때리는 장면을 발견하였다. 그 아이 역시 한쪽 다리가 온전치 못한 아이였던 것이다.

소년은 왜 한쪽 다리를 못 쓰는 강아지를 굳이 사려고 했을까. 동정심 때문이었을까. 가엾어 보여서였을까. 동병상련의 마음 때문이었을까. 그 가운데 하나일 수도 있고 그런 마음 전부일 수도 있으리라.

그러나 나는 무엇보다도 그 강아지에 대한 깊은 이해와 사랑의 마음이 컸을 거라고 생각한다. 한쪽 다리를 쓰지 못하는 강아지의 처지를 누구보다도 잘 알고 있고 그것이 얼마나 불편하며 어떤 도움이 필요한지, 그리고 서로를 이해해주는 사람을 만나면 얼마나 기쁘게 살아갈 수 있는지…… 그런 것을 소년은 잘 알고 있었을 것이다.

생각해봅시다

많이 알고 많이 가진 사람이 큰 사람은 아니다. 자신이 겪었던 고통으로 남이 겪는 고통을 아는 사람, 내가 아파보았기 때문에 남의 아픔을 나누어 가지려는 사람이 큰 사람이다. 이해는 아름다움을 낳는다.

반장은 무엇으로 사는가

현재 많은 시도에서 일제시대 때부터 써온 '반장'이라는 말을 '학급 회장'으로 바꾸고, 입후보 자격에서 성적 제한을 없애는 등 일련의 변화가 진행되고 있습니다.

학급 회장으로 말을 바꾼 것은 국민학교를 초등학교로 바꾼 맥락에서, 또한 반장이라는 말이 리더나 봉사자의 개념보다 학생을 감독하고 교사를 보조하는 의미로 굳어진 것을 고치기 위한 처사로 이해할 수 있겠습니다. 긍정적인 결정으로 받아들일 만합니다. 성적에 제한을 두지 않겠다는 결정도 진작에 그러했어야 할 대목입니다.

그런데 생각해보면 낯부끄러운 대목도 없지 않습니다. 사실, '정·부반장은 성적을 봐서 뽑으라.'는 명문 조항이 어디 있기나 했습니까? 그동안 인권 침해라는 강한 반발에도 꼼짝 않고 있다가 공문 한 장에 순순히 울타리를 허무는 학교를 보면서 우리가 선 자리를 다시 되돌아보게 됩니다. ― 사람을 키우는 곳이 학교입니다. 스스로 좁히고 단속하고 틀을 지워서는 교육의 목표에서 점점 멀어질 뿐입니다. '사람을 키운다.'는 취지를 거스르는 규제는 스스로 풀어야 합니다.

비진취적인 제도와 조직이 가장 선호하는 것이 '편의성'입니다. 반장을 둘러싼 논의가 대부분 '선출' 그 자체에 집중되었던 것도, 따져보면 운영과 다스림의 편의성을 높이 샀던 결과라 할 수 있습니다. 다인수 학급을 통솔하기 위해서, 또한 가난한 학교 살림을 지원받기 위해서는 그를 가능케 해줄 편의적인 장치가 필요했던 것입니다.

그러나 학급의 구성과 생명 논리를 놓고 보면 당연히 반장은 그 이후의 지도 문제에 무게를 얹어야 합니다. 반장은 단순히 업무 조력자가 아닙니다. 아이들의 자치·자율 구조를 활성화하기 위한 조직의 봉사자로, 학급의 공동체 질서를 좀 더 탄력적으로 조율하는 일종의 의사조정 기구입니다. 그러므로 반장을 어떻게 지도하고 성숙시키느냐에 따라 학급의 골격이 달라집니다.

어느 상황이 되었든 아이들을 통해서 아이들의 관계를 끌어올리는 노력과 지혜야말로 개인과 전체를 한꺼번에 도약시킬 수 있는 방편이 됩니다. 그런 점에서 반장에 모든 것을 기대기보다 '학급운영위원회' 활동을 통해 모둠장과 반장의 역할을 조율하는 일부 교사들의 시도는 눈여겨 배울 덕목입니다.

반장 키우기와 관련해서 또 하나 관심을 기울여야 할 것이 있습니다. — 나는 개인적으로 상담을 한 번도 못해봤다. 선생님은 늘 반장으로만 만나려고 한다. 선생님은 내가 아무 고민도 없는 줄 아신다. 무슨 일로 상담하러 갔는데, 앉으라고 하더니 성적표에 도장 찍는 일을 시켰다. — 반장은 반장이기 이전에 한 학급원입니다. 그를 개인적으로 배려하고 건강하게 키우는 것 또한 담임 교사의 몫입니다.

우리는 이런 고민 속에서 반장일지를 쓰거나, 어떤 독특한 창구를 마련해 복합적인 지도를 시도하는 지혜로운 교사를 만나게 됩니다. '나의 발자국 공책'이라는, 말하자면 개인별 상담 공책 제도를 운영하는 어느 선생님이 그런 대표적인 예입니다. 그 학급 반장의 발자국 공책을 보면 반장의 일상을 섬세하게 챙기는 교사의 눈길이 감동적으로 담겨 있습니다. 그런 한쪽에는 '학급회의를 이끄는 요령' 같은 반장의 책무와 관계된 자료가 요소요소에 첨부되어 있습니다. 안팎을 아우르는 이러한 지도는, 미루어 짐작컨대 반장을 더없이 따스하고 당당한 존재로 거듭나게 했을 것입니다. 역시 모든 문제의 혜법은 본질에 대한 고민과 애정에서 비롯된다는 것을 단단히 가르쳐주는 소중한 사례입니다. ■

정·부반장 바로 뽑기

정·부반장 선거는 학년초 학급 행사 가운데 가장 먼저 이루어지는 공식적인 행사이다. 이 선거는 단순히 반장과 부반장을 뽑는다는 의미를 넘어선다. 선거 과정을 직접 체험함으로써 책임 있는 민주시민의 자세를 배우고, 다양한 의견을 절충하고 수용하는 태도를 깨달을 수 있다. 말하자면 정·부반장 선거는 결론보다 과정을 중시하는 민주주의 질서를 고스란히 체득하는 과정인 것이다.

또한 학급원들이 일년 학급생활에 대한 기대감을 확정하는 시금석으로서의 의미도 매우 중요하다. 선거의 과정을 통해 아이들은 나름대로 과연 우리 반은 '나'를 보장해줄 수 있는 구조인지, 친구들은 편협하거나 억압적이지 않은지, 또한 담임은 전폭적으로 신뢰할 만한 '어른'인지 등을 간파하는 것이다. 이런 판단은 학급운영에 대한 협조 여부를 결정하는 중요한 요소가 된다.

이러한 중대한 의미가 있음에도 교실에서 선거를 제대로 구현하기에는 극복해야 할 장애와 어려움이 많다.

우선, 반장 자격 제한 규정이 여전한 문제점으로 남아 있다. 복합적인 문제점을 빚어내는 이 자격 규정은 원칙적으로 없애야 할 항목으로, 그것이 강제되는 상황이라면, 뜻을 같이 하는 교사끼리라도 지혜로운 대안을 모색해서, 아이들의 인권 침해나 갈등을 최소화시키려는 노력을 기울여야 한다.

반장에 대한 '심부름꾼' 개념도 건강한 선거 문화를 발목잡는 무시 못할 장애 요인이다. 반장은 단순히 담임의 업무 조력자가 아니다. 학급자치를 구현하기 위한 조직의 봉사자이며, 학급의 공동체 질서를 좀 더 탄력적으로 생산하는 일종의 의사조정 기구다. 또한 개개인과 학급을 대변하여 학생회를 구성하는 대표자다. 이런 반장 역할에 대한 인식이 공유되지 않으면, 선거 과정은 물론, 선출 이후에도 설득력을 갖지 못하기 때문에 학급운영에 큰 차질을 빚게 된다. 사전 선거 교육이 필요한 이유도 여기에 있다.

정·부반장 선출은 사실, 선출 자체보다 그 이후의 지도 과정이 중요하다. 반장은 학급 공동체를 이끌고 조정하는 학급 대표이지만, 그 이전에 한 학생이다. 이 양면에

반장에 대한 자격 제한 규정은 성적·지능에 의한 차별로 학생의 평등권을 침해하는 대표적인 경우다. 대부분 학생회 임원 선출에도 적용되고 있는 이 규정은 개인적인 차원에서 타협하고 해결하기보다는, 학부모와 함께 집단적인 의사를 모아 공식 경로(학교운영위원회 등)를 통해 원칙적으로 철폐하는 과정을 거칠 필요가 있다. 서울시교육청에서는 1999년부터 자격 제한 규정을 없앴다.

대한 지도가 조화를 이루지 못하면 개인은 큰 장애를 겪게 된다. 정 · 부반장의 좌절과 실패는 곧 학급의 실패로 이어지기 쉽다.

결국 정 · 부반장 선거는 여러 면에서 이제 시작일 뿐이다.

선거 전 분위기가 중요하다

선거의 첫 작업은 바람직한 반장의 모습에 대한 생각을 서로 나누어보는 것이다. 교사뿐 아니라 아이들도 반장에 대한 편견과 오해가 깊은 경우가 많다. 그동안 비민주적인 선거 관행에서 비롯된 오해 — 이를테면 반장은 기껏해야 담임의 뒷수발감이라거나 혹은 애당초 반장감은 정해져 있다거나 하는 — 를 간과하면 선거는 아주 형식적이거나 뒤틀린 장난으로 흐를 소지가 많다.

선거 과정에 대한 아이들의 소극적인 참여나, 엉뚱한 선거 결과는 교사에게도 어느 정도 책임이 있다.

우선 본격적인 선거 일정에 들어가기 전에, 반장의 참역할은 무엇인가, 그렇다면 어떤 인물이 반장으로 적합한가 등을 한번쯤 진지하게 생각하는 시간을 가질 필요가 있다. 간단한 설문을 통해 관심을 불러일으킬 수도 있고, 벽보를 활용할 수도 있다. 비어 있는 게시판 공간에 모조지 전지를 두어 장쯤 붙이고, '이런 반장과 함께 생활하고 싶다.' 혹은 '이런 반장은 싫어요.' 라는 주제로 마음대로 쓰게 한다. 그런 뒤 거기에 적힌 이야기를 바탕으로 적절한 예화를 덧붙여 미리 선거에 대한 무게를 실어주고, 간단하게 선거 절차를 소개하고 안내한다.

다양한 반장의 모습에 대해 이야기해주되, 교사의 생각을 너무 강요하지 않는다. 조직 대표의 중요성을 알려주는 적절한 훈화 자료를 준비하여 활용한다.

선거관리위원회 구성하기

선거 10일 전쯤 선거 업무를 관장할 선거관리위원회(이하 선관위)를 구성한다. 선관위 위원들은 학생들의 추천을 받아 담임이 임명한다. 인원은 3~5명 정도가 적당하다. 선관위 위원이 임원 후보가 될 때는 그 자격을 상실하며, 다른 사람으로 대체한다.

선관위의 역할은 선거를 공정하고 객관적으로 이끌되, 선거가 원활하게 이루어지도록 지원 · 감독하는 일에 중심을 둔다. 선거 공고에서부터 선거 벽보 관리, 투표지 작성과 배분, 개표, 집계, 당선자 공고에 이르기까지 선거 업무의 전 과정을 진행한다. 신입생의 경우는 상황을 판단하여 담임이 선관위 역할을 맡을 수도 있다. 무엇이든 아이들 손에 일임하는 것이 능사는 아니다. 적당한 지도 조언이 조화될 때 방향이 바로잡힌다. 아이들에게는 성공의 경험도 매우 중요하다.

출마 예상 학생은 되도록 선거관리위원회 위원에 추천되지 않도록 한다. 추천이 아닌 지원자를 받아서 활용하는 방안도 있다.

선거 공고하기

선관위가 구성되면 먼저 회의를 거쳐 선거 방식과 선거 일정에 대한 합의를 이끌어낸다. 담임도 참여하여 학교 일정과 조화를 이루도록 돕는다.

결정 내용에 근거하여 선관위 위원들은 학급 게시판에 선거일을 공고하고 학생들의 적극적이고 자발적인 참여를 유도한다. 공고의 내용에는 선거 일시와 장소, 선거 방법 등을 명시하고, 공정한 선거 운동과 적극적인 참여를 유도하는 문구를 곁들인다. 광고 카피를 이용한 재미있는 문구를 활용하면 관심을 불러일으키는 데 효과적이다. 이 공고문에는 반드시 선관위 도장을 찍는다. 선거 공고와 아울러 선거 일정과 주의사항 등을 담은 구체적인 안내서를 덧붙여 게시한다.

〈예시 4〉 정 · 부반장 선거 공고

> ## 공 고
>
> 2학년 4반 반장 · 부반장 선거를 다음과 같이 실시합니다
>
> 선거일 : ○○○○년 3월 17일 학급회의 시간
> 장　소 : 2학년 4반 교실
> 참가자 : 2학년 4반 학급원 전체
>
> ● 우리 모두 선거에 적극적으로 참여합시다.　● 공정한 선거, 민주주의의 기본입니다.
>
> ○○○○년 3월 11일
> 선 거 관 리 위 원 회 (도장)

후보자 등록하기

선관위는 공고일부터 (3~5명 정도의 추천을 받은) 후보자 등록을 받는다. 후보자 등록은 선거일 5~7일 전에 마감한다. 후보자의 수는 3~5명 정도가 적당하다. 등록이 마감되면 등록순이나 가나다순, 또는 추첨을 통해 기호를 정한다. (미리 모둠이 조직되어 있는 경우는 모둠별로 1명씩 추천해서 등록하는 방법도 있다.) 이때 미리 정해둔 선출 방식에 따라 후보자 등록을 받아야 한다. 선출 방법에는 대체로 다음과 같은 방식이 있다.

① 반장과 부반장 후보의 등록부터 따로 받아 따로 선출하는 방법
② 구분 없이 후보자를 받아 1, 2위로 반장과 부반장을 결정하는 방법
③ 반장과 부반장 후보를 팀으로 하여 러닝메이트로 하는 방법

선출 방법은 학교나 학급 상황에 맞게 정해야 할 문제이나, 러닝메이트제가 여러 면에서 바람직하다. 러닝메이트제의 장점은 선거 분위기를 한껏 살릴 수 있다는 점과, 당선 이후에 학급활동을 하는 데 효율적이라는 점이다. (모둠별로 추천하는 경

우, 팀은 한 모둠에서 나올 수도 있으며, 모둠 추천을 받은 학생이 모둠과 관계없이 한 사람을 지정하여 팀을 맺을 수도 있다.) 이때 후보자는 세 팀 안팎으로 제한하는 것이 바람직하다.

〈예시 5〉 정·부반장 선거 일정 공고

선거 일정과 유의사항

● 선거 방식은 '러닝메이트'로 한다.
● 선거 일정 　 3. 11.~12.　후보자 등록
　　　　　　　　　　　　　(학급원 3명 이상의 추천을 받은 사람으로 한다.)
　　　　　　　 3. 12.　　후보자 기호 추첨
　　　　　　　 3. 13.~15.　후보자의 자기 소개와 다른 후브자와의 토론
　　　　　　　　　　　　　· 벽보는 2절지 크기로 만들어 선관위에 제출한다.
　　　　　　　　　　　　　· 벽보는 심사 후 게시판과 복도에 각각 1매씩 부착한다.
　　　　　　　 3. 17.　　합동 유세(아침자습 시간을 이용. 1인당 5분씩)
　　　　　　　　　　　　　· 투표와 개표 — 학급회의 시간
　　　　　　　　　　　　　· 당선 소감 발표와 당선자 공고

○○○○년 3월 11일
선 거 관 리 위 원 회 　(도장)

후보자 소개와 벽보 활용

각 후보자는 등록일부터 선거일까지 다양한 홍보 활동을 벌인다. 선거 벽보는 후보자(지원팀 포함)가 직접 만들어 교실 벽면이나 게시판에 부착한다. 선거 벽보는 후보자의 사진, 기호, 이름, 자기 소개, 공약, 구호 등을 포함시켜 다양하고 개성 있게 만들도록 한다. 이때 사진은 독사진도 좋지만 가족이나 친구와 함께 찍은 사진도 괜

〈예시 6〉 선거 벽보

찮고, 그림으로 대신해도 재미있다. 선관위는 벽보의 규격, 매수, 부착 장소 등을 지정하고, 벽보 하단에는 선관위 등록 도장을 찍는다.

후보자는 아침 시간이나 점심 시간 등을 이용하여 자신의 포부와 약속사항을 밝히고 지지를 호소한다. 이때, 약속사항이나 바람직한 학급생활 등에 관하여 전체 학생들과 토론을 한다면 더욱 분위기를 돋울 수 있으며, 학급원들이 올바른 후보를 선택하는 데 도움이 된다.

공약과 홍보 활동

공약은 유권자인 학생에 대한 약속이며, 학급운영의 기본축을 형성하는 것이므로, 구체적이고 실천 가능한 것이어야 한다. 설문조사 등을 통한 의견 수렴 과정을 거친 공약은 호응도도 높고, 또 공약을 실행하는 실제 활동 과정에서 많은 학생들의 참여를 이끌어낼 수 있다. 자칫 추상적이거나 감당할 수 없는 공약을 내걸면, 당선 이후에 그것이 빌미가 되어 반장의 신뢰도는 물론 활동 폭에 제한을 받는 경우가 있다.

공약으로 제시할 만한 내용으로는, 건의함 설치, 우편함 설치와 운영, 학급문고 운영, 월 1회 체육대회와 우정의 날 운영, 남녀 학생 짝으로 앉기, 학급신문 발간, 학급 바자회 개최, 학기별 야영 등이 있겠다.

홍보 활동을 위해서는 벽보 외에 전단, 스티커, 만화 등을 제작해 활용할 수 있으며, 홍보자의 로고송이나 구호를 만들어 부를 수도 있다. 유세는 찬조 연설을 포함한 공동 유세를 최소 2회 이상 개최해 후보자들의 면모를 충분히 파악할 수 있게 한다. 선관위는 선거 운동이 지나치게 과열되거나 갈등, 부정의 소지가 없는지 감시한다.

선거와 투·개표

선관위에서 투표 전에 투표 용지와 기표 용구, 투표함 등 투표에 필요한 물품을 준비한다. 투표 용지는 규격에 맞게 만들어 나누어주는 것이 좋으며, 투표함은 작은 종이 상자를 이용할 수 있다. 기표 용구는 볼펜대나 사인펜대를 사용할 수 있다. 기표소는 따로 설치하기 어려우므로 교실 한켠에 가리개를 세우고 할 수 있다.

투표가 끝나면 선관위 위원은 개표를 하고, 개표 결과를 집계하여 기록한다. 개표 결과 총투표자의 과반수 득표자가 당선된다. 과반수 득표자가 없을 경우에는 상위 두 후보가 결선 투표를 하여 다득표자를 당선 확정한다. 러닝메이트제가 아닐 경우에는 반장 선거를 먼저 하고 부반장 선거를 따로 할 것인지, 아니면 최고 득표자가 반장이 되고 차점자가 부반장이 될 것인지를 사전에 결정해야 한다.

〈예시 7〉 투표 용지

기호 1 이현배	기호 2 이민주	기호 3 김참솔

선 거 관 리 위 원 회 (도장)

당선자 소감 발표와 당선자 공고

당선된 반장은 당선 소감과 함께 앞으로의 활동 계획 등에 대하여 자신의 소감과 생각을 발표한다. 이때 축하의 꽃 전달하기 같은 간단한 자투리 행사를 곁들이면 한결 분위기가 살아난다. 선관위는 당선자가 확정되는 즉시 당선자 공고를 함으로써 선거의 모든 과정을 마무리한다.

〈예시 8〉 당선 공고

당선 공고

2학년 4반 반장, 부반장 선거 결과 당선자를 다음과 같이 곤고합니다.

반　장 : 기호 1 이 현 배
부반장 : 기호 3 김 참 솔

○○○○년 3월 17일
선 거 관 리 위 원 회 (도장)

평가와 마무리

선거가 끝나면 차분히 그동안의 과정을 평가해본다. 뒷게시판을 이용해 어떤 반장을 뽑을 것인가에 대한 생각 나누기를 실시한 학급이라면, 다시 그곳에 모조지 전지를 붙여 '반장, 부반장에게 주는 축하의 메시지' 혹은 '소감 적기'를 하는 형식으로 마무리를 짓는다. 또한 반장 선거를 주제로 하는 모둠일기를 써본다. 담임은 따로 선관위 위원과 정·부반장 당선자와 후보자를 한자리에 모아 그동안의 활동을 격려하는 간단한 다과회를 갖는 것도 생각해볼 만하다. 탈락한 후보자들은 학급에서 또 다른 부서의 임원을 맡아 활동할 수 있다. 이런 작은 배려가 앞으로 학급운영에 큰 영향을 끼친다. ■

우리 반은 모두가 후보다

자기 소개서를 반장 출사표와 겸하는 방법

우리 반은 1학년. 입학 전에 미리 모둠을 편성하고, 이에 따라 집단상담을 한다. 이렇게 하는 것이 새 환경에 대한 소속감과 안정감을 심어줄 수 있다. 집단상담이 끝날 때쯤은 학교 일정에 맞추어 반장 선거를 한다. 아이들은 이미 집단상담을 통해 서로 호기심을 갖고 적당히 친해진 상태다.

아이들은 전지를 벽에 붙여 자유롭게 낙서하는 것을 좋아한다. 전지 두 장에 '이런 친구를 뽑고 싶다.' '이런 친구는 안 돼!' 라는 제목을 달아 스카치테이프로 붙여둔다. 그리고 훈화를 한다. 세상에는 재미로 할 일과 심혈을 기울여 할 일이 있다고. 순간의 선택이 일년(혹은 1학기)을 좌우한다고. 그리고 잘 보낸 일년이 인생을 좌우할 수도 있다고.

분위기를 엄숙하게 하여, 조상들이 한 표의 소중함을 지키지 못해 아직도 고생한다는 얘기 등을 쉽게 설명하고 전지에 좋은 의견을 많이 내도록 부탁한다. 제일 좋은 의견에는 상품이 걸려 있다는 선전도 빼놓지 않는다. 모두 눈에 힘을 주는 모습이 역력하다. (나중에 상품 얘기가 나와서 좋은 의견을 함께 고른 후, 마시고 먹는 걸 주겠다고 하니 좋아하였다. 그래서 엄청 큰 상품 — '오염된 공기를 평생 마실 수 있는 권리, 일년에 한 살씩 먹을 수 있는 권리'를 주었다.)

자기 소개가 곧 반장 후보 출사표

방과후 작년 우리 반 학생에게 부탁해서 아이들이 전지에 써놓은 것을 B4 용지에 보기 좋게 정리한다. 그것을 다음 날 교실 벽에 붙여두고 차근차근 설명을 한다.

"어제 너희들이 쓴 의견을 정리해서 붙여놓았으니 참고해라. 이제 우리는 모두가 반장, 부반장 후보다. 내일까지 자기 소개서를 만들어 와. 후보 소견서이기도 해. 자신의 경력, 예를 들면 반장 후보가 되는 꿈을 꾼 경력도 좋고, 유치원 다닐 때 왕초였던 경력도 좋아. 그리고 성격, 특기, 취미, 장기, 가족 관계, 반 아이들에게 하고 싶은 말, 어떤 내용도 괜찮아. 반드시 써야 할 내용은 '내가 반장이 된다면' 인데 이건 의무적으로 해야 해! 그림이나 사진을 붙여도 좋다. 글씨를 잘 쓰는 사람에게 부탁해도 상관없고. 하지만 내용은 자신이 꾸려야겠지. 임원을 하면 힘든 점도 많겠지만 모둠장이 많이 협조해줄 거야. 우리 반을 대표할 얼굴을 뽑는다고 생각하면 되겠지. 초등학교와 달리 여러 과목을 공부하게 되니까 들어오시는 선생님의 분위기를 잘 파악해서 현명하게 대처한다면, 반 아이들에게 크게 도움을 줄 수 있는 역할이기도 해. 학생회에 가서 의견도 낼 수 있고, 듣고 배울 기회도 생기니 좋은 경험이랄 수 있지. 무엇보다 내가 든든하게 받쳐줄 것이니 일하는 것은 문제 없을 거야. 혹 경험이 없다고 두려워하지 말고 후보로 참가하자! 우린 아직 서로를 모르지만 부모님들이 지방의회 의원을 뽑을 때도 홍보 자료만 보고 선택하는 경우가 대부분이잖아? 제대로 안 보거나 오해를 해서 문제지. 이건 꼭 선거용이기만 한 것은 아니고 서로 잘 알고 지내자는 것이니까 혹 임원에 관심이 없는 학생이라도 부담은 갖지 말자. 그럼 기대할게!"

말하자면 자기 소개서를 정·부반장 소견서로 겸해서 활용하겠다는 뜻이다.

이렇게 걷은 소개서를 게시판과 교실 벽에 잔뜩 붙여두니 아이들은 전람회에 온 것처럼 열심히 읽는다. 재미있는 것도 많고 예쁜 것도 많다. 제날 못 내는 아이들이 꼭 있고, 시각적인 아름다움도 있으니까 3일 정도 붙여둔다.

임원이 될 의사가 없는 아이의 소개서는 벌써 그런 냄새가 묻어나지만, 대부분 자기 소개만큼은 성의 있게 한다. 대충 한 아이들은 뭔가 찔리는 게 있는지 도로 떼다가 손을 더 보아 붙이기도 한다. 귀여운 것들.

사흘이 지난 종례 시간에 견출지에 콩도장을 찍어서 한 개씩 나누어준다. 정·부반장으로 나설 후보를 뽑는 투표용이다.

"집에 가기 전에 너희가 반장 후보감으로 찍어놓은 아이의 소개서에 붙이고 가거라. 예쁘다고 찍지 말고, 친하다고 찍지 말아라. 예쁜 거로 치면 내가 제일 예쁘니까. 너희들과 잘 어울려 멋진 한 해를 꾸려갈 수 있겠다 싶은 아이에게 표를 주거라."

견출지가 가장 많이 붙은 사람이 후보로 정해진다. 두 명이다. 이들을 남게 하고, 소개서는 모두 떼어 달력처럼 만들어 낮은 못에 걸어둔다. 장식 효과도 낼 겸.

'찍힌' 아이들의 등을 두드려주며 친구들에게 인정받은 점을 칭찬해주고 소감을 물어본다. 혹 의지가 없는 학생일 수도 있으므로 이 행사 자체가 갖는 의미를 잘 이해시켜야 한다.

"친구들이 선택한 것만으로도 너희는 이미 좋은 학생이라는 게 증명된 거다. 그에 대한 보답은 진짜 민주주의 선거가 어떤 것인지 보여주는 거야. 마음으로는 경쟁심이 없더라도 보는 친구들을 위해 적극적인 유세를 하자. 당선된 사람은 물론이고 떨어진 사람의 당당함도 보여주자. 우리 반 선거 공부는 너희들 하기에 달려 있다. 내일까지 후보자 소견문과 포스터를 만들어보자. 친구나 가족의 도움을 받아도 좋다. 포스터는 4절지에 하도록 하고. 소견문은 내가 보고 지도해줄 테니 어렵게 생각 말고 내일까지 해오고, 결과에 대한 인사말도 준비해봐라."

소견문을 지도해주겠다든지, 가족과 함께 하라든지 혹은 저녁에 아이들 집으로 전화를 걸어 "하고 있니?"라며 말 한마디를 챙겨주는 일은 성실한 준비를 격려하는 효과가 있다. 실제로 크게 지도하지는 않고 발표에 자신감을 주기 위해 소견문을 인정해주는 정도다. 교육적인 의미에서, 선거 결과가 어떠하든 정중히 인사하도록 특별히 강조한다. 가는 아이들 뒤꼭지에 대고 한마디 더 한다.

"포스터는 늦어도 모레까지는 붙여라. 그 다음 날 선거를 할 테니까!"

선거 당일, 구호 연습으로 분위기를 띄운다

선거날이 되었다. 라면 상자에 모조지를 붙여서 투표함을 만들고 공고문을 만들어 붙인다. 투표 용지는 컴퓨터를 이용해 실제 선거 때처럼 후보자의 이름을 넣어 만들었다. 후보자 가슴에 달 기호, 볼펜대, 붉은 스탬프도 준비한다. (만약 신입생이 아니라면 선관위를 구성하는 것이 좋겠다.)

선거는 내 수업 시간을 이용하기로 한다. 수업을 한 시간 하는 것 이상으로 중요한 일이라는 얘기를 하면, 아이들은 공부 안 하는 것이 좋아서 "옳소!"를 연발한다.

책걸상을 약간 뒤로 밀고 그 공간에 책상(교탁의 모양이 이용하기 좋으면 교탁)을 하나 놓고 내 책상 위에는 투표에 필요한 물건을 둔다. 칠판에 반장 선거라고 쓰고 유세장에 온 분위기를 내도록 박수도 크게 치고 구호 외치기도 한다. "멋진 반장 뽑아서 최고 반이 되어보자!" 하고 선창하면 "되어보자! 되어보자!" 하고 외치는 거라고 가르쳐주지만, 뉴스 시간에나 보던 것을 하려니 처음엔 쑥스럽고 우스워서 제대로 하지를 못한다.

"웃으면 웃기는 결과가 나오니까 굳은 의지로 눈에 불을 켜고 해야 되는 거야!" 하며 눈을 부릅뜨는 시늉을 하니 또 깔깔 웃으면서도 금세 따라 한다. 몇 가지 구호를 외치면서 활발해진 분위기를 틈타 좋은 의견에는 박수를, 나쁜 의견에는 야유를 보내는 연습을 곁들인다. "우리 선생님처럼 아름다운 여성을 만나서 행복하기 짝이 없습니다! 이러면 '옳소!'를 외치며 박수를 치란 말이야!" 하니 아이들은 "우 —." 하며 야유를 보낸다. 꼭 필요한 건 아니지만 선거도 즐거운 축제임을 느낄 수 있어 좋다.

소견 발표가 끝나고 다시 한 번 신중한 선택을 강조하며 훈화를 한다. 이때는 표정을 엄숙하게 잘 관리하는 게 중요하다. 아이들은 교사의 표정에 민감하므로.

준비해둔 책상 위에 투표함을 올려놓은 다음 "1분단부터 한 명씩 나와 볼펜대에 스탬프를 찍어 기표하고 투표 용지를 두 번 접어 투표함에 넣어라!" 하고 말한다. 그리고 정확히 기표할 것을 당부한다.

아이들의 엄숙한 분위기는 감동적이다. 모둠이 구성된 상태이므로 그날의 모둠장이 자신의 도우미와 함께 개표 작업을 한다. 개표 작업을 지켜보는 동안의 긴장감은 선거의 모습을 제대로 갖추려고 한 나의 의도가 옳았음을 느끼게 한다.

몇 표 차이로 당선이 결정되고, 이미 약속한 대로 떨어진 학생은 함박웃음을 지으며 축하의 박수를 쳐준다. 나는 얼른 화병의 꽃을 뽑아 차점자에게 주고, 차점자는 재치 있게 당선자의 손에 꽃을 쥐어준다. 아이들의 박수 소리는 크고, 표정은 뿌듯함으로 환하다.

차점자는 원칙에 따라 자동으로 부반장이 되어 먼저 소감을 얘기한다. 준비한 원고대로, 후보로 뽑힌 영광을 친구들에게 돌리며, 반장을 도와 좋은 학급이 되도록 하겠다는 이야기다. 반장이 된 학생은 준비한 인사말로 아이들의 큰 박수와 환호(연습한 탓?)를 받는다. 기념으로 반장과 성이 같은 아이들의 청소를 면제해준다. 환호성과 탄성이 터진다. "이제 반장 선거한 소감을 '나의 발자국'에 써봐!"

뒷마무리 — 격려와 칭찬

반장, 부반장을 따로 남겨 축하해주고, 선거 전에 친구들이 '이런 친구를 뽑고 싶다.'에 썼던 내용을 상기시키며 열심히 노력하자고 한다. 한 사람의 역할이 얼마나 중요한지를, 그리고 '진심으로 친구들을 사랑하는 마음을 가질 것'과 '큰 사람'이 될 것을 당부하고 '힘들면 언제든 나에게 얘기할 것'을 다시 한 번 강조한다.

학급활동에서 반장은 시작 인사를, 부반장은 끝 인사를 담당한다. 그리고 무엇보다 중요한 것은 모둠장들과 좋은 관계를 유지해서 협조를 얻는 것, 이것도 다시 강조를 한다. 모둠장의 협조를 얻으면 실제로 실내 정숙이며 수업 준비 등의 문제에서 반장 혼자 고전하지 않아도 된다. 친구들과의 관계에서 생길 수 있는 갈등도 한결 짐이 덜어진다. 특권의식에서 생기는 문제도 그렇다. 여러 과목 선생님들이 반장에게 시키는 일도 적지 않으므로 반장 역할이 '적어서' 문제가 되지는 않는다. 출석부 관리나 여러 날이 걸리는 돈 걷는 일, 학급 행사, 담임 업무에 대한 지원은 부반장 몫이다.

학생부에서 임원 선출시 같이 조직하도록 하고 있는 학급 부서 조직은 따로 하지 않는다. 제출용 학급 조직표의 각 부서 기록란에는 모둠장과 모둠원들의 명단을 형식적으로 써내고, 혹 활동해야 할 일이 생기면 써낸 부서명과 상관없이 해당 일의 모둠장이 판단하여 하도록 일러둔다.

교육상 문제가 있는 것은 사실이지만, 우리 교육이 원칙에 맞게 운영되지 못해서 생기는 일이라 생각하는 것으로 변명을 삼는다.

반계해 / 전 경남 개운중 교사

진지한 분위기가 관건이다

러닝메이트제 선출 방법

학급을 운영하는 과정에서 중요한 것 가운데 하나가 어떤 정·부반장을 어떻게 뽑느냐 하는 것이다. 3월 정·부반장 선거에 신경을 많이 쓰는 것도 그 때문이다. 건강하고 자연스러운 선거 문화를 어떻게 조성하느냐가 관건이다. 그렇지 않으면 선거가 장난으로 이뤄지거나 올바르지 않은 방향으로 끌려가는 수가 있다. 중학교는 초등학교보다는 선거 분위기가 조용한 편이다. 초등학교부터 선거 문화에 익숙한 아이들이라 조금만 잘 끌어주면 별다른 문제 없이 선거가 잘 치러진다.

나는 선거에서 가장 중요하게 배워야 할 것은 민주시민으로서의 기본 자세라고 생각한다. 그래서 일부러라도 선거 분위기를 띄우는 편이다. 새 학년이 시작되고 일주일 정도 지나면 후보 등록 공고를 한다. 그때 올바른 지도자란 어떤 사람인지 함께 생각해보는 시간을 갖는다. 정·부반장은 교사의 심부름을 도맡아하는 존재가 아니라, 반의 대표로서 아이들의 의사를 잘 수렴하고 조절하여 조화롭게 이끌 수 있는 존재여야 한다. 또한 학교 안의 여러 문제에 대해서도 학생회에 참여하여 해결해나갈 수 있는 소신과 태도(학생회에 가서 졸다가 빵만 먹고 오는 '빵반장'은 반쪽짜리 반장이다.)를 지닌 사람이어야 한다. 반장 될 자격은 아무에게나 있지만, 그렇다고 아무나 반장을 잘하는 것은 아니다. 나는 아이들에게 그런 점을 강조한다. 대개의 경우 성적 제한을 두는 경우가 많은데, 나는 성적 제한을 두지 않는다.

대개 선거는 학기 시작하고 3주째에 실시하기 때문에, 누가 정·부반장으로 적절한지 지켜보려면 최소한 2주 정도의 탐색 기간이 필요하다. 그래서 공고 후 2~3일 사이에(선거일 일주일 전에는 후보자 등록을 마감한다.) 후보 등록을 받는데, 선출은 러닝메이트제로 한다. 공약 제시나 선거 운동, 당선 이후의 학급회의 구성과 실제 활동에서 서로 뜻이 맞아야만 좀 더 원만한 학급 분위기를 만들 수 있기 때문이다.

후보 등록이 끝나면, 벽보를 통해 추첨으로 정한 후보들의 기호와 이름, 그리고 선거 일정을 공고한다. 선거일 공고가 되면 그때부터 후보들에게 자신들의 경력과 공약을 담은 포스터나 대자보를 교실의 빈 공간에 붙이고, 쉬는 시간이나 점심 시간을 활용하여 유세를 하는 등 다양한 홍보 활동을 하게 한다.

공고가 나간 후 3일 정도 지나고 나서 1차 합동 선거 유세를, 선거 전날 2차 합동 유세를 한다. 자신들을 잘 알릴 수 있는 노래나 자신들의 공약을 광고를 이용해 재미있게 홍보하는 친구도 있고, 진지하고 야무진 태도로 일관하는 친구들도 있다.

후보자들의 공약은 대부분 무조건 열심히 하겠다고 하는 경우가 많다. 제대로 된 선거를 가르쳐주려면 후보자들에게 공약을 내는 과정을 지도해야 한다. 설문지를 예로 들어 가르친다. '올해 학급 행사로 무엇을 하고 싶습니까?' '학교 규칙 가운데 어떤 점이 가장 불편합니까?' 등을 내용으로 간단한 설문(시간이 부족하면 구두조사도 무난하다.)을 돌리면 그 안에 아이들의 생각과 바람이 대략 담긴다. 이 가운데 자신이 할 수 있는 것을 골라 공약으로 제시하면 아이들의 호응과 관심이 달라진다.

선거날, 마지막 공약 발표가 끝나면 투표로 들어간다. 투표는 미리 준비한 투표 용지(내가 준비한 도장이 찍힌 종이)에 이름을 적는 식으로 진행한다. 투표에 들어가기 전에 다시 한 번 아이들에게 훈화를 한다. 이때 분위기를 잘 잡아야 한다.

투표가 끝나면 임시 반장이 개표를 담당한다. 그 자리에서 희망자를 받아 기록원과 확인원을 뽑고, 개표 결과를 집계하여 기록한다. 확인원에 의해 '이상 없음'이 확인되면 다득표팀을 정 · 부반장으로 공고한다. 당선자들은 당선 소감과 앞으로의 활동 계획을 발표한다. 그리고 민주적인 절차에 의해서 뽑힌 두 사람이 잘할 수 있도록 힘껏 밀어주자는 내 당부를 끝으로 선거를 마무리한다.

"지금까지 무척 우호적인 분위기 속에서 선거가 끝났는데, 이 점은 정말로 고맙게 생각한다. 너희들은 충분히 우리 반이 될 자격이 있다. 그러나 중요한 것은 이제부터다. 좋은 반장, 좋은 반은 따로 있는 것이 아니라 너희들이 만들어가는 것이다. 너희들이 돕지 않는 한 반장은 반장이 아니다. 같이 잘해나갈 것으로 기대한다."

이런 선거 과정은 따로 관리 조직을 두지 않고 내가 주관하는 편이다. 선거 문화에 익숙한 아이들이라 조금만 분위기를 잡아주면 알아서 선거 분위기를 잘 끌어간다. 이 과정에서 가장 우려되는 것은 후보에 대한 자격 제한이 없기 때문에 여러 후보가 난립하는 가운데 뜻밖의 아이가 출마를 하는 경우다. 대부분 아이들의 손에 의해 정리가 되긴 하지만, 자칫 분위기를 놓치면 장난으로 흐르게 되고, 일년 내내 학급은 미로 속에서 헤매게 된다. 그렇기 때문에 선거가 민주주의 과정과 방법을 익히는 중요한 기회라는 것을 처음부터 분명하게 인식시킬 필요가 있다. 그래야 진지해진다. 아무리 코딱지만 한 것이라도 민주주의라는 이름이 걸리면 예사로운 노력으로는 해결되지 않는다.

최진 / 경기 백마중 교사

반장을 키우는 지혜

사실, 정·부반장 선출은 선출 그 자체보다 그 이후 지도 과정이 더 어렵고 힘들다. 어떻게 반장을 지도하고 성숙시키느냐에 따라 학급의 골격이 변한다. 반장에 대한 지도는 좀 더 다양하게 이루어져야 한다. 반장은 학급 공동체를 이끌고 적절한 조화 관계를 이루는 중심 활동을 한다는 점에서는 학급의 대표이지만, 그런 반장이기 이전에 한 학급의 학생이다. 특별한 역할을 맡고 있지만, '평범한 대우'를 받을 권리가 있는 것이다. 이런 양면에 대한 지도가 적절한 조화를 이루지 못할 때, 반장은 생산성은커녕 오히려 커다란 장애와 혼란에 빠질 가능성을 배제할 수 없다. 심한 경우 담임과 회복하기 힘든 갈등 상황에 빠지기도 한다.

학급원 사이에 적절한 역학 관계가 형성되어 있지 않은 경우, 반장의 좌절과 실패는 곧 학급 전체의 좌절과 실패로 이어질 확률이 높다. 무난하게 학급생활을 하는 것처럼 판단되는 경우에도, 자세히 들여다보면 뜻밖의 여러 문제 상황에 봉착해 있는 경우가 많다.

반장, 부반장 경험이 있는 학생들을 대상으로 조사한 설문을 통해, 과연 반장을 어떻게 만나고 키워갈 것인지 좀 더 고민을 해보자. 반장을 돕는다는 것은 특수한 환경에 처한 개인을 돕는 과정이면서, 동시에 학급을 지원하고 돕는 과정이다.

지혜 1 반장이기 전에 학생으로 대우하라

반장은 당연히 반장이기 이전에 학급원이다. 드러나게 우대하여 일반 학생들과 마찰을 빚게 하는 것도 경계해야 할 일이지만, 그렇다고 너무 챙기지 않아 일반 학생으로서 가져야 할 권리조차 누리지 못하게 하는 일도 없어야 한다. 반장으로서 만나는 경우가 아닌 상황에서는 일반 학생들과 동등하게 대할 필요가 있다. 특히 반장이 개인적인 잘못을 저질렀을 때 그 잘못을 반장이라는 직함과 연결시켜 혼내는 것은 바람직하지 못하다.

● 난 개인상담을 한 번도 못해봤다. 선생님은 나를 일하는 기계로 알고 계신 것 같다. 얼

굴만 마주치면 학급 이야기뿐이다. 선생님은 내가 아무런 고민도 없는 줄 알고 계시는 것 같다. 무슨 일로 상담하러 갔는데, 앉으라고 하시더니 성적표에 도장 찍는 일을 시켰다.

● 교문에 들어오다가 명찰 때문에 걸렸다. 그런데 담임 선생님이 오시다가 보고 "아이구 반장이라는 놈이 잘 헌다." 하셨다. 반장은 실수도 하면 안 된다.

● 반장이라고 아이들이 다 잘 따라주는 것도 아니다. 오히려 아이들은 "너는 반장이니까." 하면서 저희들끼리 좋은 것은 다 차지한다. 이런 외토움도 있는데, 뭐 하나 잘못했다고 반장이 멍청해서 큰일이라며 나무라셨을 때는 너무 원망스러웠다.

지혜 2 반장을 통해 아이들을 관리하게 하지 마라

담임으로서 가장 관심을 가져야 할 영역은 반장이 학급원들의 협조를 받아 좀 더 따뜻한 조직 관계를 형성할 수 있도록 돕는 것이다. 반장은 교사와 학생 양쪽의 공격 대상이 되기 쉽다. 그 중 특히 배려해야 할 부분이 학급원들로부터 받는 공격이다. 이 공격은 흔히 담임의 역할을 반장에게 지나치게 많이 넘겨주면서 생긴다. 그 대표적인 예가 떠드는 아이들을 단속시키거나 보고하게 하는 것이다. 반장은 담임과의 관계보다 아이들과의 관계가 우호적일 때 본연의 역할을 잘해낼 수 있다. 학급 분위기를 새롭게 세울 때는 반장에게 기대기보다 전체 회의나 모둠별 상담, 개별 상담을 통해 접근할 필요가 있다.

● 우리 선생님은 나쁜 일이 생기면 꼭 아이들 앞에서 나를 불러 꼬치꼬치 물어보신다. 국어 시간에 밥 먹은 아이가 누구냐, 무슨 시간에 혼난 아이가 누구냐……. 친구들이 쳐다보고 있는데 어떻게 대답을 하는가. 조용히 따로 불러 말씀해주셨으면 좋겠다.

● 떠드는 사람 이름 적으라고 하시면 정말 곤란하다. 선생님에게 잘 보이는 것보다 나는 친구들이 더 소중하다. 아이들이 나를 너무 싫어하는 것 같아 걱정이다.

지혜 3 반장은 터미네이터가 아니다. 지나치게 책임을 추궁하지 마라

반장은 학급원들의 요구와 교사의 요구를 모두 충족시키기에는 힘이 부치게 마련이다. 학급을 대표해서 학생회 일을 관장하는 것에서 각 교과 담임과의 관계 설정까지, 반장을 어렵게 하는 일은 한두 가지가 아니다. 담임의 명을 받아 학급 아이들을 조용히 시키는 것만도 사실은 지나친 일거리다. 일이 지나치게 몰리면 반장은 오히려 반 아이들로부터 격리되거나 무기력한 반장으로 내몰리기 쉽다. 반장에게는 무엇보다 적정한 역할을 성공적으로 해내는 경험이 필요하다. 별다른 환경을 조성해주지 않은 상황에서 책임 추궁을 하는 것은 교사 자신에 대한 책임 추궁일 뿐이다. 반장과 모둠장들의 역학 관계를 잘 조정하거나, 일의 분담 체계를 새롭게 고민할 필요가 있다.

● 아침자습 시간에 나름대로 아이들을 꼬셔가며 조용히 시키고 있었는데, 선생님께서 오시더니 애들도 조용히 못 시킨다며 막 화를 내셨다. 정말 섭섭했다.

● 친구들의 모든 것을 반장이 맡아 책임지라는 말씀은 정말 겁난다. 나 하나 잘하기도 힘든데 어떻게 친구까지 책임을 지는가. 반 분위기 안 좋을 때 나를 대표로 불러 혼내는 심정은 이해하지만, 다 네가 역할을 못해서 그렇다니, 억울하다. 난 최선을 다했다.

● 환경미화 때 무조건 반장 네가 알아서 하라고 하셨다. 좀 황당했다. 친구들은 네가 반장이니까 하면서 나한테 다 미루고 놀기만 했다. 너무 지나치게 이래라 저래라 하시는 것도 힘들지만, 그냥 맡겨놓고 알아서 하라시면 더 힘들다. 그런 뒤 환경미화 준비가 안되었다고 꾸중하실 때는 눈물이 다 났다.

　투표를 통해 뽑힌 반장이라지만 사실, 반장이 전 학급원들에게 설득력을 가지기는 어려운 일이다. 역할의 성격상 특별히 노력해도 학급원들과 우호적인 협력 관계를 유지하기는 쉽지 않다. 대표라는 이름으로 학생 관리를 단순하게 떠넘기기보다는, 학급원들과 좀 더 좋은 관계를 가질 수 있도록 돕고 지원하는 일이 필요하다. 반장의 어려움을 이해시키고 협조를 당부하는 담임의 자세는 반장뿐만 아니라 아이들에게도 좋은 인상을 남긴다. 담임의 지원이 적절하게 이루어질 때 반장은 좀 더 잘할 수 있는 일을 찾아 고민하게 된다. 고민하는 반장은 학급에 생동감을 불어넣는다. 그러나 반장의 권위를 지나치게 강조하면 오히려 부작용이 생길 수 있다. 드러나지 않게 반장의 적절한 자리를 마련해주는 것은 학급에 탄력을 불어넣는 또 다른 지혜다.

● 선생님의 의견과 친구들의 의견이 다를 때가 많다. 그럴 때 나는 중간에서 이러지도 저러지도 못한다. 친구들의 의견을 따르면 반장이 협조 안 한다고 선생님께서 섭섭해하시고, 또 선생님의 의견을 따르자면 친구들이 "그래, 니 똥 굵어." 그러면서 아예 이야기도 안 들으려고 한다. 어떤 때는 선생님께서 좀 더 분명한 태도를 취해주셔야 일을 소신껏 추진할 수 있다.

● 자율도 좋지만, 뭐든지 자율로 하라고 하시니까 나만 자율적으로 죽어난다. 선생님께선

자습 시간에 내가 대표로 맨날 혼나는 걸 아시는지 모르겠다. 어떤 일이 있을 때 방향을 미리 일러주시면 좀 알아서 하겠는데 아무것도 없으니까 아이들은 내 말을 하나도 듣지 않는다. 우리 반은 반장이 필요 없는 반이다.

● 아이들이 자율 학습 시간에 너무 떠든다. 내가 뭐라고 하면 오히려 성질을 낸다. 모든 것을 나한테 다 맡기지 말고 가끔 선생님께서 말씀을 해주셨으면 좋겠다. 나는 욕먹고 나쁜 역할만 맡는 것 같다.

● 어느 날 다른 선생님 심부름을 하고 교실에 오니 선생님께서 종례를 하고 계셨다. 그런데 반이 조용해서 선생님 목소리가 다 들렸다. 내 얘기를 하고 계셨다. "ㅇㅇ는 내가 가끔 불러서 우리 반에 대해 물어보면 친구들 나쁜 점은 절대 이야기 안 해. 다 감추어 주는 거야……. 겉으로는 내가 뭐라고 하지만 속으로는 친구들 위하는 게 대견해. 반장을 이렇게 만든 것은 너희들일 텐데……." 나는 괜히 눈물이 났다. 선생님이 너무 고마웠다.

지혜 5　　반장을 격려하라. 그리고 이끌라

반장은 끊임없이 갈등 상황에 빠진다. 요즘 아이들은 쉽게 권위를 인정하지 않는다. 교사는 교사대로 가장 쉬운 방편으로 반장을 통해서 일을 해결한다. 그 사이에서 반장은 끊임없이 고민한다. 반장은 아직 학생일 뿐이다. 작은 사안이라도 찾아서 격려해주는 담임의 태도는 반장의 마음가짐을 새롭게 한다. 특히 학생과의 관계를 잘 조절하거나, 교과 담임과 학급 사이의 관계를 잘 이끌 때 칭찬하라. 혹, 반장이 지나치게 독선적이어서 학급원이나 교과 담임과 불편한 관계를 맺는 경우에는 반장의 이야기를 충분히 들어주면서 일의 다양한 해결 방식을 차분하게 제시해주는 것이 좋다. 독선적인 아이일수록 한쪽이 비어 있는 경우가 많다.

● 복도에서 담임 선생님을 만났는데, "요새 힘들지?" 하며 남모르게 손에 사탕을 쥐어주셨다. 아주 기분이 좋았다. 내가 싫어하는 계피사탕이었지만 그냥 먹었다.

● 우리 반이 잘못해서 내가 대표로 혼나고 있는데, 선생님께서 오셔서 잘 말씀해주셔서 덜 혼났다. 그래도 우리 선생님이 최고다.

● 우리 선생님은 나에게 쪽지편지를 자주 써주신다. 어떤 때는 잘했다는 칭찬을 해주실 때도 있고, 어떤 때는 이렇게 이렇게 했으면 좋겠다는 내용도 있다. 내가 어려운 점을 상의하면, 해결할 수 있는 방법을 최대한 자세히 일러주신다. 덕분에 다른 선생님에게 칭찬을 많이 듣는다. ■

우리는 반장일지를 쓴다

아이들과 가까이 있으면 아이들을 다 아는 것같이 느껴질 때가 있다. 그러나 따져 보면 아는 게 하나도 없다. 그래서 이번엔 한 발짝 물러서서 본다. 비로소 포괄적으로 다 보이는 것 같다. 그러나 역시 착각이다. 다 보이는 것 같으면서도 사실은 하나도 안 보인다. 다 보이는 것 같지만 사실은 하나도 보이지 않는 학생들, 그래서 다가갈 수도 없고 마냥 물러서 있을 수도 없는 교사. 반장은 그 사이에 있다.

반장은 학급의 구성원으로부터 선출된 그들의 대표이다. 반장은 자신을 뽑아준 학급원들의 의사를 대변하고, 그들의 관계를 잘 조절하여 좀 더 발전적인 구조를 갖출 수 있도록 도와야 할 의무가 있다. 그렇기 때문에 친구들이 왜 자신을 반장으로 뽑아주었는지 알고 있어야 하며, 또한 어떻게 행동해야 하는지를 고민해야 한다. 반장을 고민하게 만드는 것, 그것은 담임의 역할이다. 건강한 고민은 자신과 그가 속한 조직의 발전을 가져온다.

학급일지라는 것이 있다. 하루 종일 학급 아이들은 무엇을 하고 지내는지 알고 싶어서 뒤적이면 거기에는 형식만 있지 내용이 없다. 아이들의 실제 현황과 고민을 적는 학급일지가 어디 있는가. 그래서 생각한 것이 반장일지다. 반장일지는 말 그대로 반장이 쓰는 일기로, 학급의 생활 모습과 문제점, 또 그에 대한 반장의 생각과 고민이 담긴다. 반장일지를 보면 우선 아이들의 모습을 대략 눈에 그려볼 수 있다. 무엇을 공부했는데 쉬웠는지 어려웠는지, 수업 분위기는 좋았는지 나빴는지, 누가 수업 시간에 뛰는지 한눈에 잡힌다. (물론 반장일지가 첩보용은 아니다.)

반장일지는 반장을 고민하게 만든다. 친구들이 자신을 왜 안 따라주는지, 장기 결석하는 친구를 위해 학급 차원에서 어떤 대책을 세워야 하는지, 생동감 있는 학급을 만들기 위해 누구와 함께 의논해야 하는지, 학급일지는 반장으로 하여금 그런 고민의 단추를 열어주는 구실을 한다.

그런 내용을 담고 있기 때문에 반장일지는 반장과 담임 사이에 지속적인 대화를 가능하게 한다. 아무 준비도 없이 만나서 건성으로 대답하거나 일방적인 훈계를 하는 게 아니라 실제 상황을 소재로 이야기하므로 대화에는 힘과 설득력이 실린다. 이런 대화는 담임과 반장이 서로를 이해할 수 있는 통로가 된다.

나는 학급 임원이 선출되면 일단 그날 청소를 임원들과 같이 한다. 같이 청소하며 교실 상태를 점검하고, 청소 도구와 비품들을 확인하며, 자리 배치와 교실 꾸미기를 미리 생각해보는 것이다. 그리고 퇴근길에 같이 간단한 회식을 한다. 다음 날 반장과 부반장을 불러 반장은 반장일지를 쓰게 하고, 부반장은 아침조회가 끝난 후까지 등교하지 않은 학생에게 전화를 걸어 그 이유를 반장에게 전하는 협조 관계를 권한다. 반장은 그런 내용까지 일지에 기록하여 1교시 후 내 책상 위에 갖다놓는다. 부반장에게 학생 출결을 챙기게 하는 것은 그들 사이의 관계를 맺어주기 위해서이다. 어떤 상황에서는 아이들끼리의 조화가 일을 훨씬 합리적으로 풀어나가는 발판이 되기도 한다.

반장일지에는 출석 상황과 매 시간 수업 내용, 분위기, 휴식이나 점심·청소 시간의 분위기를 간단히 적고, 그날에 대한 반장의 소감을 쓰게 한다. 물론 개인적인 고민이나 학급에 대해 문제가 있으면 덧붙인다. 그런 문제에 대해 나는 성심껏 응한다. 반장 손을 넘었다 싶은 아이들은 내가 다시 한 번 챙겨서 전화하고 상담하며, 다른 선생님의 도움이 필요한 부분은 조언을 얻어 그 결과를 간단히 메모해서 넘겨준다.

어떻게 보면 굉장히 단순한 일이고, 시간도 적게 걸리는 일이다. 그러나 일년 동안 지속하기란 대단히 어렵다. 사실 수업 준비나 다른 일로 바쁠 때는 부담스럽기도 하다. 또 반장은 반장대로 저도 사람인지라 처음의 의욕과는 달리 점점 형식적인 기록으로 헝클어질 때도 있다. 그러나 이상하게도 반장일지가 소홀해지면 학급 분위기도 따라서 침체되는 것처럼 느껴진다. 실제로 그런 때도 있었다. 학급운영을 전적으로 반장일지에 의존하는 것은 아니지만, 분명한 것은 반장일지가 담임과 반장, 그리고 학급을 조금씩 성장시키고 성숙시키는 데 상당한 기여를 하고 있다는 것이다.

반장일지에 적힌 학급 일에 대해 서로 토론하고 고민하다보면 가끔 반장의 눈에서 담임에 대한 신뢰의 빛을 느낄 때가 있다. 나도 역시 그런 반장에게 상당한 믿음을 느낀다. 사람이 사람을 사랑한다는 것에는 어떤 울림 같은 것이 있다. 그런 보이지 않는 사랑과 신뢰는 소리 없이 학급원들에게 전달되는 것 같다. 쉬는 시간 우연히 우리 반 교실을 지나칠 때 자신들끼리 진지하게 학급회의를 하는 풍경을 보곤 한다. 수업 시간에 소리 없이 학습 분위기를 이끌어주는 아이들도 종종 눈에 뜨인다. 나는 그런 것들이 반장일지가 가져온 보이지 않는 힘이라고 생각한다.

굳이 반장일지를 공개하지 않아도 아이들은 다 알고 있다. 반장은 내 옆이 아니라 아이들 속에 존재하기 때문일 것이다.

송병필 / 경기 세원고 교사

여러분의 의견을 받습니다

저는 ___ 학년 ___ 반 반장으로 입후보한 _________ 입니다.
알찬 선거 공약을 위해 학우들의 의견을 조사하려고 하니 많은 의견 부탁드립니다.

1. 반장에게 가장 바라는 점은 무엇입니까?
   ① 조용한 학습 분위기를 조성해달라
   ② 다양한 학급 행사를 준비해달라
   ③ 학생회에서 강력한 발언권을 가져달라
   ④ 교과 담임 선생님과 좋은 관계를 맺어달라
   ⑤ 기타 (   )

2. 어떤 학급 행사를 바라십니까?
   ① 비빔밥 비벼 먹기   ② 체육대회
   ③ 학급 야영이나 등반대회   ④ 전시회나 독서대회
   ⑤ 기타 (   )

3. 교칙이나 학교 규정 중에서 고쳤으면 하는 것은 무엇
   입니까?
   ① 복장 문제
   ② 등교 시간이나 자율 학습 시간 문제
   ③ 학생회 관련 규정   ④ 위반 학생 처벌
   ⑤ 기타 (   )

4. 어떻게 고치기를 바랍니까? (자세히 써주세요.)

5. 반장을 통해 담임 선생님께 부탁하고 싶은 것은 무엇
   입니까?

6. 반장을 통해 학생회에 건의했으면 하는 내용은 무엇
   입니까?

7. 학급에 설치했으면 하는 장치나 비품은 무엇입니까?
   (학급 안에서 해결 가능한 것으로)

8. 학교에 건의해서 학급에 설치했으면 하는 장치는 무
   엇입니까?
   ① 사물함   ② 학급문고를 넣을 책장
   ③ 신발장   ④ 청소 용구함
   ⑤ 기타 (   )

9. 우리 반이 어떤 학급이 되기를 바랍니까?

작성해주셔서 감사합니다. 당선된다면 여러분이 원하는 반장이
되도록 열심히 노력하겠습니다. 당선되지 않더라도 반장을 도와
좋은 학급을 만들기 위해 힘쓰겠습니다.

'반장 입후보 등록 신청서'를 제출할 때 '추천인 명부'를 첨부한다.

제　　학년　　반 반장 입후보 등록 신청서

● 학년 :　　　　　반 :　　　　　번호 :　　　　　　　　성명 :

● 주소 :　　　　　　　　　　　　　　　　　　　　전화번호 :

위 학생은　　　년도 학급 반장에 입후보하고자 등록을 신청합니다.

● 추천 내용 :

　　　　　　　　　　　　　　　　　　　　　　　　　　　　년　　월　　일

● 추천인 :　　　　　외　　　　명

● 확인 :

학교　학년　반　선거관리위원회　　도장

반장 후보자 추천인 명부

연번	이름	서명	연번	이름	서명

학교　학년　반　선거관리위원회　　도장

길잡이를 죽이면 어떻게 될까

옛날에 바다를 왕래하며 장사하던 장사꾼들은 큰 바다에 나갈 때는 길잡이를 한 명 데리고 나갔다. 훌륭한 길잡이가 있어야 무사히 뱃길을 찾을 수 있기 때문이다.

어느 날 장사꾼 몇 명이 바다로 나가며 훌륭한 길잡이 한 사람을 구해 함께 배를 타고 먼 나라로 떠났다. 그런데 떠나올 때 잔잔하고 평화롭던 바다 물결이 큰 바람을 만나 모든 것을 집어삼킬 듯 출렁이는 것이었다. 그때 한 사람이 이렇게 말했다.

"한 사람의 희생제물을 바다에 빠뜨려야 폭풍이 가라앉는다네. 내 오랜 경험에 비춰보면 그래야 하네."

장사꾼들은 어떻게 해야 할지 의논해보았다. 서로 뻔히 아는 데다 서로 맡은 역할이 있는데 누구 한 사람을 희생제물로 삼자고 말할 수가 없었다. 자기가 희생제물이 되겠다고 나서는 사람도 없었다. 그때 한 장사꾼이 말했다.

"폭풍우를 만난 처지에 길잡이가 무슨 소용인가? 다 죽기 전에 우리 저 길잡이를 제물로 바치세."

모두들 좋은 생각이라고 무릎을 쳤다. 그들은 곧 길잡이를 죽여 바다에 제사를 지냈다. 그러고 나니 폭풍우도 잠잠해지고 물결도 잔잔해졌다.

그러나 그들은 모두 죽고 말았다. 바닷길을 제대로 가르쳐줄 길잡이가 죽었으니, 여기다 저기다 우왕좌왕하다 바다 한가운데서 길을 잃었던 것이다.

생각해봅시다

눈앞의 두려움 때문에 판단을 그르친 사람들을 보라. 험한 바다에서 가장 필요한 사람이 누구이겠는가. 바로 길잡이다. 가장 필요하고 소중한 사람을 먼저 죽음에 빠뜨리는 일은 우리 삶에서 가장 중요한 것을 먼저 잃어 버리는 일과도 같다. 진실과 정직은 눈앞의 이익을 차지하는 데 방해가 되니 진작에 버려버리고, 따뜻한 이웃 사랑의 정신은 실익과 거리가 머니까 버려버리고…… 작은 것 때문에 큰 갈피를 잃는 일이야말로 불행이다.

모두를 이기는 대장의 사랑

노예들이 반란을 일으켰다. 오랜 세월 자신들을 짓누른 잘못된 제도를 깨닫고 그들 모두 힘을 합해 일어선 것이다. 그러나 역사 속의 많은 일들이 단번에 이루어지지 못하였듯이 그들도 쓰디쓴 실패를 맛보아야 했다. 반란에 참가했던 노예들은 모두 잡혔다.

반란군 우두머리는 많은 노예들이 믿고 따르던 사람이었다. 이런 믿음은 그가 자기 동지들을 아끼고 사랑했기 때문에 생긴 것이었다. 임금은 반란군 대장을 불렀다.

"먹을 만큼의 밥을 주었고, 헐벗지 않을 만큼의 옷을 주었는데 반란을 일으키다니 은혜도 모르는 놈들이다."

"우리는 개나 돼지가 아니오. 우린 인간이오."

"너는 노예다. 자기 처지를 모르고 날뛰다가 너뿐 아니라 네 동료들도 모두 죽게 되었다. 그들을 가만히 두었더라면 최소한 먹고 살 수는 있지 않았겠느냐."

"나는 그들을 사랑하기 때문에 그런 삶을 참고 볼 수 없었소."

왕의 얼굴에 비웃음이 스쳤다.

"사랑? 그래 그렇다면 네 사랑이 얼마나 진실한지 시험해보자. 저쪽 단두대에서 네 목을 치면 너는 떨어진 네 목을 들고 나에게까지 걸어오는 거다. 그 정도 사랑이면 믿을 만하지. 그러면 네 동료들만큼은 살려주지. 어때?"

반란군 대장은 그러겠다고 했다. 그는 입을 굳게 다물었다. 단호한 결의가 담겨 있었다.

툭 —.

그의 목이 떨어졌다. 동시에 목 없는 대장은 자기 목을 들고 왕이 놀라며 일어서는 자리까지 피를 내뿜으며 달려왔다. 그리고 쓰러졌다.

생각해봅시다

왕은 잡힌 노예들을 풀어줄 수밖에 없었다. 목이 떨어진 채 달려오던 노예 대장의 비장한 모습이 왕을 놓아주지 않기 때문이다. 자기 목을 들고 달려오는 목 없는 시체를 상상해보라. 이 이야기가 우리에게 감동을 주는 건 노예 대장의 사랑 때문이다. 자기 동지에 대한 사랑은 감동을 넘어서 두려움까지 준다. 자기 죽음 앞에서도 동료를 생각하는 그 치열한 사랑의 정신. 이런 사랑이 있어야 앞장서 일해나갈 자격이 있는 게 아닐까.

학급 조직 꾸리기

모둠활동

학급회의

우리들의 빛나는 왕국

친구 녀석이 병원에 입원했다는 연락이 왔습니다. 고향에서 어린 시절을 함께 했던 동무입니다. 몸이 좋지 않은 것은 알고 있었지만, 이번엔 느낌이 안 좋았습니다. 문병을 갔습니다. 진찰 때문에 병실을 비운 친구 대신 그 형님이 맞아주었습니다. 친구는 이미 간암 말기라고 했습니다. 수술조차도 불가능한 상태라며, "그 못난 새끼, 길어야 세 달밖에 못 산댄다." 형님은 시커멓게 탄 얼굴로 입술을 깨물었습니다.

그 동무가 살아온 눈물과 땀의 세월을 나는 잘 알고 있습니다. 이씨 종족촌인 고향 마을에서 유일한 타성받이로 온갖 구박을 받았던 백정 집안(당시는 그런 구별이 심해서 동네 어른들은 마치 그들을 하인 다루듯 했습니다.)의 셋째 아들이었습니다.

그 동무는 심성이 무던하여 우리 또래끼리는 격의 없이 잘 어울렸으나, 그간의 모멸이 워낙 컸던지라 미련 없이 툴툴 털고 서울행을 택했습니다. 돈을 잔뜩 벌어 동네를 통째로 사겠다는 오기가 충천했습니다. 그러나 초등학교 졸업 경력밖에 없었으니 고생이 오죽했겠습니까? 그러다가 이제 자리 잡아 살 만하다 싶었는데, 덜컥 3개월 선고가 떨어진 것입니다. 늦장가를 들어 나이 마흔둘에 딸아이가 겨우 여섯 살인데 말입니다.

나는 차마 친구의 얼굴을 볼 수가 없어 그냥 병원을 나왔습니다. 두 번째 가서야 친구를 만났습니다. 배는 이미 복수로 가득 차 환자복으로 가려지지 않을 정도였으며, 눈에는 황달기가 완연했습니다. 친구는 억울하다며, 그러나 담담하게 웃으며 내 손을 잡았습니다. 친구는 드문드문 내 안부도 묻고, 병을 고치려고 굼

벵이를 먹은 적도 있다는 이야기를 들려주기도 했습니다.

며칠 뒤에 가보니 상태가 훨씬 악화되어 있었습니다. 숨도 가쁘고 눈조차 제대로 뜨지 못했습니다. 나는 그의 기분을 돌려줄 겸 일부러 사진첩에서 빼온 사진을 한 장 내밀었습니다. 고향에서 같이 자란 친구들이 스무 살을 기념해 어느 계곡으로 물놀이를 갔다가 찍은 사진입니다.

"야, 이런 때도 있었는데, 털고 일어나야지."

사진을 받아든 친구는, 그러나 말이 없었습니다. 희미하게 웃는가 싶더니 눈가로 눈물이 내비쳤습니다. 괜한 짓 했나 싶어 사진을 거두려는데 동무가 내 손을 잡고 그랬습니다.

"애들 좀 불러줘."

돌아서는 내게 친구는 다시 한 번 당부를 했습니다.

"그 새끼들이 보구 싶어."

당시 60여 가구가 모여 살던 고향 마을에는 우리 또래가 특히 많았습니다. 그 유명한 58년 개띠 동갑내기만 열 명이 넘었습니다. 어릴 적부터 벗고 자란 친구니까 서로 모르는 게 없었습니다. 과장하여 말하면 누구네 집에 깨가 몇 알이 있는지 다 헤아릴 정도였습니다.

텔레비전도 없던 시절이라 눈만 뜨면 서로를 찾아 떼로 몰려다녔습니다. 일도 많이 저질렀습니다. 동네 어른들은 이런 우리를 '갈가마귀떼'라고 불렀습니다.

돌이켜보면 그때 우리는 서로가 서로에게 '세상'이었습니다. 다 같이 가난하고 다 같이 못났어도, 생각하는 방법이 달랐고 성격이 달랐으며 문제를 해결하는 방법이 각각 다 달랐습니다. 매일 싸웠으며 또 매일 화해했습니다. 그를 통해서 우리는 조금씩 서로를 이해하고 서로의 장점을 배우며 서로의 지혜를 배웠던 것 같습니다.

그런 또래 가운데 중간골에 사는 친구 대여섯 명은 유독 결속력이 강했습니다. 따로 모이는 '비밀 아지트'도 있었습니다. 옆집 뒤꼍이 온통 두릅나무 숲이었는데, 우리는 그 두릅나무 숲 안에 통로를 내어 서너 평짜리 공간을 만들었습니다. 아무도 모를 완벽한 위장이었습니다. 그곳은 우리들의 '왕국'이었습니다. 그 왕국에서만 통용되는 법이 따로 있었습니다. 지금도 생각나는 법령의 제1조는 누구든 그 왕국에 들어올 때 먹을 것 — 먹을거리라야 감자나 고구마 같은 채소 등속이 전부였지만 — 을 하나씩 가져와야 한다는 것이었습니다. 가난하던 시절에 먹을거리야말로 그 자체가 법이었으며, 동지의식이었습니다. 결코 서로를 속이지 않았기 때문에 왕국은 늘 풍성했습니다. 지금도 눈에 선합니다. 보관 삼아 두릅나무 가시에 가지런히 꽂아두었던 포도, 오디, 자주감자…….

왕국에서 우리는 많은 것을 나누고 배웠습니다. 옆 동네 아이들과 싸움이 붙은 날엔 여기에 모여 작전회의를 했으며, 겨울철에 쓸 팽잇감을 미리 다듬어 갈무리하기도 했습니다. 수박이나 참외 서리를 하면 이곳에서 함께 나누어 먹었습니다. 이런 과정에서 우리 모두가 스승이고 제자였습니다. 가끔은 숙제도 하고 책도 읽었습니다. '산너머 남촌에는 누가 살길래 해마다 봄바람이 남으로 오네'로 시작하는 시를 읽은 것도 이때였습니다. 태어나서 한 번도 마을 언저리를 벗어나본 적이 없는 우리는 진짜 남촌에는 누가 사는지 궁금해서 집단 가출을 시도한 적도 있었습니다. …… 그러다가 코밑자리가 거뭇해지면서 누가 먼저랄 것도 없이 모두 왕국을 떠났지만, 지금도 그 왕국에 대한 추억은 가슴에 아련하게 남아 있습니다.

병원에 입원한 동무도 그 가운데 하나였습니다. 자치기 솜씨가 일품이라 우리에게 끙지 비껴까기의 비법을 전수해주었던 친구입니다.

시골에 남아 이장을 하고 있는 친구에게 연락을 하자, 며칠 뒤에 친구들을 이끌고 득달같이 달려왔습니다. 시골 친구들은 그 동무의 병상 침대 앞에서 누구 하나 입을 떼지 못했습니다. 그리고 돌아서서 이렇게 될 때까지 연락도 안 하고 무엇했냐며 무섭게 나를 꾸짖었습니다. 그들은 내게 봉투를 내밀었습니다.

"이거 시골에 남아 있는 친구들이 모으던 곗돈 꺾은 거다. 그놈이 회원은 아니지만…… 무조건 찾아가지고 왔다. 까짓 거 사람 나고 돈 났지 돈 나고 사람 났냐. 치료비에 보태라."

만원짜리로 두툼하게 채워진 봉투를 주고받으며, 우리는 병원 건물 앞에서 땀

이 축축한 손으로 악수를 나누었습니다. …… 그 동무는 아직도 투병 중에 있습니다. 이제는 곁에 있는 사람도 못 알아볼 때가 많습니다.

　고향 친구가 그리도 살뜰하고 눈물겨운 것은 단순히 어린 시절을 같이 보냈대서가 아닙니다. 고통을 나누고, 지혜를 나누고, 상황을 타개하는 용기를 나누었기 때문입니다. 삶을 같이 나누었기 때문입니다. 삶을 더불어 나눈다는 것은 단순히 물질적이고 현상적인 것에 그치지 않습니다. 그것은 존재를 비로소 한 존재로 자리 잡게 한다는 점에서 무엇보다 인간적입니다.

　우리가 말하는 모둠의 철학도 여기에서 찾을 수 있을 것입니다. 개개인의 역할과 갈등, 발전 원리가 적절하게 장치된 모둠은 사회성을 전제한 '작은 존재들의 삶터'입니다. 모둠은 결코 통솔의 단위가 아닙니다. 서로의 삶을 비벼 공동체 삶의 가능성을 키워내는 작은 사회입니다. 삶을 통해 배운 교훈은 시들지 않으며, 쉽게 무너지지 않습니다. — 우리가 구태여 모둠을 짜고, 모둠활동에 숨을 불어넣으려 애쓰는 것도 바로 이러한 가능성을 믿기 때문입니다. 남의 삶을 내 삶과 같은 비중으로 이해하고 받아들여 더 큰 삶으로 치달아갈 수 있는 최고의 가치가 그 안에 담겨 있습니다.

　'두릅나무 왕국'은 우리의 어린 시절을 키워준 성장판이었습니다. 그렇듯 아이들이 스스로 존중받는 모둠이 가능하도록 돕는 것은 '그들의 왕국'을 위한 주춧돌이 될 것입니다. (1999년) ■

이상대 / 서울 신월중 교사

모둠활동 바탕 마련하기

모둠을 통한 학급운영이 점차 학급운영의 일반적인 방법으로 자리 잡아가고 있다. 모둠은 학급의 목표를 생생하게 삶으로 되살려내는 최소의 실천 집단으로서 설득력을 가지며, 안정된 소속감을 배려하고 있다는 점에서 특히 탄력적이고 생산적이다. 모둠활동의 활성화는 기존의 경직된 교사 중심의 학급운영에서 학생 중심의 학급운영으로 중심축이 옮겨가고 있다는 것을 의미한다.

모둠활동의 목표는 담임의 효율적인 학급운영에 초점을 맞추는 것이 아니라, 학급 구성원들이 '다양한 만남'과 '다양한 활동'을 통해 서로의 성장을 도모할 수 있도록 하는 것이다. 그럼에도 최근에 모둠활동 운용이 일반화되면서 그 장점을 살려 키우기보다 '소규모 통솔'이라는 편의주의적인 기능만 살려 쓰고 있다는 우려를 낳고 있다.

모둠활동을 지원하는 교사의 자세

우선, 모둠활동을 학생자치의 개념에서 운용하고 지원하는 태도가 필요하다. 모둠활동은 학급운영에 필요한 모든 것을 효과적으로 구현하는 도깨비 방망이가 아니다. 학생자치를 통해 개개인의 성장과 그를 바탕으로 한 너나들이 삶의 소중함을 일깨워주는 장치로서 유용할 뿐이다. 이런 맥락에서 모둠을 이해한다면, 예를 들어 모둠일기를 생각할 때 모둠일기의 일차적인 목표는 교사의 학생 파악이 아니라 학생 상호 간의 의사소통이 될 것이다. 그렇다면 모둠일기는 교사의 덧붙이는 글 없이도 스스로 의견을 나누는 공간으로 설정될 수 있는 것이다. 모둠활동이 이런 관점에서 더욱 치밀하게 모색될 때, 좀 더 목표지향적인 틀을 갖출 수 있을 것이다.

또한 위의 경우와 관련지어 담임이 관심을 기울여야 할 것은, 결과가 아니라 과정을 중시하는 자세다.

우리는 흔히 모둠활동의 결과에 민감하게 반응한다. 그러나 교육적으로 더욱 의미가 있는 것은 활동 과정에서 생기는 갈등과 그러한 갈등을 해결해나가는, 모둠원들의 태도 변화와 성장이다.

여기서 필요한 교사의 태도는 활동 과정에서 빚어지는 실수와 잘못에 대한 너그러

상대적인 과밀학급에서 학생과 학생, 학생과 교사 사이의 깊이 있는 만남은 현실적으로 어렵다. 이런 상황에서 소외되는 것은 일부의 학생이 아니라 끼리끼리 뭉쳐 그 이상의 만남을 가지려고 하지 않는 학급원 다수일 수도 있다. 모둠은 이런 측면에서 새로운 환경을 마련해주는 것이다. 차이를 인정하고 존중하는 것이 민주주의라면 이런 훈련을 가장 직접적으로 체험하는 단위가 바로 모둠이다.

움, 그리고 그들이 끝까지 할 수 있도록 기다려주는 것이다. 학생들의 성장과 변화는 눈에 보이지 않아 읽어내기가 어렵다. 예를 들어 교실 꾸미기 모둠활동에서 그 결과가 미완성된 작품들의 나열이라 해도 그 과정에서 빚어진 갖가지 상황을 통해 학생들끼리 서로 이해가 깊어졌다면, 그것을 중요한 성과로 생각할 수 있는 교사의 용기가 필요하다는 것이다. 미완성된 작업에 대한 책임을 어떻게 질 것인가는 중요한 학급회의 주제가 될 것이고, 그 과정에서 또 한 번 배움의 기회가 있을 것이다.

그들의 성장과 지향점을 긴 안목으로 키워내는 태도도 매우 중요하다. 말하자면 교육적으로 의미 있는 행사를 일목요연하게 제공하는 기획자적인 자세에 관심을 기울여야 한다는 것이다. 일상생활을 토대로 좀 더 밀도 있는 '다양한 상황'을 경험할 때 비로소 아이들의 성장점은 활발하게 움직인다.

또한 이런 상황은 여러 갈등을 극복할 수 있는 계기를 마련해주기도 한다. 갈등 극복은 단순히 갈등 해소에 그치는 것이 아니라, 서로에 대한 안정적인 인간 관계를 유지하게 해 준다. 안정적인 인간 관계야말로 공동체를 이루는 버팀목인 것이다.

결국 모둠활동은 학급운영의 편의주의적인 도구가 아니라, 교사의 더 큰 배려와 인내와 기다림을 필요로 하는 '매우 큰 가능성'인 것이다.

학급운영 목표·원칙·방침 정하기

모둠활동을 계획하기 전에 할 일이 있다. 자신의 교육관을 담은 목표를 먼저 세우는 일이다. 학급운영의 시작은 구체적인 목표를 정하는 일부터 풀어가야 한다. 학급운영을 통해 어떤 지향성을 가진 아이들로 키울 것인가. 담임 교사로서 나는 어떤 발전을 얻고 싶은가. 어떤 목표를 세우느냐에 따라 학급운영의 방식과 원칙이 달라진다. 목표가 정해지고 그에 따른 원칙과 방법이 세워졌을 때 비로소 모둠활동은 생명을 갖는다.

● **학급운영 원칙의 예**

- 서로서로 이해하고 사랑하는 것을 가장 소중한 일로 여긴다.
- 학급원 모두가 참여하여 자율적이고 민주적인 학급으로 이끈다.
- 소신 있고 당당한 모습으로 참여하여 주체적이며 민주적인 학급으로 이끈다.
- 다양한 의견 교환의 기회를 가져 창의적이고 개성 있는 학급으로 이끈다.
- 혼자서 놀고, 혼자서 하는 것보다는 어울려 놀고, 어울려 하는 것을 높이 여긴다.
- 이 모든 것이 잘 이루어지도록 학급 일은 모둠 단위로 운영한다. ■

모둠 편성, 어떻게 하나

모둠 편성 시기와 방법

우선 담임은 모둠을 편성하기 전에 자신의 학급운영 철학을 아이들에게 설명할 필요가 있다. 학급 안에서 무엇을 나누고 싶은지, 그리고 그 안에서 모둠이라는 작은 단위는 어떤 역할을 하는지 자세하게 안내할 때 비로소 아이들은 모둠활동에 관심을 갖고 다가온다. 모둠활동은 자신이 모둠의 주인이 되고, 모둠이 학급의 주인이 되어 서로 조화롭게 어우러지는 사회를 경험하는 매력 있는 훈련이다. 이런 모둠활동에 대한 확신이 담긴 설득은 아이들의 적극적인 호응을 이끌어낼 수 있다.

모둠별 인원과 편성 시기

학급의 규모나 아이들의 결속력, 자리 배치 등을 고려할 때 모둠의 인원은 5~6명 정도가 적절하다. 모둠이 너무 크면 구성원의 참여 기회가 적어져, 모둠원 사이의 결속력이 떨어지고, 모둠의 규모가 너무 작으면 담임의 지도가 어려우며, 모둠 사이에 갈등이 빚어지기 쉽다. 자리 배치를 고려하여 먼저 모둠 수를 정하고 그에 따라 인원을 배치하는 방법도 있다. (학생이 40명인 경우 5명씩 8개 모둠으로 하면, 한 분단에 두 모둠씩 앉을 수 있다.)

모둠 편성 시기는 일반적으로 학생 파악이 끝나는 3월말쯤이 적절하다. 이때 담임은 학년초 한 달여에 걸쳐 개인상담이나 집단상담 등을 통해 아이들에 대한 정보를 충분하게 파악해야 한다. 취미나 성격, 성적별로 고르게 인원이 배치되어야 모둠 구성 후에 흔히 빚어지기 쉬운 모둠 간의 격차나 갈등을 최소화할 수 있다. 학년이나 환경의 특성상 타당한 점이 있다고 판단되면, 담임이 학급 편성과 동시에 임의로 구성할 수도 있다.

모둠 편성 방법

모둠 편성 방법은 모둠의 성격을 결정짓는다는 면에서 집중적인 고민이 필요하다.

모둠을 짜는 기준과 방법은 교사의 교육관이나 학급운영 원칙, 학년이나 환경, 담임의 정보 파악 여부에 따라 달라진다. 일단 여러 방법이 가지는 장·단점을 잘 살펴서 편성해야 예상되는 장애를 줄일 수 있다.

● **자율적으로 구성하는 방법** : 모둠별 인원만 제시한 뒤 자율적으로 구성하게 하는 방법이다. 이 경우는 같은 출신 학교나 학급 출신별 혹은 평소 친한 아이들끼리 어울리기 쉽다. 친한 만큼 모둠원 사이의 결속력이 강하다는 장점은 있으나, 모둠 간 이질화를 부추길 우려가 있어 특별한 보호 장치를 마련해두지 않으면 실패하기 쉽다. 특히 주의할 점은 이른바 '잘나가는 아이들' 끼리만 모둠을 구성하고, 정작 동료의 손길이 필요한 몇 아이는 따돌림을 당한다는 것이다.

● **담임이 주관하여 구성하는 방법** : 담임이 다양한 통로를 통해 얻은 정보와 성적 등을 고려하여 구성하는 방법이다. 신입생의 경우에 적절한데, 학생들의 의사가 반영되지 않는 대신, 모둠을 짜는 과정에서 생기기 쉬운 갈등을 겪지 않고 바로 활동할 수 있다는 장점이 있다. 이 경우, 모둠 구성 직후 집단상담 등을 통해 모둠원의 결속을 다지는 프로그램을 적용해야 효과가 크다. (98쪽 사례 1 참고)

● **아이들이 스스로 주제 모둠을 만들고 모둠원을 모으는 방법** : 이 방법은 어느 정도 모둠활동에 익숙한 상황에서 아이들이 스스로 활동하고 싶은 주제 모둠을 만들고, 그에 따라 모둠원을 모으는 방법이다. 1학기 모둠활동을 마친 뒤 2학기에 새롭게 구성하고 싶을 때 활용함직한 방법이다. (106쪽 사례 2 참고)

● **활동 주제별로 모둠을 구성하는 방법** : 가장 일반적으로 활용하는 구성 방법으로, 담임이 구성하고 싶은 모둠(기능별 혹은 취미별)을 제시한 뒤, 그 모둠에서 활동하고 싶은 학생들의 지원을 받아 구성하는 방법이다. 이 경우, 학급 부서 조직을 별도로 조직하지 않고 모둠의 활동과 적절하게 조화시킬 수 있다는 장점이 있다.

이러한 모둠 편성 과정에서 특별히 신경 써야 할 것은 활동력이 뛰어난 아이들이 한쪽으로 치우치지 않도록 배려하는 것이다. 능력이 있는 아이들로 구성된 모둠이 생기면, 그렇지 못한 모둠의 활동을 상대적으로 위축시켜 균형이 어긋나게 된다. 모둠 간의 균형이 어긋나면 모둠활동은 제대로 이루어지지 않는다. 아이들의 특성을 잘 파악한 뒤, 지도력과 활동력을 겸비한 아이들을 골고루 배치하여 이들이 모둠활동의 활력소가 될 수 있도록 사전에 충분히 조정하는 지혜가 필요하다. 어떤 방식으로 모둠을 구성하든 이 원리에 충실해야 모둠이 산다.

　　나는 모둠 구성을 할 때 사전 설명회를 충실히 갖는 편이다. 모둠활동에 대한 인식이 공유되었다고 판단되면, 곧바로 각자의 소질이나 취미가 발휘될 수 있는 주제 모둠을 먼저 공고한다. 그런 뒤 희망서를 받는다. 조정을 고려하여 2지망까지 적게 한다.

모둠 신청서

　（　）반（　）번　이름（　　　）

· 1지망 : （　　　　　　） 모둠
· 2지망 : （　　　　　　） 모둠

모둠활동과 관련된 건의사항 :

____
____
____
____

- **놀이모둠** : 학급에 노래와 놀이를 보급하여 재미있는 학급 만들기를 책임진다.
  (단합대회, 응원, 생일잔치, 각종 행사, 소풍 때 오락 준비, 놀이 보급 등)
- **독서모둠** : 독서 권장, 학급문고 관리, 독서록 작성 등을 책임진다.
  (신간 소개, 재미있고 감동적인 책 소개, 도서 대여 관리, 독후감 관리 등)
- **편집모둠** : 학급신문(문집) 제작, 각종 글쓰기대회 참여를 권장, 원고를 관리한다.
  (학급신문 제작, 학급문집 제작, 신문고 관리, 글쓰기 원고 관리, 교지 편집 참여)
- **환경모둠** : 교실 청결, 환경 등을 관리하고, 게시판 등을 통해 환경 상식을 제공한다.
  (쓰레기 분리 수거, 재활용품 관리, 청소 관리 등)
- **건강모둠** : 급우들의 건강 관리와 체육 행사 등의 활동을 계획하고 실천한다.
  (체육대회, 단합대회, 각종 행사와 모둠 체육대회 준비)
- **봉사모둠** : 어려운 급우 도와주기, 불우이웃이나 고아원 방문 계획을 세워 실천한다.
  (불우이웃돕기, 고아원이나 양로원 방문 등)
- **꾸미기모둠** : 학급 게시물 관리와 각 모둠별 환경판 꾸미기에 도우미 역할을 한다.
  (학급 게시물, 월중 행사판, 시간표, 환경판 전체 구도 관리 등)
- **연극모둠** : 촌극 공연을 기획하며 연극 관련 학급잔치나 학교 행사에 참여한다.
  (촌극 공연, 학급잔치 공연, 가장행렬 연출, 장기자랑 출연 등)

　　희망서를 받아보면 십중팔구 어떤 특정한 모둠에 인원이 집중되거나 구성원의 성향이 편중되어 있다. 이럴 때는 조정을 한다. 반드시 학생들이 골고루 배치되어야 할 필요는 없지만, 성적이나 성격에서 부적응 집단이 특정한 모둠에 모일 경우 고립될 가능성이 있다.

　　조정할 때는 성적, 성격, 체력 조건, 학급 임원 등의 조건을 고려한다. 특히 소극적이거나 산만한 성격을 가진 아이들을 안배하는 데 신경을 쓴다. 그런 학생이 한 모둠에 두 명 이상 모이게 되면 그 모둠은 활동에 큰 장애를 겪게 된다. 안배는 기본적으로 자기 소개서 같은 정보를 활용하지만, 학급 임원들의 의견을 참고하면 뜻밖에 좋은 결과를 얻는다. 모둠이 확정되면 성격이 유사한 모둠에 학급회 부서를 담당하게 한다.

모둠의 역할	편집	독서	놀이	환경	건강	봉사	연극
학급회	총무	학습	생활	환경	체육	봉사	저축

모둠 편성 후 체계 갖추기

모둠이 편성되고 나면 본격적인 활동을 벌이기 위한 기본적인 체계를 갖춘다.
① 우선 모둠별로 자리를 배치한 후, ② 모둠원들의 토론을 거쳐서 모둠장을 선출하고, ③ 모둠장 주관으로 토론을 통해 모둠 이름, 모둠 규칙, 모둠 구호, 모둠 노래 등을 정하고, ④ 모둠원 각자의 역할을 정한다.
이런 틀이 갖추어지면 모둠별 집단상담으로 서로 친해지는 계기를 만들어준다.

모둠장 선출

모둠장은 모둠회의를 이끌며, 모둠원의 의견을 수렴하여 모둠장 회의에 참석하는 역할을 담당한다. 그러나 모둠 안에서는 도우미 역할을 한다. 모둠장이 어떻게 활동하느냐에 따라 모둠활동의 활성화 여부가 결정되는 만큼 구성 초기에는 정기적인 모둠장 회의를 열어 활동을 안내하고 격려해야 한다. 모둠장은 순서를 정해 주별 혹은 월별로 돌아가며 모둠원 모두가 맡는 방법도 있고, 직선으로 선출하는 방법도 있다. 활동 초기에는 사명감도 심어줄 겸 직선으로 뽑는 것이 효과적이다. 활동 과정에서 모둠장이 책임감을 발휘하지 않거나 개인적인 경향을 보이는 경우, 꾸짖거나 바꾸지 말고 모둠일기나 집단상담 등을 통해 지속적으로 지도라는 것이 효과적이다.

모둠 이름·구호·노래 정하기

●**모둠 이름** : 모둠의 성격이나 추구하는 뜻을 상징적으로 나타낼 수 있는 말로 정한다. 모둠 이름을 알아서 정하라고 하면 거친 말이나 외래어, 유행어를 흉내 내기 일쑤다. 이름을 정하기 전에 모둠 이름으로 쓸 만한 우리말이나 생활 용어를 예로 보여준다. (예 : 나침반, 맷돌, 번개탄, 이심이, 장산곶매, 여섯손가락, 옹달샘, 용가리, 북두칠성 등)

●**모둠 구호** : 모둠 구호는 모둠원들의 의견을 모아 모둠이 지향하는 뜻을 담게 하되, 재미있고 외치기 좋게 한다. 단 짧게 한다. 4·4조로 운율을 맞추어 짓고, 간단한 동작을 곁들이면 재미있다. (예 : 용가리모둠 — 가리 가리 용가리 어디어디 숨었니 백두산에 숨었나 내 가슴에 숨었다 으싸 / 맷돌모둠 — 돌돌 무슨 돌, 돌돌 굴러 맷돌 파이팅 등)

●**모둠 노래** : 모둠 노래는 모둠원 가운데 작사, 작곡에 재주가 있는 학생이 있어

서 직접 자작곡을 만들면 좋겠지만, 그렇지 못할 경우 기존 노래에 노랫말만 바꾸어 부른다. 노랫말에는 모둠원이 추구하는 뜻이나 단결을 촉구하는 내용을 담는다.

모둠 규칙 정하기

모둠활동을 위해서는 최소한의 약속과 규칙이 필요하다. 이때 규칙은 모둠원들의 충분한 토론을 거쳐 실천 가능한 것으로 정한다. 아이들은 규율을 강제로 지켜오던 습관이 있어서 모둠 규칙에 벌칙까지 더해 스스로를 묶어버리는 경우가 있다. 특히 벌칙으로 벌금을 내게 하거나 청소 당번을 시키는 것은 여러 면에서 비교육적이므로 사전에 주의를 준다. 모둠 규칙은 이후 학급 내규를 정할 때 활용할 수 있다.

● **모둠 규칙의 예**

- 모둠일기를 순서대로 정하여 쓴다. (안 쓸 경우 사탕 한 개씩 모둠원에게 돌린다.)
- 모둠회의에 불참하거나 방해하는 사람은 모둠일기에 반성문을 쓴다.
- 모둠회의 때는 서로 존댓말을 쓴다.
- 수업 시간에 떠들거나 숙제를 해오지 않아 지적받는 경우, 모둠일기에 반성문을 쓴다.
- 모둠의 명예를 높인 사람에게는 모둠원들이 예쁜 스티커를 한 장씩 준다.
- 매주 토요일 방과후 30분씩 같이 놀다 간다.
- 위의 규칙은 꼭 지킨다.

모둠원의 역할 정하기

각 모둠원들의 역할은 일률적으로 정하기보다 상황에 따라 모둠에서 조정할 수 있도록 하는 것이 효과적이다. 각 모둠원들이 한 가지씩 역할을 나누어 맡는 경우는, 어느 한 모둠원이라도 소홀하게 일 처리를 하면 모둠원 전체가 갈등을 빚을 가능성이 있으므로 좀 더 세심한 지도가 필요하다. 학급운영의 전체 계획에 따라 청소, 문화 행사, 놀이, 학급의 경조사, 학습 등을 모둠원이 각각 나누어 맡는 경우, 아래와 같이 할 수 있다. 학급이나 모둠 상황에 따라 얼마든지 다르게 변화를 줄 수 있다.

● **모둠원 1인 1역의 예 (6명)**

- 모둠장 : 모둠 총괄과 모둠신문 책임
- 총무 : 모둠활동(봉사활동, 모둠 단합대회 등) 계획과 추진
- 서기 : 모둠일기 관리, 모둠활동 기록

- 게시 : 게시판의 모둠란 담당
- 봉사 : 모둠원 시험 공부와 숙제 등 학습 돕기, 모둠원 생일과 경조사 챙기기
- 미화 : 청소 관리(청결 상태, 자율적 청소, 협동하는 자세 등)

자리 배치

모둠별로 자리를 배치하면 모둠원 간의 친밀감 도모와 학습 효과에 긍정적인 효과가 있다. 모둠별로 원탁형으로 앉으면 좋으나, 교사에 따라 수업 방식이 다르기 때문에 고정시킬 수는 없다. 모둠 안에서는 자유롭게 돌려앉게 한다. 자칫, 학습 분위기를 해치거나 다른 모둠과 배타적인 관계를 보인다고 판단되면, 일정한 날을 정해 학급원 전체가 자유롭게 앉기를 권장할 수도 있다.

우호적인 분위기 형성을 위한 모둠별 집단상담

모둠이 구성되어 어느 정도 형식이 갖추어지면 곧바로 모둠별 집단상담을 한다. 모둠활동의 성공 여부는 모둠원 사이의 유대감이 얼마나 긴밀하게 형성되어 있는가에 달려 있다. 이런 유대감을 형성하는 데 집단상담만큼 실손 있는 방법도 없다.

집단상담은 전문가가 아니라도 그 방법을 조금만 익히면 누구나 할 수 있다. 집단상담은 공동체 의식뿐만 아니라 개인의 인성 지도에도 효과적이다. (124쪽 정보쌈지,《빛깔이 있는 학급운영》2권 54쪽 참고) ■

알아둡시다 ⫶⫶⫶ **모듬인가 모둠인가**

이제 '모둠' 이란 말은 학급운영에서 자연스럽게 쓰이는 낯익은 말이 되었다. 그런데 '모듬' 이라는 말이 섞여 쓰이는 것을 종종 보게 된다. 모듬은 옳지 않다. 왜 모둠인가.

'모둠' 이란 말은, 지금은 '모은다' 라고 써서 옛말이 되어버린 '모도고' '모도아' 라는 동사에서 온 말이다. 이 말의 흔적은 영남 지방에서 쓰는 '모둔다' '모두면' '모다서' 라는 말에 남아 있다. 사전에도 '모두' '모두거리' '모두뜀' '모두머리' '모둠발' 같은 말이 나온다. '모둠밥 먹는다' 는 말은 영남 지방에서 많이 써왔다. 그런데 '모듬' 이라면 어찌 되는가. 이 '모드' 에서는 단 한 가지 말도 없다. '모든' 이란 관형사가 있지만, 이것은 모은다를 뜻하는 말이 아니고 '전체' 라는 뜻의 아주 딴 계통의 말이다.

이 밖에 '모둠' 과 관계가 있는 중국말로는 '반' '조' '분단' 이 있고, 우리말로는 '동아리', 영어로는 '그룹' 이 있다. '조' 는 일본말 냄새가 가장 많이 나는 말이라 안 썼으면 좋겠다. '반' 이라는 말도 일제 식민지 때부터 썼지만, 오랫동안 써왔기 때문에 그만 일본말 냄새를 느낄 수 없게 되었다. '분단' 은 우리말이 되었다. '동아리' 는 좋은 우리말이니 '모둠' 과 함께 쓰는 것이 바람직하다.

이오덕

일상 모둠활동의 실제

모둠을 만들었다고 학급이 저절로 굴러가는 것은 아니다. 단순한 모둠 편성에만 그치고 별다른 활동을 하지 않으면 오히려 모둠활동에 대해 부정적인 시각만 가지게 되므로, 일상적인 모둠활동이 이루어질 수 있도록 다양한 기획력을 발휘해야 한다. 원칙에 대한 공유 속에서 모둠원끼리 함께 고민하고 다양한 프로그램을 수행하는 과정이 바탕될 때 민주적인 태도와 공동체 의식 함양이라는 소기의 목적에 접근할 수 있다.

교실 안 모둠활동

모둠을 활용하는 일상활동

모둠활동의 기본은 일상활동이다. 일상활동과 서로 어울려 조화를 이룰 때 비로소 모둠은 탄력을 얻어 생명력 있는 조직으로 골격을 갖출 수 있다. 그런 뼈대가 뒷받침되어야, 문제 상황과 맞닥뜨릴 때 하나씩 해결해가는 자치 구조로서 힘을 발휘한다.

우선 아침자습, 조종례, 청소 등 학급 안에서 일상적으로 이루어지는 활동에서 어떻게 모둠을 운용할 것인지 고민해야 한다. 모둠별로 돌아가며 아침자습을 활용하여 성과물을 내는 방법도 있고, 자치조회의 개념을 도입하여 조종례를 맡길 수도 있다. 방법론의 문제는 모둠장과 머리를 맞대고 고민하기에 달려 있다. (106쪽 '나의 모둠운영' 사례 2, 177쪽 '나의 조종례 운영' 사례 2 참고)

모둠일기 쓰기

모둠원들이 일기 형식으로 돌려쓰는 모둠일기는 모둠활동의 주요한 구심점이 된다. 모둠일기의 가장 큰 역할은, 모둠원들이 자아를 확인하고 생각을 정리할 수 있는 계기가 되며, 서로의 벽을 허물고 대화할 수 있는 통로가 되어준다는 점이다. 담임과 아이들 사이에 허물없는 상담 창구 노릇을 한다는 점도 모둠일기의 빼놓을 수 없는 매력이다. 모둠일기를 통해 각 개인의 세계를 이해할 수 있으며, 그들의 성장을 돕거나 장애를 제거하는 정보를 제공받을 수 있는 것이다. 또한 모둠일기는 아이들의 생활과 문화를 고스란히 반영하고 있기 때문에 학급문집의 소재로도 으뜸이다.

모둠일기의 이런 미덕을 잘 살려내기 위해서는 담임의 지속적인 관심이 필요하다. 아이들은 여전히 글쓰기를 힘겨워하며, 특별한 동기가 없으면 속내를 잘 드러내지 않기 때문에 중간중간 담임의 적절한 지원과 격려가 지속되어야 성과를 거둘 수 있다.

모둠신문 만들기

모둠신문은 모둠활동이 어느 정도 안정되었을 때 모둠원들의 창의력과 협동심을 한 단계 끌어올릴 수 있는 일종의 매체 활동이다. 모둠신문은 그 성과에 관계없이 만드는 자체만으로 아이들의 창의적인 문화 활동의 계기가 되며, 그를 통해 사물을 보는 날카로운 안목을 기를 수 있다. 또한 만드는 과정에서 모둠원 전체가 역할을 분담하여 참여하기 때문에 집중적인 협동을 경험하게 된다. 종류에는 A4 규격을 기본 크기로 하는 쪽지신문, 뒷게시판 패널을 이용한 벽신문이 있다. 신문을 만들 때는 아침 자습 시간이나 학급활동 시간을 이용하여 집단적으로 기획하고 기사를 작성할 수 있도록 한다.

교실 환경 꾸미기

환경 정리는 보통 학년초에 한 번 해놓고 일년 내내 그대로 두는 경우가 많다. 그러나 모둠별로 패널을 정해서 하면 한결 부담을 덜 수 있어 새로운 내용으로 채우는 일이 가능해진다. 주기적으로 새로운 내용이 채워지면 학생들이 관심을 가지게 되고, 그러면 모둠에서도 신바람을 내서 자기 모둠 패널을 경쟁적으로 채워간다. 게시판 관리 모둠이 총책임을 맡아 전체 구도를 잡아주고 모둠 간 조정 역할을 해주어야 한다.

● 모둠별 게시판 관리의 예

연극	봉사	놀이	환경	건강	독서	편집
· 재미있는 이야기 · 학생들의 고민 · 연극 소개	· 여러 가지 미담 · 우리 고장 어려운이웃 · 봉사활동 소식	· 건강 정보 · 스포츠 · 오락 · 놀이 · 좋은 노래 · 노가바	· 지역 공해 · 환경 상식 · 건강 음식	· 건강 소식 · 좋은 음식 · 좋은 체조 · 체육 소식	· 좋은 책 소개 · 독후감 · 신간 소설	· 벽신문 · 사진전 · 광고판

**모둠일기
쓰기 지도**

일기는 모둠원이 차례로 돌아가며 쓴다. 이를 위해 일기장 앞에 모둠일기 쓰는 순서를 적어두도록 한다. 단, 꼭 집에 가서 써오도록 지도하고, 아침자습 시간에 모둠별로 돌려 읽은 후 조회 때 교탁에 갖다놓도록 한다. 담임은 답신을 써서 오후에 돌려준다.

교사는 답신을 쓸 때 성의껏 써주고, 같이 고민하고 위로하는 태도를 가져야 한다. 조금은 익살스런 말투나 구어투로 답하는 글을 쓰면 친밀감을 더할 수 있다. 아이들은 교사의 답을 매우 간절하게 기다린다. 가능하면 매일 답을 써주되, 늘 비슷하게 반복되는 훈계조 어투는 피한다. 예쁜 엽서나 그림으로 답장을 하는 것도 재미있다.

내용에는 특별한 제한을 두지 않는다. 학교생활, 가정생활, 친구에 대한 고민, 성적 고민, 학급에 관한 일, 모둠에 관한 일, 친구에게 편지 쓰기, 개인에 관한 일, 정치나 사회에 관한 일 등 모두 가능하다. 문예글이나 그림 일기, 사진 등으로 꾸며도 된다. 가끔 계절 특성이나 특별한 상황을 주제로 주고 일기를 쓰게 하는 방법을 곁들일 수 있다. (예 : 봄에 만난 특별한 사람, 만우절을 이렇게, 나는 자식교육을 이렇게 시키겠다 등) 신선하거나 재미있는 일기가 보이면 본인의 양해를 얻어 (의도적으로) 읽어주는 전략을 활용할 만하다. 초기에 모둠일기의 다양한 길트기를 위해 필요하기 때문이다.

**모둠일기
활성화 방안**

모둠일기가 어느 정도 진행되다보면 늘 비슷한 일과성 내용이 반복되면서 구체성이나 신선감이 떨어질 때가 있다. 이런 때는 진솔하게 쓴 모둠일기를 조종례 시간을 통해 읽어주며 격려해줄 필요가 있다. 열심히 쓰는 모둠이나 학생을 월별로 뽑아서 상을 주는 방법(게시판 전시)도 모둠일기를 활성화시키는 데 도움이 된다.

또한 시기에 맞는 훈화거리나, 같이 생각해볼 만한 내용을 담고 있는 신문 기사, 재미있는 만화 따위의 자료를 찾아 모둠일기에 붙여주는 것도 아이들의 관심을 불러일으키는 한 방법이 된다. 일기에 대한 답신을 교사가 독점하는 것이 아니라 '오늘의 상담원'을 뽑아 그들에게 답장 쓰는 것을 맡겨도 아이들이 좋아한다. 이른바 '문제아'에게 가끔 상담원 역할을 맡기면 뜻밖의 효과를 거두기도 한다. 그러나 무엇보다 근본적인 처방은 모둠일기의 목소리가 교사를 향하게 하기보다는 아이들 자신을 향할 수 있도록 조절해서, 서로의 고민과 현실, 꿈과 위안을 나누어 갖는 '그들만의 장'으로 돌려주는 것이다.

**쪽지신문
만들기**

　　　　　　신문의 제목, 크기와 면수 등은 각 모둠의 특성에 따라 자유롭게 만들 수 있다. 그러나 너무 욕심을 부려 지면 수를 늘이기보다(자칫하면 신문 만들기는 어렵다는 인상 때문에 창간호로 그치기 쉽다.) 처음에는 16절지나 8절지 한 면 정도로 시작하여 자신감이 붙으면 조금씩 면수를 늘여나간다. 때로는 작은 성취일지라도 성공의 경험이 큰 동력으로 작용하기도 한다. 만든 후에는 모둠원끼리 돌려 읽거나, 게시판에 게시하여 학급 전체가 읽을 수 있게 하며, 자체 평가 시간을 가진다. 좋은 작품은 뽑아서 시상한다.

　내용은 모둠 소식, 모둠원 가족 소식, 설문조사(우리 모둠이 바라본 세상), 탐방 기사, 대담 기사, 문예 작품, 우스갯소리, 정보(우리 모둠원만 살짝 나눠보는 알짜 정보), 노래 소개, 만화, 생일축하 등의 소재를 동원한다. 모둠회의를 거쳐 기획을 하게 하면 무궁무진하다. 컴퓨터가 일반화되었으므로 미술적 기능이 요구되는 벽신문보다는 한결 수월하게 만들 수 있다는 장점이 있다.

　모둠신문 만들기의 역량은 고스란히 학급문집 만들기로 이어진다. 제작 기간은 시험 직후로 잡는 것이 좋다.

**벽신문을 이용한
교실 꾸미기**

　　　　　　뒷게시판 패널을 이용하여 만드는 신문이다. 벽신문은 교실 꾸미기를 겸할 수 있다는 측면에서 일반적으로 활용되고 있는 방법이다. 모둠당 패널을 하나씩 주어서 동시에 모둠별로 제작할 수도 있고, 패널 하나를 활용하여 모둠별로 돌아가며 제작할 수도 있다.

　모둠회의를 거쳐 기획안을 짜고 각각 역할을 맡아 기사를 작성하는 제작 과정은 쪽지신문과 같다. 쪽지신문에 비해 지면 활용이 다소 자유롭기 때문에 잡지나 신문 기사를 활용할 수 있다는 장점이 있다. 다만 면을 지나치게 잘게 나누어 활용하는 경우, 기사 제작 시간이 오래 걸릴 뿐 아니라, 글씨가 작아지고 편집도 조잡해져 읽기에 어려우므로 되도록 면을 단순하게 구성한다. 대신 제작 주기를 짧게 하여 내용에 변화를 자주 준다.

　벽신문에서 재미있는 작품으로 뽑힌 기사는 모아두었다가 학급문집 내용으로 활용한다.

〈예시 9〉 일반적인 벽신문의 기사 배치

모둠 목표	**신문 제목**	발행인, 날짜
뉴스 초점 (우리나라는 지금)	학교 소식 학급 소식	나도 만화가 솜씨 자랑
설문조사 (엿보기)	직업 탐방 기사 (만화가를 찾아)	정보 호기심천국

모둠 봉사활동

우선 학급회의를 통해 모둠 봉사활동에 대한 기본틀을 공유한 뒤 모둠회의를 거쳐 계획을 짠다. 대상 장소는 주변에서 찾으면 얼마든지 많다. 담임은 모둠별로 계획을 점검하여, 너무 무리한 일정을 잡지 않았는가, 봉사의 뜻을 충분히 살릴 수 있는 곳으로 선정했는가, 상업적 목적에 이용되는 활동은 아닌가 등을 확인하여 조정한다. 이때 사전에 미리 연락을 하거나 협조를 구해야 할 장소가 있으면 담임 통신이나 공문을 발송하여 계획에 차질이 생기지 않게 배려한다. 사정이 된다면 담임도 한두 모둠과 동행하여 봉사활동을 벌이는 것이 좋다.

모둠별 봉사활동은 되도록 1학기 때 실시할 수 있도록 권장한다. 첫 봉사활동을 경험한 뒤, 집단 평가회를 거쳐 긍정적이었다고 판단되면 2차 모둠 봉사활동이나 방학 중 농촌봉사활동으로 범위를 확산시킬 수 있기 때문이다. 봉사활동이 끝나면 반드시 소감문 쓰기를 해서 봉사의 진실한 의미를 느낄 수 있도록 한다.

모둠별 친구 집 방문하기

서로 가정 환경을 알게 되면 이해의 폭은 근본적으로 달라진다. 모둠별 친구 집 방문은 그런 점에서 아주 의미 있는 행사가 될 수 있다.

이 행사를 하기 전에 '친구란 무엇인가?' '어떻게 하면 평생 친구로 가꿀까?' 등의 내용으로 적절한 교육을 할 필요가 있다. 그리고 일정이 잡히면(일정은 모둠별로 짠다.) 1주나 2주 전에 미리 가정통신문을 보내 취지와 해당일 프로그램을 알리고 협조를 얻는다. 방문 전에 방문 프로그램을 확인하고 가정방문에 대한 예의를 교육하는 것도 담임의 몫이다. 행사는 토요일이나 일요일을 이용해서 할 수 있도록 조절한다. 혹 친구 방문을 꺼리는 학생이 있을 경우, 절대 강요하지 않는다. 이런 경우 학교 근처에서 모둠원을 데리고 그 학생을 대신해서 간단하게 떡볶이 먹기 등의 프로그램을 진행하는 것이 좋다. 강압적이거나, 행사를 위한 행사가 되지 않기 위해서는 철저한 준비가 반드시 필요하다. 그러나 이 행사가 잘만 이루어지면 아이들의 친밀도는 눈에 띄게 달라진다. ■

〈예시 10〉 **친구 집 방문 프로그램**

시간(토·일)	내용	비고
13:00~13:40	친구 집 방문	점심은 되도록 따뜻한 국과 밥을 먹도록 합니다.
13:40~14:00	부모님께 인사드리기(말씀 듣기)	
14:00~14:30	점심 식사	
14:30~15:30	집안 일손 돕기 (농사일, 아파트 주변 청소, 집안 청소)	
15:30~17:00	함께하는 놀이	
17:00~17:30	부모님께 인사드리기, 귀가	

모둠활동 평가

1학기 평가

1학기 모둠활동은 평가로 마무리한다. 평가의 의미는 단순히 활동 내용에 대한 점검과 반성에 그치지 않는다. 반성을 토대로 좀 더 알찬 시작을 계획할 수 있다는 점에서 평가는 곧 또 다른 시작이다. 특히 1학기 모둠활동에 대한 평가는, 아이들에게는 자신의 활동과 참여도, 성취감에 대한 점검과 함께, 2학기 모습을 그려볼 수 있는 계기가 된다. 한편 교사에게는 자신의 지도 방향이 아이들과 교감을 이루고 있는지, 그 내용 설정에 오류는 없는지, 아이들의 반응과 성취도는 어떠한지, 앞으로 어떻게 고쳐나가야 하는지를 근본적으로 따져볼 수 있는 중요한 단서가 된다.

모둠활동에 대한 평가만 따로 떼어서 하기보다 1학기 학급운영 평가와 자연스럽게 어울리게 하는 것이 좋다. 학급 야영 프로그램 속에 넣어서 할 수도 있고, 학기말 마무리잔치 과정에 포함시킬 수도 있다. 그러나 어떤 형식으로 평가·반성회를 갖든 미리 설문조사 등을 통해 자료를 준비하는 것이 좋다. 모둠활동 평가 설문을 만들 때 학급운영 평가 설문에 포함시켜 만들어도 되지만, 2학기 때 모둠을 새롭게 구성할 계획이 있다면 따로 떼어 좀 더 세심하게 작성해서 평가하는 것이 효과적이다. 문항은 모둠장 회의를 소집하여 함께 만든다. 교사가 교사 입장에서 큰 틀을 중심으로 바라보고 있다면, 아이들은 활동의 주체로서 좀 더 구체적인 문제의식을 느끼고 있는 경우가 많기 때문이다. 평가 항목은 모둠활동에 대한 자발성 여부, 역할의 적정성 여부 등을 중심으로 하되, 다른 모둠에 대한 의견도 적을 수 있도록 한다. 평가하기 전에는 아이들에게 평가의 의미를 설명해주어야 한다. (92쪽 〈예시 11〉 참고)

평가가 끝나면 담임은 평가지를 토대로 아이들이 진단한 문제점과 긍정적인 점, 건의사항 등을 꼼꼼하게 챙겨둔다. 이후에 다시 모둠에 돌려주어 평가에 대한 분석 보고서를 만들어보게 한다. 모둠장 회의에서 집중적으로 논의하는 방법도 있다. 어쨌거나 분석 보고서를 만드는 작업은 모둠원들에게 더 큰 소속감과 자부심을 길러줄 수 있다. 아이들이 만든 분석 보고서(혹은 교사 평가 자료)는 마무리잔치 때 발표한다. 교사는 이 자리에서 분석 결과를 토대로 2학기 활동 계획도 간단하게 공유한다.

1학기 모둠 평가서

(　　　　　) 모둠　번호 (　　　) 이름 (　　　　　)

1. 1학기 모둠활동에 만족합니까?
   ① 아주 만족　　　② 약간 만족
   ③ 보통　　　　　④ 약간 불만족
   ⑤ 아주 불만족
   ⇨ 왜? (구체적으로 쓰기)

2. 우리 모둠에서 나의 역할은 무엇입니까?

3. 자기 활동을 스스로 평가해봅시다.
   ⇨ (구체적으로 쓰기)

4. 우리 모둠은 학급에서 맡은 일을 어떻게 했습니까?

5. 우리 모둠의 장점은 무엇입니까?

6. 우리 모둠이 고쳐야 할 점은 무엇입니까?

7. 1학기 모둠활동 가운데 가장 기억에 남는 것은 무엇입니까?
   ⇨ 왜?

8. 2학기 때 꼭 하고 싶은 활동은?
   1)
   2)
   3)

9. 우리 반에서 가장 열심히 활동한 모둠은 어떤 모둠이라고 생각합니까?
   ⇨ 모둠 이름 :
   ⇨ 추천 이유 :

10. 2학기 때 새로 모둠이 구성된다면 어떤 주제 모둠에서 활동하고 싶습니까?

11. 담임 선생님께 한마디

※ 수고했습니다.

2학기 평가

2학기 평가는 일년 평가가 된다. 자연히 추억 나누기 중심의 마무리 성격을 띤다. 특히 2학기 마무리는 학급문집이나 그 밖에 여러 성과물과 함께 이루어지기 때문에, 이때의 모둠활동 평가는 그런 행사 속에 자연스럽게 포함시켜 학급 전체 평가와 함께 이루어지도록 한다. 평가는 일년 활동에 대해 서로 격려하고 위로하는 자리가 될 수 있게 배려한다. 인상 나누기나 장점 칭찬해주기, 편지 쓰기 등을 통해 모둠원끼리 정을 나누는 기회를 마련해준다. 정성껏 만들어 주고받은 이런 평가지는 오랫동안 기억에 남는 추억거리가 된다. 학급문집 출판기념회를 겸하는 마무리잔치라면 학급문집 속표지에 모둠원 서명과 '20년 후에 읽는 편지' 같은 인사말 적기 행사를 곁들이는 것도 재미있다.

모둠활동 운영시 교사가 유의할 점

모둠을 중심으로 하는 학급운영에서 가장 경계해야 할 것은 모둠 간 경쟁을 유도하거나, 모둠 역할을 세분화해놓고 모든 것을 모둠에 '떠넘기는' 기계적인 학급운영이다. 모둠활동은 교사가 편해지기 위한 방편이나 성적을 올리기 위한 수단이 아니다. 모둠활동은 스스로 민주시민이 되는 역량을 쌓고, 공동체의 넉넉한 인간애를 키우기 위한 훈련장이다. 이러한 모둠운영이 되기 위해 몇 가지 유의해야 할 점이 있다.

첫째, 모둠 간 과도한 경쟁을 유도하여 오히려 학급에 갈등과 분열을 빚는 일이 없도록 해야 하고, 특히 성적 향상만을 위한 수단으로 이용되어서는 안 된다.

둘째, 성급한 기대와 욕심을 가졌다가 실망하고 포기하는 일은 금물이다. 사람이 하루아침에 변할 수는 없다. 학생들은 마치 땅 속의 씨앗처럼 서서히, 그리고 꾸준히 변한다. 인내를 가지고 차근차근 지도하며 기다릴 줄 알아야 한다. 사실, 학생들은 공동체 생활, 참여의식, 자율 활동 등이 모두 생소하다.

셋째, 결과 중심의 모둠운영보다는 과정 중심의 모둠운영을 해야 한다. 결과가 좋지 못하더라도 모둠원 전원이 참여하는 데 의미를 두어야 한다. 또한 모둠운영을 몇몇 학생이 주도하는 일이 없도록 항상 세심한 관심을 기울일 필요가 있다.

넷째, 교사의 기분에 따라 이것을 시도했다가 안되면 다른 것을 하고, 또 안되면 바꾸는 등 일관성을 잃으면 모둠활동이 무게 중심을 잃기 쉽다. 남의 눈에 띄지 않는 작은 활동이라도 계획적으로 꾸준하게 추진해야 한다. 모둠활동을 교사가 일일이 간섭하고 통제하는 것도 금물이다. 재량권을 넘겨주면 줄수록 모둠활동에 탄력이 생긴다. 꾸준하고 끊임없는 교사의 노력이 전제되어야 성공적인 모둠활동이 가능하다. ■

모둠활동을 살리는 지혜

모둠은 학급을 단지 물리적으로 축소해놓았다는 개념과 또 다른 무엇이 있다. 개개인의 역할이 아주 큰 비중으로 떠오른다는 점이 그 가운데 하나다. 그런 개개인을 좀 더 구체적으로 조화시켜 운용해야 하는 모둠장은, 그래서 반장만큼이나 어렵고 힘든 역할이다.

지혜 1 모둠장을 훈련시키라

어떤 모둠장이냐가 중요하다. 초반전 모둠의 성패는 모둠장에 따라 결판날 때가 많다. 이런 모둠장을 만드는 첫 관건은 모둠장이 잘 '뽑힐' 수 있도록 분위기를 조성해주는 것이요, 두 번째 관건은 뽑힌 모둠장을 단련시키는 것이다. '장'으로서 훈련시키는 것, 이를테면 모둠장 회의의 활성화다. 모둠장 회의를 통해서 의견을 수렴하고 조정하는 방법을 가르칠 수 있으며, 일을 기획하는 전략을 가르칠 수 있다. 아니, 모둠장 회의만 활성화시키면 가르치지 않아도 스스로 배운다. 그런 과정을 거쳐 단련된 모둠장은 모둠을 엮는 단단한 거멀못이 된다. 마지막 관건은 그들을 격려하는 것이다. 아주 사소한 일이라도 눈에 띄면 격려하라. 격려는 사람을 바꾼다. "무슨 일이든 한 사람의 의지만 있으면 반은 성공한 거야. 한 사람, 바로 네가 그 사람이지."

모둠 드래프트

소속 모둠에서 만장일치로 방출을 허락받은 아이가 학급회의에서 '공개 채용당할 것'을 선언하는 것이다. "저를 뽑아주세요. 계약금 같은 것은 필요 없어요. 대신 솔모둠에서 저를 뽑아주신다면 막대사탕 하나씩을 좌악 돌리겠어요." 이런 식이다. 물론 입단 교섭을 받은 '솔모둠'에서도 만장일치로 입단을 허락해야 성사된다.

지혜 2 모둠원을 쉽게 바꾸지 마라

모둠 구성 후 맞이하는 첫 난관은 모둠을 바꿔달라는 요구다. 결론부터 이야기하자. 특별한 사정이 아니고서는 요구를 들어주지 말아야 한다. 다 견뎌낼 수 있다고 믿어야 한다. 실제로 잘 견뎌낼 능력이 있으면서도 작은 불편을 참지 못해서 한번 해보는 소리일 수도 있다. 어느 모둠이든 잘 모르는 구성원들로 짜였으니 기본적인 낯설음은 다 있다. 그 낯설음을 견디는 것도 훈련이다. 한 번 바꾸어주면 그 다음은 걷잡을 수 없다. 실제로 바꾸어준다고 해서 썩 잘하는 것도 아니다. 정 안되겠다 싶으면 학기 중간에 한 번쯤(딱 한 번) '모둠 드래프트'를 벌이는 방법이 있다. 그러나 거기까지 가기 전에 못을 박을 필요가 있다. "너희들은 운명의 실로 짜여진 모둠이야. 가긴 어딜 가. 여기가 네 천국인데."

지혜 3 지속적인 모둠 집단상담을 하라

활동력이 좀 떨어지는 모둠이 있다. 데려다 가만히 이야기를 들어보면 대부분 아주 사소한 것에 오해와 불만이 쌓여 관계가 틀어진 경우이다. 그럴 때는 교사가 나서

지 말고 아이들에게 공을 넘기는 게 빠르다. 상담이라는 게 무엇인가. 처방전을 내는 것이 아니라 스스로 처방전을 내릴 수 있게 돕는 것 아닌가. 모여서 이야기할 수 있는 분위기와 자리를 자주 만들어주면 스스로 많은 문제를 해결한다. 그래서 집단상담이 필요하다. 서로의 감정을 공유하는 것은, 관계를 호전시키고 일의 동력(動力)을 회복하는 요인이다. 교사는 그들을 칭찬할거리를 만들면 된다. 특히 활동력이 떨어지는 모둠은 그런 방향에서 관심을 기울여야 한다. 자주 만나고, 아주 작은 일거리라도 주어서 성취감을 느끼게 해주어야 한다. 그런 식으로 조금씩 배려만 해도 그들은 어느 모둠 못지않은 활동력을 찾게 된다.

지혜 4 교과 시간과 연계하라

이런 담임이 있다. 모둠이 구성되면 당장 '○○ 교과 선생님께' 라는 편지를 한 장 쓴다. 내용인즉슨 이렇다. 오늘 날짜로 이러이러하게 모둠이 구성되었다. 올해는 모둠을 활용해서 이 웬수들을 끌어보고 싶은데 협조를 하 달라, 혹 수업 시간에 조를 짜 활동하는 단원이 있으면 이 모둠을 그대로 활용해주시고……. 그런 뒤 아예 출석부 명렬표 부근에 이 모둠 편성표를 척 붙여놓는다. 언제든 '애용'해달라는 '협박'이다. 대부분 교사들이 소집단을 축으로 하는 수업을 기획하고 있는 터, 이 학급의 모둠과 자연스럽게 맞아떨어진다. 그래서 그런지, 실기평가 삼아 모둠별 집단 보고서를 쓰라고 하면 이 반은 탁월한 면이 있다. 교과 시간과 학급모둠을 한 고리로 묶어주는 작업은 가능성이 많은 투자다.

지혜 5 모둠별 행사를 개발하라

모둠원들이 머리를 맞댈 기회를 자주 만들어주는 것도 모둠활동을 활성화시킬 수 있는 방법이다. 다양한 활동은 서로의 공감대를 넓히는 한편, 지혜와 통찰력을 심어준다. 이름하여 일머리다. 밥 비벼 먹기, 체육대회, 쪽지신문 만들기 등 이런 행사들이 일관성 있는 주제로 엮일 때 그 경험은 단순한 경험으로 끝나지 않는다. 그러나 이때 몇 가지 지켜야 할 전제 조건이 있다. 아무리 보잘것없는 결과물이라도 '끔찍하게 사랑' 해줄 것, 또 최소한 한 달 정도의 계획을 미리 공유할 것. 원칙 없이 들쭉날쭉해서는 서로 지친다. 그리고 또 하나는 결과물이 나오지 않더라도 채근하지 말 것. 그들은 얼마나 나름대로 속을 썩였겠는가. 그게 다 공부다. 어쩌면 겉으로 드러나지 않아서 그렇지 그 속에서는 튼튼한 싹눈이 움트고 있을지도 모르는 일이다. 이런 보이지 않는 지원 가운데 이루어지는 행사는 여러 면에서 아이들을 성장시킨다. ■

거듭 강조하지만 자신감은 성공을 낳고, 성공의 경험은 정신적인 성숙을 가져온다. 모둠별로 학급 행사 한 가지씩 개최하기 — 얼마나 멋진 아이디어인가. 교사가 부지런하게 머리품을 팔면, 아이들은 발품을 팔면서 경험과 지혜의 폭, 인간에 대한 관심의 폭을 넓힌다.

모둠활동, 이럴 땐 이렇게

모둠장 맡기를 꺼리고 활동을 주저하면

A ● ● 아이들이 모둠장 맡기를 꺼리는 대개의 이유는 좀 귀찮기도 하고, 책임이 부담스럽기 때문이다. 따라서 모둠 구성 초기에는 모둠장이라는 것이 매우 재미있고 유익한 것이라는 것을 깨닫게 하는 데 신경을 써야 한다.

만날 때마다 "너희들이 있어서 얼마나 든든한지 모른다."는 침을 콕콕 박아주고, 자주 회의를 하되, 기왕이면 조촐한 다과를 곁들여 자리를 만들고, 쉽게 해낼 수 있는 일거리로 자신감을 갖게 해주는 식의 배려가 바탕이 되면 아이들은 쉽게 모둠장 자리를 끌어안게 된다. 임시 모둠장을 두어 좋은 점을 느끼게 한 후 선출할 수도 있다. 이렇게 선출된 모둠장은 모둠장 회의를 적극 활용해 독려해준다.

모둠 사이의 신경전이 심각하다면

A ● ● 모둠 간 적당한 경쟁은 활동에 의욕을 불러일으키지만, 지나친 경쟁은 불신을 유발한다. 대개 지나친(또는 욕심나는) 보상이 신경전을 불러일으키므로, 보상에 대한 철저한 관리가 필요하다. 일단 되도록 많은 아이들이 상을 받을 수 있도록, 각각의 특성에 맞는 상을 많이 개발한다. 여러 종류의 상을 늘어놓고 뽑게 하는 것도 재미있다. 한두 모둠이 상을 받게 될 경우에도 모두가 함께할 수 있는 상품을 준다. 커다란 봉지의 과자나 음료수는 받은 자리에서 반 전체가 나눠먹을 수 있다.

상을 줄 때는 모두가 수긍할 수 있는 근거를 제시해야 뒤탈이 없다. 어떤 모둠이 상을 받게 될지 미리 설명해 주고, 과정 중간중간에 어느 모둠이 잘하고 있는지(이유와 함께) 얘기해주어, 서로 잘할 수 있게 유도하면서 보상 결과 자체를 공식화한다. 못했어도 구성원이 고루 참여한 모둠에게 상을 주어, 결과보다 과정이 중요함을 일깨워준다. 그리고 보상은 그 활동이 끝났을 때 바로 한다. 시간이 지났다고 나중에 하면 효과가 없다. 아이들은 금세 잊어버린다.

아이들이 쓸데없이 신경전을 벌일 때는 진지한 조종례를 통해 엄하게 대처할 필요도 있다. 그러나 실망스럽다고 화만 내서는 효과가 없다. 냉정하게 설득하는 과정이어야 한다. 모둠끼리 편지를 쓰는 것도 좋은 방법. 청소를 마치고 아이스크림이라도 사먹으면서 경쟁 모둠에게 돌림편지를 쓰게 하자. 아이들은 편지를 받는 것에 민감하고 매우 좋아한다.

튀는 아이나 튀는 모둠이 활동을 방해한다면

A ●● 튀는 모둠은 대개 튀는 아이들로 구성된 경우가 많다. 그들의 장점을 활용하자. 특성에 맞는 역할을 주거나, 행사 때 아이들에게 인정받는 기회를 주어 소속감을 느끼게 하는 식으로 학급 전체 활동에 스며들게 한다. 칭찬만큼 효과적인 약은 없다.

뺀질거리는 아이 때문에 모둠활동의 결과가 안 좋을 때는 성실한 아이들조차 맥 빠져 한다. 이 경우, 모둠활동의 의의는 '과정'에 있음을 인식시키고, 모두가 함께 책임을 지는 '모둠 책임제'를 활용해 반성을 유도할 수도 있다. 정 안 하려고 할 때는 그 아이의 요구를 어느 정도 들어주면서 문제를 풀어간다. 반드시 모든 활동을 하게 할 것이 아니라 할 수 있는 것이라도(선택, 필수 등의 구분을 두어) 잘하게 얼러 재미를 느끼게 하는 것이다. 안 한다고 혼을 내는 것은 그다지 효과도 없고 반 전체 분위기만 나빠질 수 있으므로 피해야 한다.

소극적인 아이나 모둠 때문에 걱정이 된다면

A ●● 모둠 안에 소극적인 아이가 있을 때, 다른 구성원이 챙겨 주도록 유도하면 큰 문제가 안된다. 그래도 안되는 경우는 모둠 전체를 맥 빠지게 하므로 교사가 나서야 한다. 교사도 학급의 일원임을 내세워 자연스럽게 한 모둠을 꾸려보자. 발품을 팔아야 하는 일이나 행사를 관리하는 일 등을 시키면서 조금씩 학급 일에 참여하게 한다. 소극적인 아이들이 대부분이어서 처지는 모둠이라면, 일체감을 느끼게 하는 집단상담을 해보자. ("오늘 하는 얘기는 우리끼리만 아는 비밀이야!" 하는 식으로 유도한다.) 모둠원끼리 일체감을 느끼면 개개인은 소극적이더라도 모둠 안에서 하는 활동에는 적극성을 보인다.

활동 방법을 잘 몰라서 처지는 모둠이 생길 수도 있다. 이런 일이 두세 번 반복되면 자괴감에 빠질 수 있으므로, 활동에 대해 세부적으로 얘기해주고 꼼꼼히 챙기도록 한다.

이래도 저래도 잘 안되면, 반 분위기 자체가 모둠활동에 의욕이 없는 것일 수도 있다. 이때는 모둠활동이 안되는 원인을 짚어보고, 그에 따른 차선책을 생각해봐야 한다. 조종례 때 좋은 이야기를 지속적으로 한다든지, 상담에 주력한다든지, 자신이 할 수 있는 방법들로 학급을 운영하자. 모둠활동만이 최고의 방법은 아니다.

모둠활동의 진짜 매력을 맛보다

교사가 미리 구성해주는 저학년 모둠활동

　학급의 전체 운영은 내가 맡더라도 실제 활동은 아이들이 직접 나서도록 하려면 어떤 방법이 좋을지 생각해보았다. 주인의식이란 쉽게 생기는 것이 아니다. 구체적인 역할, 즉 실천하고 평가하고 반성해야 할 그들의 일이 있어야 한다. 그렇다면 일주일에 하루씩 요일을 정해 한 모둠이 학급을 관리하는 체제를 만들어보자. 그런 생각이 들었다.

　지난해 이맘때를 돌이켜보자. 3월말 아이들이 어느 정도 서로를 파악한 상태에서 그들의 의사를 최대한 존중하여 모둠 구성을 했다. 좋은 점도 많았다. 그러나 어떤 모둠은 활동이 돋보이고 어떤 모둠은 상대적으로 빈약하여 아이들 사이에 위화감이 심했다. 그 탓에 모둠활동 자체에 흥미를 잃어버린 모둠이 있어서 끝까지 고전을 했다. 그 점이 늘 마음에 걸렸다. 고민 끝에 1, 2학기의 모둠 운영 방식을 다르게 하기로 마음먹었다. 결론은 '적어도 1학기 때는 모둠 평준화(?)를 시키는 것'.

　1학년 신입생을 맡게 되었다. 학급 편성하는 방법을 적용해 반 배정받을 때의 성적으로 여섯 모둠을 만들었다. 상의하지 않으면 불평도 없다? 모둠 사이의 수준 차이 때문에 빚어지는 문제도 해결할 수 있고, 같은 초등학교 출신끼리 패를 짓는 일도 막을 수 있다. 이런 치밀한 전략으로 아이들을 맞았다.

모둠을 알려주고, 반 노래를 배우다

　미리 모둠을 구성한 다음, 아이들에게 공책을 한 권씩 선물한다. 겉장에는 '나의 발자국'이라고 제목을 붙이고 각각 이름도 써주었다. 자신이 읽은 책의 목록을 기록할 표와 급훈, 반 구호, 반 노래와 모둠 편성표를 만들어 B5 용지에 아이들 수만큼 복사해서 각자의 공책에 붙여준다.

　"이 공책은 일년 동안 우리의 모든 생활을 담아갈 소중한 그릇이란다. 내일부터 한 모둠씩 남아 집단상담을 할 텐데, 그 상담이 끝나면 너희들 스스로 학급을 운영하는 기쁨을 맛보게 될 거다. 자! 먼저 공책을 펴서 나에게 무슨 얘기든지 해보도록 해. 자신의 얘기를 들려주어도 좋고, 부탁을 해도 좋다. 모둠장을 뽑을 때까지는 중요한 전달사항을 내가 칠판에 써줄 거야. 그것도 쓰고 각 과목의 숙제도 써라. 그래, 맞아. 알림장 같은 거야. 매일 아침 모둠장이 걷어서 교무실 내 책상 위에 올려두어야 하는데, 앞으로 일주일 동안은 임시 반장이 하도록 해."

초등학교에서 모둠활동을 해본 아이들이 묻는다.

"선생님! 모둠은 어떻게 짠 거예요?"

"음 — 운명의 실로 짠 거야. 우리가 운명적으로 한 반이 된 것처럼. 너희들은 서로를 잘 모르고, 나 역시 너희들을 잘 모른다. 혹은 알기도 하겠지만 우린 모두 처음이라고 생각하고 시작하기로 하자. 1학기 모둠은 준비 기간을 줄이느라고 내가 짰다. 2학기 때는 너희들 의견을 물어서 새롭게 짜마. 그리고 교훈에 학교 설립자의 취지가 담긴 것처럼 급훈은 나의 운영 방침이 담긴 거야. 반 구호나 반 노래를 짓는 건 나의 특권이다. 이제 너희들은 모둠 이름, 모둠 규칙, 모둠 구호와 모둠 노래를 만들어야 해. 나보다 많이 준비한 말이나 생각이 있는 사람? 아무도 없네? 그럼 이대로 할게. 내가 제일 똑똑하니까. 흠!"

아이들은 공책을 뒤적이며 반 노래를 읽어보느라 정신이 없다. 아이들이 모둠 구성을 두고 '민주적인 절차가 어쩌고' 하면서 딴죽을 걸 만큼 우리 교육이 앞서 간다면 더 행복한 말싸움을 했겠지만.

"자! 반 노래를 배우자! 이런 걸 노가바라고 하는 거야! 내가 한 소절씩 가르쳐줄게. 일단 자기 마음대로 곡을 붙여 불러보자. 시작!"

동물의 왕국에 온 것 같은 우스꽝스런 노랫소리가 곧이어 책상을 치며 깔깔대는 웃음소리로 바뀐다.

상담 전에 라면 한 그릇씩

집단상담을 위한 준비 작업에 들어간다. 말하자면 모둠원 친교를 겸한 상담이다. 퇴근길에 라면 한 상자, 휴대용 가스버너, 요구르트를 산다. 수저는 교실 책상 서랍에 작년 아이들이 사놓고 안 가져간 것이 있어 그것을 쓰기로 한다 큰 냄비 하나와 그릇 등은 가정 선생님이 빌려주기로 했으니, 이쯤이면 준비 끝. 이런저런 것들을 교사 휴게실 찬장에 미리 준비해두고 아이들에게 준비 상황을 알려준다.

종례 후 모둠 집단상담이 시작된다. 수요일이라 수요모둠이 낳았다. 몇 년 전에 마련해 반이 바뀔 때마다 가지고 다니며 쓰고 있는, 책상 여덟 개를 붙인 크기의 나무판자(모둠활동할 때 너무 좋다.)를 꺼내온다. 네 개의 책상을 버팀목 삼아 그것을 얹고 모여 앉는다. 물 채운 냄비를 가스버너에 올려놓고 라면, 그릇, 수저, 요구르트 등을 내어 상차림을 한다. 이렇게 하는 동안 나의 입은 일 시키고 농담하느라 바쁘다. "너는 어느 학교를 나왔니? 집이 머니? 학원에 다니니? 아유! 너는 손이 참 희다! 동생 있니? 중학생 되니까 좋아?"…… 드디어 물이 끓기 시작하니 모두 함성을 지른다. "끓는다! 넣자! 나는 두 개 먹는데! 지금 넣지요! 좀 더 끓을 때 넣어야 돼! 수프는 하나 덜 넣어야 돼! 물이 적겠다!" 난리법석이다.

콧물 흘려가며 전쟁하듯 라면을 먹고는 "선생님! 내일 또 하지요!" "내일 남아서 또 얻어먹어야지!" "맛이 죽인다!" "달걀을 넣었으면 더 맛있었을 거야!" "야! 그거 내일 모둠한테 알려주지 마!" 말이 더 많아진다. 바닥까지 텅 빈 냄비에 그릇과 수저를 담아 치워두고 모두 요구르트를 마신다. 집단상담을 위한 준비 운동 끝.

"이제 곧 집단상담을 할 거니까 화장실 갈 사람은 다녀와! 5분 후에 시작한다!"

마음도 풀고 긴장도 풀면서 모둠장을 뽑다

"자! 이제 각자 자기 이름을 소개할까? 오늘 모둠장도 뽑을 거니까 친구들 이름을 잘 알아야 한다. 관찰도 잘하고. 별명이 있으면 함께 소개하고, 없으면 우리가 지어주자. 처음 소개한 이름은 다음 사람이 또 말해야 해. 예를 들면 '나는 김칫국 옆의 송사립니다.' 그러면 다음 사람은 '김칫국 옆의 송사리 옆의 고릴랍니다.' 이렇게 하는 거야. 나부터 시작해서 오른쪽으로 하자. 내 이름은 박계해야. 별명은 '밖에 해떴다.'고. 내가 나타나면 '선생님 온다!'고 안하고 '떴다!'고 해."

나는 아이들이 자기 이름을 말할 때 잘 외우려고 열심히 중얼거린다. 덩달아 아이들도 중얼거린다. 마지막 순서에 가까운 아이가 틀리거나 머뭇거리면 옆에서 내가 도와준다. (그러면 잘난 척 다른 아이들도 도와준다. 사실 못 외워도 아무렇지 않은 분위기가 되는데 대개 잘 외운다.) 소개가 끝나면 이번엔 순서를 바꾸어 해본다. 예를 들어 내가 마지막이 된다면 "나는 강민수 옆의 김영화 옆의 노진영 옆의 정은호 옆의 진혜옥 옆의 예쁜 공주 박계햅니다. 휴! 숨차!" 다른 아이들도 시키고, 별명 맞추기도 하면서 조금씩 편한 분위기를 만든다. 집단상담에는 이런 분위기가 최고다.

"라면 먹고 자기 소개하고 친구들의 이름도 알게 되었구나. 그럼 이 순간의 소감을 한마디씩 얘기하자. 내가 제일 예쁘니까 먼저 할게. (항상 내가 먼저 하는 이유는 아이들이 어떻게 하는 건지 예를 보여주자는 뜻에서다.) 첫 모둠 상담인데 모두 말도 잘하고 협조도 잘하니 기쁘다!"

모두 돌아가며 한마디씩 한다. 상담한대서 재미없을 줄 알았는데 재미있다, 다음에는 ××라면으로 했으면 좋겠다, 앞으로 친하게 지내자 등.

"이제, 최근에 있었던 일 가운데 기억나는 기뻤던 일 한 가지씩을 말해보자. 나는 어제 우리 신랑이 저녁을 먹고 들어와서 밥을 안 해도 되어서 기뻤어." 아이들은 처음엔 머뭇거리고 순서를 넘기기도 하다가 점점 선수가 된다. 나중에는 "또 해도 돼요?" 하며 "난 초등학교 때보다 용돈을 많이 받아서 기뻤어!" 등의 이야기들이 여러 바퀴 이어진다. 다음은 최근에 있었던 일 가운데 속상하거나 슬펐던 일 말하기. 역시 "아침에 늦잠을 자지 못해서 슬펐다!"처럼 쉬운 걸로 시작해야 진행이 잘된다.

"너희들 참 말도 잘한다. 처음인데도 이 정도니 나중에 다 아나운서가 되겠다. 지금부터는 우리 모둠을 위해서 자신이 할 수 있는 일을 말해보자! 난 너희 모둠을 위해서 잔소리를 할 수 있어."

내가 운을 떼면 아이들은 "작은 일이라도 협조하겠다! 남은 음식을 먹어주겠다! 다른 모둠보다 좋은 모둠이 되는 데 힘을 바치겠다! 모둠발표회 같은 거 하면 최선을 다하겠다!"는 비장한 각오를 털어놓는다.

"마지막으로 인상 나누기를 하자. 모두 나에 대해 받은 인상을 얘기해봐. 그리고 나서 순서대로 모두 한다. 예쁘다느니 똑똑하다느니 하는 거 말고. 그건 대한민국 사람들이 다 아는 거니까!"

아이들이 말을 받아서 한다. "무서울 것 같았는데 안 무섭네요! 장난을 잘 치시는 것 같아요! 공주병이 있다는 걸 알았어요! 저도요!" 등의 이야기가 이어진다. 친구들에 대해서도 돌아가며 하는데 모두 칭찬이라 듣는 아이들의 눈이 반짝반짝 빛난다.

"이제는 모둠장을 뽑아야지! 모둠장을 잘 뽑는 일이 중요해. 뽑을 때 잘 뽑고 뽑은 후에는 잘 따르고. 1학기 동안 너희들이 잘 따를 수 있는 친구를 뽑아라. 오늘 집단상담하면서 관찰한 것만으로도 잘 선택할 수 있을 거야. 자, 비밀 투표야!"

미리 준비한 쪽지를 나눠주고 이름을 쓰게 한다. 모둠장에 뽑힌 아이에게 당선 소감을 듣고 모두 박수를 친다. "오늘 집단상담한 느낌을 '나의 발자국' 공책에 간단하게 써두면 좋겠지? 앞으로 잘해보자!"

모둠장들과 전략회의를 갖다

모둠별 집단상담을 끝내고 이제는 모둠장이 된 아이들과 집단상담을 한다. 상담의 내용은 같고 다만 '우리 모둠'을 위해 내가 할 수 있는 일이 '우리 반'을 위해 내가 할 수 있는 일로 바뀐다. 대표로 뽑힌 아이들이라 순발력이며 재치가 뛰어나 물 흐르듯 진행이 매끄럽다. '모둠장의 장'도 같은 방법으로 뽑는다. 나는 모둠장이 할 일을 말해준다. (인쇄물로 만들어서 '나의 발자국' 공책에 붙여주기도 한다.)

"친구들이 너희들을 뽑았으니 실망시키지 말아라. 해당 요일을 잘 관리할 수 있게 모둠원들에게 역할을 잘 나누어주고, 각자 맡은 역할을 잘할 수 있게 챙기는 것이 너희의 할 일이야. 만약 안되는 부분이 있으면 모둠장이 책임지고 직접 해야지. 그래도 잘 안되는 부분이 눈에 뜨이면 너희들을 지적할 거야. 그러면 너희들은 모둠원을 지적해. 그런 일이 반복되면 점점 나아질 거야. 작은 어려움일지라도 나와 의논해라.

월요모둠은 월요일에, 화요모둠은 화요일에 반드시 남아서 그날의 잘된 점과 잘못된 점에 대해 얘기를 나누도록 해. 지금 우리들처럼 앉아서. 나도 같이 할 때가 많을 텐데, 만약 내가 알아야 할 일이 있으면 그때 너희들이 얘기해줘. 우리 선생님은 그날 벌어진 일을 한 개도 안 빼놓고 귀신같이 알고 있더라는 확신이 서면 학급생활에 좀 더 신경을 쓰겠지?

너희들은 전달사항과 수업 시간에 주어진 숙제나 준비물을 시간마다 잘 메모해뒀다가 6교시가 끝난 후 칠판에 적도록 해. 칠판의 절반 중 오른쪽 부분에 적어라. 왼쪽은 내가 쓸 거니까. 아이들은 자기 구역 청소가 끝나는 대로 칠판에 적힌 것을 '나의 발자국' 공책에 그대로 쓰게 될 텐데, 실수하면 안 되겠지? 자신이 관리해야 할 요일의 생활지도, 그러니까 수업 중의 태도, 복장 관계, 학급에서 일어난 문제들을 맡을 친구를 정해라. 그리고 청소에 관계된 일을 확인할 친구, 쉬는 시간에 다음 시간 준비를 하고 주번이 칠판 정리를 하는지 챙길 친구를 정해. 힘든 일은 두세 명이 같이 하게 하고 교무실에서 부서장 — 예를 들면 미화부장 같은 — 을 찾는 일이 있으면 그날의 모둠장이 알아서 모둠원을 보내거나 본인이 가도록 해. 그러니까 책임을 지라는 거야. 하루의 시작과 끝맺음까지가 잘되도록 일을 나누고 함께 하는 것이 중요하다. 일주일에 한 번씩 모든 모둠이 잘하게 되면 우리는 매일 잘하게 되는 거야. 자신의 모둠원을 아끼고 사랑해라. 먼저 모범을 보이고 자꾸 설득하고. 문제가 생기면 어떻게 하라고 했지? 그래, 항상 나하고 의논해라."

〈예시 12〉 **모둠원 역할 나누기**

	월/달의 날	화/불의 날	수/물의 날	목/나무 날	금/쇠의 날	토/흙의 날
모둠장						
역사 기록						
청소 확인						
생활지도						
도우미						
수업 준비						
끝맺음						

첫 번째 과제, 모둠발표회를 치르다

"모둠 단합의 의미로 제일 먼저 모둠발표회를 한다. 각 모둠장은 오늘 남아서 발표회를 위한 역할을 나누도록 하자."

교실에 남아 장내 정리, 사진 촬영, 비디오 촬영, 무대 꾸미기, 뒷정리정돈 등의 역할 나누기를 의논하는 모둠장들을 격려해준다. 그리고 모둠장의 장에게 '모둠발표회'를 실시한다는 공고를 내도록 한다.

중학생이 되어 과목도 많아지고 숙제도 많아 피곤할 터, 오후에 남아 이런 행사를 준비하는 게 힘들 것이다. 월요일 학급회의 시간을 모둠발표회 준비 시간으로 쓰도록 뚝 떼어준다. 혹은 출장 보강 들어가는 선생님에게 양해를 구해 시간을 확보해준다.

발표일을 며칠 앞두고는 모둠장들에게 매일 준비 상황을 물어본다. "잘돼가니? 아이들이 협조를 잘하니? 힘들지?" 이 말 한마디의 힘은 크다. "화요모둠 남아라!" "목요모둠아! 내일 점심은 3교시 끝나고 먹고 점심 시간에 화단 앞에 모여라!" "오늘은 민호네 집이다. 500원씩 갖고 와!" 모둠장 목소리에 힘이 팍! 팍! 실린다.

나는 나대로 바쁘다. 작년에 가르친 아이들 가운데 심사를 해줄 우수한(?) 아이 세 명을 부른다. 심사 기준과 상의 내용, 그리고 시상식 방법 등을 대충 일러주고 구체적인 준비는 셋이 의논하도록 넘겨준다. 수고가 따를 뿐이건만 심사위원에 선택된 것을 감사해하는 아이들의 고 예쁜 모습을 보는 일은 교사만의 특권일 것이다.

나는 매점에 가서 300원짜리 반짇고리를 아이들 수만큼 사서 모둠원 수대로 여섯 개씩 따로 포장을 한다. 포장지에는 상 이름을 쓸 수 있게 큰 견출지를 붙인다. 발표 특성에 맞는 상 이름을 쓰기 위해서다. 예를 들면 '골 때리는 상' '너무 완벽한 상' 등.

모둠발표회를 하는 날은 온종일 들떠 공부는 뒷전이다. 쉬는 시간이든 청소 시간이든 틈만 나면 발표회 준비에 열을 올린다. 책상을 복도에 내놓고 교실의 절반을 나누어 앞은 발표회장으로 쓰고 뒤는 의자를 놓아 관람석을 만든다. 드디어, 큰 박수와 함께 모둠발표회 막이 오른다.

신뢰의 눈빛과 만나다

이렇게 '모둠 짜기 → 집단상담 → 모둠발표회'로 막을 올린 모둠활동은 일년 내내 일과 놀이와 여러 행사로 이어졌다. 처음에는 내가 의견을 내고 여러 부분을 챙겨주었지만, 아이들이 점점 자신감을 얻어가면서 자진해서 의견을 내고 꾸려나갔다. 내가 신경 쓴 부분은 작은 행사 하나에도 의견을 모으는 과정을 거치고, 마친 뒤에는 반드시 평가를 하게 한 점이다. 시간을 벌어주기 위해 학급회의 시간을 모둠회의 시간으로 쓰기도 했는데, 나중에는 스스로 그런 '시간 활용의 비법'들을 찾아냈다.

모둠장 모임을 통해 그러한 일들을 하도록 유도하고, 모둠장들은 자신의 모둠을

제1호! 모둠발표회!

● 언제, 어디서?　4월 1일 방과후, 교실

● 왜?　모둠 간 돌 겨루기!
공부 안 하고 논다!
모둠의 단합을 위해!

● 뭐 하는데?　모둠훈, 모둠 구호, 모둠 노래,
그리고 모둠 장기자랑

※상품 무지무지하게 푸짐할 예정임!

'내가 자신들에게 한 것처럼' 관리했다. 이런 과정에서는 모둠장들의 노력에 힘을 실어주는 일이 무엇보다 중요하다. 조종례 시간이나 내 과목 시간의 일부를 덜어내어 모둠장들의 입장과 그에 따른 모둠원들의 협조사항을 설명하는 시간을 자주 가졌다. 확신에 찬 목소리로 '우리는 결과보다 과정이 중요하다는 것을 배워야 하고, 그 과정에서 함께하는 걸 배우려는 것'이라고 말했다. 무슨 행사든 함께 '노는' 것을 몸소 체험해가면서 아이들은 신명나게 협조했다.

평소에 훈화는 거의 하지 않지만, 어쩌다 한 번 할 때는 엄숙하고 진지한 분위기로 일관한다. 그리고 훈화 내용은 꼭 '나의 발자국'에 요약해서 쓰게 한다. 다음 날 공책 검사할 때 내가 꼭 읽는다는 것을 아는 아이들은 모두 새겨 듣고 열심히 쓴다. 결국 '잘 놀자.'고 말하면서 '노는 과정'에 대한 훈화를 하는 것이니 가벼운 마음으로 듣고 잘 따르는 것이다. 학교생활을 행복하게 하는 것, 그 행복은 누가 주는 것이 아니라 스스로 만들어가는 것이다.

모둠별 활동의 눈에 띄는 효과는 해당 요일에는 무조건 그 모둠과 더불어 학급활동을 하게 되니 일주일 동안 모든 학생들과 비교적 고르게, 또 자연스럽게 이야기하고 접촉할 수 있다는 점이다. 덕분에 아이들에게 '차별한다.'는 말은 한 번도 듣지 않았다. 1학기를 보내는 동안 질서가 잡혀가고, 친근함을 넘어서 신뢰를 보내는 눈빛들과 만나게 되었다.

모둠활동의 진짜 매력

여름방학을 마치고 다시 만난 아이들과 첫 학급회의를 한다. 이제는 친한 친구끼리 모둠을 짜자는 요구(사실, 아이들은 항상 그것을 원한다.)를 바탕으로 모둠 구성을 다시 하게 되었다. 만약 1학기에 이어 그대로 운영한다면 편하기야 하겠지만, 권태를 느낄 수 있고 어차피 처음부터 계획한 일이라 모둠 구성을 다시 한다.

이제 요일별 모둠활동이 몸에 익었으니 그 방법은 그대로 적용한다. 대신 평소의 모둠활동은 개성 있고 창조적인 주제 활동을 중심으로 전개하는 방법을 생각했다.

새 모둠에 대한 이해를 돕기 위해 대학의 동아리 활동을 얘기해준다. 꼭 대학생이 되어서 하는 것은 아니라고. 아마도 '대학생들처럼'이라는 말이 호응도를 높이는 데 도움이 되었을 것이다. 매스컴의 영향으로 대학을 자유와 사랑과 낭만의 상징으로 생각하니까. 어떤 모둠을 만들 것인가를 안건으로 회의한 결과 노래모둠, 연극모둠, 신문모둠, 독서모둠, 축구모둠으로 의견이 좁혀진다. 어떤 모둠에 들 것인지를 손을 들어 결정하는데, 남학생들은 대부분 축구모둠을 선택한다. 모둠별로 비밀 투표를 실시하여(꼭 투표를 하는 것이 교육적이라 생각하므로) 모둠장을 뽑는다. 축구모둠은 두 팀으로 나누어 모둠장도 두 명이다.

과제 '잘하기' 대결을 벌였다. 여러 과제를 계속 채점하여 가장 잘한 모둠은 노래방에 데리고 가기로 한다. 새 모둠의 첫 번째 창조 활동 과제는 모둠별 교실 꾸미기이다. 게시판을 나누어주고 미술 시간의 협조를 얻어가며 게시판 꾸미기 대결을 벌이는 것이다. 완성해야 할 날짜를 정해주고 모둠장들에게 '어떤 내용으로 어떻게 하기로 결정했니?'라고 묻기를 반복하니 멋진 게시판이 나왔다. 채점 기준표를 벽신문에 붙여두고 '게시판 꾸미기' 영역의 점수를 적어넣는다. "결과만 보는 게 아니고 여러 모습들을 지켜보고 있어요!" 하고 협박(?)해가며.

다음 과제는 각 모둠이 한 가지씩 '학급 행사 열기'다. 학급회의 시간에 '어떤 행사를 언제, 어디서, 어떻게 할 것인지' 의논해서 각 모둠장이 반 친구들에게 설명하도록 한다. 어려워하는 모둠이 있어서 모둠의 성격에 맞게 열 수 있는 행사의 사례들을 칠판에 많이 적어주었더니 의논에 열심이다. '가요 열창대회, 역할극, 독서 관련 초청 강연 주최, 뉴스 쇼, 축구 명장면 재연, 학급 체육대회 주최' 등이 결정되고, 달력을 보며 각 행사의 예정일을 잡는다. "얼마나 진행되었니? 어려운 점은 없니?" 하고 모둠장들을 챙기는 것으로 많은 볼거리들을 나눌 수 있었으니 참 기쁜 일이다.

'잊지 않고 챙기는 것'만 염두에 둔다면 모둠활동은 분명 아이들을 잘 '챙길 수' 있는 방법임에 틀림없다.

"공부는 수업 시간에 열심히 하면 되는 거지, 노느라고 바쁜데 공부할 시간이 어디 있어!"라고 말할 뿐이지만 성적은 자꾸 좋아졌다. 사실 좋아지지 않아도 되지만, 혹 덩달아 학습 의욕이 좋아진 것이라고 착각해보는 것도 즐거운 일이다. 행사를 여는 과정에서 아이들이 싸우거나 어려움을 호소하면 나는 무척 '기뻐'해주었다.

"정말 잘하는구나. 싸운다는 것은 열심히 하고 있다는 증거다. 잘 풀어나갈 수 있을 거야. 무슨 일이든 꼭 답이 있거든!"

그리고 모둠장들에게 즐겨 말하길 "무슨 일에든 한 사람의 노력이 중요해! 한 사람의 의지만 있으면 돼! 네가 바로 그 사람이지!" 하고 한 알의 밀알이 되자는 얘기를 꼭 해주었다. 만약 전체 학생을 대상으로 학급활동을 했다면 분명히 방관자가 많이 있었을 것이다. 그러나 모둠을 구성하여 의견을 모으고 준비를 한 덕분에 대부분의 아이들이 모든 일에 적극적인 주체로 나섰다. 큰 일도 가만히 보면 아주 작은 것에서 시작된다.

박계해 / 전 경남 개운중 교사

두레가 있는 학급운영 이야기

아이들이 스스로 구성하는 모둠활동

얼떨결에 지낸 첫담임의 실패를 시작으로 숱한 시행착오의 과정을 거치면서 내가 깨달은 것은, 학급이야말로 아이들의 자치와 삶의 공동체라는 사실이다. 그리고 학급운영의 성과는 교사의 끊임없는 자기 가꾸기를 통해서 결정된다는 것이다. 아무리 좋은 학급운영 방법이라 할지라도 그것을 자신의 상황에 맞게 수용하고 적용·발전시키려는 부단한 노력 없이는 무용지물일 뿐이다.

학급운영의 출발은 교사 자신의 태도를 되짚어보는 데서 출발한다. 교사가 변해야 학급이 변한다. 학급운영은 교사의 전문적인 영역이다. 나는 그 전문성을 갖추기 위해서 부족한 대로 늘 부지런을 떤다. 실패한다고 해도 그것은 다음 해를 위한 밑거름이 되지 않겠는가.

학급운영 목표 정하기 — '올해 우리 반을 이런 반으로'

'올 일년 동안 아이들과 나는 무엇을 향해 갈 것인가?' 목표를 구체적으로 정해본다. 어떤 아이들이 되게 할까? 나 스스로는 일년 동안 어떤 발전을 이룰 것인가? 어떤 목표가 세워지느냐에 따라 학급운영 방식과 만남의 방식도 달라진다.

담임에 따라 학급운영 방법은 다르다. 나는 학급을 소그룹으로 만들고, 학급목표에 따른 모든 학급 일을 이 소그룹을 통해서 해결한다. 이 소그룹을 우리 반 아이들은 '두레'라고 부른다. 처음 시작할 때는 '모둠'이란 이름을 사용했는데, 농경 문화 특유의 생산과 협동의 이미지가 강한 두레라는 말에 애착이 생겨서 지금은 이 용어로 통일을 했다. 더불어 사는 학급을 구현하고자 하는 내 뜻과도 일맥상통하는 바가 있다.

연간 계획 미리 짜기

학급운영 목표를 바탕으로 교사의 목표, 그리고 운영의 원칙과 방법이 정해졌다면 다음 할 일은 연간 계획을 세우는 일이다. 연간 계획에는 학급운영 목표가 녹아 있는 중점 테마 행사를 뼈대로, 아이들과의

대상 : 중학교 2학년 여학생

1) 학급운영 목표
· 함께 사는 삶의 아름다움을 느끼게 한다.
· 자신의 존재에 대한 자부심을 갖는다.

2) 교사의 목표
· 아이들의 내면 세계에 주목하기
· 배우는 자세 지키기
· 교단일기를 생활화하기

3) 학급운영 원칙 정하기
· 스스로 하게 한다.
· 결정된 일이나 약속은 반드시 지킨다.
· 편애하지 않는다.
· 일관성을 유지한다.

〈예시 14〉 학급운영 연간 계획표

월	주제	학교와 학급 행사	학급 일	두레활동 중점
3	나를 알리고 너를 알자!	· 입학식 · 신입생 오리엔테이션	· 자기 소개 · 선관위 구성 · 학급 조직 / 급훈과 내규 정하기 · 학부모 통신 　— 학급운영에 관하여	· 두레 조직을 위한 기초 작업 　— 만남을 주제로 한 글쓰기
4	우리 반에서 나는?	· 소풍 · 두레 단합대회	· 두레 구성하기 · 두레장 뽑기 · 두레 노래, 구호, 약속 정하고 발표하기 · 두레 상담 · 학부모 통신 　— 두레에 대하여	· 친구의 장점 알기와 나 알리기 　— 가장 마음에 드는 친구 　— 가장 따뜻한 친구 　— 옆 친구 그려보기 · 두레일기 쓰기
5	오늘의 나는 어떻게 있을까?	· 어버이날 · 스승의 날 · 중간 고사 · 체육대회 · 5·18 행사	· 생일잔치 · 체육대회 준비 · 5·18에 대하여 · 학부모 통신 　— 성적 상담	· 감사의 마음(스승, 어버이, 사회의 정의를 위해 살다간 분들) 　— 부모님·스승께 편지 쓰기 　　부모님·스승과 대화하기 　— 5·18을 생각하는 활동
6	하나 되는 우리들	· 호국보훈의 달 행사	· 일상적인 두레활동 강화 · 부적응아 관심 갖기 · 생일잔치 · 학부모 통신 　— 생활지도	· 두레활동 중간 평가 　— 두레 상담
7	1학기를 반성하고 더 나은 모습으로	· 기말 고사 · 방학 선언	· 학급 야영과 생일잔치 · 학급 평가 · 방학 중 계획 · 학부모 통신 　— 여름방학	· 1학기 반성과 평가 · 두레별 방학 계획
8	2학기 계획	· 방학	· 2학기 계획 세우기	· 두레원에게 편지 쓰기 · 두레 만남의 날
9	새로운 두레를 나의 품으로	· 두레 단합대회	· 2학기 두레 구성 · 봉사활동 · 두레 상담 · 두레 단합대회와 생일잔치 · 학부모 통신 　— 2학기의 중요한 일들	· 두레별 계획 세우기 · 두레 단합대회 계획 · 봉사활동에 대하여
10	실력을 다지는 10월	· 중간 고사 · 체육대회 · 소풍	· 중간 고사 대비 · 봉사활동에 대한 사전 교육과 사후 지도 · 생일잔치, 체육대회와 소풍 준비 · 학부모 통신 　— 봉사활동과 중간 고사	· 봉사활동 내용 정하기 · 봉사활동의 결과 정리하기 　— 평가와 반성 · 두레 협동학습
11	우리 두레의 모든 것	· 학교축제	· 두레 상담 · 두레활동의 성과 정리하기 · 학부모 통신 　— 일상활동	· 두레 보고서 쓰기 · 일상활동 점검하기
12	처음처럼	· 기말 고사 · 겨울방학	· 마무리잔치 · 방학 준비 · 문집 만들기 · 학부모 통신 　— 겨울방학	· 두레 일년 마무리하기 · 방학 중 계획 세우기 · 두레 만남의 날
1	되돌아본 일년	· 방학	· 문집 정리와 인쇄	· 문집 제작에 도움주기
2	다시 태어나는 우리	· 졸업식	· 문집 출판기념회 · 서로의 앞날을 기원하며	· 느낌 나누기 · 두레의 일년 정리

만남에 대한 설계를 담는다. (이것은 물론 실제 진행과는 차이가 있을 수 있다.) 연간 계획은 새 학기를 맞기 전에 준비해야 3월부터 구체적으로 적용할 수 있다.

처음엔 학급운영에 무슨 계획이냐고 했는데, 이제 연간 계획은 그야말로 나의 학급운영의 길잡이 노릇을 톡톡히 하고 있다. 물론 도중에 바뀌거나 수정된 내용들도 무수히 많았지만, 대략이라도 미리 계획을 세우고 하는 것과 갑자기 일을 만들어 하는 것은 엄청난 차이가 있다. 연간 계획은 꼭 세워야 한다. 학급운영 목표와 그를 구현하는 행사가 시기적절하게 맞물려 돌아갈 때 결과에 연연하지 않고 과정에 충실할 수 있다. 과정에 주목하는 것이야말로 학급운영에서 가장 소중하게 다루어야 할 내용인 것이다.

두레 만들기 ─ "얘들아, 두레 만들자!"

1) 두레 구성, 어떻게 제안할까

두레 구성을 제안하는 방법에는 여러 갈래가 있다. 담임이 학급운영에 대한 철학과 목표 등을 소개한 뒤 직접 제안할 수도 있고, 아이들을 통해서(임원 회의나 학급회의를 통해서 직접 제안하는 방식 등) 제안할 수도 있겠다. 우리 반은 3단계를 거쳤다. 두레활동 중심의 학급운영 방식은 내가 제안하고, 결정은 학급회의, 구체적인 두레 구성은 아이들이 스스로 부서를 제안해서 만들었다. 그러나 어떤 방식을 택하든 중요한 것은 두레를 만드는 취지와 그 활동에 대한 인식을 분명하게 하는 것이다. 물론 아이들에게 두레에 대한 찬반을 물으면 대개는 다 좋겠다는 의사를 밝힌다. 그런데 그 이유가 그냥 재미있을 것 같아서, 다른 반하고는 다른 특이한 것을 하니까 식이다. 이러한 아이들에게 확실하게 두레활동의 의미를 심어주지 않으면 내내 고전하게 된다.

"학급의 모든 일은 두레장을 중심으로 두레에서 해결한다. 두레활동이 제대로 이루어지면 우리는 억지로 끌려가는 학교생활이 아니라 스스로 즐거움을 창조하는 학교생활을 할 수 있다. 그런 의미에서 두레활동이 중요하다."

이것이 충분하게 설명될 때 최소한 '어느 두레든 들어가야 한다니까 들어간다.' 는 상황을 막을 수 있다. 두레활동의 진정한 의미를 알아야 의욕도 살아난다.

2) 두레, 어떻게 구성할 것인가

● 1학기

신입생들은 정보가 없기 때문에 두레 구성에 시간이 많이 걸린다. 먼저 자기 소개서를 받아서 그것을 바탕으로 평소에 관심 있어 하는 부분이나 취미, 특기 등을 기록한다. 그리고 3월엔 행동 성향을 집중적으로 관찰한다. (적극적인 아이, 소극적인 아이, 지도력이 있는 아이, 재주가 있는 아이, 아이디어가 풍부한 아이, 친구 관계의 폭이 넓은 아이와 혼자서 노는 아이, 튀고 싶어하는 아이, 눈에 띄지 않게 숨어 지내는 아이 등)

그런 뒤 3월말, 아이들에게 취지를 설명하고, 만들었으면 하는 두레를 적게 했더니 여덟 개 정도로 압축이 되었다. 여덟 두레로 구성하면 교실 구조상 자리 배치가 쉽고, 학급 부서 조직과도 대충 맞기 때문에 학급활동을 꾸려가는 데 유리한 점이 많다.

이에 따라 여덟 개의 두레 구성 제안서를 뒷게시판에 콜여 놓고, 들어가고 싶은 두레에 이름을 직접 적게 했다. 그랬더니 친한 친구 따라 무작정 정하는 아이들이 제법 눈에 띄었다. 다시 두레활동의 취지를 일러주고 재조정할 것을 권유했다. 이 과정에서 필요한 경우에는 개인면담을 해서 스스로(?) 옮기게 유도를 했다. 1학기를 끝내고 돌이켜보니, 내 판단이 빗나간 아이도 몇 있었지만, 그래도 아이들 의사를 최대한 존중했던 이 방법이 좋았다는 생각이 들었다.

재학생의 경우는 나름대로 또래집단을 형성하고 있는 경우가 많기 때문에 두레 구성은 비교적 쉽지만, 이후의 두레활동 과정에서 문제가 생기기 쉽다. 자신의 의사에

※ 이 제안서를 뒷게시판에 붙여두고 함께하고자 하는 사람은 자신의 뜻을 적는다. 두레를 조직할 때 학생들의 의사를 반영하는 좋은 자료가 된다.

〈예시 16〉 1학기 구성 두레의 주요 활동

오뚝이 (글쓰기두레)	피카소 (그리기두레)	비르투오소 (노래두레)	일곱곰돌이 (독서두레)	고뿔 (환경두레)	금강산 (연극두레)	클라이맥스 (컴퓨터두레)	운수대통 (놀이두레)
· 좋은 글 소개하기 · 소설 이어쓰기 · 좋은 글이란 무엇인지 알아보기 · 공동 대본 쓰기 · 친구들 글 정리하기 · 게시판에 좋은 글 올리기 · 아침자습 시간에 글감 내주고 걷고 심사하기 · 학급역사 기록하기 · 반 백일장 열기 · 두레일기 관리하기	· 만화 그리기 · 좋은 만화란 무엇인지 알아보기 · 좋은 그림 보여주기 · 화가들의 일생 알아보기 · 친구들의 그림 정리하기 · 학급 그리기대회 · 게시판에 좋은 그림 게시	· 좋은 노래란 무엇인지 알아보기 · 이 주일의 노래 선정하기 · 주제에 따른 노가바 만들고 모집하기 · 민요 보급하기 · 좋은 노래 제시하기 · 대중가요 분석하기	· 좋은 책 목록 작성하기 · 개인별 독서록 관리 · 학급문고 마련, 관리하기 · 도서 대출 · 같은 책 읽고 토론하기 · 동화 말하기대회 · 시낭송대회 열기 · 학급 퀴즈대회 열기	· 청소 지도외, 관리 · 학급 쓰레기 줄이하기 · 환경 문제에 관한 토론 · 청소 으뜸상, 분리 수거 으뜸상 시상 · 지역 환경오염 조사하기 · 폐품 활용하기 · 폐품 이용하여 만들기	· 대본 만들기 · 두레별 연극발표회 · 1인극 발표하기 · 조명과 무대 장치 만들어보기 · 역할극 발표하기	· 생일축하 카드 만들기 · 학급신문 제작 · 학급문집 계획 세우고 자료 모으기 · 학급 자료 만들기 (게시물, 인쇄물)	· 생일잔치 기획 진행하기 · 학급 행사 이끌기 · 좋은 놀이 보급하기 · 올바른 놀이문화 연구하기 · 대중문화 비판하기 · 두레 대항 게임 · 민속놀이 보급하기

맡겨서 두레를 짜면 비슷한 성격이나 취향끼리 어울리는 두레가 구성되기 쉽다. 활동력이 왕성하다는 장점도 있지만, 자칫 문제를 안고 있는 두레를 제대로 관리하지 못하면 전체 두레활동에 막대한 지장을 초래하게 된다. 어쨌거나 재학생의 경우는 활동력이나 지도력이 있는 아이를 고루 안배하는 것이 두레활동을 살리는 핵심이 된다.

● **2학기**

우리 반은 2학기에 두레를 다시 구성한다. (아이들이 1학기 두레활동에 만족한다면 2학기까지 그대로 유지하는 것도 좋다. 그러나 모든 아이들이 만족하기는 어려우므로 반 분위기를 새롭게 한다는 측면에서 새로 구성하는 것도 좋다. 이때, 결속력이 강해서 헤어지기 싫어하는 두레가 있다면 전체 회의를 통해서 그 두레만은 허용하도록 한다.)

2학기 두레는 학급의 일년 마무리를 염두에 두고 조직한다. 2학기 두레는 좀 더 안정적으로 시작하는 것이 좋겠다는 생각이 들어 여름방학 전에 미리 구성했다. 모르는 상태에서 구성했던 1학기 때보다 한결 수월하였다. 먼저, 1학기 두레를 바탕으로 덧보태고 싶은 두레를 포함하여 상의하게 했다. 역시 여덟 개 두레로 압축되었다. 이어 제안자가 조직하고자 하는 두레의 성격을 알리는 알림장을 뒷게시판에 게시하였다. 그러면 아이들은 여기에 자신의 이름과 가입 동기, 각오 등을 적는다. 이렇게 모아진 제안서를 가지고 개인면담을 실시하여 인원을 조정하였다.

이렇게 조정한 결과, 문집을 만들기 위한 편집두레와 학습두레(과목부장 중심), 총무두레(각 두레활동 지원), 시사두레가 새로 생겼다. (나머지 두레는 1학기 때와 같았다.) 이 가운데 시사두레는 관심 있는 친구들의 경쟁이 치열하여 조정하는 데 힘이 들었지만, 경쟁이 치열했던 만큼 여러 가지 활동으로 우리를 감동시켰다.

3) 두레가 구성되면 무엇을 하나

두레가 구성되면 가장 먼저 두레장을 뽑는다. 자청이나 두레원의 투표로 뽑고 두레 이름, 언제 어디서나 사용이 가능한 두레 구호, 두레 노래, 두레 각오 등을 정하고, 두레에서 할 수 있는 구체적인 일들을 회의를 통하여 결정한다. 지나친 의욕으로 나를 당황하게 한 두레도 있었지만 처음에 정해진 일감에서 크게 벗어나지 않고 활동이 이루어졌다.

잠깐 만남 ⇨ 두레회의 ⇨ 아침조회 ⇨ 학급운영위원회 ⇨ 학급회의

잠깐 만남

내가 교실에 들어가 두레장을 잠깐 만나 이런저런 이야기를 나누는 것이다. 아이들은 아이들대로 문제가 되는 것을 이야기하고 나도 하고 싶은 이야기를 한다. 두레가 만들어졌다고 해서 아이들이 두레의 역할을 모두 다 인식하고 착착 진행하는 것은 아니다. 각 두레가 할 일들에 대해 자극을 주거나 협의해야 할 일들을 이때 상의한다. 이 '잠깐 만남' 뒤 각 두레로 돌아간 두레장은 아침조회 시간에 두레의 의견으로 발표해야 할 것을 두레원들과 논의한다. (두레회의)

두레회의

두레원들의 일상적인 회의. 시간이 따로 정해져 있지 않고, 문제가 있으면 언제든 모여서 의견을 나눈다. 두레회의가 잘되려면 자리 배치가 중요하다. 나는 한 분단을 앞뒤로 나누어 한 두레씩 앉게 하고 자리를 옮길 때는 이 두레가 통째로 이동하게 했다. 두레회의가 언제든지 가능한 구조를 염두에 두기 때문이다.

아침조회

아이들이 운영(아침 시간에 5~10분 정도)한다. 내용은 정해져 있지 않다. 두레에서 전하는 말, 상의해야 할 일, 개인적인 광고 등. 담임인 나도 이 시간에 전달 내용을 공지한다. 사회는 모둠별로 돌아가면서 맡되, 한 모둠 안에서도 순서를 정해서 하게 한다. 결국 모든 아이들이 돌아가며 사회를 보는 셈이다. 그러나 이것이 여의치 않으면 능숙한 한 아이가 보는 것도 좋겠다. 아침조회 시간에 나온 이야기는 그대로 아침조회 일지에 기록하고 관리한다.

학급운영위원회

아침조회는 시간이 짧아 긴 사안을 다루기는 적합하지 않다. 긴 안건은 자연스럽게 학급회의로 넘어가는데, 학급회의에서 다루기 전에 학급운영위원회에서 다시 한 번 점검을 한다. 학급운영위원회는 반장과 부반장, 대의원, 두레장이 참가한다. 여기에서 의견 조율이 이루어져 학급원의 동의를 얻으면 학급의 의견으로 결정된다. 회의 운영은 반장이 책임진다. 두레 중심 학급운영에서는 자칫 학급 임원의 역할이 소홀해지기 쉬운데 이를 보완해 주는 이점도 있다.

학급회의

학급운영위원회를 통해서도 결정되지 않은 사항을 다룬다. 두레회의와 아침조회, 학급운영위원회를 거치는 동안 발생한 사안에 대하여 집중적으로 다루고 결정한다.

위 과정은 보기에는 복잡해 보이지만, 그렇지 않다. 예를 들어, 교실이 더러우면, 담임이 '잠깐 만남'을 통하여 환경두레를 자극하면, 환경두레장은 두레원들과 이 문제를 놓고 상의를 한다. 그리고 거기에서 결정된 사항을 높은 수준이든 낮은 수준이든 아침조회 시간에 발표하고 아이들이 동의하면 시행한다. 그런 과정을 통하여 처음에는 '버리지 말자.' 수준에서 '어떻게 하면 안 버릴까?'라는 점차 진전된 방법을 모색하고 되고, 그에 대해 스스로 결정하고 스스로 시행한다. 이런 과정이 힘들면 힘들수록 아이들의 책임감은 높아진다. 이게 진정한 자치가 살아 숨쉬는 교실이 아닐까.

두레가 본격적으로 움직이다

두레별로 먼저 학급 계획서에 근거해서 그달의 계획을 세운다. (113쪽 〈예시 18〉 참고) 학급 계획서는 학운위와 학급회의에서 결정한 학급 전체 계획과, 두레활동을 관리하는 두레에서 예고한 각 두레의 활동 담당 날짜가 명시돼 있다. 이것을 바탕으로 각 두레가 그달 계획을 세우는 것이다.

1) **두레일기** : 두레원들이 돌아가며 쓰는 두레일기는 서로의 감정을 공유하고, 담임에게 상담 소재를 제공하는 창구로 아주 중요하다. 특히 두레일기는 평소 하고 싶었던 이야기를 자연스럽게 들려줄 수 있는 기회가 되어 끈기가 부족한 나에게는 참으로 요긴하였다. 두레일기는 매일 성실하게 답해주는 것이 관건인데, 처음에는 다소 부담스럽게 느껴지지만 막상 해보면, 큰 힘 들이지 않고 보람을 얻을 수 있다. 자신에게 맞는 방법을 선택하여 꼭 해보라고 권유하고 싶은 활동이다.

2) **두레끼리 하는 봉사활동** : 두레별로 봉사활동을 계획하고 함께 실천한다. 두레끼리 봉사활동도 하고 봉사점수도 얻을 수 있기 때문에 아주 적극적으로 이루어진다. 두레 봉사활동의 성과가 너무 좋아서, 유기농을 하는 농가에 가서 반 전체가 모내기를 하기도 했다. 일이 힘들고 고단했음에도 아이들의 평가에서는 가장 기억에 남는 일로 뽑혔다.

3) **청소** : 1학기에는 환경두레, 2학기에는 총무두레에 청소의 모든 권한을 위임하였다. 청소 구역을 8개(교실 쓸기, 닦기, 각종 교구 관리, 복도, 특별구역, 유리창 3)로 나누고 두레별로 돌아가면서 2주일씩 한다. 두레장은 각 개인별 담당 구역을 정해주고, 그것을 명렬표에 표시한다. 청소가 잘되지 않는 구역은 이 명렬표에서 이름을 확인하여 두레 스스로 해결한다. 즐거운 청소 분위기를 만들기 위한 담당 두레의 노력은 눈물겨웠다. 청소 으뜸상이나 분리 수거 으뜸상을 시상하거나, 일일이 쓰레기통을 쏟아놓고 쓰레기 분리 수거를 하는 모습 등은 학급원 전체를 깨끗한 교실 만들기에 동참시키는 데 큰 역할을 했다.

〈예시 17〉 상장 양식

청 소 으 뜸 상

○ ○ ○

이 사람은 우리 반에서 가장 헌신적이고 성실하게
청소를 한 사람으로 선정되었습니다.
그 뜻을 본받아 우리 반 모두가 함께할 것을 다짐하며
이 상을 드립니다.

년 월 일
더불어 함께 하는 1학년 6반

4) **두레가 엮는 아침자습** (184쪽 '나의 아침 시간 운영' 사례 참고)

(   )월 계획서

자율적으로 민주적으로 더불어 사는 우리!

학교, 학급, 두레 계획 (   )두레

월	화	수	목	금	토	두레 반성
1	2	3	4	5	6	
7	8	1	2	3	4	
5	6	7	8	1	2	
3	4	5	6	7	8	
1	2	3	4	5	6	다음 달에는…
7	8	1	2	3	4	

※ 이 계획서는 월초에 두레별로 작성합니다. 코팅하여 다시 지우고 쓰면 됩니다. 두레에서 항상 보관합니다.
　숫자는 두레활동의 담당 번호입니다.

독후감을 써봅시다

1. 책의 이름은 __________ 2. 지은이는 __________

3. 왜 읽게 되었는가? __________
____

4. 등장인물은
   1) 중심인물은 __________
   2) 주변인물은 __________

5. 가장 인상 깊은 장면과 그 느낌은 __________

6. 대강의 줄거리는 __________
____
____

7. 본받을 점은 __________

● 위의 개요를 바탕으로 독후감을 써봅시다. ●
____
____
____
뒷면으로

5) **책을 읽자!** : 아이들 자랑거리 가운데 하나가 독서록이다. 독서두레의 학급문고 제안에 따라 학교에서 나오는 권장도서에 덧보태 각자 마련한 책으로 학급문고를 마련하였다. 학교 인쇄실의 협조를 얻어 독서록 양식을 인쇄하고 그것을 묶어 개인 독서록을 만들었다. 독서두레는 독서록 점검의 날을 정하여 최다독서왕과 우수독후감을 뽑아 시상하였다. 여기에 재미를 붙여 여러 친구들이 책읽기에 열성인 모습을 자주 볼 수 있었다.

6) **과제와 게시판 관리** : 관리두레가 늘 게시판을 관리했는데, 2학기에는 시사두레가 만들어지면서 소식란이 날마다 새로운 소식으로 가득 차 아이들의 발걸음을 멈추게 했다. 정치적인 사건에서부터 연예인 소식에 이르기까지. 가끔 민감한 문제에 대해서는 의견란을 만들어두는데, 지면 토론이 너무 거세어지면 두레활동 시간에 그 문제를 토론하기도 한다.

7) **생일잔치** : 놀이두레가 전체 계획을 세워 발표하면, 각 두레에서 해당된 역할을 담당한다. 생일카드는 컴퓨터두레가 맡고, 반 전체가 쓰는 생일축하글은 공책 크기만 한 종이에 각자 짤막하게 적어 코팅한다. 또 얼마간의 돈을 모아 생일선물과 장

4월 생일잔치 계획서

담당 두레 : 운수대통

● **준비할 일**

1. 생일축하글 — 용지 준비
   아침 두레활동 시간 활용하여 돌리기
   코팅은 선생님께 부탁
2. 생일카드 만들기 — 컴퓨터두레 협조
3. 장기자랑 준비하기
   — 두레장에게 전달, 준비 과정 점검
4. 생일선물 — 싼 것을 골라 비용 절감
5. 꽃 — 선생님 준비
6. 비용 걷기 — 담당자 정하기
7. 사회자 정하기

● **순서**

1. 생일 맞은 친구 등장
2. 축하글과 선물, 꽃 주기
3. 축하의 말 — 친구, 선생님
4. 감사의 말 — 생일 맞은 친구
5. 축하 공연
6. 정리하는 말
7. 뒷정리

● **일정**

일	월	화	수	목	금	토
7	8	9	10	11	12	13
14	15 학급회의 – 계획서 발표 (수정, 보충)	16 비용 걷기	17 장기자랑 접수	18	19	20
21	22 장기자랑 중간 점검	23 생일축하글 돌리기	24 생일선물 준비	25	26 ★ 생일잔치!! ★	27
28	29	30				

●일정을 참고하여 생일잔치가 알차고 즐겁게 이루어질 수 있도록 다 같이 노력합시다.
●이 계획은 담당 두레, 우리 반, 학교 사정, 국내외 사정 등으로 변경될 수 있습니다.

미꽃 한 송이를 산다. 그리고 연극, 노래, 춤 등 다양한 장기를 동원하여 축하 공연을 벌인다. 생일축하 노래를 부를 때는 꼭 '어머님의 은혜'를 같이 이어서 부른다.

8) 그 밖의 학교 행사 : 소풍이나 체육대회 등 학교에서 치러지는 모든 행사도 되도록 두레별로 준비한다. 특히 체육대회 때 가장행렬은 두레활동의 성과가 빛을 발한 대표적인 경우로, '독도는 우리 땅'이라는 주제로 연출해 관중들의 기립박수를 받으며 대상을 차지하였다.

그 밖에 일상적으로 교실에서 이루어지는 일도 가능하면 두레 책임 아래 진행한다. 일일한자·영어 점검하기, 이 주일의 노래 부르기, 과제 알려주기 등 작지만 하지 않으면 금방 빈 자리가 크게 보이는 역할들을 자청하거나 혹은 책임으로 맡게 하여 진행했다.

평가와 마무리

1) 1학기 평가와 학급 야영

1학기 평가는 그 자체로도 소중하지만, 2학기를 준비한다는 측면에서도 꼭 필요한 과정이다. 평가에는 여러 방법이 있지만, 우리 반은 학급운영에 대한 전반적인 평가와 자기 평가, 그리고 학급 야영으로 1학기를 마무리했다.

● **1학기 학급운영 평가** : 학급운영 전반, 담임활동, 두레활동, 학습 태도, 친구 관계를 중심으로 학운위에서 평가서를 만들고, 전 학급원이 작성한다. 이것을 통계내어 전체가 함께 생각하는 시간을 갖는다. 학급운영 평가의 설둔 내용은 다른 자료를 참고하여 재구성하면 된다. (《빛깔이 있는 학급운영》3권 200쪽 참고)

● **자기 평가** : 학교생활, 가정생활, 교우 관계, 자유생활 등의 항목으로 나누어 각각 점수를 매기고 총점을 내어본다. 이를 바탕으로 1학기에 잘했던 점에 대해서는 스스로 칭찬, 격려하고, 부족한 부분은 2학기에 더 잘할 수 있는 각오를 다진다.

● **학급 야영** : 방학하는 날 교실에서 1박을 하면서 1학기를 평가하는 시간을 가졌다. 두레끼리 저녁 메뉴를 준비하여 최고요리상을 선정한 뒤, 모든 두레가 같이 모여서 뷔페식으로 먹는다. 학교 가사실을 이용하면 좋다. 그리고 학급 평가와 두레별 평가를 한다. 밤이 되면 각자 촛불을 켜고 평소에 하지 못했던 말들을 솔직하게 나누는 시간(일명 진실게임)을 갖는다. (밤이라는 시간과 촛불, 그리고 한 시점을 마무리한다는 상황 자체가 아이들에게는 감동인 것 같다. 진실된 사과의 말, 나에게 잘해주어서 너무 고맙다며 우는 친구 등 영원히 잊지 못할 밤으로 기억될 것이다.)

이 자리에서 두레별로 그리고 학급의 한 사람으로 나의 생활이 어떠하였는지 반성하고, 2학기에는 새롭게 태어날 것을 다짐한다.

2) 일년 평가하기

일년 평가는 학급문집으로 한다. 문집은 일년 동안의 성과를 정리하고 평가하는 좋은 방법이다. 우리 반의 경우 1학기에 학급신문을 3호까지 발행했는데, 그 과정에서 편집두레의 역량이 많이 향상되었다. 문집은 어느 한순간에 억지로 만들어지는 것이 아니라, 다양하고 충실한 학급활동 속에서 자연스럽게 태어나야 한다. 평소 학급활동의 성과를 잘 누적시키면 학년말에 큰 어려움 없이 학급문집을 만들 수 있다.

학급문집의 내용으로는 두레일기, 두레활동 으뜸작, 모둠 보고서, 선거 유세문, 지지 연설문, 두레원끼리 주고받은 편지, 부모님의 글, 수학여행 등 행사를 치르고 난 소감, 봉사활동 소감문, 두레활동 참가기, 학급 야영에서 생긴 일 등이 있을 수 있다. 그동안의 학급활동 내용이면 모두 문집의 소재로 가치가 있다. 아이들의 삶이 생생히 녹아 있는 것이면 더 좋겠다. 이렇게 학급활동의 성과가 잘 정리되면, 기술적인 편집을 위해 2학기에 편집두레를 강화하거나 다른 두레의 역량을 집중시키면 문집 만드는 일이 한결 수월해진다.

대개 기말 고사가 끝난 직후의 여유 시간을 이용하여 전체적으로 내용을 정리하고, 방학 중 며칠을 이용하여 편집두레가 마무리 작업을 해서 인쇄에 넘기는 일정을 밟으면 학급문집 출판기념회를 겸한 학년말 마무리잔치를 벌일 수 있다.

같이 생각해보는 학급운영

하나, 학급운영의 가장 중요한 정보는 아이들에게 있다

아이들과 함께하고자 하는 의지가 없다면 아무리 좋은 계획과 프로그램이 있어도 소용없다. 요즘 아이들에게 교사의 말이 어디 먹히기나 하느냐고 지레 발을 빼기도 하지만, 아이들은 신선한 학급운영에 목말라하고 있다. 교사의 진실이 제대로 전달되면 솜이 물을 빨아먹듯 아이들은 서서히 딸려온다. 아이들의 가능성을 믿고 과감하게 접근하자. 시간이 날 때, 교실에서 아이들과 수다 떨며 놀다보면 뜻밖의 정보도 얻게 되고, 아이들의 진짜 모습도 발견할 수 있다.

둘, 무조건 아이들에게 맡긴다?

아이들을 자율적으로 움직이게 하는 것이야 백 번 권장할 일이지만, 상황에 따라 적극적인 개입도 필요하다. 아이들의 계획은 때로 기발하고 참신하다. 그러나 일회적이고 방향성을 잃기 일쑤여서 교사가 조타수로 나서야 할 때가 많다. 그런 과정에서 아이들의 진정한 변화를 발견할 수 있다. 단, 교사가 지나치게 주도적이면 오히려 아이들의 자발성을 해칠 수 있으므로 처음부터 너무 같은 욕심을 부리지는 말자.

셋, 결과에 치중한 학급운영?

나는 학급운영을 잘한다는 말을 많이 들었다. 그 말은 아마 일반 교사들이 부담스러워하는 일을 애써 벌이고, 이런저런 것들을 끊임없이 생산해내는 욕심을 지칭하는 말일 것이다. 하긴 나는 욕심을 많이 부린다. 그 욕심 때문에 다음 해 담임 맡는 것이 두려울 정도로 스스로 지친다. 그 어리석은 욕심을 나는 늘 반성한다. 학급운영이 단지 한 해로 끝나는 것이 아닐 텐데 말이다. 이런 내가 안고 있는 숙제는, 학급에서 어떤 프로그램을 진행하여 얼마나 훌륭한 성과물을 얻을 것인가에 대한 것이 아니다. 그 프로그램이 왜 그 시점에서 필요한지, 그리고 아이들을 어떤 형태로 그 과정에 참여하게 할 것인지, 그 속에서 한 명 한 명에 대한 개별 지도는 또 어떻게 할 것인지에 대한 것이다. 결과물이 다소 미흡하더라도 그것을 아이들의 삶 속으로 녹아들게 하는 과정에 충실한 것이 수십 가지의 프로그램을 수행하는 것보다 훨씬 낫다는 생각도 해본다.

어떤 동료교사가, 명시가 되든 안되든 '자율성'과 '공동체성'은 학급운영의 궁극적인 목표라고 하였다. 이것에 공감하는 교사라면 학급운영의 과정에서 개개인의 자율성 신장에 교사가 어떤 방식으로 개입해야 하는지, 그리고 그것이 공동체성 발현과는 어떤 관계가 있는지 진지하게 고민해볼 일이다. 이런 문제와 관련지어 판단하면 단지 보여주기 식의 내 학급운영은 여러모로 오류투성이인데도 마치 학급운영을 아주 잘하고 있는 듯한 착각에 빠지게 한다. 이러한 오류로부터 벗어나려는 시도가 아이들과의 만남을 좀 더 새롭게 변화시킬 것이라 믿는다.

넷, 그래도 두레 중심의 학급운영이 좋다

학급운영은 해마다 많은 고민과 걱정거리를 안겨주었지만, 어쨌든 확인할 수 있는 것은 그래도 두레 중심의 학급운영은 나름대로의 성과를 지닌다는 것이다. 그래서 나는 늘 두레 중심으로 학급운영을 한다. 두레 중심 학급운영의 장점은 담임의 독주나 몇 명에 의해 학급이 좌지우지되는 분위기 속에서 자칫 소외되기 쉬운 아이들을 학급으로 끌어들일 수 있다는 것이다. 다만 더 발전된 단계의 학급운영론이 새롭게 나와서 두레 중심의 학급운영에서 느끼는 여러 가지 문제를 극복할 수 있었으면 하는 바람이다. 그것은 우리 모두가 안아야 할 과제일 것이다.

박춘애 / 광주 두암중 교사

작은 노력으로 몇 배의 기쁨 맛보기

시와 이야기를 나누는 모둠일기 지도

어느 정도 아이들에 대한 파악이 이루어지는 3월말이 되면 모둠을 짠다. 한 모둠에 6~7명씩 여덟 모둠이 된다. 모둠을 짜면 바로 모둠일기를 쓴다. 모둠일기는 내가 준비하여 맨 앞장에 열심히 쓰라는 당부를 붙여 모둠별로 한 권씩 선물한다.

모둠일기는 대략 일주일에 한 번 꼴로 차례가 돌아가는데, 아이들마다 반응이 다르다. 아주 진실하고 성의 있게 쓰는 친구가 있는가 하면, 일년 내내 왜 모둠일기를 써야 하는지조차 모르고 지나가는 친구도 있다. 그러면서도 내가 해마다 모둠일기 쓰기를 고집하는 이유는 그것에서 얻는 것이 참 많기 때문이다.

사실, 꽉 짜여진 일상생활 속에서 아이들과 만나 진심으로 대화할 수 있는 시간을 만든다는 것은 결코 쉬운 일이 아니다. 아이들과 만나지 않으면 도대체 무슨 생각을 하는지, 어떤 고민을 안고 있는지, 어떤 생활을 하는지 알 수가 없다. 특히 공부도 그저 그렇고, 조용하고 내성적이어서 말도 별로 없는 아이들은 눈에 잘 띄지 않는다. 그런 아이들과 가장 쉽게 대화할 수 있는 방법이 모둠일기를 통하는 것이다.

글쓰기를 좋아하는 아이들에게는 글쓰기 지도의 장이 될 수 있고, 고민이 있는 아이에게는 상담의 장이 될 수도 있다. 또 아이들 사이에 생기는 작은 분쟁에 대해서도 쉽게 알 수 있어 그에 대한 해결책도 함께 생각해볼 수 있다.

언젠가 내성적이고 소심한 성격의 한 아이가 일기에 학급 친구들로부터 받는 소외감에 대해서 쓴 적이 있었다. 종례 시간에 그 일기를 읽어주었더니, 그 후 몇몇 다른 친구가 그의 입장이 되어 마음 아파하는 내용을 모둠일기에 적어놓았다. 모둠일기라는 방법이 없었다면 소심했던 그 친구가 어떻게 자신의 마음을 드러낼 수 있었을까.

나는 아이들의 일기에 일일이 답장을 하는 편이다. 답장만으로 미흡하다 싶으면 개인상담을 한다. 또 학급 친구들과의 문제이거나 함께 생각해볼 문제가 일기에 올라오면 학급회의 안건으로 올리기도 한다. 일기를 통해 학급회의 안건에 오르는 문제들은 아이들끼리 함께 생각해서 그 해결책을 찾도록 한다.

가끔 부모님들이 모둠일기에 글을 써주시는 경우도 있다. 그런 부모님의 글은 함께 읽고 생각하는 시간을 갖기도 한다. 일부러 부모님의 글을 유도하지는 않는데, 모둠일기 쓰는 것을 아시는 부모님들은 아이들 몰래 일기를 보신다고 한다. (아이들은 저희 부모가 모둠일기 보는 것을 좋아하지 않는다.)

좋은 시가 있거나 아이들에게 들려주고 싶은 이야기가 있을 때, 특별한 행사를 앞두고 있을 때, 그와 관련되는 이야기가 있으면 복사해서 모둠일기에 붙여준다.

극기훈련을 앞두고는 '눈물 흘려본 사람이 남의 눈물을 닦아줄 줄 안다.'는 《우리교육》에 실린 이야기를 붙여주면서, 나보다 못한 친구를 헤아릴 줄 아는 마음을 당부했다.

시험 때문에 힘들어하는 마음을 헤아려 조재도 선생님의 '너희들에게' 라는 시를 붙여준 적도 있다.

'학생의 날' 에는 그와 관련된 자료(아이들은 그런 날이 있는지도 모른다.)를, 또 신문에 학교생활을 소재(왕따, 우정 등)로 한 만평이나 만화가 나오면 복사해서 붙여준다.

학년말이 되면 모든 분야에서 학급 시상을 하는데 그 중에 '모둠일기 제일상' 을 꼭 포함시킨다. 일년 동안 모둠일기를 가장 성의 있고 진실하게 쓴 친구에게 주는 상이다. 아이들의 추천을 받아 시상을 한다.

해마다 나는 모둠일기를 통해 많은 도움을 받았다. 아이들과 더 가까워지고, 아이들을 더 많이 이해하는 데 모둠일기만큼 좋은 것은 없었다. 조금만 더 시간과 노력을 투자한다면 몇 배의 효과를 볼 수 있다. 아래 글은 모둠일기에 붙여준 조재도 선생님의 시를 읽고 어떤 학생이 쓴 글이다.

"시험을 망쳤다. 선생님! 죄송하지만 약속은 아무래도……. 슬프다. 나도 공부를 잘하고 싶다. 어떡하면 원희나 남준이처럼 될까, 생각해보니 나는 너무 많이 논다. 그 정도 실력으론 ○○고도 못 간다 하니 막막하다. 이런 현실을 그대로 표현한 '너희들에게' 라는 시가 마음에 든다. 아니, 나에게 용기를 주었고 희망을 주었다. 그렇다. 난 1학년, 이제 13살, 앞으로 시간은 많다. 선생님께서 붙여주신 이 시는 지금 나에게 너무 큰, 아주 큰 용기를 주었다. 선생님 감사합니다."

최진 / 경기 백마중 교사

너희들에게

조재도

싹수 있는 놈은 아닐지라도
공부 잘하고 말 잘 듣는 모범생은 아닐지라도
나는 너희들에게 희망을 갖는다
오토바이 훔치다 들켰다는 녀석
오락실 변소에서 담배 피우다 걸렸다는 녀석
술집에서 싸움박질하다 끌려왔다는 녀석
모두모두가 더없는 밑알들이다
공부 잘해 대학 가고 졸업하면 펜대 굴려
이 나라 이 강산 좀먹어가는 관료 후보생보다
농사꾼이 될지 운전수가 될지
공사판 벽돌 나르는 노동자가 될지
모르는 너희들에게 희망을 갖는다
이 시대를 지탱해가는 모든 힘들이
버려진 사람들 그 굵은 팔뚝에서 나오는 것이기에
나는 너희들을 믿는다
공무원 관리는 되지 못해도
어버이의 기대엔 미치지 못해도
동강난 강산 하나로 이을 힘이 바로 너희들
두 다리 가슴마다 들어 있기에
나는 믿는다 통일의 알갱이로 우뚝우뚝 커가는
건강하고 옹골찬 너희 어깨를

모둠일기 쓰기, 중간 추임새 넣기

아이들이 답신을 보내는 모둠일기 지도

모둠일기를 쓰는 이유와 매력

나는 모둠일기에 큰 애정을 갖고 있다. 담임의 가장 큰 관심은 누가 뭐래도 아이들에 대한 문제다. 아이들의 꿈과 고민과 능력에 대한 탐색, 그리고 서로에 대한 안정적인 인간 관계 모색…… 모둠일기는 그런 과제를 푸는 일정한 열쇠 구실을 해준다.

하지만 아이들, 특히 남학생은 글쓰기에 인색하다. 중학생보다는 고등학생이, 1학년보다는 2, 3학년이 더 어려워하고 힘들어한다. 학년이 올라갈수록 입시의 중압감에 짓눌리는 데다, 글을 잘 써야 한다는 강박관념에 사로잡혀 있기 때문이다. 평소 섬세하게 감정을 다스리고 표현하는 연습이 되어 있지 않은 까닭도 있다.

모둠일기를 아이들의 생활 속에 자리 잡게 하기 위해서는 우선 모둠일기와 글쓰기에 대한 선입견을 깨뜨리는 게 큰 과제다. 모둠일기를 통한 글쓰기는 서로의 열린 마음이 전제되어야 한다. 마음만 열리면 글쓰기의 어려움은 쉽게 극복된다. 학기초 만남을 부드럽게 풀어가는 것은, 그래서 모둠일기의 두둑한 밑거름이 된다. 서로를 경계하고 분석하는 만남이 되어서는 마음이 열리지 않는다. 마음이 열리지 않으면 글도 열리지 않는다.

우선 나는 학기초에 왜 모둠일기를 쓰는가에 대한 이야기를 자세히 설명하고, 그 주제를 추스려 모둠일기 앞장에 붙여놓는다.

우리 반 아이들에게

모둠일기 쓰는 게 귀찮고 짜증날 때가 있지? 쓸 얘기도 별로 없는데, 쓸 차례가 되니 안 쓸 수도 없고. 안 쓰고 넘어가려면 못생긴 그 누구(😊)의 눈치가 보이고. 그런데 얘들아! 우리가 모둠일기를 쓰는 데는 전에 이야기한 것처럼 특별한 이유가 있어서란다. 좀 더 구체적으로 말한다면 다음과 같은 이유 때문이지.

우선, 우리 모두는 학교생활에서 각자 고민을 한 보따리씩 안고 살지만, 서로 잘 모른 채 지내고 있다. 나만 불행하고 고통스럽다고 느끼며. 우리는 한 배를 탔다. 서로의 처지와 고민을 알 때 친구로서, 인생을 같이 사는 동료로서, 도움을 주고받을 수 있단다. 선생님은 너희들이 서로가 공동체라는 인식을 갖고 다른 사람을 이해하고 품어주는 그런 사람이 되었으면 하는 바람을 갖고 있다. 모둠일기는 그 통로를 열어주는 소중한 열쇠란다.

둘째, 너희들이 자신의 생각을 글로 표현하는 데 익숙하지 않다는 것이다. 말로 하라면 막힘이 없으면서 글로 쓰라면 너무 어려워해. 그래서 생각한 것이 이 모둠일기란다. 간단하게라도 조금씩 쓰다보면 차츰 자신의 생각을 표현하는 데 익숙해질 거야. 글은 자꾸 쓰면 누구나 쉽게 잘 쓰게 되거든. 글쓰기 지도를 해보면 1학기 때보다 2학기 때 글이 훨씬 좋아지는 걸 알게 되지. 계속 글을 쓰면 쓰기에 대한 부담이 적어지면서 그만큼 솔직하고 좋은 글을 쓸 수 있다는 이야기야. 거기다가 너희들은 앞으로 컴퓨터 정보 세상에서 살게 될 텐데, 그때 의사표현 수단이 뭐겠니? 모두 글이란다. 미래를 위해서라도 글을 통해 생각과 감정을 표현하는 능력을 길러야 할 것이다.

셋째는 우리 서로를 기억하기 위해서란다. 너희들이 지금의 부모님 나이가 되었을 때 지금처럼 모든 친구들을 기억할 수 있겠니? 아마 반 이상 잊고 살 거야. 선생님은 먼 훗날에라도 너희들이 열심히 쓴 모둠일기를 ― 나중에 학급문집으로 나옴 ― 통해 힘들었지만 즐거웠던 고3 때를 기억했으면 좋겠다. 소중한 옛날 추억은 세상 살아가는 데 아주 든든한 힘이 되어주거든. 모둠일기는 그런 소망과 꿈을 담는 '우리들만의' 애인이란다. 쓰기 귀찮고 어렵고 짜증나더라도 이런 취지를 이해하고 열심히 쓰길 바란다.

3월 ○일 담임 씀

모둠일기 쓰기를 지속시키는 전략

3월초에 모둠별로 집단상담을 하는 자리에서도 다시 한 번 모둠일기에 대해 강조한다. 우리 반은 5개 모둠이 각각 모둠일기를 돌려쓰고 있다.

아이들은 담임이 쓰는 도움말에 많은 관심을 보인다. 그렇기 때문에 바쁘다는 이유로, 써줄 말이 잘 떠오르지 않는다는 이유로 도움말을 빼먹는 일은 없어야 한다. 도움말 쓰기는 교사에게도 반성할 수 있는 기회를 준다. 말만 앞세우는 것은 아닌지 스스로를 되짚어보는 계기를 제공하기 때문이다.

그런데 도움말을 쓸 때 신경 써야 할 점이 있다. 교사의 특성상, 자칫하면 아이를 이해하려 하기보다는 해결책을 제시하는 데 집중하기 쉽다. 그렇게 되면 늘 비슷비슷한 훈계조의 틀을 벗어나지 못한다. 설득력도 떨어지거니와 아이들이 금세 식상해한다. 이런 경우 아이들이 도움말을 쓰도록 유도하는 방법을 권장할 만하다. 아이들을 이해하는 것은 역시 아이들이 빠르기 때문이다. 눈높이의 문제이기도 하다. '권태기'에 빠질 무렵 활용할 수 있는 좋은 방법이다.

섭섭한 마음

힘든 야자를 마치고 학교를 나서는 순간 눈앞이 캄캄했다. 억수 같은 비가 내리고 있었다. 차비도 없고, 반팔 남방, 가방은 방수도 되지 않았다. 친구들 모두 걸어간다고 해서 그나마 마음이 좀 놓였지만, 웬걸 집에 들어가니 교복, 신발, 가방 심지어 속옷까지 쫄딱 젖어버렸다. 그러나 아무도 나와주는 사람이 없었다. 누나도, 어머니도, 형도……. 약간 아니 많이 섭섭했다. 매일 집에 도착하면 언제나 혼자다. 가끔 이런 집에서 뛰쳐나가고 싶어진다. 누군가 나의 존재를 알아주고 사랑해줄 수 있는 곳으로……. 요즘 그래서인지 밖으로만 나돌아 다닌다.

4월 24일 김동민

동민아!

그래 가끔 혼자일 때가 있지. 나도 그런 걸 느끼는걸. 난 말이야, 그럴 때마다 가만히 우리 가족들 얼굴을 보게 돼. 자고 있는 모습들. 그럴 때마다 우리 가족들에게 미안한 마음이 든다. 왜일까? 그건 내가 너무 우리 가족에게 뭔가를 바라기만 한다는 생각이 들어서야. 해줄 것은 하나도 생각 안 하고, 왜 나한테만 소홀할까, 이런 생각을 하는 내가 한심스러워져. 동민아! 내색은 안 하지만 동민이 가족도 분명히 뒤에서 널 응원할 거야. 누구보다도 널 사랑해주는 사람, 식구들밖에 더 있겠니?

— 친구가

매번 같은 내용과 같은 형식의 글을 쓰는 아이에 대한 적절한 지도도 필요하다. 예를 들면 성적, 이성 문제 등에만 주제가 머무르거나, 오늘 아침부터 저녁까지 무엇무엇을 했다고 나열하거나, 나는 무엇을 잘못했는데 다음부터는 잘하겠다는 식으로 글의 형식에 매인 아이들에게는 좀 더 자연스럽게 자신을 드러내는 글을 쓸 수 있도록 예를 보여주는 것이 좋다. 초등학생의 글은 좋은 예가 된다. 모둠일기에 만화(예를 들면 일간 신문의 카툰)를 붙여 표현 방식의 자연스러움을 터득하게 하는 방법도 생각해볼 만하다.

그리고 교사도 늘 글을 쓰고 있다는 사실을 보여주는 것도 아이들의 모둠일기 쓰기에 보이지 않는 역할을 한다. 모둠일기에 도움말을 쓰는 정도에서 벗어나 좀 더 적극적인 형태의 글쓰기를 하는 것이다. 고민이 많은 아이들을 선별해 주기적으로 편지를 쓰는 방식도 있겠고, 달마다 학부모에게 편지를 보내는 방법도 있겠다.

나는 매달 학부모에게 편지를 보낸다. 학부모에게 쓰는 편지는 봉하지 않은 채로 아이들에게 건네주고 부모님께 꼭 갖다드리라고 한다. 아이들은 호기심 때문에 갖다드리기 전에 미리 검열(?)을 한다. 검열을 하면서 담임의 생각을 좀 더 깊이 이해하게 된다. '이해'라는 말은 참 매력 있는 말이다. 설득과 믿음, 감동도 사실은 이해로부터 시작된다.

모둠일기 쓰기 지도에서 유의할 점

모둠일기는 그날 오후에 각 모둠에게 돌려주어야 한다. 교사가 읽고 아이들에게 돌려주는 시간이 하루, 이틀을 넘으면 도움말이 시간적인 약효를 잃게 된다. 이렇게 되면 아이들은 모둠일기를 쓰는 데 느슨해진다.

이런 점에서 5, 6월의 고비를 잘 넘겨야 한다. 이때는 행사가 많기 때문에 교사나 아이들은 자신들도 모르게 모둠일기를 한켠으로 젖혀놓게 된다. 그런가 하면 학기초의 긴장이 풀리면서 자칫 학급운영에 대한 확신을 잃기 쉬운 시기도 이 즈음이다. 나름대로 민주적인 학급운영을 하기 위해 이것저것 챙기는 것에 비해 아이들은 천방지축 날뛰기 일쑤니, 학급 분위기가 엉망진창이라는 주변 교사의 귀띔에 권위적인 학급운영에 대한 유혹을 받기 쉬운 것이다. 이때 길을 잘못 들면 그동안 밑거름으로 넣었던 애정도, 앞으로의 계획도 뒤틀릴 가능성이 많다. 학급운영의 기본적인 원칙을 잃지 않도록 유의해야 한다.

모둠일기를 통해서 아이들의 변화 낌새를 감지하는 것도 교사가 챙겨야 할 몫이다. 4월말쯤 되면 모둠일기에 소극적인 아이들이 생긴다. 입시에 눌려 있거나, 학교생활에서 의욕을 상실했거나, 아니면 담임 교사에 대해 불만을 가지고 있거나 하는 아이들이다. 어쨌든 이는 개인상담이 필요함을 알리는 신호이다.

또한 다른 선생님들의 모둠일기 지도 사례를 관심 있게 살펴볼 것을 권하고 싶다. 그 안에 많은 정보가 담겨 있다. 모둠일기 쓰기에 대한 지도는 단순한 일기 쓰기 지도가 아니라 학생을 만나는 접점이기 때문에, 그에 대한 탐색은 곧 학급운영 전반에 대한 탐색인 것이다. 서점에 가면 모둠일기 지도 사례를 담은 책이 많이 나와 있다.

모둠일기 쓰기와 지도는 그 자체가 목적이 아니라, 아이들의 성장을 돕고 서로의 관계를 성숙시킬 수 있는 통로로서 자리매김되어야 한다. 교사가 아이들의 정보를 장악하기 위한 것이 아니라, 그들을 돕기 위한 하나의 방편으로 활용할 수 있어야 한다. 아울러, 아이들이 올바른 날갯짓을 할 수 있도록, 올바른 뜻과 정말 가치 있는 일이 무엇인지에 대해 생각하도록, 진정 아이들과 교사들이 바라는 학교가 되도록, 건강한 학교 문화가 형성되도록 교사들의 노력을 점검하는 거울로 삼아야 할 것이다.

최승롱 / 강원 경포고 교사

4월말이나 5월초에는 2개월 동안 함께 생활하면서 느낀 것이나 담임에게 바라는 것을 자유롭게 써보도록 하는 것이 좋다. 그러면 담임에게 바라는 것이나 이런 학급, 학교가 되었으면 하는 것이나, 심리적인 어려움을 느끼는 아이들의 마음을 발견할 수 있다.

모둠 친구, 친하게 해주는 첫 집단상담

학년이나 학급 특성에 따라 프로그램을 적당히 줄이거나 덧보태 사용하는 것이 효과적이다.
첫 모둠과 함께 실시한 후 반응에 따라 새로운 프로그램을 추가하거나 순서를 바꾸어 진행한다.

1 시작하기 (집단상담을 위한 자리 배치)

먼저 집단상담을 진행할 만한 조용한 장소를 물색해놓는 게 필요하다. 담임이 담당하는 특별실이나 (장소가 넓다면) 상담실 등에서 진행하는 게 좋다. 부득이 교실에서 해야 한다면, 청소할 때처럼 책걸상을 모두 뒤로 밀어놓고 의자만 둥글게 놓고 진행한다. 끝나면 물론 책걸상을 제대로 정돈할 수 있게 지도한다. 함께 집에 가자고 복도에서 친구들이 기다리고 있다면 분위기가 잡히지 않는다. 미리 집단상담 하는 날을 예고하고, 친구들을 먼저 보내도록 일러놓는다.

회의를 시작하듯 딱딱하게 열지 말고, 수다를 떨기도 하고 간단한 간식을 함께 먹으면서 시작한다.

2 자기 소개 (별명 짓기)

자기 별명과 그 유래를 몇 명만 소개한다. (대개 별명에 대해서 좋지 않게 여기고 있지만 그 별명을 좋아하는 아이도 있다.) 각자 자기 별명을 지어본 뒤에 별명을 소개하고 이유를 설명한다.

만약 짓지 못한 아이가 있으면 서로 생각을 모아 그 아이의 마음에 드는 별명을 지어준다. 이름표가 준비되었으면 별명을 넣어 만들어 단다.

3 마음을 열기 위한 신체 접촉 프로그램

"눈으로, 또 입으로 인사를 나눴으니 지금부터는 온몸으로 인사를 나누도록 합시다. 앞으로 한 학기(일년) 동안 생사고락을 같이 할 친구들이니 인사가 약간 과격해도 좋겠죠?" 정도의 도입으로 시작한다. 다음 중 하나만 하면 되겠다.

안마해주기

서로 등을 보며 빙 둘러앉아서 서로 어깨를 두드리며 안마를 해준다.

몇 분 동안 그냥 안마를 해주어도 좋고, 노래에 맞추어 리듬을 타며 어깨를 두드려도 좋다.

사회자(교사)가 "오른쪽" "왼쪽" "허리" "빨리" "천천히" 하는 말을 해도 좋고, '운전'에 비유해 "좌회전" "우회전" "후진" "시속 20km" "시속 100km"라고 얘기하며 안마를 해줄 부위나 속도를 안내해도 재미있다. 너무 오래 하지 않는다.

몸으로 인사하기

자유롭게 옮겨다니며 마주치는 사람과 인사를 한다. 이때 입으로 "안녕!" 따위의 말을 하면서 인사를 하는 것이 아니라, 신체의 한 부위를 부딪쳐가며 인사를 나누는데, 먼저 손(악수)부터 시작하는 게 무난하며, 모든 아이들이 돌아다니며 인사를 나누었을 무렵, 신체 부위를 바꾸어 다시 한 번 인사를 하도록 한다.

발, 뺨, 엉덩이, 무릎 등을 부딪치며 인사를 할 수 있다. 아이들에게 어디를 통해 인사할까 하고 물어보면, 배, 코끝, 뒤통수 등 재미있고 기발한 제안을 많이 한다.

다음은 자신을 좀 더 깊이 소개하고, 서로에 대한 정보와 인상을 나누는 시간이다. 여러 가지 프로그램을 순서대로 진행하기보다는 한두 가지 프로그램을 여러 번 진행해 '공감'의 깊이를 더하는 것이 좋다. 다음 프로그램 중 몇 가지를 선택하여 적절히 활용하면 된다. 필기구 등의 준비물이 필요한 경우, 모둠원 수에 맞추어 교사가 준비해두는 것이 좋다. 아이들의 부담도 덜고 관리도 쉽다.

자화상 그리기

여러 가지 색의 도화지, 크레파스 등을 준비하여 먼저 자기가 가장 좋아하는 색깔의 도화지나 크레파스를 선택하게 한다. 도화지 맨 위에 자신의 이름이나 별명을 예쁘고 씩씩하게 쓴다. 이름(별명) 밑에 자신의 자화상을 그리게 한다. 이때 자화상은 자신의 실제 모습을 그릴 수도 있고, 자신을 나타낼 수 있는 비유적이거나 추상적인 모습일 수도 있다.

자화상이 완성되면 서로 돌아가며 자기가 그린 그림에 대해서 친구들에게 설명해주고 질문을 받기도 하면서 해설한다.

준비물 : 8절 색도화지, 색연필이나 크레파스

나의 신체도 그리기

도화지와 필기도구(색연필이나 크레파스)를 준비하여 아이들에게 하나씩 나누어준다. (도화지는 1인당 한 장씩, 크레파스나 색연필은 두세 명에 하나씩 나누어준다.) 도화지에 각자 자신의 모습(전신)을 간단하게 그린 뒤, 머리 부분에는 자기가 제일 좋아하는 과목이나 분야, 오른쪽 눈에는 가장 좋아하는 색깔, 왼쪽 눈에는 가장 좋아하는 풍경이나 모양을 그린다.

코에는 좋아하는 냄새를, 입에는 좋아하는 음식이나 단어를 쓰고, 가슴엔 장래 희망을, 오른쪽 손에는 손버릇이나 취미, 왼쪽 손에는 자신이 가장 아끼는 소지품을 그린

다. 마지막으로 오른쪽 발에는 자신의 발버릇이나 발로 하기 좋아하는 것을, 왼쪽 발에는 가장 가고 싶은 곳이나 나라를 그린다.

다 그린 뒤에는 차례로 그것을 친구들에게 설명한다.

준비물 : 8절 도화지, 색연필이나 크레파스

기뻤던 일, 슬펐던 일 나누기

최근에 있었던 일 가운데 기뻤던 일과 슬펐던 일을 눈을 감고 생각해본다. 약 다섯 가지 정도씩 생각하도록 한다. 활동을 돕기 위해 작은 종이쪽지를 나눠주며 적게 해도 좋다.

먼저 기뻤던 일을 차례대로 돌아가며 이야기한다. 생각이 떠오르지 않는 사람을 억지로 말하게 하지 말고 다음 순서로 넘긴다. 다른 사람이 말하는 도중에 생각이 날 수도 있으므로 그 사람의 말이 끝난 다음에 말하도록 한다. 내용이 다른 사람과 같더라도 이야기하도록 한다.

기쁜 일을 다 나누었으면 슬펐던 일도 같은 요령으로 실시한다.

준비물 : 16절지, 필기구

나의 장점 말하기

종이를 나누어주고 10~20분 동안 자기 자랑을 100개 쓰도록 한다. 신체의 특징, 성격, 생활 태도, 좋은 버릇 등 모든 면에 걸쳐서 적는다. 예를 들면 나는 밥을 잘 먹는다, 나는 축구를 잘한다, 나는 기분 나쁜 일은 빨리 잊는다, 나는 목소리가 크다 등.

다 적었으면 돌아가면서 적은 것을 발표한다.

목표를 100개로 하지만 꼭 100개를 모두 적으라는 것은 아니다. 20가지 정도면 족하다.

준비물 : 16절지, 필기구

나는 누구인가

메모지를 10장 나누어주고 한 장에 한 가지씩 '나는 ……하다.'라고 자신의 특징을 쓴다.

다 쓴 다음 10가지를 발표한다.

발표한 후 10가지 가운데 버릴 수 있는 것 다섯 가지를 내려놓게 한다.

남은 다섯 가지 가운데 다시 세 가지를 골라서 내려놓게 한다.

다시 남은 두 장 가운데 가장 소중한 것 한 가지만을 남기고 하나를 내려놓게 한다.

한 사람씩 돌아가며 버릴 때의 느낌을 이야기하고, 특히 마지막까지 가지고 있었던 한 가지는 무엇인지 이유를 들어 설명한다.

준비물 : 메모지 1인당 10장씩, 필기구

10대 사건을 중심으로 한 내 인생 소개

종이를 한 장씩 주고 지금까지 지내오면서 기억에 남거나 혹은 커다란 영향을 끼친 사건 10가지를 적도록 한다. 5～6분 정도의 시간을 준 후 다 적은 것을 확인하고 돌아가며 발표한다.

준비물 : 16절지, 필기구

자신의 가족 소개하기

종이를 한 장씩 나누어준 뒤, 현재 자신의 집에 살고 있는 사람에 대해 아주 자세히 쓰도록 한다. 나이부터 성격, 버릇, 나와 친밀한 정도 등 소개할 수 있는 한 자세히 쓰도록 한다. 다 적었으면 발표를 하고 느낌을 나눈다.

식구에 대한 소개와 더불어 그 사람이 나에게 구체적으로 어떤 영향을 주는지까지 적도록 하며, 식구가 아니더라도 한집에 살고 있는 사람이면 누구든 쓸 수 있다고 말해준다.

준비물 : 16절지, 필기구

고민 나누기

둘씩 짝을 지어 각자 3분 정도 자신의 고민을 상대방에게 이야기한다. 이때 듣는 사람들은 잘 메모해둔다. 두 사람이 번갈아가며 이야기를 나눈 후에는 전체가 둘러앉아 자신이 들은 상대방의 이야기를 다른 집단원에게 소개한다. 그 가운데서 함께 해결할 문제를 하나 정하여 다시 본

인의 입을 통해 고민을 듣고 나서, 집단의 지혜를 모아 해결 방법을 찾아본다.

준비물 : 16절지, 필기구

앞의 프로그램을 통해 서로에 대한 이해의 폭을 넓혔다면, 서로의 몸을 부딪치는 프로그램을 통해 공감과 신뢰를 극대화할 수 있다. 다음 프로그램은 모두 친구들을 마음껏 믿어야 진행할 수 있는 것들이다. 역시 여러 가지를 하는 것보다는 하나의 프로그램을 여러 번 돌아가며 하는 게 좋다. 처음에는 겁이 나서 몸에 힘을 주다가도 한두 차례 반복하고, 친구들이 하는 모습을 보면서, 나중에는 완전히 몸을 맡길 수 있게 된다. 모둠원 수와 성별에 따라 선택한다.

원뿔 돌리기

모둠원 모두가 둥그렇게 서서 원을 만든다. 먼저 한 사람이 원 안으로 들어가 눈을 가리거나 감는다. 둘러선 사람들은 눈을 가린 사람을 받을 준비를 한다. 시작 신호가 나면 장님은 꼿꼿이 선 채 뒤로 넘어지고, 둘러선 사람들은 장님의 겨드랑이를 부축하여 옆사람에게 장님을 넘긴다. 장님은 비스듬히 누운 채 계속 옆사람에게 넘겨져서 한 바퀴 돈 다음 눈을 풀고 제자리에 선다.

돌아가며 한 사람씩 모두 장님이 된 후 자리에 앉아 느낌을 이야기한다.

뒤로 쓰러지기

원뿔 돌리기와 같은 요령인데, 장님이 원 가운데 서서 뒤로 쓰러지면 뒤에 있던 두세 명이 그 사람이 땅에 떨어지기 전에 받는다. 같은 요령으로 다른 방향으로 쓰러지기를 3회 더 실시한다. 장님은 뒤로 쓰러질 때 온몸에 힘을 빼고 무릎을 굽히지 말고 쓰러져야 한다. 친구들을 믿

는 마음이 있어야 잘 쓰러지며, 이때 주위에서 잘 잡아주어야 안심하고 쓰러질 수 있다. 네 번 정도 쓰러지다보면 친구들에 대한 신뢰감이 생긴다.

실시하기 전에 주위에 위험한 물건들을 치운다.

숨쉬는 피라미드

먼저 모둠원 중 반 정도 천장을 보고 한 줄로 바로 눕는다. 누운 사람의 허벅지 위에 엉덩이를 대고 다른 사람이 눕는다. 처음 누운 줄보다 두 번째 눕는 줄은 한 사람 적게 눕는다. 누울 때 두 사람의 허벅지 사이에 엉덩이를 대고 누워야 밑에 깔린 사람들이 아프지 않다. 마지막 줄의 한 사람까지 다 누웠을 때 지도자의 신호에 따라 숨을 깊이 들이쉬었다가 깊이 내쉬도록 지시한다. 누운 사람들이 한 덩어리가 되어 몸이 붕하고 뜨고 푹하고 가라앉는 느낌을 동시에 갖게 된다.

다 누웠을 때 웃거나 장난하는 분위기가 되지 않도록 지도하고 숨을 깊이 들이쉬고 내쉬도록 해야 한다. 눕는 층을 바꾸어 두세 차례 반복한다.

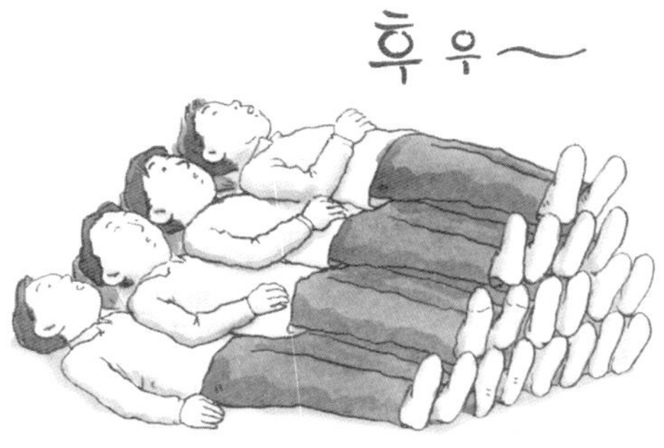

6 집단상담 마무리하기

이제 집단상담을 마무리하는 시간이다. 한 학기 동안 운명(?)을 같이할 모둠을 만난 느낌, 서로에 대한 느낌, 상담에 대한 느낌을 나누고, 앞으로의 각오를 다지는 것

으로 마무리한다. 모든 프로그램이 끝나면 반가(만약 모둠 노래가 정해졌으면 모둠 노래) 등 노래를 함께 부르는 것으로 마무리한다.

인상 이야기하기

한 사람씩 돌아가며 서로에 대한 느낌, 집단상담에 대한 느낌을 이야기한다.

느낌 나누기 (이야기 릴레이)

서로에 대한 느낌, 집단상담에 대한 느낌을 이야기하되, 릴레이 방식으로 앞사람이 얘기한 것에 이어서 한다.

"나는 오늘 ○○모둠에 가입했습니다."

"○○모둠에는 누구, 누구가 있습니다."

"처음에 ○○모둠이 되었을 때 아는 친구가 별로 없어서먹서먹했습니다."

"그런데 오후에 모둠별로 집단상담을 했습니다."

"집단상담을 하면서 친구들과 많이 친해졌습니다."

"특히 ××는 아주 웃기는 애라는 걸 알았습니다."

......

우리 모둠을 위해 내가 할 수 있는 것 쓰기

집단상담을 하며 느낀 같은 모둠원에 대한 이해를 바탕으로, 한 학년을 같이 보내는 동안 누군가(특정한 사람이어도 좋고, 우리 모둠이어도 좋다.)에게 해줄 수 있는 봉사를 종이게 적는 것이다. 백지 한 장에 돌아가며 쓰도록 하거나 말로 한다.

집단상담을 하면서 유의할 점은 교사도 상담의 구성원으로 참여를 하고, 먼저 시범을 보이는 것이다. 교사가 자신의 이야기를 진솔하고 용기 있게 할 때 학생들도 자신들의 이야기를 꺼내게 되며, 서로의 입장 차이를 극복하고 서로를 신뢰할 수 있는 사이가 된다. 예를 들어줄 때는 너무 무겁거나 어려워 부담을 갖는 일이 없도록 한다.

시간 여유가 있으면 분위기의 여세를 몰아 모둠장 뽑기, 모둠 노래와 구호 정하기를 할 수도 있다.

반 티셔츠 모둠별로 만들기

우리 손으로 똑같이 만든 반(모둠) 티셔츠를 입어보자. 토요일 오후나 수업이 일찍 끝난 날,
방과후에 약 2시간 정도 걸려 완성할 수 있다. 먼저 교사는 염색물감과 학급 공통 디자인을 준비하고,
아이들은 무늬 없는 흰색 반팔 티셔츠와 붓, 신문지, 하드보드지를 준비한다.

디자인 결정하기

디자인은 아이들에게 공모해서 우리 반을 상징적으로 나타낼 수 있는 문양을 먼저 정한다. 너무 복잡한
그림이나 상업적 캐릭터, 만화 주인공들이 채택되지 않도록 주의한다.
그림 대신 간결하게 숫자나 한두 글자로 학급 이름이나 구호 등을 나타낼 수도 있다. 손으로 그려보는 것
도 재미있지만 컴퓨터의 다양한 서체를 활용해 크게 프린트해서 써도 깨끗하다.

문양 새기기

공통 디자인이 결정되면 하드보드지를 모둠 수대로 준비해 정해진
디자인을 새긴다. 일종의 종이판화라고 생각하면 된다. 도안의 안
쪽은 칼로 잘라버리고 테두리만 남긴다. 글자 'ㅇ'이나 'ㅁ', 'ㅂ'
등은 통째로 떨어져 나가버리므로 버팀줄을 그려 남겨야 한다.
손길이 섬세한 고학년이라면 꼭 하드보드지가 아니어도 괜찮다.

모둠별로 판화 찍기

모둠별로 앉아 신문지를 책상 위에 깔아둔다. 또 흰색 티셔츠 안에 신문지를 깔아야 옷 뒷면에 그림이 번
지지 않는다. 모둠별로 한 개씩 공통 디자인 원판을 나누어주고 여러 가지 염색물감 중 모둠 색깔을 정해
가져가도록 한다. 이렇게 하면 모두 같은 디자인에 모둠별로는 색깔이 다른 독특한 유니폼을 만들 수 있
다. (모둠별로 아예 문양을 달리하여 '모둠 티셔츠'를 만들 수도 있다.)
한 사람씩 티셔츠 위에 판화 원판을 덮고 빈 글자 사이로 염색물감을 채워넣는다. 물의 농도를 잘 맞춰야
하므로 미리 다른 종이나 헝겊에 칠해보는 것이 좋고, 번지지 않도록 주의해야 한다. 이때 붓으로 칠하지
않고 실크스크린 방식으로 물감을 분사하여 표현할 수도 있다. 신문이나 옷감(스펀지)을 둥글게 뭉쳐 도
안 안쪽에 찍어 표현하는 방식도 재미있다. 이 방법은 도안이 면적을 많이 차지하는 그림일 때 적합하다.
모둠의 개성이 드러나는 그림이나 사인, 도장을 미리 준비하여 학급 공통 디자인 옆이나 밑에 찍어 모둠
을 나타낼 수 있게 한다.

완성하기

완성된 작품은 창가에 순서대로 늘어놓고 말리며 감상한다.
소풍이나 체육대회 때 다 같이 입고 단합된 힘을 보여줄 수도 있고 여름 체육복으로 쓸 수도 있다.

모둠 노래·구호, 이럴 때 써먹자!

모둠 구성 후 아이들이 머리 맞대고 제일 먼저 하는 일은 모둠 노래와 구호를 만드는 것이다.
이렇게 만들어진 모둠 노래·구호를 평상시 멋지게 활용할 방법을 찾아주는 것도
모둠활동을 살리는 지혜이다.

모둠별 행사 전후에

●●이러저러한 학급 행사를 열고 닫을 때 흔히 반가를 부른다. 마찬가지로 모둠별 행사 ─ 밥 비벼먹기, 음식 해먹기, 집단상담 등 ─ 를 시작하면서, 혹은 끝내면서 모둠 노래를 부를 수 있다. 또 소풍이나 학급잔치에서 모둠별 장기자랑이나 발표를 할 때, 모둠 노래를 부르면서 시작하면 흥미를 끌 수도 있고, 모둠 간의 미묘한 경쟁 심리도 유도허 더 열심히 하게 만드는 효과를 낸다.

●●수행평가의 강화, 수준별 수업의 도입 등으로 모둠별로 자리를 배치하고 토론 과제 등을 수행해야 하는 경우가 많다. 이럴 때 모둠 구호를 활용할 수 있다.

수업 시간이나 자습 시간에

모둠별 토론이나 실험, 과제 수행이 끝나면 교사가 그 모둠으로 가서 결과를 체크하거나 모든 모둠의 과제 수행이 끝나기를 기다려 발표를 하거나 종합을 한다.

하지만 모둠마다 과제 수행의 속도가 다르게 마련이라, 적절한 조치를 취하지 않으면 과제 수행을 먼저 끝내고 기다리는 모둠에서 잡담을 하거나 교실 안을 돌아다녀 분위기가 산만해지는 경우가 많다.

모둠별로 과제 수행이 끝나면 입을 모아 모둠 구호를 외쳐게 해보자. 한 모둠 안에서도 손을 드는 아이, 소리쳐 교사를 부르는 아이 등이 섞여 어수선하게 마련인 과제 수행을 상큼하게 마무리할 수 있다. 교사는 구호를 외친 모둠으로 가 과제 수행 결과를 체크하고 또 다른 과제를 제시한다.

한편 학기말 자투리 시간이나 아침자습 시간에 할 수 있는 퀴즈대회는 학생들이 개별적으로 참여하는 것도 있지만, 모둠 대항 퀴즈대회로도 얼마든지 가능하다

이때 답을 말할 기회를 얻기 위해서는 무언가 외쳐야 하는데, 개인 대항 퀴즈대회에서는 그냥 "저요, 저요!" 해도 되겠지만 모둠 대항인 경우에는 모둠 구호를 외치게 하는 게 좋다.

모둠 대항 체육대회나 야영에서

●●학급 규모의 체육대회나 야영의 시합 전후, "파이팅!"이라는 말보다는 모둠 구호를 크게 외치며 사기를 북돋우도록 한다. 모둠 노라를 약간 개작한 응원가를 만들어놓는 것도 좋겠다.

한편 놀이마당식 체육대회를 진행하면서 하나의 놀이마당이 끝났음을 알리고 다음 놀이마당으로 가기 위해서는 교사나 그 마당 관리자의 '검사'가 필요하다. 이때 모둠 구호를 크게 외침으로써 검사를 대체할 수 있다.

하나의 놀이마당에서 다음 놀이마당으로 이동하면서는 모둠원이 모여 줄을 맞춰 뛰게 되는데, "하나 둘, 하나 둘" 하는 구호보다는 모둠 구호를 외치면서 이동하는 게 보기에도 좋고 듣기에도 좋다.

1. 과정을 거꾸로 더듬어보자

농부 세 사람이 길을 가다가 날이 저물어 어느 농가에 묵게 되었다.

농부들은 배가 고파서 농가의 아주머니에게 자신들이 가지고 있던 감자를 삶아달라고 부탁하고는 너무 피곤해서 잠이 들고 말았다. 주인 아주머니는 감자를 삶아놓고 손님들을 깨웠으나 일어나지 않자 감자 바구니를 밥상 위에 올려놓고 돌아갔다.

이윽고 한 농부가 잠이 깨었다. 감자를 보고는 동료들이 자고 있으므로 감자를 세어 3분의 1을 자기 몫으로 먹고 다시 잠이 들었다.

곧이어 또 한 사람이 눈을 떴다. 그 농부는 동료 한 사람이 이미 자기 몫을 먹었다는 것을 모른 채 남아 있는 감자를 헤아려 그 가운데 3분의 1을 먹고는 다시 잠이 들었다.

그 후 세 번째 농부가 잠에서 깨어나 자기가 가장 먼저 일어났다고 생각하고는 남아 있는 감자의 3분의 1을 먹고 다시 잠이 들었다.

이때 앞의 두 사람이 눈을 떠보니 바구니에 감자가 8개나 남아 있었다. 이제 비로소 뭔가 잘못되었다는 것이 밝혀지게 된 것이다.

● 주인 아주머니는 바구니에 몇 개의 감자를 담아놓았을까? 또 농부들은 각자 몇 개씩 먹었을까? 이 세 사람이 공평하게 감자를 먹으려면 각각 몇 개씩 더 먹어야 하는가?

2. 포도밭의 보물

부지런한 농부가 있었다. 이 농부는 세 아들을 두었는데 아들들은 아버지와는 달리 몹시 게을렀다.

농부는 '포도밭은 누가 맬 것인가? 게으른 아이들이 일을 하지 않아 잡초만 무성해지겠지.' 하며 무척 걱정하곤 했다. 그러다가 농부는 큰 병에 걸렸다. 그는 자신이 죽기 전에 대책을 세워야 한다고 생각했다. 그래서 아들 셋을 부른 후 말했다.

"나는 아무래도 오래는 못 살 것 같다. 그러니 내 말을 잘 듣거라. 내가 죽거든 저 포도밭을 잘 파보도록 해라. 그 속에 귀한 보물을 묻어두었단다."

농부는 곧 세상을 떠났다. 아버지의 장례를 치른 세 아들은 부지런히 포도밭을 파 엎었다. 그러나 그 속에서는 아무것도 나오지 않았다.

잡초며 돌멩이들을 모두 골라내면서 피땀 흘려 밭을 일궈도 아무것도 나오지 않자 아들들은 실망이 몹시 컸다.

"아무것도 없잖아!"

"그럼 아버지가 거짓말을 하신 걸까?"

그러는 사이 여름이 되었다.

아들들은 그제야 비로소 포도밭에 숨겨둔 아버지의 보물이 무엇인지를 깨닫게 되었다.

● 아버지가 포도밭에 숨겨둔 보물은 무엇이었을까? 적당한 내용을 추리해서 써보자.

3. 토끼와 파리

어느 깊은 산 속에 아주 영리한 토끼 한 마리가 살고 있었어. 이 토끼가 하루 종일 아무것도 먹지 못한 어느 날의 일이었어. 토끼는 이곳저곳으로 먹을 것을 찾아 헤매다가 마을 근처까지 가게 되었지 뭐야. 어디선가 맛있는 냄새가 솔솔 콧속으로 들어오는 게 아니겠어.

토끼가 고픈 배를 움켜쥐고 귀를 쫑긋이 세우면서 냄새 나는 곳을 찾아가보니, 글쎄 콩밭이 있었어. 얼씨구나 하고 토끼가 콩잎을 막 먹으려는데 '철컥' 하고 덫에 걸리고 말았어. 너무도 배가 고팠던 토끼는 덫을 생각하지 않았던 거야.

아무도 덫에 걸린 토끼를 구해주려 하지 않았어. 토끼의 머리 위에 왕파리 한 마리가 윙윙거릴 뿐이었지. 생각다 못한 토끼는 왕파리를 불러 애원했어.

"왕파리님, 나를 좀 도와주시오. 나는 이제 죽을 날만 기다려야 할 몸이 되고 말았소. 당신이 구해주지 않으면 꼼짝없이 죽고 말겠소."

토끼의 말을 듣고 난 왕파리는, 다시 토끼에게 물었어.

"저도 힘이 되어 드리고 싶습니다만, 저 같은 것이 어떻게 도움이 될까요?"

토끼는 왕파리에게 말했어.

"왕파리님, 이제부터 제 말대로 해주시면, 저를 도와주시는 것입니다.

---"

"그야 쉬운 일이지요."

왕파리는 토끼가 시키는 대로 했어.

마침내 덫을 놓은 사람이 왔어. 그런데 그 사람은 실망하면서 덫에서 토끼를 빼버렸어. 토끼는 꾀를 내어 목숨을 건질 수 있었던 거야.

● 토끼가 낸 꾀는 무엇이었을까? 밑줄 친 곳에 들어갈 말을 써보자.

4. 귤이 탱자가 되다

춘추시대 말기에 제나라에 안영이라는 유명한 재상이 있었다. 그는 지혜와 정략이 뛰어난 데다가 말재주와 담력이 대단했는데, 특히 키가 작은 것으로 이름이 알려져 있었다. 어느 해 초나라 영왕이 안영을 자기 나라로 초대해 그의 키를 빗대어 짓궂은 질문을 했다.

"경의 나라에는 사람이 없소? 경과 같은 사람을 보내게……."

안영이 대답했다.

"우리나라에서는 상대방 나라에 맞게 사신을 보냅니다. 큰 나라에는 큰 사람을, 작은 나라에는 작은 사람을 보내지요."

왕은 두 번째 계획을 진행시켰다. 왕이 바라보고 있는 뜰 아래로 포졸들이 죄인을 묶어 앞세우고 지나갔다.

"여봐라! 그 죄인은 어느 나라 사람이냐?"

"제나라 사람입니다. 도둑질을 해서 붙잡혔습니다."

초나라 왕은 안영을 바라보며 말했다.

"제나라 사람은 원래 도둑질을 잘하오?"

안영은 초연하게 대답했다.

"

____

____

____

____
                                              "

초나라 왕은 부끄러워하며 크게 잔치를 벌여 안영을 대접하고 다시는 제나라를 넘볼 생각을 하지 못했다.

● 안영은 어떤 지혜와 말재주로 왕을 부끄럽게 했을까? 제목을 참고해서 써보자.

5. 암탉 값을 계산하는 방법

옛날에 한 봇짐장수가 주막에서 암탉 한 마리를 삶아달라고 해서 먹었다. 이튿날 아침 길을 떠나기 전에 그 봇짐장수는 주막집 주인에게 "내가 돌아올 때 숙박료와 암탉 값을 함께 계산합시다." 하고 떠나갔다.

석 달이 지난 어느 날 봇짐장수가 돌아와 이 주막에 들렀다. 봇짐장수를 만나자 주인은 반나절이나 수판을 튀기더니 "숙박료를 제외하고 2백 냥이올시다."라고 하는 것이었다. 봇짐장수는 눈이 휘둥그래졌다.

주인은 이렇게 말했다. "당신은 석 달 전에 암탉 한 마리를 먹었소. 그 암탉이 살아 있었다면 달걀 칠팔십 개는 낳았을 거구, 그 달걀을 부화시키면 병아리가 되었을 거요." 봇짐장수와 주막 주인은 옥신각신 다투다가 관가로 달려갔다.

판사는 자초지종을 다 듣고 나서, "주막 주인의 말에 일리가 있네. 그 암탉이 살아만 있었다면 칠팔십 개의 달걀은 능히 낳았을 걸세. 달걀을 부화시키면 물론 병아리가 될 수 있고 말고. 그러니 2백 냥은 내야 할 것이네!" 하고 판결하였다.

봇짐장수는 판사의 엉터리 판결에 울화가 치밀었지만 하는 수 없이, "그러시다면 나으리, 제가 내일 점심때 돈을 가지고 이 자리에 오겠습니다만, 그 사이에 나으리의 판결이 지당한가를 다시 생각해보시기 바랍니다." 하고 집으로 돌아갔다.

이튿날 점심때가 되자 판사와 주막 주인은 봇짐장수가 돈을 가지고 오기를 기다리고 있었다. 봇짐장수는 저녁이 늦어서야 관청에 들어왔다. 왜 늦었냐고 책망하자 그는 날씨가 좋아 보리를 심으려고 **보리 종자를 삶다보니** 늦었노라고 대답했다.

판사는 이 말을 듣고 노발대발했다. 삶은 보리 종자에서 어떻게 싹이 나느냐는 것이었다. 그러자 봇짐장수는 때를 놓칠세라 되받았다.

"

"

봇짐장수는 그 자리에서 일어나 뒤도 돌아보지 않고 관가 문을 나섰다. 판사는 그가 가는 것을 그대로 내버려둘 수밖에 없었다.

● 봇짐장수는 판사에게 무슨 말을 해서 이 위기를 벗어났을까? 굵은 글씨를 눈여겨보자.

해답

1. 과정을 거꾸로 더듬어보자

문제를 쉽게 푸는 방법은 거꾸로 시작하는 것이다.

세 번째 농부는 동료들을 위해 한 사람에 네 개씩, 합계 8개의 감자를 남겨놓았다. 결국 자기 자신은 4개의 감자를 먹었던 것이다. 여기에서 두 번째 농부는 동료들을 위해 한 사람에 6개씩, 합계 12개의 감자를 남겨놓고 6개를 먹었다는 것을 쉽게 알 수 있다. 그렇다면 첫 번째 농부는 동료들을 위해 한 사람에 9개씩 모두 18개의 감자를 남겨두고 자신은 9개 먹은 것이 된다. 결국 주인 아주머니는 밥상 위에 27개의 감자를 두었던 것이다. 따라서 첫 번째 농부는 자기 몫을 전부 먹었으므로 나머지 8개의 감자 중 3개는 두 번째 농부의 몫이고 5개는 세 번째 농부의 몫이 된다.

2. 포도밭의 보물

원문 ⫶⫶⫶⫶ 그해 여름 농부의 포도밭에는 다른 해보다 유난히 굵고 먹음직스런 포도가 주렁주렁 열렸다. 아들들이 포도밭을 정성껏 일구었기 때문이다.

아들들이 정성껏 일군 포도밭에 주렁주렁 열린 포도.

3. 토끼와 파리

원문 ⫶⫶⫶⫶ 당신 동무들을 많이 불러다 내 몸에 앉아 있게만 해주십시오. 그러면 내가 이미 썩은 토끼인 줄 알 것이오.

아무리 어려운 일을 당해도 차근차근 생각의 갈피를 찾아보자. 실타래 풀리듯 풀려나갈 것이다. 삶의 어려움을 이겨내는 힘, 생각의 힘이 큰 몫을 차지한다.

4. 귤이 탱자가 되다

원문 ⫶⫶⫶⫶ 강 남쪽에 귤이 있는데 그것을 강 북쪽에 옮겨 심으면 탱자가 되는 것은 토질 때문입니다. 제나라 사람들이 제나라에 있을 때는 도둑질이 무엇인지도 모르고 자랐는데 그가 초나라로 와서 도둑질을 한 것은 초나라의 풍토 때문인 줄로 아옵니다.

남에게 창피를 주어 우쭐거리고 싶어한 적은 없는지? 옳지 못한 방법으로 남을 누르고 그 위에 서려는 사람이 많다. 남을 업신여기는 마음은 위험하다. 언젠가는 그 대가를 자신이 짊어져야 하기 때문이다. 남보다 낫고자 한다면, 진정한 실력을 기르는 편이 좋다.

5. 암탉 값을 계산하는 방법

원문 ⫶⫶⫶⫶ 나으리, 지당한 말씀이외다. 삶은 보리 종자에서 싹이 날 리 없지요. 마찬가지로 삶은 암탉이 달걀을 낳을 수는 없는 일입니다. 나으리의 판결대로 한다면 삶은 보리 종자에서도 싹이 날 수 있지요. 나으리의 지당한 말씀을 듣고 저는 돌아갑니다.

다른 사람과 이야기하다보면 우리는 우리 자신의 말이나 상대방의 말에 모순이 있음을 발견한다. 말이 되지 않는 말을 할 때가 있는 것이다. 그럴 때 무엇이 틀렸는지 잘 판단하면 이야기를 제대로 풀어나갈 수가 있다.

학급회의를 하지 못하는 두려움

학급회의에 대한 아름다운 추억을 하나 가지고 있습니다.

오래된 장면인데도 어제 일처럼 생생합니다. 1989년, 전교조 문제로 학교를 쫓겨났을 때 이야기입니다. 상황을 요약하면 이렇습니다. 그해 9월, 해직 통보가 떨어진 뒤에도 우리는 ─ 그 학교에서 네 명이 해직되었습니다. ─ 매일 학교로 출근을 했습니다. 이름하여 출근투쟁입니다. 교장은 교문을 굳게 닫아걸고, 동원된 일부 학부모들은 교문 밖에서 우리를 막았습니다. 워낙 완강했기 때문에 우리가 할 수 있는 것은 창가에 매달려 소리를 치는 아이들을 향해 손을 흔들어주는 것뿐이었습니다. 그나마 수업 종이 치면 망연하게 교사(校舍)를 지켜보다 그곳을 떠나오곤 했습니다.

그런 지 나흘째 되는 날이었습니다. 똑같은 상황이 반복되고 있었는데, 돌연 옆 골목에서 한 떼의 아이들이 함성을 지르며 몰려나왔습니다. 우리를 '모시겠다.'며 후문을 넘어온 것입니다. 웃통까지 벗어젖힌 아이들의 기세가 워낙 등등했으므로 안에서 교문을 열어줄 수밖에 없었고, 나는 아이들에게 떠밀려 교실로 들어갔습니다.

지금도 잊지 않습니다. ○○ 중학교 3학년 10반 ─ 마침 첫시간이 국어 시간이니 수업을 하자며 차렷 경례를 하는데, 뒤쪽에서 누군가 소리를 질렀습니다. 나머지 두 선생님도 모셔오자는 것입니다. 밖을 보니 김 선생과 최 선생이 아직도 교문 밖에 서서 그대로 비를 맞고 있었습니다. 뒤의 아이들이 자리를 박차고 일어섰습니다.

그때 앞줄의 키가 작은 아이가 손을 들더니 토론 시간을 신청했습니다. 대성이란 아이였습니다.

"여러분, 우리는 우리 힘으로 선생님을 모셔왔습니다. 그러나, 이런 단체 행동이 혹시 해직 선생님들의 순수한 뜻에 어긋나는 것은 아닌지, 오히려 욕을 먹게 하는 것은 아닌지 더 생각해보고 결정해야 합니다."

돌연한 이의 신청에 아이들 사이에 소란이 일었습니다.

"선생님들 뜻이 옳은 것은 누구나 인정하고 있습니다. 그렇기 때문에 우리가 이렇게 나서지 않아도 선생님들의 진리가 승리할 것이라 믿습니다. 진리는 아무리 깊은 곳에 잠겨 있어도 언젠가 물 위로 떠올라 인정을 받는 법입니다."

그러자 영호란 아이가 벌떡 일어섰습니다. 큰 키만큼이나 싱거운 짓을 자주 해서 싱검이라 불리던 아이였습니다.

"그건 말이 안됩니다. 바닷속에 잠겨 있는 진리가 어떻게 저절로 떠오릅니까? 누군가 들어가서 건드리거나 건져올려야 떠오르는 것 아닙니까? 우리는 지금 나가야 합니다."

아이들 사이에서 "옳소!"가 연창되며 박수가 터졌습니다. 한 아이가 일어나서 찬성 발언을 했습니다. "나가야 합니다. 우린 뭐가 옳은지 알고 있고, 더욱이 선생님께는 우리가 제일 큰 힘이 될 것입니다."

이번엔 평상시에 별말이 없던 병오가 일어섰습니다.

"대성이 의견에 찬성합니다. 우리는 우리가 다 컸다고 하지만 어른들은 믿지 않습니다. 이 일이 커지면 어른들은 우리더러 공부하기 싫은 놈들만 나와서 데모한다고 그럴 겁니다."

열띤 공방이 거듭되었습니다. 이야기는 네 선생님어 대한 공식적인 이임인사 자리를 요구해야 한다는 것으로 확대되었습니다. 누가 사회를 보는 것도 아닌데 저희들끼리 갈피를 잡아 회의를 이끌어갔습니다. 아이들은 더 이상 국어 평균 59점으로 학년 꼴찌를 해서 기죽던 아이들이 아니었습니다. 담배 한 대 피우겠다고 뒷담을 넘다 잡혀오던 아이들도 아니었습니다. 결론을 내지는 못했습니다. 누군가 그 토론 틈에서 나를 보았던 것입니다.

"우리는 선생님을 모셔다놓고 아직 한 말씀도 못 들었습니다. 선생님께 시간을 드립시다."

그제야 아이들은 옷을 고쳐 입고 나를 향해 앉았습니다. 그때 끝종이 울렸습니다. 나는 아무 말도 할 수 없었습니다. 한참을 있다가 더듬거리며 말했습니다. 옳고 그름을 따지기에 앞서 너희들은 너무 근사하게 컸다고, 내가 지금 할 수 있다면 너희들 손등에 일일이 입맞춤이라도 하고 싶다고. 그것은 과장 없는 솔직한 나의 심정이었습니다. 누군가의 선창으로 스승의 노래가 시작되었습니다. 뿌옇게 흐려지는 시야 때문에 나는 노래 부르는 아이들의 얼굴을 하나도 볼 수가 없었습니다.

요즘 몇 년 동안 나는 학급회의다운 회의를 한번도 해보지 못했습니다. 아니, 하지 않았다고 하는 것이 옳은 표현일 것입니다. 민주주의 훈련장으로서 학교와 학급회의의 역할을 과소평가해서가 아닙니다. 오히려 나는 요즘처럼 학교와 교육에 대한 세간의 비판과 비난이 가혹한 때일수록 교육의 기능을 더 강화해야 한다고 생각하는 쪽입니다.

그럼에도 학급회의를 하지 못했던 것은 물론 게으른 탓도 있지만, 뭔가 눈 가리고 아웅하는 것 같은, 아이들에 대한 미안함 때문입니다.

대부분의 학교에는 학급을 살아 있는 조직으로 안아주는 학교자치가 없습니다. 몇 학교를 거치는 동안에 학급회의를 거쳐 의결된 안건을, 그리고 아이들의 간절한 건의사항을 받아서 해결 방법을 모색하는 자율 학생회를 한 번도 경험하지 못했습니다. 학생회 간부들과 학교운영단(지금은 학교운영위원회겠지요.)의 동등한 교섭 모임도 없었습니다. 이런 환경에서 학급회의라는 것이 — 그 기능의 소중함에도 민주주의라는 숭고한 이름에 절망만 안겨다주는 역할 외에 무엇을 더 하겠느냐는 자괴감이 일었습니다. 그것은 자신들이 세운 결정에 대해서 책임과 권한을 가지는, 제대로 된 성공의 경험을 줄 수 없다는 두려움이기도 했습니다.

물론 학급 안의 활동만이라도 건강한 토론을 통해 스스로 질서를 세우고 합리적인 대안을 마련해 실천하는 '작은 공동체'는 가능합니다. — 그것도 여간 힘든 일이 아닙니다만. 여기에 기대를 걸고 눈물겨운 싸움을 하는 교사들을 몇 알고 있습니다.

그들이 일구어낸 성과는 작지만 아름다운 것이었습니다. 소풍 때면 각 모둠이 스스로 알아서 일정과 계획을 짜고, 학급 규칙도 번듯해서 어기는 경우 아이들이 정해진 규칙에 따라 엄정하게 다스려집니다. 담임이 출장을 가서 교실을 비워도 학급은 평소와 다를 바 없이 질서 있게 잘 돌아갑니다.

그러나 이런 일정한 성취를 이룬 이조차 하소연하는 내용은 비슷합니다. 학교 단위의 방침과 어긋나는 경우 대책이 안 선다는 것입니다. 학급이 세포라면 학교는 큰 생명체입니다. 생명체가 죽었는데 홀로 세포만 살 수는 없습니다.

영원히 학급회의를 안 할 생각은 없습니다. 그것이 아이들, 나아가 사회에 대한 직무유기라는 점도 잘 알고 있습니다.

우선 두 방향의 노력을 다짐하고 있습니다. 첫째는 얼렁뚱땅 넘겨버린 사이 민주주의와 멀어져 있는 아이들을 일깨워 의사결정의 원리와 그 매력적인 힘을 몸소 경험하게 하는 것이고, 둘째는 학생회를 위시한 학생자치를 살려내기 위한 '싸움'입니다.

이제 본격적으로 준비하기로 합니다. ― 십 년 전의 아이들이 내게 남겨둔 숙제이기도 합니다. (1999년) ■

이상대 / 서울 신월중 교사

학급회의 활성화를 위한 전략

학급회의는 아이들이 한 달, 한 주간의 학교생활을 점검하면서 다음 학급활동의 방향과 모습을 집단적으로 설계하고 공유할 수 있는 좋은 틀이 된다. 이런 의사소통 구조를 확보하는 과정에서 집단생활의 원리를 자연스럽게 터득하며, 자신의 가치관에 대한 반성과 수용을 배우고, 의사결정의 원리와 힘을 발견하게 된다.

넉넉한 분위기에서 공부하기 위해서는 어떤 사소한 불편을 감수해야 하는지, 내가 교과 선생님과 갈등을 일으켰을 때 친구들에게 어떤 피해가 돌아가는지, 그렇다면 어떤 해결 방법을 찾아야 하는지 등의 작지만(사실은 결코 작지 않다.) 소중한 삶의 태도를 배우게 되는 것이다.

특히 학급회의는 울타리가 작다는 점에서 그 어떤 회의보다 더 구체적이고 선명한 체험의 장이 된다. 문제는 거기에 얼마나 현실적인 힘과 가치를 부여하느냐에 따라 학급회의의 생명력이 좌우된다는 것이다. 학급회의가 교사나 학생들 사이에서 천덕꾸러기 신세를 벗어나지 못하고 있는 이유는 바로 '힘'을 얻지 못한 까닭이다.

학급회의가 시들어가고 있는 형편에서는 학생회도 제구실을 하기 힘들다. 악순환은 거듭되어 학생회가 이름뿐이니 학급회의는 이제 해도 그만 안 해도 그만이다. 아이들도 회의하자면 날개를 접고 앉아서 이구동성으로 외친다. "선생님 그냥 놀아요."

대중에게 점점 힘과 권위가 이양되는 추세를 좀 더 실속 있고 격조 높게 완성시키려면 가장 먼저 할 일이 아이들의 토론 문화 — 학급회의를 살리는 것이다. 제대로 된 토론 문화를 경험하지 못한 세대가 만들어놓은 지금의 사회 문화는 얼마나 경직되어 있는가.

학급회의를 살리는 방법은 학급회의가 활기를 잃은 이유를 되짚어보면 뜻밖에 간명하다. '아이들의 의사결정 구조를 존중해주는 것, 그리고 그것을 연습하는 것'이다. 민주주의와 민주주의 교육은 다르다. 학생들은 민주주의 주체이지만 또한 피교육자다. 교육의 주체이지만 또한 피교육자다. 이런 점에서 학급회의 역시 교육의 장으로 거듭나야 한다. 문제는 그것에 대해 학교와 교사가 얼마나 열정을 갖느냐 하는 것이다.

'민주주의는 돈과 시간이 많이 걸린다.' 는 말은 이 경우에 적합하다. 방치해두었던 것부터 차근차근 추스르고 가능한 방법부터 실마리를 풀어보자.

학급회의를 활성화시키기 위해서는 여러 가지 조건이 전제되어야 한다. 그 가운데 핵심적이랄 수 있는 것들을 챙겨보면 다음과 같다.

학급회의에 권위 부여하기

학급회의에 생기를 불어넣기 위해서는 아이들의 의사결정 구조를 최대한 존중해야 한다. 교사가 회의 내용에 관심을 가지고 결정사항의 실천 여부를 지켜보며, 요구사항을 성심껏 해결하는 노력을 기울일 때 아이들도 스스로 존중하는 마음이 생긴다. 존중하는 마음에서 권위가 생긴다. 이런 권위를 위해서는 몇 가지 준비가 필요하다.

1) 회의를 위한 훈련을 시킨다

학급회의가 잘 이루어지기 위해서는 우선 회의를 어떻게 해야 하느냐에 대한 사전 지식과 과정에 대한 훈련이 필요하다. 형식이 내용 위에 놓이지는 못해도 내용을 채워가는 방편으로서의 형식은 존중해야 한다.

담임은 무작정 학생들을 회의에 내몰기보다 나름대로 숙지한 회의의 기본적인 형식틀을 학생들에게 가르쳐 좀 더 원활하고 알찬 내용으로 진행할 수 있게 지원해주어야 한다. 이 경우 훈련 방법으로, 교사가 사회자를 맡는 시나리오에 의한 모의 학급회의나 시청각 자료 등을 활용한 시각 연습이 효과적이다. 학급 임원이 선출된 뒤 1개월 정도의 연습 기간이면 가능하다. 회의가 원활하게 진행되어야 신뢰와 무게가 실린다. 회의의 엄숙한 분위기를 위하여 의사봉을 준비하는 것도 생각해볼 수 있다.

2) 건의사항 처리에 성의를 보인다

아이들의 건의사항은 일일이 응답하기조차 힘들 정도로 많다. 막상 본회의 때는 묵묵부답이다가 건의 시간 때는 이런저런 요구사항을 쏟아내는 '얄미운 놈' 도 부지기수다. 하지만 이런 건의사항을 결코 소홀히 다루어서는 안 된다. 꼼꼼히 챙겨줌으로써 학급회의의 효용성을 느끼게 해주어야 한다. 건의사항에 대한 해결 가능성 여부를 밝혀주고, 그에 따라 결과를 처리하는 과정이 반복되면 학급회의를 대하는 눈이 변한다.

학교에 대한 건의사항은 담당 부서나 담당 교사, 나아가 책임 있는 관리자에게 알릴 수 있는 공식적인 통로를 만들 필요가 있다. 이를테면 '건의사항 처리부' 와 같은

학급회의가 교실과 학교를 변화시킬 수 있는 가장 기본적인 학급활동이 되기 위해서는 여러 부분에서 새로운 노력이 필요하다. 이 가운데 시급한 것은 아이들을 연습시켜 사소한 문제부터 의견을 조정해 해결하는 지혜를 경험하게 하는 것이다. 관건은 교사들의 믿음과 노력이다. 몸소 논의에 참여하고 의사소통에 물꼬를 터주는 관심만 보여도 아이들은 놀라울 정도로 빨리 변한다.

장부를 만들어서 각 학급의 건의사항을 모아 처리하도록 하든지, 아니면 학급일지에 건의사항만이라도 기재하여 처리할 수 있도록 담임들이 교섭 능력을 발휘해야 한다. 학생회를 통하여 공식 건의하는 과정도 생각할 수 있다. 어떤 경우가 되든 건의사항 처리 결과는 학교 게시판이나 방송, 혹은 월요조회 등을 통해 학생들에게 알려지도록 배려해야 한다. 어쨌거나 이 대목에서는 담임들의 '집단적인 힘'이 관건이다.

안건은 학급생활과 관련된 실질적인 내용으로

사실 회의에서 가장 중요한 것은 안건이다. 아이들이 회의에 미온적인 것도 학교에서 일률적으로 정해주는 안건의 식상함 때문이다. '자연을 보호하자.' '질서 있는 생활을 하자.' ─ 결론이 뻔한 이런 화제에 목에 핏줄 세우며 토론에 참여할 아이는 없다. 학교에서 해당 주제에 대한 회의를 강요하더라도 적절하게 변용하여 주제를 정하는 지혜가 필요하다.

학급회의의 안건은 되도록 학급생활에 관련된 것으로 상정한다. 구체적인 생활과 관련을 지으면 그 회의 결정에 따른 실천 과정을 아이들이 몸소 경험할 수 있기 때문에 상당한 호응을 이끌어낼 수 있다. 이를테면 '재미있는 학급 행사 기획하기'에서 '라디오 프로그램에 학급 전체가 신청곡 보내기' 같은 가벼운 주제도 얼마든지 학급회의 안건이 될 때, 아이들은 학급회의에 관심을 갖기 시작한다. 이런 경우 학기초에 장기적인 계획을 짜고 해당 시기에 부분적인 보완을 하는 것이 효과적이다. 회의를 하기 전에 임원진이나 모둠장들로 구성된 학급운영위원회를 열어 구체적인 안건을 확정짓는다.

연중 계획을 짠다면 아래와 같은 주제를 생각할 수 있다.

3월 : 회의 훈련하기 / 학급 규칙 정하기 / 교실 환경 꾸미기

4월 : 모둠 단합 산행대회 / 수업 분위기 만들기 / 학급문집 발간 계획

5월 : 봄소풍(체험 활동) 준비 / 부모와 교사에게 편지 쓰기

6월 : 학급 체육대회 열기 / 학급 봉사활동 계획 짜기

7월 : 기말 시험 잘 치르기 / 학급 야영

9월 : 테마 소풍 / 모둠 재편성

10월 : 모둠 단합 산행대회 / 학교 축제 참여 방안

11월 : 불우이웃돕기 / 학급문집 편집 계획 / 알뜰장터 열기

12월 : 모둠 경연대회 / 일년 모둠활동 평가

2월 : 학급 마무리잔치

학급회의와 학생회 활동 연계시키기

학급회의에 탄력을 불어넣기 위해서는 학생회 활동과 연계 고리를 찾는 작업도 필요하다. 학급회의의 기본적인 틀은 학급이지만 내용에는 학급 구성원의 문제만 담겨 있는 것이 아니다. 학교 전체의 문제와 접점을 가진다. 학급회의를 진행하는 과정에서 해결해야 할 근본적인 문제는 바로 이런 통로를 어떻게 여느냐에 관한 것이다.

격주제로 학급회의가 열리고 월 1회 학생대의원회(이하 학생회)를 개최하는 경우라면, 최소한 학생회가 열리기 일주일 전에 의안을 공고하도록 하여, 같은 의안으로 학급회의를 열 수 있도록 배려해야 한다. 학급회의를 통하여 얻어진 학생들의 목소리가 전체 학생회를 통하여 수렴되어 하나의 귀결점을 가질 때 학생들은 학급회의에 관심을 기울이며, 낮지만 자신의 목소리를 내기 위해 노력하지 않겠는가. 이때 학생회(자치 활동) 담당 교사와 협의하여 이런 절차를 정례화하는 특별한 관심이 필요하다.

어느 날 갑자기 학생회가 소집되고, 참석한 반장이 와서 전하길 "수요일까지 불우이웃돕기 성금 천원 이상 내래!" 한다면, 이것은 명령이지 회의가 아니다. 바람직한 프로그램을 생각해보자. '불우이웃돕기 어떻게 할 것인가? 라는 학생회의 안건이 미리 공고되고 그에 따라 각 학급은 먼저 학급회의를 한다. 어떤 학급은 얼마씩 걷어서 혹은 쌀을 모아 떡을 만들어서 양로원으로 봉사활동 가자는 결정을 할 수도 있고, 또 어떤 학급은 약식 알뜰시장을 열어서 성금을 모으겠다고 결정할 수도 있다. 학생회는 이런 결정이나 의견을 모아 조정하고, 아직 결정을 내리지 못한 반을 대상으로 회의를 거쳐 일정한 방법을 권고한다. 그 학급은 다시 임시 학급회의를 열어 권고 방안을 구체화 혹은 수정해서 통과시키고 실행에 옮긴다. 이런 회의 구조는 아름답다.

학생들은 여전히 토론 문화에 익숙하지 않고, 회의에 대한 경험이 일천하다. 학교는 더할 나위 없다. 이런 상황에서 가장 중요한 것은 교사의 역할과 노력이다. 물론 어려움은 있다. 불행하게도 교사 역시 권위주의 정권 아래서 학습의 틀거리를 배운 탓에 토론 문화가 낯설고 어렵다. 그러나 이것은 교사가 극복해야 할 과제다.

학급을 바꾸기 위해서는 교사가 먼저 바뀌어야 한다. 회의의 구체적인 방법과 내용을 공부하고 열악한 토론 문화 환경을 극복하는 자세를 가질 때, 비로소 학급을 꾸려가는 탄력과 여유를 회복할 수 있을 것이다. 그런 연후에 아이들을 치밀하게 훈련시키고, 믿음을 가지고 지켜보는 과정을 거친다면, 한 학기가 가기 전에 아이들 스스로 회의 구조를 정착시키고 내용을 질적으로 높여가는, 그리하여 여타의 학급활동까지 활력에 넘치는 기쁨을 맛보게 될 것이다. 일년이 걸리면 어떠랴 학급자치가 이루어진다면 담임의 어깨는 상당히 가뿐해진다. ■

회의에 임하는 올바른 자세

· 자기가 생각한 것을 주저말고 발표한다.
· 다른 사람의 의견을 진지하게 듣는다.
· 개인에 대한 인신공격이나 비난은 절대 피한다.
· 상대방의 의견을 비웃거나 야유하지 않는다.
· 한 사람이 여러 번 말하기보다 모든 사람이 적극 참여하여 발언한다.
· 잡담하지 말고 다른 사람의 의견을 충분히 듣는다.
· 이성적으로 냉철하게 생각하고 판단한다.

학급회의를 잘하기 위한 지혜

지혜 1   매끄러운 학급회의 진행에 강박관념을 갖지 마라

훈련을 시켜도 아이들은 서툴기 짝이 없고, 사회자는 장악력이 떨어져 회의의 맥을 놓치기 일쑤다. 그러나 서툴면 서툰 대로 처음부터 끝까지 저희들 힘으로 해낼 수 있도록 도와야 한다. 매끄럽지 않더라도 서로의 의견이 얼마나 다른지, 해결 방법은 또 얼마나 다양한지 확인하는 것만으로도 큰 수확이 될 수 있다. 경험이 최고의 연습이다. 결정적이지 않은 내용은 그냥 지나쳤다가 담임 시간에 반성하고 검토하는 것이 효과적이다. 교사가 중간에 참지 못하고 끼어드는 순간 아이들은 입을 다문다. 때로는 교사들은 엄두도 못 내지만 아이들은 훌륭하게 해내는 일이 있다.

지혜 2   사회자를 훈련시키라

의장은 논의가 다른 방향으로 새는 것을 막고, 가능하면 중립적인 방향에서 모든 주장이 정확하게 전달되고 충분하게 논의될 수 있도록 교통정리를 잘해야 한다.

회의 진행의 성패는 반쯤 의장(사회자)에게 달려 있다. 의장은 회의에 관련된 용어나 전체 진행 요령 등을 파악하고 있어야 하며, 발언자의 주제를 명확하게 해주고 의의를 충실하게 설명해줄 수 있어야 한다. 이런 의장의 진행 능력은 집중적인 훈련으로 향상된다. 교사가 시범을 보이는 것도 훈련의 한 방법이다. 흔히 시간이 지나면 점차 익숙해지겠지 하고 방관하는 경우도 있는데, 생각처럼 쉽게 능숙해지지 않는다. 의장과 함께 기록자의 역할도 훈련을 시켜야 한다.

지혜 3   회의 시간에는 회의를 하라

회의 시간으로 정해진 때는 특별한 일이 아니면 회의를 해야 한다. 시간을 들여봤지만 투자에 비해 얻는 것이 별로 없다고 빼먹기 시작하면 그나마 그동안 얻은 것조차 잃게 된다. 학생들이 따분해하는 기색을 보여도, 회의 시간에는 꼭 회의를 한다는 인식을 심어주면 학생들도 마음의 준비를 한다.

마음의 준비는 회의의 밑거름이 된다. 밀린 학급 일을 하며 지내고 싶은 유혹을 물리치며 악착같이 회의 시간을 확보한다는 것이 말처럼 쉬운 일은 아니다. 그러나 습관은 무서운 것이어서 한번 무너지기 시작하면 걷잡을 수 없다.

지혜 4　학급회의의 정형을 고집하지 마라

　　대부분의 학급회의는 학급원 전체가 일괄적으로 참여하는 집단토의 방식을 활용한다. 이런 회의 방식은 학급 단합대회 결정이나 체육대회 학급 대표 선발 같은 다수의 의견을 물어 표결에 부칠 의제에 적당한 회의 방식일 뿐이지 어떤 것이나 원활하게 해결할 수 있는 만능열쇠는 아니다. 오히려 이 방식은 사람이 많으므로 산만하기 쉽고, 소수의 발언자가 의견을 독점하기 쉬우며, 깊이 있는 토론이 이루어지기 어렵다는 점에서 가장 어렵고 실패할 확률이 높은 회의 방식이다. 그러므로 사안에 따라 여러 가지 회의 방법을 다양하게 적용하는 지혜가 필요하다. 모둠회의든 패널회의든 청문회든 모두 훌륭한 학급회의의 방법이 될 수 있다. (161쪽 정보쌈지 참고)

　　나아가 학급회의를 자치 활동이라는 개념으로 받아들여, 회의를 포함하여 좀 더 폭넓은 활동이 가능한 시간으로 활용하는 방법도 생각할 수 있다.

> '학급문집을 어떻게 만들 것인가?'와 같은 의제는 표결로 결정할 문제가 아니다. 차라리 모둠을 활용한 분과토의 형식으로 진행해서 각 집단별로 안(案)을 만들게 한 뒤, 전체 토의에 부치든지, 동의를 얻어 학급운영위원회에서 결정을 하든지 하는 방법이 훨씬 현실적이고 효과적이다.

지혜 5　일정한 회의 용어를 꾸준히 사용하라

　　회의 용어는 대부분 한자어로 되어 있어, 교사들조차 그 의미를 정확히 파악하지 못하는 경우도 많다. 학생들은 오죽하겠는가? 회의를 제대로 하기 위해서는 회의 용어(개념)를 정확히 아는 것이 중요하다. 따라서 회의를 잘하라고 윽박지르기 전에 우선 급별 수준과 학년 수준에 맞추어 개념을 쉽게 정리해주는 사전 정지 작업이 있어야 한다.

　　회의 용어표를 만들어 교실에 게시하는 방법도 있고, 좀 더 쉬운 말로 바꾸어 쓸 수 있는 용어가 있으면 하나의 약속으로 정하여 써도 무방하다. (물론 본래 용어에 대해서도 정확히 알도록 지도해야 다른 회의에 적응할 수 있다.) 한 예로 의안을 안건, 제안, 의견 등에서 선택하되 무분별한 혼용보다는 의미 전달만 가능하면 한 가지 용어를 계속 쓰도록 하는 것이 좋다.

지혜 6　회의 결과에 지속적인 관심을 가지라

　　학생들이 학급회의에 무관심하거나 따분해하는 이유는 학급회의의 영향력이 별로 없다는 판단에서이다. 학급회의에 열심히 참여한 학생을 격려하고(발표상 같은 작은 시상제 도입), 불성실한 학생을 따로 불러 면담하며, 결정된 사항의 실천이나 진행을 주기적으로 확인하는 교사의 관심이 이를 막을 수 있다. 건의사항에 대한 처리도 그런 맥락에서 성의를 다해야 한다. 한 발 나아가 그 결과에 대해 학생회나 학교가 책임을 질 수 있도록 만든다면 학급회의는 그야말로 '용가리 통뼈'가 된다. ■

학급회의의 실제

학급회의 사전 준비

임원 회의 (학급운영위원회)를 소집하고, 의안을 예고한다

학급회의 전에 정·부반장과 각 부서장으로 구성되는 임원 회의를 소집하여, 연간 계획에 따라 학급회의 의안(議案)을 결정한다. 담임은 고문 자격으로 참석한다. 이 의안은 학급회의 전에 공고해야 하므로 며칠 말미를 두고 소집하는 것이 좋다. 물론 임원 회의 전에 단 10분이라도 부서별 회의를 열도록 지도할 수 있으면 더욱 좋다. 임원 회의에서 결정된 의안은 회의 하루 전이나 당일 아침, 게시판 등을 이용해 "이번 주 의안은 ○○, 토론사항은 ○○입니다."라는 식으로 예고한다.

미리 알아두어야 할 학급회의에서 많이 쓰이는 용어

회기(會期) : 회의의 시작(개회)부터 끝(폐회)까지의 기간을 회기라고 한다.

폐회(閉會) : 회기의 맨 마지막에 회의를 끝마치는 것을 폐회라 한다.

정회(停會) : 회의 도중 피로하거나 식사를 해야 할 때 쉬기 위하여, 또는 의견 대립이나 장내의 소란 등으로 회의를 일시 정지한 상태를 정회라고 한다.

동의(動議) : 회의 중에 어떤 안건을 일정한 형식에 갖추어 제안하는 것으로, 반드시 재청을 얻어야 의안으로 채택된다. 찬성을 뜻하는 동의(同意)와 구분한다.

수정 동의 : 동의(動議)에 원칙적으로 찬성하면서도, 수정이 필요할 때 글자나 약간의 줄거리를 더 넣거나 빼자는 등 그 내용 일부를 고치자고 하는 제안을 말한다.

재청(再請) : 회의에서 남의 동의에 찬성하여 거듭 청함을 의미한다.

상정(上程) : 적법하게 성립된 동의(動議)를 회의에 부치는 것을 상정 또는 부의라고 한다. 동의(同意)와 재청이 있으면 의장은 이를 기각하지 않는 한 회의에 상정해야 한다.

의안(議案) : 회의에서 토론할 대상으로, 안건, 안, 의제와 같은 의미로 쓰인다.

심의(審議) : 제출된 안건을 상세히 검토하고 그 가부를 논의하는 과정을 말한다.

학급회의 진행 순서와 요령

성원 보고와 개회 선언

서기가 의사 정족수(재적 ○○명, 불참 ○명, 참석 ○○명)를 보고하면 의장은 개회 선언을 하고 의사봉을 세 번 두드린다.

의　장 : 지금부터 1학년 9반 제5회 학급회의를 시작하겠습니다. 땅! 땅! 땅!

국민의례(국기에 대한 경례, 애국가 제창)

의장이 국민의례를 진행한다. 애국가는 보통 1절만 한다. 각 절을 번갈아가면서 하는 방법도 있다. 녹음된 테이프가 있으면 그것을 활용한다.

의　장 : 국민의례 순서입니다. 모두 국기를 향해 일어서주십시오. …… 국기에 대한 경
　　　　례! 바로! …… 애국가는 1절만 부르겠습니다.

의장 인사

학교 행사 등을 고려하여 간단명료하게 인사말을 한다. 이때 회의 분위기 조성을 위한 당부의 말을 곁들인다. 담임과 협의하여 인사말을 조정할 수도 있다.

의　장 : 안녕하십니까? 지난주에 백일장과 사생대회 결과가 발표되었는데 우리 반에서
　　　　입상자가 많이 나와서 기뻤습니다. 입상자에게 축하를 드립니다. 이번 학급회
　　　　의는 학급 임원회에서 제출한 학급신문 제작에 대한 의안을 토론할 목적으로
　　　　소집하였습니다. 진지하게 토론하여 좋은 결과가 나오기를 부탁드립니다.

전회 회의록 승인

의장은 서기에게 전회 회의에 대한 결과를 보고하게 하고 이의(異意) 여부를 확인한 후 승인한다. 서기는 지시에 따라 회의록을 낭독한다. 필요한 경우 전 회의록을 유인물로 만들어 나눠주거나, 주요한 의결사항만을 낭독할 수도 있다.

서　기 : 지난 5월 20일 학급회의록을 보고하겠습니다. 먼저 의안으로 가결된 3반 김허

정족수의 원칙

회의에서 의안을 심의하고 의결하기 위해서는, 일정수 이상의 참석자가 필요하다. 이를 정족수의 원칙이라 하는데, 정족수에는 의사 정족수와 의결 정족수가 있다. 의사 정족수는 회의를 개최하는 데 필요한 인원수, 의결 정족수는 회의에 상정된 의안을 결정하는 데 필요한 인원수를 말한다.

약 학생의 병원비 돕기 운동은 많은 학생들의 참여로 6만5천원이 모금되어 3반 담임 선생님께 기탁하였습니다. 그리고 건의사항으로 나온 형광등 교체는 이미 해결되었습니다. 하복을 입게 해달라는 건의사항은 학생부장 선생님께서 곧 날짜를 확정하여 발표하시겠다고 답변을 하셨습니다. 이상으로 지난주 회의 보고를 마치겠습니다.

의　　장 : 서기가 발표한 전회 회의록 내용 가운데 고쳐야 할 곳이 있으면 말씀해주십시오. 없으면 4회 회의록을 승인하겠습니다. 땅! 땅! 땅!

각 부 평가와 보고

부서별(혹은 모둠별) 활동사항을 평가하고 새로운 실천사항을 제시한다. 의장은 평가와 보고사항을 간단하게 총괄 평가한다.

의　　장 : 다음은 각 부 반성과 보고를 하는 시간입니다. 먼저 도서를 담당하고 있는 보물모둠이 말씀해주십시오.

보물모둠 : 5월초부터 계속 아침 시간을 이용한 책읽기를 전개하고 있는데 지난주도 전반적으로 잘되었다고 봅니다. 그런데 일부 늦게 오는 학생들이 떠들어서 방해가 되기도 했습니다. 선생님께서는 아침에 들어오셔서 정숙한 분위기가 될 수 있도록 도움을 주셨으면 고맙겠습니다. 이번 주는 독후감 쓰기를 할 예정입니다. 협조 바랍니다.

의　　장 : 다음은 교실 환경을 맡은 반짝이모둠이 말씀해주십시오.

　　　　　(부서별로 돌아가며 발표한다.)

의　　장 : 모두 열심히 해주셔서 고맙습니다. 지난주에 바쁜 중에도 학급 게시물을 모두 교체한 반짝이모둠의 노력이 특히 빛났습니다. 격려 박수 부탁드립니다. 이것으로 각 부 평가와 보고를 마치겠습니다.

의안 보고와 채택

임원 회의에서 채택된 의안을 상정한 후, 회원들로부터 다루고 싶은 또 다른 의안을 받는다. 이때 의안은 동의(動議)를 받아 재청(혹은 同意)이 있으면 채택한다.

의　　장 : 임원 회의에서 오늘 회의에 월 1회 학급신문을 만들자는 의안을 제출했습니다. 학급신문 만들기에 관한 의안 이외에 오늘 학급회의에서 다루고 싶은 의안이 있으면 제출해주시기 바랍니다.

(박성구, 손을 든다)

의　장 : 박성구 의원은 말씀해주십시오.

박성구 : 저는 6월 30일 북한산으로 야유회 갈 것을 동의(動議)합니다.

의　장 : 박성구 의원이 제출한 의안에 재청 있습니까?

김운용 : 재청합니다.

의　장 : 박성구 의원이 제출한 6월 30일 북한산으로 야유회 가자는 의안은 김운용 의원의 재청으로 채택되었습니다. 또 다른 의안을 제출할 의원 계십니까? (의석에서 "없습니다."라는 말이 나오거나 침묵이 계속되면) 그럼 이상으로 의안 채택 순서를 마치겠습니다. (의사봉을 세 번 두드린다.) 땅! 땅! 땅!

의안 심의

의장은 채택된 의안을 회의에 상정한다.

의안 처리는 ① 의안에 대한 제안자의 설명 → ② 의안에 대한 질의응답 → ③ 의안에 대한 찬반 토론 실시 → ④ 토론 종결(표결이 이루어지기 전 의안을 수정할 경우, 수정안 발의) → ⑤ 의안에 대한 표결 처리의 순서로 진행한다.

임원 회의에서 제출한 의안인 경우 임원 가운데 한 사람이 제안 설명하고, 동의(動議)로 발의된 의안인 경우 제안자가 설명한다. 만일 동의(動議) 과정에서 충분히 제안의 취지가 설명되었다고 판단되면 제안 설명을 생략할 수 있다.

의　장 : 다음은 의안 심의로 들어가겠습니다.

> · 1호 의안 : 월 1회 학급신문을 만들자.
> · 2호 의안 : 6월 30일 북한산으로 야유회를 가자.

의안을 가결시키는 경우

의　장 : 의안 심의 순서입니다. 오늘 채택된 의안은 모두 2개 안으로 제1호 의안은 '월 1회 학급신문을 만들자.' 2호 의안은 '6월 30일 북한산으로 야유회를 가자.'입니다. 먼저, 1호 의안인 '월 1회 학급신문을 만들자.'는 의안을 상정합니다. 이 의안은 학급 언론을 담당하는 신문고모둠의 박영란 모둠장이 나와서 제안 설명을 해주시기 바랍니다.

학교의 제안사항이나 학생회에서 공고한 의안을 다루는 것도 가능하다. 학생회에서 사전 공지한 의안은 반드시 토론을 거친 학급의 의견을 가지고 학생회 회의에 참석할 수 있도록 한다. 단, 형식적으로 주어지는 회의 주제는 가능하면 피한다.

표결 때 유의사항
· 표결 처리 방법에는 거수, 기립, 무기명 투표 등의 방법이 있다. 학급회의에서는 거수의 방법이 일반적이다.
· 표결에서는 찬성을 먼저 묻고 반대를 묻는다. 의장은 공정한 입장을 취해야 하기 때문에 표결에 참가하지 않고 결정하는 것이 좋으나, 가부 동수일 때는 결정권을 가지며, 관례에 따라서는 표결에 참가하기도 한다.

박영란 : 저는 학급신문이 우리 반 소식이나 여러 가지 숨겨진 정보를 알려주는 장점도 있고, 또한 학급의 단합을 이끌어낼 수 있는 자랑거리가 되기 때문에 의안을 제출했습니다.

의 장 : 이 의안에 대해 궁금한 것이 있으면 질의를 해주십시오.

오질문 : 의장, 질문 있습니다.

의 장 : 발언하십시오.

오질문 : 학급신문의 크기는 어떻게 할 것이며, 몇 면으로 만들 생각입니까?

의 장 : 박영란 의원, 답변해주십시오.

박영란 : 크기는 A4 용지 크기가 적당하다고 생각합니다. 면수는 12면 정도를 생각해봤는데, 더 자세한 사항은 이 의안이 통과되면 신문고모둠에서 자세한 계획을 짜서 학급회의에 올리겠습니다.

의 장 : 다른 질문 없습니까? 없으면 토론 순서로 들어가겠습니다. 반대 토론할 사람은 손을 들어주십시오. (이반대, 손을 든다.)

의 장 : 이반대 의원에게 반대 토론 발언권을 주겠습니다.

이반대 : 신문을 만들려면 방과후 시간을 이용해서 만들어야 하는데 대부분 학원을 가기 때문에 시간이 없고, 1학년 수준에서 한 달에 한 번 만든다는 것은 무리이기 때문에 반대합니다.

의 장 : 다음은 찬성 토론할 수 있는 발언권을 드리겠습니다. 찬성 토론할 사람은 손을 들어주십시오. (박찬성, 손을 든다.) 네, 박찬성 의원에게 발언권을 주겠습니다.

박찬성 : 시간이 여유 있는 것은 아니지만 모두 학원을 가는 것은 아닙니다. 그리고 컴퓨터를 이용하면 쉽게 만들 수 있습니다. 또 학급신문은 우리의 협동심과 자부심을 키워줄 수 있기 때문에 학급신문을 만들자는 의안에 찬성합니다.

(의장은 찬성, 반대에게 교대로 발언권을 주어 충분히 토론하게 한다.)

의 장 : 반대 토론할 의원은 손을 들어주십시오. 없으면 찬성 토론할 의원 손을 들어주십시오. 없습니까? 그러면 토론을 종결하겠습니다. 이의 있습니까?

(이의 없으면 토론을 종결한다.)

의 장 : 그럼 1호 의안에 대한 표결에 들어가겠습니다. 학급신문을 월 1회 만드는 데 찬성하시는 의원은 손을 들어주십시오.

(서기가 수를 세고, 같은 방법으로 반대를 집계하여 의장에게 알려준다.)

의 장 : 월 1회 학급신문을 만들자는 의안은 찬성 28표, 반대 12표로 의결 정족수의 과반수가 넘었기 때문에 가결되었음을 선포합니다. (의사봉을 세 번 두드린다.)

의안을 수정하는 경우

의 　장 : 2호 의안인 '6월 30일 북한산으로 야유회를 가자.'는 의안을 상정합니다. 2호
　　　　 의안을 상정한 박성구 의원은 나오셔서 제안 설명을 해주십시오.

박성구 : 북한산은 경치도 좋고 교통도 편리하여 우리 반 단합대회 겸 야유회를 가기에
　　　　 좋다고 생각되어 의안을 제출했습니다.

의 　장 : 이 의안에 대해 궁금한 것이 있으면 질의를 해주십시오.

오질문 : 의장, 질문 있습니다.

의 　장 : 발언하십시오.

오질문 : 여기서 북한산까지 가는 차편과 걸리는 시간은 어떻게 됩니까?

의 　장 : 박성구 의원, 답변해주십시오.

박성구 : 5호선을 타고 가다가 3호선으로 갈아타면 됩니다. 1시간 30분 걸립니다.

의 　장 : 다른 질문 없습니까? 없으면 토론 순서로 들어가겠습니다. 반대 토론할 사람은
　　　　 손을 들어주십시오.
　　　　 (신우진, 손을 든다.)

의 　장 : 신우진 의원에게 반대 토론 발언권을 주겠습니다.

신우진 : 북한산은 거리가 멀 뿐 아니라 사람도 많고, 반 친구들이 뛰어놀 수 있는 장소
　　　　 도 없습니다. 저는 북한산 야유회를 반대합니다.

의 　장 : 다음은 찬성 토론할 수 있는 발언권을 드리겠습니다. 찬성 토론할 사람은 손을
　　　　 들어주십시오. (이상두, 손을 든다.) 네, 이상두 의원에게 발언권을 주겠습니다.

이상두 : 북한산은 시간이 많이 걸리지만, 같이 손잡고 등산하기에 아주 좋습니다. 경치
　　　　 는 물론이고 공기도 아주 맑습니다. 저는 북한산 야유회를 찬성합니다.

이반대 : 의장, 의사진행 발언 있습니다.

의 　장 : 발언하십시오.

이반대 : 다들 옆자리 사람들하고만 이야기하는데 의견 있는 사람은 손들고 이야기합시
　　　　 다. 너무 시끄러워서 의견이 들리지 않습니다.

의 　장 : 예, 너무 시끄럽습니다. 특히 저 뒤에 박성구 의원과 김운용 의원은 조용히 해
　　　　 주십시오. 발언 신청을 하고 의견을 말합시다. …… 더 이상 의견이 없으면 토
　　　　 론을 종결하는 것이 어떻습니까?
　　　　 (의원석에서 "찬성합니다."라고 하거나 토론 종결 동의(動議)가 제출되어 가결
　　　　 되면 토론은 종결된다. 표결에 들어가기 전 수정안을 제출할 수 있다.)

발언권

누구나 동등한 발언권을 가
지나, 반드시 의장이나 사회
자에게 "의장" 혹은 "사회
자"라고 신청해야 하며, 의
장이나 사회자가 "발언하십
시오." 함으로써 발언권이 주
어진다. 발언권 중에 의사진
행 발언과 신상 발언은 다른
발언에 우선한다.

· **의사진행 발언(규칙 발언)**
의장의 의사진행이 회의 진
행법에 위반된다든지, 특정
인에게 준 발언권이 부당하
다거나 회의 진행에 지장이
있을 때, 이를 지적하고 의장
에 대해 질의, 주의, 소견을
말하기 위한 발언이다.

· **신상 발언**
의원(회의 구성원)이 자신의
문제를 해명하는 발언을 가
리킨다.

박찬성 : 의장, 수정안을 제출합니다.

의　장 : 수정안의 내용을 말씀해주십시오.

박찬성 : '6월 30일 행주산성으로 야유회를 가자.'는 수정안을 제출합니다.

의　장 : 박찬성 의원이 낸 행주산성으로 야유회를 가자는 수정안에 재청 있습니까?

김광오 : 재청합니다.

의　장 : 박찬성 의원이 제출한 6월 30일 행주산성으로 야유회를 가자는 수정안은 김광오 의원의 재청으로 채택되었습니다. 박찬성 의원은 나와서 제안 설명을 해주십시오.

박찬성 : 행주산성은 우리 학교에서 가깝고, 전망이 좋으며 또한 유적지가 많아 교육에도 도움이 되므로 야유회를 행주산성으로 갈 것을 수정 제안하였습니다.

의　장 : 수정안에 대해 궁금한 것이 있으면 질의를 해주십시오.

정직한 : 질문 있습니다.

의　장 : 발언하십시오.

정직한 : 행주산성의 입장료는 얼마입니까? 놀 만한 장소는 있습니까?

의　장 : 박찬성 의원, 답변해주십시오.

박찬성 : 입장료는 단체 700원이며, 놀이 하기에 적합한 넓은 장소가 있습니다.

의　장 : 다른 질문 없습니까? 없으면 토론 순서로 들어가겠습니다. 반대 토론할 사람은 손을 들어주십시오.

　　　　(금현자, 손을 든다.)

의　장 : 금현자 의원에게 반대 토론 발언권을 주겠습니다.

금현자 : 행주산성에는 볼거리가 별로 없습니다. 그리고 행주산성은 숲도 작고, 도심지와 너무 가까워서 야유회 기분이 나지 않습니다. 행주산성으로 야유회 장소를 수정하는 것을 반대합니다.

의　장 : 다음은 찬성 토론할 수 있는 발언권을 드리겠습니다. 찬성 토론할 사람은 손을 들어주십시오. (김광오, 손을 든다.) 네, 김광오 의원에게 발언권을 주겠습니다.

김광오 : 행주산성은 임진왜란 때 왜적을 물리친 곳입니다. 야유회 때 이런 장소를 가보는 것도 좋다고 생각합니다. 또한 한강을 볼 수 있기 때문에 경치도 좋습니다. 저는 이런 이유로 야유회 장소를 행주산성으로 수정하는 것에 찬성합니다.

의　장 : 토론을 종결하는 것이 어떻습니까?

　　　　(의원석에서 "찬성합니다."라고 하거나 의원으로부터 토론 종결 동의(動議)가 제출되어 가결되면 토론은 종결된다. 수정안의 토론이 끝나고 난 다음 재수정

안을 제출하는 의원이 있으면, 표결하기 전에 수정안과 같은 순서로 제안자의 제안 설명, 질의, 찬반 토론을 거쳐 재수정안부터 차례로 표결에 부치면 된다. 재수정안이 부결되면 수정안을 표결하고, 가결되면 수정안은 표결하지 않는다.)

의 　장 : 그럼 '6월 30일 행주산성으로 야유회를 가자.'는 수정안에 대한 표결에 들어가겠습니다. 수정안에 찬성하는 의원은 손을 들어주십시오.

　　　　(서기가 수를 세고, 같은 방법으로 반대를 집계 하여 의장에게 알려준다.)

의 　장 : '6월 30일 행주산성으로 야유회를 가자.'는 수정안은 찬성 30표, 반대 10표로 의결 정족수의 과반수가 넘었기 때문에 가결되었음을 선포합니다. (의사봉을 세 번 두드린다.)

기타 토의와 건의

　기타 토의사항은 회의에 상정되지 않았지만, 시급한 안건이 있는 경우에 실시한다. 없으면 바로 건의로 넘어간다. 건의사항은 받아들여야 하는 주체를 명시하는 것이 필요하며, 건의사항으로 받아들여진 안은 학급 전체의 의견으로 담임, 학교 부서의 담당 교사와 학생회 등에 건의한 후 반드시 그 처리 결과를 얻을 수 있도록 한다.

의 　장 : 의안 심의가 모두 끝났습니다. 기타 시급히 토의할 사항이 있으면 말씀해주십시오. …… 없으면 건의 시간으로 넘어가겠습니다. 학급 또는 학교에 건의사항이 있으면 건의해주시기 바랍니다. (이건의 손을 든다.) 네, 이건의 의원 말씀해주십시오.

이건의 : 학교에서 점심 시간에 자유롭게 교문 밖 출입을 할 수 있게 허용해주셨으면 합니다.

의 　장 : 점심 시간에 교문 출입을 허용해달라는 건의가 들어왔습니다. 재청 있습니까?

김재청 : 재청합니다.

의 　장 : 김재청 의원의 재청이 들어왔으므로 의견을 상정하겠습니다. 이 건의사항에 반대 토론 해주실 의원께서는 손을 들어주십시오. (이반대 손을 든다.) 네, 이반대 의원께 발언권을 드리겠습니다. 발언하십시오.

이반대 : 점심 시간에 교문 밖 출입을 허용해달라는 건의는 학교에서 허용해주지도 않겠지만, 학교 밖 출입이 자유로워지면 선생님들의 눈을 피해 불필요한 행동들이 많아질 수도 있고, 인근의 불량스런 아이들이 몰려와 문제가 생길 확률도 높습니다. 그리고, 이런 가능성이 없는 건의는 우리 학급회의에 대한 불신감을

생기게 할 수도 있으므로 이 건의사항에 대해 반대합니다.

이건의 : 교문 출입과 학급회의에 대한 불신감이 무슨 상관입니까? 필요한 준비물을 산다거나 가벼운 산책을 위해 교문 출입은 필요합니다. 불필요한 행동이 많아지거나 인근의 불량배 걱정을 하는 것은 그야말로 구더기 무서워서 장 못 담그는 것과 같습니다.

이반대 : 그렇지 않습니다. 교문 출입이 자유로워지면 그렇게 필요한 일이 있어서 나가는 일보다 쓸데없는 일로 나가는 사람이 많아질 게 뻔합니다. 준비물도 등교 전에 챙기지 않고 매번 학교에 와서 챙기려고 할 거고 점심 시간뿐 아니라 쉬는 시간에도 수시로 드나들게 될 겁니다.

이건의 : 해보지 않고 어떻게 될지 추측해서 결론을 내리는 건 위험합니다.

이반대 : 꼭 해봐야만 알 수 있는 게 아닙니다.

의　장 : 이건의 의원과 이반대 의원은 사회자에게 발언권을 얻은 뒤에 발언해주십시오.

이반대 : 의장, 발언권을 신청합니다.

의　장 : 두 분 의원의 의견은 더 이상 듣지 않아도 모든 의원이 충분히 알아들었으리라 생각합니다. 따라서 바로 표결에 들어가도록 하겠습니다. 점심 시간에 자유롭게 교문 밖 출입을 할 수 있게 허용해달라는 건의사항에 찬성하는 의원은 손을 들어주십시오.

(서기가 수를 세고, 같은 방법으로 반대를 집계하여 의장에게 알려준다.)

의　장 : 점심 시간에 자유로운 교문 출입을 허용해달라는 건의사항은 찬성 10표, 반대 30표로 부결되었음을 선포합니다. 다른 건의사항 있으면 말씀해주십시오. (김수옥, 손을 든다.) 네, 김수옥 의원은 말씀해주십시오.

김수옥 : 화장실에 휴지가 없어서 너무 불편합니다. 화장지를 정기적으로 걸어줄 것을 학교에 건의합니다.

최동의 : 재청합니다.

의　장 : 최동의 의원의 재청이 들어왔으므로 건의사항을 상정하겠습니다. 화장실에 정기적으로 휴지를 비치해달라는 건의사항에 반대 토론 해주실 의원께서는 손을 들어주십시오. 없습니까? 가결 선포에 이의 있습니까?

(잠시 기다린 후에) 그럼 화장실에 휴지를 걸어달라는 건의사항이 가결되었음을 선포합니다.

(의장은 의사봉을 세 번 두드린다.)

의　장 : 또 다른 건의사항이 있습니까? 없으면 건의사항을 마치겠습니다.

담임 지도 조언

학년초에는 회의 진행 과정에 대한 조언을 집중적으로 하여 적절한 회의틀을 만들어가는 데 주력하는 것이 바람직하다. 회의가 정착되면, 의안에 대한 조언이나 칭찬, 적절한 비평을 덧붙여 격려한다. 담임의 지도 조언은 짧고 굵직한 내용일수록 호응이 크다.

교가(혹은 반가) 제창

대부분 교가를 부르나, 반가가 있으면 반가를 부른다. 반가는 학년초 노래 가사 바꾸기 형식으로 공모하여 학급회의뿐 아니라 수시로 활용하면 학급원 단합에 큰 도움이 된다.

폐회 선언

의장이 폐회 선언을 하고 의사봉을 세 번 두드리면 모두 박수를 치며 학급회의를 끝낸다.

의　장 : 이상으로, 1학년 9반 제5회 학급회의를 마치겠습니다. 땅! 땅! 땅! ▪

HR, 꼭 회의만 해야 하나요?

최근 들어 자치 활동, 학급활동, 학생회 활동을 묶는 특별활동 영역에 대한 의미 부여가 강화되면서 학급활동도 단순히 학급회의에 머무르지 않고, 학급 체험 활동, 학급 봉사일, 전일제 HR 등으로 그 운용의 폭이 확대되고 있다. 이에 2000년 3월호《우리교육》에 실린 기자들의 취재 원고를 고침판에 추가 게재한다. — 편집자

상담에서 문집까지 쭈욱 ~

홍순분 교사에게 HR은 '우리 반끼리' 시간이다. 담임이라도 담당 교과 시간, 조종례 시간을 제외하고는 아이들과 만나는 시간이 거의 없기 때문이다. 그래서 홍 교사는 한 달에 한 번 정도만 학급회의에 HR 시간을 할애하고, 나머지 HR 시간은 대부분 집단상담 프로그램으로 운영한다. 이러한 HR 시간은 아이들에겐 흥미 만점의 시간이며, 홍 교사에겐 아이들을 더 가까이서 엿볼 수 있는 좋은 기회다. 또, 모둠일기는 항상 이 집단상담 프로그램의 짝이 되어, 집단상담이 일회성으로 끝나지 않고 기록됨으로써, 다시 한 번 생각하게끔 만들어준다. 마지막으로 일년 동안의 집단상담과 모둠일기는 차곡차곡 쌓여 한 권의 소중한 문집이 되어 나온다.

프로그램이 재밌고 좋다고 해서 무조건 잘 운영되는 건 아니다. 거기에는 몇 가지 묘미들이 덧붙여져야 한다. 예를 들어, '칭찬합시다'에 추천이 된 사람은 사탕 5개, '가치관 경매'에 당첨이 된 사람은 앞으로 나와 다른 학생의 질문을 받고 자기의 생각을 답변하도록 하며 사탕을 선물로 준다든지 하는 식이다. 이는 개개인의 활동에 대한 즉각적인 자기 확인인 동시에, 어떻게든 아이들의 활동에 반응하려는 교사의 의지이기도 하다.

또 한 가지, 빈 가사실 활용하기. 이것저것 다양한 활동이 이루어지는 HR 활동이 꼭 교실에서만 이루어질 필요는 없다. 전교 4학급의 단출한 학교이다보니, 가사실이 비는 경우가 많아, 이를 적절하게 활용한다. 부득이한 사정으로 급식이 안되는 날은 무결석반 선물이라는 핑계를 둘러대고는, 라면 한 상자를 사와 모둠별로 라면 맛있게 끓이기 대회를 하거나, 간단한 재료로 떡볶이 대회 등도 한다. 요리조리 뜯어보면 학교 안에도 쓸 만한 공간이 많고, 잘만 활용하면 지루하지 않은 HR의 터전이 된다는 작은 교훈 하나를 얻는다.

모둠활동의 끊임없는 변신은 무죄!

'머리가 큰' 고등학교 아이들에게, 특히 인문계 아이들과는 또 다른 환경에 처해 있는 실업계 아이들에게 원칙적인 학급회의의 묘미를 체득케 하는 것은 여간 어려운 일이 아니다. 이를 염두에 둔

서성전 교사(전남 여수상고)는 일년의 HR 시간을 맞춤형으로 꾸려간다. 교사에게 예뻐 보이는 옷이라 해서, 맞지도 않는 옷을 아이들에게 억지로, 그것도 일년 내내 입힐 필요는 없다는 것이다.

매해, 매번, 아이들에 따라서, 때에 따라서 다른 프로그램들을 운영하지만, 중심이 되는 큰 줄기는 모둠별 탐방 활동이다. 물론 탐방 장소와 모든 계획은 각 모둠이 스스로 정한다. 모둠별로 논의한 주제에 맞춰 환경운동연합, YWCA, 보호시설 등의 탐방 계획을 세우고, 사전 준비 작업을 하고, 탐방을 하고, 정리를 하고, 발표를 하게 되는데, 여덟 모둠 정도를 꾸리면 한 달에 한 모둠 정도가 탐방 발표를 하기에 딱 알맞다. 이때 교사는 준비 작업과 정리 작업 정도에만 참여를 하고, 나머지는 모두 아이들이 스스로 추진한다.

서 교사의 반은 일년에 네 번 정도 환경미화를 한다. 게시판을 꾸밀 자료들이 넘쳐나기 때문이다. 탐방 준비를 하면서, 탐방을 하고 나서 쌓인, 이러저러한 자료들을 그냥 썩히기 아까워 게시판을 새로 꾸미면, 학급 분위기도 확 바뀌고, 모둠활동의 결과도 일회성으로 끝나지 않고 지속되는 일석이조의 효과를 거둘 수 있다.

물론 모둠별 탐방으로 일년의 HR 시간이 다 채워지지는 않는다. 학년초에는 '자기 소개' 프로그램도 하고, 모둠이 꾸려지면 '반가 경연대회'도 하여 원활한 모둠활동을 위한 기반을 다지고, 4, 5월에는 영상물 감상이나 느낌 표현하기 등 시기에 맞는 프로그램을 운영하기도 한다.

그리고 한 달에 한 번 정도는 학급회의를 하지만, 당일 HR 한 시간(월요일 1교시)이라는 틀에서 벗어나, 전 주 금요일이나 토요일쯤 미리 논의거리들을 제시하고, 월요일 조회 시간 전에 아이들끼리 모둠회의를 할 시간을 준 다음, HR 시간에 본격적인 전체 회의를 하는 식으로 꾸려가고 있다.

마지막으로 서 교사가 매듭을 짓는 일은 작년의 경우, 24쪽의 학급신문을 만드는 일이었다. 그전까지는 학급문집을 만들었지만, 만만치 않은 비용 때문에 현실적인 대안으로 학급신문을 택한 것이다. 이 역시 현실을 무시하지 않는 서 교사의 학급운영의 한 단면이라고 할 수 있다.

서 교사의 HR 운영의 묘미는 한마디로 유동성이다. 속도의 시대에 살며, 빠르게 변하고 있는 아이들과 함께 호흡하기 위한, 관습적인 운영으로 시간 낭비, 열정 낭비를 하지 않기 위한, 작지만 세심한 배려다. 그리고 또 한 가지는 아이들의 자발성에 많은 부분을 맡긴다는 점. 여기서 교사는 아이들 지원 업무만 충실히 하면 된다. 이제 얼마나 아이들을 믿고 기다려주느냐, 어떻게 세심하게 배려하느냐, 잘 갈무리하느냐만 남은 것이다.

울산 방어진중학교는 1999년부터 HR 시간을 이용하여 월 2회 모둠토론을 해왔다. 준비라고 해 봤자, 모둠별로 자리 배치를 하고 공통 주제와 작은 토론거리, 모둠토론 용지를 마련하는 것뿐이다. 진행 순서는 일반적인 모둠토론과 크게 차이나지 않는다.

교사가 큰 주제와 몇 가지 작은 토론거리들(토론의 흐름마다 제시할 수 있는 몇 가지 문제들)을 제시하면, 우선 모둠별로 토론을 진행하면서(모둠장은 사회를, 서기는 정리를 한다.) 토론거리들에 대한 각 모둠 나름의 결론들을 내리고, 마지막에 모둠별로 큰 주제에 대한 결론을 내리면 된다. 그리고 모든 모둠토론이 끝나면, 몇 모둠을 지적하여 발표하기도 하는데, 이때 시간이 부족하기도 한다.

모둠토론만으로 모든 것이 끝나는 것은 아니다. 각 모둠의 서기가 정리한 토론지를 교사가 회수하여 모둠토론을 주관하고 있는 윤리부로 취합하고, 우수모둠을 선정하여 선정 이유와 함께 게시해 동기 부여를 하고, 다음 토론에 활기를 더하는 계기로 삼는다. 너무도 당연하지만, 지속적인 활동을 위해서는 무언가 피드백이 필요하다는 작은 교훈을 또 하나 얻는다.

그리고 방어진중의 경우, 몇 번의 모둠토론을 하고 난 뒤 평가에서, 토론 주제를 좀 더 학생들 수준에 적합하게 수정할 필요가 있다는 지적이 나왔으며, 학생들이 보다 진지하게 모둠토론에 참여하도록 유도하기 위해서 도덕과 평가와의 연계를 고려하기도 했다는 점을 잊지 말아야 할 것이다.

참고로, 방어진중학교에서 계획했던 일년 모둠토론 주제들을 소개한다.

〈예시 21〉 일년 모둠토론 주제 (울산 방어진중)

3월	문제 해결 능력 키우기	우리가 원하는 곳으로 소풍 가는 법 / 학생회 선거를 보다 효과적으로 치르는 법
4월	문제 해결 능력 키우기	자전거 도로 문제를 해결하는 법 / 학습 분위기 개선을 위해 할 수 있는 것
5월	타협하는 능력 키우기	반 단합대회 후 청소는 1분단이 하자는 제의를 다수결로 결정하는 문제 IMF 시대에 수학여행을 가야 하는지에 대한 논의
6월	준법 정신 키우기	무임승차 / 밤 12시에 차량이 드문 곳에서 신호를 지키는 문제
7월	준법 정신 키우기	소크라테스의 독배 / 몸에 작은 교복 대신 사복을 입는 문제
9월	올바르게 판단하기	어려움에 처한 사람을 돕지 않는 사람을 처벌해야 하나? / 청소년기의 이성 문제
10월	비판 능력 키우기	축구공 배상 문제 / 반장이 교사를 대신해 처벌할 수 있는지의 문제
11월	사회 참여 정신 키우기	소설《우리들의 일그러진 영웅》에서 석대와 급우들과의 관계 봉사활동 알차게 하는 법
12월	공동체 의식 키우기	잎사귀들과 쐐기벌레와 새에 대한 논의 / 급우들과 친하게 지내는 법
2월	자신에 대해 반성하기	행동유형을 판별하여 기록하기 / 화가 날 때 자신을 다스릴 수 있는 방법

HR, 꼭 회의만 해야 하나요?

공동체 의식 함양을 위한 HR 전일제 활동

특별활동은 교과 활동 이외의 모든 활동, 예를 들어, 자치 활동, 학급활동, 학생회 활동까지 다 포함하는 개념으로, 이런 특별활동의 가장 큰 적은 역시 입시라그 할 수 있다. HR 시간 역시 예외가 아니어서, 입시 앞에서는 무슨 죄인인 양, 시험이다 뭐다 하면 어느새 자율학습으로 바뀌기 일쑤지만, HR의 본래 취지는 학급활동을 통하여 학생들이 자율적이고 민주적인 생활 태도를 함양하도록 유도하는 것이다.

이러한 문제의식 아래, 서울 명성여중은 1999년 2월 학교 계획서를 짤 때부터 특별활동부 주관 아래 HR 전일제 활동을 준비했다. 과거의 정적이던 HR에서 갑자기 활동적인 프로그램들을 새롭게 운영하면서 생기는 부담과 2학기(11월)에는 축제와 겹쳐서 제대로 시행하지 못하는 어려움도 있었지만, 비좁은 교실의 틈바구니에서 벗어나 '반 단합대회' '고궁 순례' '4·19 묘지 방문' '연극 공연 관람' '수목 관찰 환경놀이' 등을 하면서, '공동체' '역사' '문화' '환경' 등의 다양한 주제를 체험하는 기회였다.

또한, 진행에 있어서도 기존의 주훈 수준의 추상적 주제에서 벗어나, 학급 상황에 따라 스스로 큰 주제를 정하고 이에 따라 구체적인 항목들을 결정해나감으로써, 교실 안에서의 학급회의 이상의 효과를 거둔 것으로 평가된다.

반별 프로그램 배정과 간략한 내용과 평가 사항을 소개한다.

〈예시 22〉 전일제 HR 프로그램 (서울 명성여중)

1-1 체력 단련과 단합의 시간 (아차산)
1. 아차산 산행을 통해 자연의 아름다움을 느낄 수 있었다.
2. 조별 비빔밥 준비 과정을 통해 조별 단합을 꾀했다.

1-2 수목 관찰과 전통놀이를 응용한 환경놀이 (어린이대공원)
1. 먹이사슬 꼬리잡기 : 환경놀이
   나무 수맥 듣기 : 청진기 이용, 수목 관찰 등
2. 환경 관련 놀이를 통해 반 단합과 자연 관찰을 할 수 있었다.
3. 전문 강사의 진행으로 알찬 프로그램이었다.

1-3 반 단합대회 (어린이대공원)
1. 조별 장기자랑, 학급 공동체 놀이
2. 조별 준비가 철저히 되어, 결속력이 한층 깊어짐

1-4 음식 만들기를 통한 학급 단합대회 (교내)
1. 기존의 HR을 벗어난 새로운 시도였다.
2. 반의 단합과 뒷풀이가 좋았다.

1-5 고궁 순례 (덕수궁, 경복궁)
1. 궁중 유물 관람과 산책, 명상
2. 급우 간의 우애를 다지는 기회가 되었다.
3. 일상에서 벗어나자 학교생활이 활기를 띠게 되었다.

1-6 반 친선도모와 단합대회 (어린이대공원)
1. 축구, 몸 풀기, 댄스, 계주 등
2. 모든 학생이 참여할 수 있는 종목으로 즐거운 시간을 보냈다.

1-7 4·19 혁명과 청소년의 역사관 고취 (4·19 국립묘지)
1. 국립묘지 참배와 노래(진달래), 혁명 기념관 견학,
   느낌과 역사관 발표
2. 미리 자료 준비를 하여, 토론이 가능했다.
3. 피상적으로 접했던 현대사를 직접 느끼고,
   진지한 학습과 토론을 할 수 있었다.

1-8 신석기 시대의 삶과 올림픽 공원 주변 환경 (올림픽 공원)
1. 조별 탐사와 수택 흐름 청취(청진기 사용)
2. 사물을 세심하게 관찰하는 계기를 마련하였다.
3. 협동심을 키울 수 있었다.

학급 내규 정하기

●● 급훈은 급, 학년 등을 고려하여 담임이 정하거나 회의를 거쳐 정할 수 있지만, 학급생활을 위한 규칙
― 학급 내규는 반드시 회의를 거치는 것이 좋다.

●● 먼저 모둠회의를 거쳐 학급 규칙으로 정했으면 하는 항목을 몇 가지씩 뽑아보라고 한다. 그 전에 개
인적으로 학급에서 꼭 지켜야 하는 것, 학급 규칙으로 정했으면 하는 것을 한두 가지씩 생각해오라고 하는
것이 효율적이다.

●● 모둠별로 회의를 거치며 어느 정도 정리가 되면, 모둠별 의견을 뒷게시판에 붙여두고 얼마 동안 함께
보면서 고민할 수 있는 시간을 준다.

●● 그리고 학급회의를 통해 각 모둠에서 제출한 학급 내규를 종합하는 시간을 갖는다. 공통적인 의견을
추리는 방식으로 진행하면 될 것이다. 이때 너무 추상적인 문구나 부정적인 문구는 제외하도록 지도한다.

●● 10~15개의 항목으로 학급 내규가 정해지면, 내규를 어겼을 때의 벌칙을 몇 가지 정하도록 한다. 청
소 등 학급 친구들에게 봉사하기나 여러 가지 형식의 반성 ― 반성문이나 사과 편지 쓰기 등 ― 을 유도하
는 벌칙으로 정하되, 벌금을 내거나 하는 것은 피한다. 또한 벌칙이 너무 비인간적인 것이거나 아이들의
자존심을 손상시키는 것이어서도 안 되겠다.

<table>
<tr><td>

학급 내규 예시 1 (벌칙 규정이 없는 경우)

1. 수업 시작 종이 울리면 자리에 앉아 수업 준비를 한다.
2. 교실에서 공이나 청소 도구 등을 가지고 놀지 않는다.
3. 친구, 특히 율환이를 괴롭히지 않는다.
4. 매점은 점심 시간에만 간다.
5. 실내화를 신고 밖에 나가지 않는다.
6. 여학생의 치마를 들추거나 괴롭히지 않는다.
7. 욕이나 폭력 등 옳지 못한 행동은 하지 않는다.
8. 도시실은 가능하면 점심 시간에 이용한다.
9. 수업 시간에 쓸데없는 질문을 계속 반복하지 않는다.
10. 교실에서 뛰거나 남을 다치게 할 수 있는 장난은 치지 않는다.
11. 쓰레기를 잘 분리해서 버리고 주변을 청결히 한다.
12. 과자를 교실에 가져오지 않는다.
13. 청소 시간에 양심껏 청소한다.

</td><td>

학급 내규 예시 2 (벌칙 규정이 있는 경우)

1. 싸움을 하지 않고 사이 좋게 지낸다.
   위반시 ⇨ 종례 시간에 손을 잡고 노래한다.
2. 바른말, 고운말을 사용한다.
   위반시 ⇨ 바른말 카드를 만들어 게시판에 게시한다.
3. 정해진 시간 안에 학교에 온다.
   위반시 ⇨ 늦은 만큼 교무실에서 선생님과 같이 있는다.
4. 깨끗한 환경을 위해 휴지는 휴지통에
   위반시 ⇨ 일주일 동안 분리 수거를 담당한다.
5. 청소는 열심히 깨끗하게 한다.
   위반시 ⇨ 주번을 도와 계단 청소를 3일간 한다.
6. 위험한 물건은 학교에 가져오지 않는다.
   위반시 ⇨ 선생님이 보관하고 돌려주지 않는다.
7. 껌을 씹거나 함부로 버리지 않는다.
   위반시 ⇨ 학교 바닥에 붙은 껌을 5개 떼어온다.
8. 남의 것을 소중히 여기고, 함부로 가져가지 않는다.
   위반시 ⇨ 반성문 3장 쓰고, 일주일간 계단 청소를 한다.

</td></tr>
</table>

학급회의 종류와 방법

집단회의 (집단토의)

그 집단 전체가 참여하는 것으로, 주로 다수의 의견을 물어 표결에 부칠 의제에 적합한 회의 방식이다. 예를 들면 소풍 장소 결정, 반장 선출, 체육대회 선수 선출 등의 의제에 적합하다.

대부분의 학급회의가 택하는 방식이다.

분임토의 (모둠별 토의, 분과토의)

분임토의는 집단회의를 보완한다. 분임토의를 거쳐서 정리된 의견을 집단회의에서 종합토론으로 제안, 정리하여 핵심을 공유할 수 있다.

구성원이 골고루 회의에 직접 참여할 수 있어 의견 수렴에 좋은 방법이며, 학급에서는 모둠을 하나의 분임으로 하면 좋다. 분임토의 때에도 반드시 사회자와 기록자가 제 역할을 다해야만 효과적인 회의가 될 수 있다.

패널토의

패널토의는 그 집단이 지니고 있는 문제에 대해 여러 측면에서 원인을 규명하여 공동의 합의점을 찾아내기 위한 회의이다. 예를 들면 '우리 학급 이대로 좋은가?' 라는 의제로, 학급의 당면 갈등 상황을 해결하고자 한다면 갈등의 핵심이 되는 인물, 비판적 입장을 대변하는 인물, 조절 능력이 있는 인물 등을 선정하여 회의를 조직한다.

회의 진행 중 또는 정리할 때, 필요에 따라 청중의 질문이나 의견 개진도 가능하다. 선출된 대표자 그룹이 회의를 진행하지만 청중들도 직접 참여할 수 있는 개방 구조를 가진다는 이점이 있다.

토론

서로 상반된 견해를 통일시켜나가거나 승패를 결정해야 할 때 효과적이다.

토론에 들어가기 전에 먼저 찬반 의식조사를 하여 토론자를 정해야 하고, 토론이 끝난 후에는 어느 쪽이 더 설득력이 있었는지 재조사하여 청중들의 의식을 알아볼 수 있다. 학생들의 논리적 사고를 키워줄 수 있는 좋은 회의 방법이다.

심포지엄

한 가지 주제를 놓고 깊이 있게 학술적으로 논의하는 것이 심포지엄의 정신이다. 학생들이 불명확하게 알고 있는 역사적 사실이나 현실의 문제들을 연구하여, 여러 사람들 앞에서 발표하면서 스스로 판단할 수 있는 힘을 키우는 것이 중요하다.

예를 들면 4·19 혁명, 노동절, 광주학생의거, 통일 문제, 청소년들의 사회생활 문제 등을 다룰 수 있는데, 분임토의를 통해 공동 연구를 하고 발표는 대표 한 사람이 하는 것이 좋다. 내용에 따라서는 교사가 충분한 자료를 제공하는 것이 좋다.

준비 과정이 길고 힘들지만 한번 해보면 성취감과 정신적 성숙을 가져온다.

기타

청문희, 기자회견 등의 방법을 이용할 수 있다. 가출학생이나 부적응아 발생시, 학교나 학급에서의 사고·사건 등을 기술적으로 다루어 문제를 파악하고 분석할 수 있게 한다. 전학생, 전입생, 경조사, 선생님의 결혼·출산, 교생 선생님의 부임 등 다양한 경우에 응용할 수 있다.

한 달에 한 번 정도 일정한 주제를 가지고 미리 준비시킨 뒤 연설대회를 갖는 것도 의미 있다. 작게는 생활 주변 이야기부터 시사적인 것, 통일 문제까지 다룰 수 있다. 교사의 조절 능력이 꼭 필요하다.

의장이 알아둘 일

의장의 책임

① 명칭
- 어느 회의에서나 회칙에 따로 정하지 않는 한 회의를 주재하는 사회자를 보통 '의장'이라고 부른다.
- '의장'이라는 명칭은 회의를 주재하는 대표자로서의 권위를 표시한다.
- 일반 학급원들은 회의 중에 반드시 '의장'이라고 부르며 그 권위를 존중해야 하나, 의장이 자신을 말할 때는 '사회자'라고 부른다.

② 의장의 책임
- 회의의 대표자로서 권위를 갖추어야 하고, 회의를 성공적으로 진행시켜야 할 책임이 있다.
- 회의 규칙이 잘 지켜지면서도, 의사 처리를 신속하고 원만하게 하기 위해 다음 사항에 유의해야 한다.
  - 모든 의안은 절차를 밟아서 되도록 신속하게 처리한다.
  - 모든 회의 규칙과 아울러 필요한 예절을 지킨다.
  - 일반적인 회의 규칙이나 그 회의에서 마련한 여러 규칙에 대하여 잘 알아야 하며, 필요할 때에는 언제나 참고할 수 있는 참고 자료를 준비하여 둔다.
  - 회의 도중에는 학급원들이 아무리 흥분하더라도 냉정한 태도로 분위기를 진정시킨다.
  - 부드럽고 여유 있게 회의를 진행시키면서, 소심한 학급원에게는 용기를 주고, 지나치게 발언이 많은 학급원은 적절히 억제한다.

③ 의장의 태도
- 모든 학급원들의 존경과 신임을 받을 수 있는 높은 인격과 부드러운 태도를 갖는다.
- 그러기 위해서 다음에 유의해야 한다.
  - 성실하게 직무를 수행하는 모범을 보인다.
  - 겸양심을 가지고 학급원들의 인격을 존중한다.
  - 인내심을 가지고 회의를 부드럽게 진행한다.

- 공정성을 가지고 모든 학급원들의 신임을 받도록 한다.
- 적절한 시기에 '유머'를 사용하여 회의 분위기를 화기애애하게 이끌고, 학급원들의 화합을 도모한다.
- 친절한 태도로 모든 학급원들을 격려하여 적극적으로 토의에 참가하도록 이끌어준다.
- 학급원들의 발언을 무시하거나 비난하지 말고 존중해야 한다.

의장의 임무

① 개회 선언
- 개회 시간 전에 미리 회의장에 출석하여 의사 정족수가 되면 개회를 선언한다.
- 서기 또는 총무에게 참석 인원수를 확인·보고하게 하여, 정족수가 되면 회의를 진행시킨다.

② 발언권자 지명
- 발언하고자 하는 학급원은 의장으로부터 발언권을 받아 발언하는 것이 원칙이다.
- 2인 이상의 학급원이 동시에 발언권을 요구하였을 때에는 다음과 같은 우선순위에 따라 발언권을 준다.
  - 아직 발언하지 않은 의안 제출자
  - 한 번도 발언하지 않은 학급원
  - 토론 중 바로 전에 발언한 내용과 반대되는 의견을 가진 듯한 학급원
  - 의안에 대한 질의가 끝나고 토론에 들어갔을 때에는 의안에 대한 반대 토론 참가자

③ 그 밖의 임무
- 발언 질서 유지 : 회의 규칙에 따라 학급원들의 발언이 질서 있게 이루어지도록 해야 한다.
- 발언 내용 조정 : 발언자의 발언 방법이 좋지 못할 경

우, 다음과 같이 발언자를 도와서 회의가 원만히 진행
되도록 한다.
- 발언이 너무 길 경우에는 적당한 때에, "예, 잘 알았습
  니다. 발언의 요지는 이러이러한 것이지요?"하는 식
  으로 부드럽게 내용을 요약해준다.
- 발언 내용이 복잡하여 잘 알 수 없을 경우에도, "지금
  말씀하신 내용은 무슨무슨 내용이지요?"하고 간단히
  요약해준다.
- 발언 형식이 애매하거나 중요한 내용을 빠뜨린 채 끝났
  을 경우에는 발언자를 주의시켜서 다시 한 번 이를 보
  완하도록 한다.
● 재청 유무 확인 : 학급원이 동의(動議)를 제안하였는데
  도 이에 대한 재청이 없을 경우에는 재청이 없는지를
  확인하여 제안자를 대접해야 한다.
● 발언 권유 : 발언하지 않고 잠자코 있는 학급원에게는
  "○○○ 의원, 무슨 좋은 의견이 있으시면 말씀하여 주
  실까요?"라고 부드럽게 권하는 것이 좋다.
● 불편부당한 위치 : 감정에 치우친 발언을 하는 학급원
  에게 "토론에 열중하는 것은 좋습니다만, 다른 학급원
  의 감정을 상하게 하는 말씀은 삼가주시기 바랍니다."
  라고 주의를 준다.
● 선언 : 개회, 폐회, 의안 상정, 표결 선언, 표결 결과 발
  표 등을 할 때에는 모든 학급원이 다 들을 수 있도록 큰
  소리로 말한다.
● 의제의 요점 파악 : 토론이 오랫동안 계속되어 그 요점
  을 알기 어려울 때 "지금 여러 가지 의견이 나왔는데,
  이를 종합 정리한다면 이렇게 요약할 수 있습니다."하
  고 그 요점을 정리해준다.
● 이의 유무 확인 방법 이용 : 의안마다 복잡한 찬반 표
  결을 하기보다는, 이의 유무 확인 방법을 잘 이용하여,
  큰 이의가 없으면 자연스럽게 결정해나간다.

① 부당한 제안의 거부
● 동의(動議)가 재청을 받아서 의안으로 성립되면, 반드
  시 심의하는 것이 원칙이나, 다음과 같은 동의는 이를
  기각할 수 있다.
- 동의의 내용이 회의 목적이나 교칙 혹은 학급 내규에
  어긋나는 경우
- 규칙상 우선순위가 아닌 동의가 제출되었을 경우

② 발언 중지
● 의제에서 벗어난 발언, 회의의 질서를 어지럽히는 발
  언, 발언권을 얻지 않고 하는 발언은 중지시킬 수 있다.
● 회의 질서가 어지러우면 이를 바로잡을 때까지, 학급원
  의 발언을 중지시킬 수 있다.

③ 회의 진행 방해자의 퇴장 조치
● 의장의 지시에 따르지 않고 회의 질서를 어지럽히거나,
  회의장을 소란하게 하는 학급원이 있을 때에 그 학급원
  에게 퇴장을 명할 수 있다.

④ 회의록 서명
● 회의록의 내용을 확인하고 서명한다.

⑤ 가부 동수 결정권
● 표결에 참가할 권한을 가지고 있으나, 무기명 투표나
  호명 표결 이외의 경우에는 표결에 참가하지 않는 것이
  원칙이다.
● 의장이 표결에 참여하지 않은 상태에서 가부 동수가 되
  었을 경우에는 의장 자신이 표결권을 행사하여 가부를
  결정할 수 있다. 그러나, 일단 표결에 참가하여 가부 동
  수가 된 경우에는 결정권을 행사할 수 없다.
● 결정권의 행사 여부는 의장 자신의 판단에 따른다.

학급원이 알아둘 일

학급원의 기본 태도

- 자기의 의견을 분명하게 발표할 수 있는 용기를 가져야 하며, 자기의 발언에 대하여 책임을 져야 한다.
- 어떤 의안에 대해서나 명확한 판단과 분명한 태도를 가져야 한다.

학급원의 권리

- 회의를 구성하는 학급원은 다음과 같은 권리를 가진다.
- 동의(動議) 제출권, 토론 발언권, 결정 참여권

학급회의시 발언 요령

① 발언할 때 주의할 점

- '발언의 자유'라는 것은 어떤 경우에도 침해받지 않는 민주회의의 기본 원칙이나, 회의 질서를 위하여 다음과 같은 제한을 받는다.
- 발언하고자 할 때에는 의장의 허가를 받아야 한다.
- 특별한 경우를 제외하고는 다른 사람이 발언할 때 발언하여서는 안 된다.
- 같은 의제에 대하여 한 사람이 여러 번 하거나 발언 시간이 너무 긴 것은 좋지 않다.

② 제안 설명을 할 때의 요령

- 제안자가 의안에 대한 설명을 함으로써, 다른 학급원들의 지지를 얻고자 하는 데 목적이 있으므로, 다음 요령에 따르는 것이 효과적이다.
- 제출한 의안이, 무엇을 어떻게 하고자 하는 것이라는 목적을 분명히 인식시킨다.
- 현재의 불합리한 점을 제시하면서, 새 의안을 제출하게 된 동기를 설명한다.
- 자신의 제안이 채택, 실행되면 어떤 점이 어떻게 개선 되리라고 예상하는 결과를 설명한다.
- 제출한 의안이 가지고 있는 단점과 이를 보완할 수 있는 방안까지 설명한다.

③ 의견을 발표할 때의 요령

- 의견을 발표할 때에는 먼저 결론을 말하고, 다음에 그 이유를 조목별로 말하는 것이 효과적이다. 즉 "나는 지금 제안에 반대합니다. 이유는 첫째로 ~이고, 둘째로는 ~이고, 셋째로는 ~입니다." 하는 것이 좋다.
- 발언자는 참석한 학급원 전체에 대해서 발언하는 것이지만, 항상 의장을 향해서 발언해야 한다.
- 다른 사람의 발언 내용에 유의하면서 요점을 잘 파악하며 들어야 한다.
- 메모를 하면서 이야기를 들으면 그 내용 파악이 쉽고, 자신이 발언할 때도 실수 없이 말할 수 있다.
- 심의될 의제에 대하여 미리 연구하는 것이 좋다.
- 자기 의견에 신념을 가지고 발언해야 하나, 반대 입장도 충분히 이해해줄 수 있는 아량이 있어야 한다.
- 반대 발언하는 사람이나 이를 듣는 사람은 서로 감정을 억제하면서 감정적인 말을 쓰지 않도록 주의해야 한다.

회의에서의 예의

- 의장에 대하여 경의를 표시하고, 학급원들끼리는 서로 존중해야 하며, 특히 다음과 같은 예절을 지킨다.
- 서로 높임말을 쓴다.
- 남에게 실례가 되는 말이나 행동을 삼간다.
- 남의 사생활에 관하여 말하지 않는다.
- 남이 발언할 때 발언하지 않는다.
- 발언 도중에 이의가 나오면 의장의 사회에 따른다.
- 너무 긴 시간 발언하지 않고, 자주 발언하지 않는다.

회의의 일반 원칙

회의 공개의 원칙

- 회의는 원칙적으로 공개하여야 한다. 이는 회의를 공정하게 진행하여 좀 더 좋은 결론을 내기 위함이다.
- 회의를 공개한다는 것은 방청의 자유를 인정하고, 회의 모습이나 기록을 여러 사람이 알 수 있게 하는 것이다.
- 정당한 사유가 있을 때는 비공개로 할 수 있다.

정족수의 원칙

- 회의에서 의안을 심의하고 의결하기 위해, 일정수 이상의 참석자가 필요하다. 이를 정족수의 원칙이라고 하는데, 정족수에는 의사 정족수와 의결 정족수가 있다.

1의제의 원칙 – 1동의(動議)의 원칙

- 회의에서는 언제나 한 가지 의제만을 상정해 다루어야 한다는 원칙이다.
- 어떤 의제든 의장이 일단 상정할 것을 선언한 다음에는 이를 토론과 표결로써 결정할 때까지는 다른 의제를 상정할 수 없다.
- 둘 이상의 안건이 서로 관계가 있어 동시에 상정할 경우라도, 표결할 때에는 하나씩 안건을 분리하여 표결하여야 한다.

평등 보장의 원칙

- 모든 회원은 누구나 똑같은 권리와 책임을 갖기 때문에 평등하게 대우해야 한다는 원칙이다.

폭력 배제의 원칙

- 회의에서는 어떠한 형태의 폭력도 금지한다는 원칙이다. 만약 폭력이 발생했을 경우, 의장은 필요한 조치를 취할 수 있다.

다수결의 원칙

- 어떤 회의에서 하나의 의안이 의결되기 위해서는 다수결에 의해 결정되어야 한다는 원칙이다.
- 다수의 의사로 결정되면 소수는 이에 승복해야 한다는 의미를 내포하고 있다.
- 다수결의 방법에는 절대 다수법과 비교 다수법이 있다.

소수 의견 존중의 원칙

- 민주주의 사회에서는 소수의 의견도 존중되어야 한다는 원칙이다.
- 소수의 의견이 존중되지 않고 다수의 의견만 존중되면, 다수의 횡포가 생길 수 있다.

일사부재의(一事不再議)의 원칙

- 회의에서 한 번 부결된 안건은 같은 회의(또는 회기) 중에 다시 상정하지 않는다는 원칙이다.
- 같은 회의에서 동일한 의제를 반복하여 상정할 수 있게 하면, 회의 진행에 방해가 되고, 회의 질서를 유지할 수 없기 때문이다.

한 회 한 사람 발언의 원칙

- 회의에서는 의장에게 발언권을 얻어 한 사람씩 발언해야 한다는 원칙이다.

발언 자유의 원칙

- 발언은 누구에게도 간섭받지 않고 스스로 생각하고 판단해서 자유롭게 표현할 수 있어야 한다는 원칙이다.
- '발언은 자유롭게'라고 해서 회의 진행에 방해가 되는 발언을 해서는 안 된다.

일상활동 이끌기

일상생활 지도

학급 책읽기 지도

해바라기를 뛰어넘지 못한 까닭

어릴 적 작은아버지가 심어준 화두를 아직도 품고 있습니다.

인생을 험하게 산 대가로 말년을 시골 형님 집에 얹혀 지냈던 작은아버지는 대단한 이야기꾼이었습니다. 두 뿔 도깨비 이야기부터 전우치까지 모르는 이야기가 없었습니다. 그런 작은아버지가 어느 날 당시 초등학생이던 내게, 담 너머로 목을 쭉 뺀 해바라기를 가리키며 귀가 번쩍 열릴 만한 제안을 하나 했습니다.

"얘, 너 이 해바라기를 훌쩍훌쩍 뛰어넘는 재주를 갖고 싶지 않니?"

작은아버지 말씀인즉슨 옛날책을 보면 독립군이 담이나 집을 뛰어넘어 일본놈과 싸우는 이야기가 나오는데 그것이 다 사실이라는 것입니다. 나는 당신의 술 심부름을 전담하는 대가로 그 '비법'을 전수받기로 했습니다. 그런데 그 비법이란 게 너무 간단했습니다.

봄에 해바라기를 심어 싹이 나면, 그날부터 매일 스무 번씩 그것을 넘는 연습을 하면 된다는 것이었습니다. 그러면 가을쯤에 해바라기를 넘는 것은 문제도 아니라고 했습니다. 그러면서 조건을 달았습니다. "단, 하루라도 빼먹으면 안 된다. 절대."

나는 작은아버지 말씀을 그대로 실행에 옮겨 다음 해 봄부터 '하늘을 날 수 있는' 기예 연습을 시작했습니다. 그러나 결론부터 말씀드리자면 나는 해바라기를 뛰어넘지 못했습니다. '하루라도 빼먹으면 안 된다.'는 계율을 어겼기 때문입니다. 그 단서 때문에 나는 3년을 내리 실패를 했습니다.

처음 한 달은 하루도 빠짐없이 넘었습니다. 그러나 한 달을 커도 채 두 뼘이 안되는 것을 매일 넘자니 너무 시시했습니다. 그래서 하루 이틀 빼먹기 시작하다가 결국 까맣게 까먹게 되고, 아차 정신을 차려보면 이미 해바라기는 내 키를 넘어선 뒤였습니다.

나는 지금도 그 재주를 얻지 못한 것은 내 게으름의 소치라고 믿고 있습니다. 매일 스무 번씩 연습을 했더라면, 내 몸은 눈에 보이지 않는 해바라기의 성장 속도를 자연스럽게 받아들여, 아무렇지도 않게 그를 뛰어넘을 수 있었을 것입니다.

나는 작은아버지의 이 해바라기 이야기를, 작은 것이 큰 것을 이루는 '지속성'의 교훈으로 받아들이고 있습니다. 선생이 된 나는 학교를 옮길 때마다 교정에 꼭 해바라기를 심습니다. 싹이 터서 떡잎이 질 때쯤 나는 아이들을 몰고 가서 작은아버지가 그랬던 것처럼 그 이야기를 들려줍니다.

계획보다 중요한 것은 시작이고, 시작보다 중요한 것은 지속성입니다.

학기초가 되면 우리는 아이들을 앞세워 많은 계획을 세우고, 구석구석 살피기를 거듭합니다. 청소나 조회 같은 작은 생활의 부분도 그에 걸맞는 계획을 세워 차질 없이 진행합니다. 뭐든지 그냥 소홀하게 보낼 수 없으니 다양한 전략을 수립하고 회의를 해서 일년 프로그램을 펼쳐둡니다. 그러나 한 달 두 달 지나다보면 일이 밀리기 시작하고, 밀린 일은 핑계가 되어 드디어는 타성에 몸을 맡깁니다. 어느 날 들여다본 청소함에는 목 부러진 빗자루만 가득하고, 열 장을 못 채운 아침 시간 공책은 쓰레기통에 박혀 있습니다. 눈을 부릅떠보지만 이미 해바라기는 키만큼 자란 뒤입니다.

모든 것이 다 그러하지만 특히 아이들의 일상을 성숙시키는 것은 목표를 향한 지속성입니다. 작은 약속 하나라도 소중하게 챙겨 마무리 짓는 인내심입니다. 아이들의 변화와 성장이 어디 눈에 뜨이기나 합니까? '네 시작은 미약하였으나 끝은 심히 창대하리라.'는 말씀도 있지만, 나에게 해바라기 뛰어넘기는 지난한 화두입니다. (1999년) ■

이상대 / 서울 신월중 교사

자치와 감동을 만나는 조회·종례

형식이 정해져 있으니까 갖는 사무적인 절차가 아니라, 그것을 계기로 좀 더 발전적인 차비를 갖추는 것이 만남의 교육 철학이다. 조회와 종례는 첫만남의 의미를 구체적으로 형상화시키는 또 다른 방식의 만남이다.

조회가 하루를 여는 만남이라면, 종례는 하루를 점검하고 반성하면서 내일을 준비하는 마무리 만남으로서 의미를 갖는다. 조종례는 대부분 10분 남짓 짧게 진행되지만, 그 내용과 형식은 상당한 구속력으로 아이들의 하루 생활을 결정짓는다. 그런 점을 고려하면, 조종례 활용 방법은 좀 더 신중하게 검토될 필요가 있다.

새로운 만남의 방식이 필요하다

학급만의 자율 활동 시간이 점점 확대되는 추세를 감안하면, 조종례는 학급활동의 골격을 공유하고 서로의 삶의 방식과 태도를 파악하는 시간으로서 중요한 의미를 가진다. 그럼에도 대부분 지시사항 전달이나 행동 방식을 통제하는 실무적인 기능만 앞세움으로써 조종례는 점점 교육적 역할을 잃어가고 있는 추세다. (지시나 전달 같은 실무적인 기능은 메모나 게시판 활용 등으로 간결하게 해결할 수 있다.)

조종례 활용 방법은 '어떤 것을 취급하면 좋을까?'(내용)와 '어떤 식으로 진행하면 좋을까?'(방법)라는 두 가지 방향에서 접근해야 한다. 이 가운데 내용 영역은 크게 '학급운영에 대한 계획 수립' '사무적인 학사 정보' '학생 자신에 대한 문제'로 구분된다. 이런 내용을 담는 틀을 제대로 짜려면 그 진행 방식은 지금보다 훨씬 더 유연하고 넓게 열려야 한다. 지금 같은 교사 중심의 경직된 방식은 아무래도 소극적이고 비생산적이기 때문이다. 이에 비해 최근에 적극 도입되고 있는 학생자치 개념의 조종례 방식 — 아이들이 중심이 되어 학급 문제와 자기 활동을 계획하고 추진하는 — 은 좀 더 탄력적이고 생산적이다. 교육의 가치를 살릴 수 있다는 점에서도 긍정적이다.

결국 조회와 종례는 아이들의 눈높이에 바탕한 교사의 인간적 접근과, 학생의 자기 활동으로서의 학급자치가 조화롭게 통일될 때 교육적 의미를 한껏 살릴 수 있는 것이다. 이 두 가지 접근 방법을 구체적으로 살펴보자.

학생의 자기 활동을 살리는 자치 조종례

아이들이 스스로 조종례 내용과 준비 상황을 챙겨서 진행하는 자치 조종례는 교사의 시간과 학생들의 만남이 적절히 조화를 이루는, 열린 틀의 가능성을 안고 있다. 이런 자치 조종례를 구현하기 위해서는 우선, 모든 일을 교사가 장악해서 안내 역할을 해야 한다는 강박관념에서 벗어날 필요가 있다. 구체적인 프로그램을 보자.

① 조종례는 지정된(혹은 돌아가면서) 학생 사회자가 회의 시작을 알린다.

② 곧이어 다양한 인사 방법(손바닥 마주치기, 덕담 주고받기, 안아주기, 눈인사하기 등)을 활용하여 서로에게 친밀감을 표현하고 안부를 확인한다.

③ 각 담당자들이 나와서 학급 공지사항이나 중요한 전달 내용을 발표하고, 학급 알림판을 통해 확인시킨다. 개인적으로 필요하면 나와서 발표한다.

④ 이어 그날 준비된 조종례의 중심 행사 — 즉 그날 회의 안건으로 상정한 것을 토론한다든지, 조종례 프로그램으로 미리 마련한 것을 진행한다. 이때 프로그램은 모둠별로 운용하는 것이 효과적이겠다.

⑤ 중심 행사가 끝나면 사회자가 학급 소식, 학급원의 경조사 등을 전하면서 조종례를 마친다. 이때, 반가를 부르거나 반 구호를 외치면서 마무리할 수도 있다.

종례는 이 프로그램을 단순화시키거나, 억압과 갈등을 푸는 놀이나 노래, 명상 등을 도입하여 간단하되 활기차게 진행한다. 긴 종례는 노력에 비해 나타나는 효과가 적은 편이다. 자치 조종례가 가능하려면, 학생과 함께 일주일이나 한 달 단위로 학급원의 특성에 맞는 적절한 프로그램을 준비해야 한다.

감동으로 다가서는 이야기조회

교육의 효과를 좌우하는 것은 관계다.

"선생님께서 손톱을 깎아주셨다. 담배 냄새가 났다. 꼭 아버지 같았다."

이런 관계의 바탕을 이루는 것은 여전히 감동이다. 자치 조종례도 교사와 학생 사이의 굳건한 신뢰와 감동이 바탕되었을 때 비로소 진정한 만남의 장으로 성숙할 수 있다. 감동은 교사의 몫이다. 현재 조종례의 형식과 경직성을 벗어나는 것도 혹은 설득력 있는 자치 조종례의 모습을 구현하는 것도 전적으로 교사의 손에 달려 있다. 교사가 아이들의 눈높이를 사려 깊게 판단하고, 그에 맞추어 아이들의 인성과 지적인

조회는 말 그대로 형식과 내용을 조절하고 공유하는 '회의'이다. 인사, 출석 확인, 전달사항으로 이어지는 현재의 조종례는 회의라기보다는 통보에 가깝다. 설득력도, 감흥도 별로 없다.

기능에 동기 부여를 할 수 있을 때 감동은 살아나는 것이다. 감동을 구현하는 방법으로, 상황에 따라 적용할 수 있는 여러 가지 이야기조회를 생각해보자.

● 대화조회

생활을 소재 삼아 대화로 풀어가는 조회다. 전달사항이 있으면 칠판에 써놓고, 아이들 사이를 돌며 인상 나누기도 하고, 학생부에 끌려갔다온 아이와 괜찮냐며 손잡고 안부를 나누는 식으로 조회를 이끈다 해서 권위에 금이 가는 것은 아니다.

● 역사조회

특별한 역사적 사건이 있는 날은 미리 챙겨두었다가 눈 속에 피어난 설중매 같은 위인들의 이야기를 감동적으로 들려준다. 역사 이야기는 언제 들어도 와닿는 뜻이 크다. 자료를 얼마나 아이들 수준에 맞게 각색하느냐가 효율성을 좌우한다.

● 예화조회

예를 하나 들어보자. 어버이날을 즈음해서 아이들이 진행하는 자치조회 말미에 미리 시간을 얻어둔다. 그리고 이야기 보따리를 푼다.

"애들아, 이 세상에서 가장 아름다운 것이 뭘까? 너희도 궁금하지? 하느님도 그것이 궁금해서 천사를 불러 심부름을 시켰다는 거야. 인간 세상으로 내려가서 가장 아름다운 것 세 가지만 찾아오라고 말이야. 천사는 천신만고 끝에 정원에 갓 피어난 장미와, 티없이 웃고 있는 아이의 웃음과, 자식에게 모든 것을 다 주는 어머니의 사랑을 골랐지. 그리고 그것을 가지고 하늘로 올라갔어. 그런데 하느님 앞에 내놓고 보니 장미꽃은 이미 시들어 추해지고, 아이는 나이를 먹어 어릴 때의 그 순수한 웃음을 잃었는데, 그때껏 변함없는 것은 어머니의 사랑이더란 말씀. 애들아 우리 내일은 부모님께 편지 쓰는 시간을 갖자꾸나. 그동안 얼마나 부모님 속을 썩였니."

이런 대화조회, 역사조회, 예화조회 같은 이야기조회와 아이들의 자치조회가 서로 조화를 이룰 때 하루하루의 만남과 마무리는 한결 성숙한 과정을 밟아갈 것이다.

조종례 때 활용할 만한 작은 행사

● 내가 만든 생활 명언 (좌우명) 말하기

각자 생활 명언(좌우명)을 만들고 그 이유와 내용을 3분 정도의 분량으로 정리하여 발표하게 한다. 이것을 통해 서로의 가치관, 삶의 자세, 원하는 진로 등을 파악할 수 있고, 일일 훈화의 효과도 얻을 수 있다. 3, 4월에 실시하는 것이 좋다. 교사가 시범을 보이고, 순서를 정해 미리 준비할 수 있도록 배려하는 것도 잊지 말자. (아침자습 시간과 연결해서 활용할 수 있다.)

● **신문 기사를 이용한 '생각하는 하루'**

일주일 단위로 발표자를 미리 정한다. 생각해볼 가치가 있는 기사(칼럼, 토막 기사, 만평 등 다양하게 이용)를 뽑아 공책(조종례 공책을 따로 활용하는 것이 좋다.)에 붙이고, 3~5분에 걸쳐 발표한다.

시사적인 문제에 대한 안목을 기를 수 있고, 세상 읽기 훈련이 될 수도 있다. 때때로 교사가 참여하면 효과가 더 크다. 이때 주의할 것은, 학생들이 자발적으로 참여하게끔 충분히 설명해야 한다는 것. 역시 교사가 시범을 보이는 것이 좋다. 필요하면 따로 자료 파일을 만들어 학급원 전체가 돌려보게 한다.

일주일 내내 운영하는 것보다 다른 방법과 병행하여 일주일에 두 번 정도 운영하는 것이 바람직하다. 전체 학생이 다 준비하도록 강제성을 띨 필요는 없다. 이런 방식으로 신문 기사와 병행하여 텔레비전 프로그램, 영화, 연극, 음악, 문학 작품 등 주제를 다양하게 해서 운영하면 더 큰 효과를 거둘 수 있다.

● **노래로 시작하고 마무리하는 조종례**

노래 부르기를 활용하는 것도 학생들의 정서를 북돋울 수 있는 좋은 조종례 방법이 된다. 가능하다면 노래(음악)에 관심이 있는 학생들로 모둠을 조직하거나 몇몇 담당자를 정하여 좋은 노래를 뽑고, 악보를 준비하여 함께 감상하고 배우는 시간으로 이용하면 좋겠다. 테이프나 CD를 이용한 감상보다, 실제로 악기를 연주하고 노래를 부르는 형식으로 운영할 수 있다면 좀 더 재미있게 운영된다. 일주일에 한 번 정도가 적당하다. 이렇게 노래를 배워두면 각종 행사 때 아주 유용하게 쓸 수 있다.

● **'명상의 시간'으로 마음공부하기**

학생들이 식상한 반응을 보이기도 하지만, 시기적절하게 활용하면 오히려 자신을 돌아보고 차분한 분위기를 연출하는 데 효과적이다. 정기적으로 운영하기보다 미리 자료를 준비(불경이나 명상록을 이용한 CD, 테이프 자료가 많이 나와 있다.)해두었다가 학생들에게 들려준다. 이때 생각을 정리하여 모둠일기에 쓰게 하거나 발표를 시켜 생각의 변화와 성장을 확인하는 것도 의미 있다. 종례 때 활용하면 효과가 크다.

● **테마가 있는 조종례**

시중에 나와 있는 《좋은생각》이나 《작은책》 같은 매체를 활용하는 방법도 있다. 이런 책은 일주일, 하루 단위로 '주제가 있는 글'과 생각할거리, 자기 생각 정리 등으로 편집되어 있어 별다른 프로그램 없이 책을 활용하여 그대로 운영해도 된다. ■

그 밖에 집단상담 자료집에서 구할 수 있는 심리테스트 등의 자료를 이용해 자신의 적성과 진로를 모색하는 시간으로 활용할 수도 있다. 시간이 오래 걸리므로 아침자습 시간과 이어서 실시한다. 중3이나 고등학생을 대상으로 실시하는 게 효과적이다.

이야기가 아이들을 움직인다

이야기로 하는 조종례

선생을 하면서 참 하기 싫은 것 가운데 하나가 학급조회 시간에 교무회의에서 있었던 지시사항을 앵무새처럼 아이들에게 전달하는 일이다. 하라는 것은 뭐가 그렇게 많은지 우리나라는 아이들 없으면 곧 쓰러질 나라 같다. 언젠가 조회 시간에 지시하고 전달하는 내용을 추려보니, '~은 안 된다.'는 금지형, '~은 꼭 해야 한다.'는 당위형, '~은 언제까지 내야 한다.'는 거출형의 대략 세 가지로 분류되었다.

나도 그렇지만 대부분의 교사도 문제가 없는 것은 아니다. 민주적인 토론이나 의견 개진이 없는 비민주적인 직원회의를 그렇게 싫어하면서도, 막상 자신이 학급조회를 운영하면서 얼마나 일방적이며 권위적으로 군림하는지는 생각하지 않는다.

이런 고민 끝에 생각해낸 것이 새로운 방법의 조회를 해보자는 것이었다. 비록 체계적이지는 못하더라도 내가 맡은 반은 내가 따로 세운, 그날그날 또는 한 주일이나 한 달 학급운영 계획이 있어야겠다는 생각에서였다. 주로 대화조회와 예화조회, 역사조회 방법을 많이 활용했는데 그 가운데 일부를 소개해본다.

감동을 곁들인 예화조회

평소 교실에서 하는 조회 모습을 보자. "이번 주 주생활 목표는 '부모님께 효도하자.'이다. 고생하시는 부모님께 잘해드려야겠지. 다음 ……." 이런 식인 경우가 많다. 이런 경우 효과는커녕 잔소리로밖에 들리지 않는다. 이런 때 마음을 움직일 수 있는 예화가 필요하다. 도둑이 된 아들에게 심장을 내주고도 "애야, 넘어지지 않게 조심해라."고 말했다는 어머니의 이야기, 그런 이야기를 들려준다. 아이들 눈동자도 빛나고 교실 분위기도 숙연해진다. 그리곤 짧게 전달할 말을 덧붙이며 조회를 끝낸다.

예화는 여러 군데서 미리 수집해서 분류해놓는다. 향을 쌌던 종이에서는 향내가 나고 생선을 묶었던 새끼줄에서는 비린내가 나더라는 불경에 나오는 이야기, 비유를 들어 쉽게 이야기해주는 짧고 교훈적인 이야기, 또 타이타닉 호가 침몰할 때의 이야기처럼 감동적인 예화를 모아놓은 《노란손수건》 같은 책들은 아주 좋은 자료가 된다.

이런 이야기에 내가 아이들에게 해주고 싶었던 이야기를 몇 가지씩 섞어서 계획

속에 포함시키기도 했다. 예를 들면 '나는 너희들의 부끄럽지 않은 선생이 되겠다. 너희도 나의 부끄럽지 않은 제자가 되어달라.' '우리는 행하면서 생각하는가, 행한 뒤에 생각하는가, 생각한 뒤에 행동하는가?' '친구의 결점이 눈에 띄거든 나는 남에게 어떤 친구로 보이는가 생각해보자.' 등의 주제를 잡아 이야기해주었다. 이런 예화조회의 경우 아침부터 지나치게 장광설을 늘어놓는 훈화가 되지 않기 위해서는 시간을 다소 짧게 조절해야 한다.

삶을 이야기하는 역사조회

달이 바뀌기 전에 다음 달 달력을 놓고 그달에 반드시 기억해야 할 세시풍속이나 역사적인 사건을 꼭 챙긴다. 그리고 그와 관련된 자료를 모아 이야기해준다.

"얘들아 춥지. 그런데 오늘이 무슨 날인지 아니? …… 오늘은 청산리 전투가 있었던 날이지. 김좌진 장군이라고 들어봤니? 만주의 청산리라고 하는 곳에서……." 이렇게 이야기를 시작해, 낙엽을 덮고 자며 싸운 독립군 이야기를 해주면 귀가 솔깃해져서 듣는다. 한식날은 그 유래와 개자추에 대한 이야기를 4월 19일에는 4·19에 관련된 시를 읽어주거나 4·19 혁명정신에 대해 이야기를 해줄 수도 있다.

스스로 하루를 정리하는 종례 시간

종례 시간에는 아이들이 이야기를 한다. 그날 하루를 정리하면서 학급에서 있었던 일을 중심으로 마무리를 하는 것이다. 반장이 하는 것이 아니라, 앞에서부터 번호대로 돌아가면서 한다. 차례가 된 학생은 그래서 그날 생활을 유심히 점검해두어야 한다. 물론 나도 참석해서 같이 듣는다. 가능하면 짧게 하도록 한다. 어떤 날은 친구들끼리 싸운 이야기가 나오고, 어떤 날은 선생님에 대한 불만이 터져나오기도 한다.

교사가 하는 전달종례에 비해 아이들의 생활과 눈높이를 직접 느낄 수 있다는 점에서 여러모로 도움이 된다. 한 가지 소득이 더 있다면, 짧은 시간이나마 여러 아이들에게 발표 기회를 갖게 할 수 있다는 점이다. 아이들은 자기 차례가 돌아오면 많은 사람 앞에서 말을 해야 한다는 것 때문에 떨고 긴장하지만, 하고 나면 좋은 경험이 되었다고 털어놓는다.

노래 부르기 종례 시간도 있었다. 힘든 하루를 끝내고 가방 싸면서 즐거운 노래 한 곡 부르는 것은 정신 건강에도 좋다. 그냥 유행가나 건전가요만 부르는 것이 아니라 노래 가사 바꿔 부르기를 많이 했다. 잘 알려진 노래 곡조에다 그날 배운 학습 내용을 개사해서 부르거나, 자기들의 생활 내용을 담아서 부르는 것이다.

한번은 이런 일도 있었다. 우리 반에 장난꾸러기이면서 욕을 심하게 하고 여학생들을 잘 울리는 대성이라는 남자 아이가 있었다. 그런데 종례 시간에 '오늘 부를 노래는 어떤 노래인가?' 하고 소칠판을 끌어내니 거기에 '솔개'라는 노래를 개사한 '우리는 욕 안 하고 살 수가 없나 김대성이처럼……. 수많은 욕설과 놀림 속에 멀어져 간 나의 친구여' 이런 노래가 적혀 있었다. 이 노래를 반 전체가 함께 부르는 동안 대성이는 고개를 들지 못했다. 노랫말을 만드는 것은 학생들이 직접했다. 점심 시간이나 쉬는 시간에 몇 명이 모여 머리를 맞대고 만든다. 그렇게 해서 노래가 만들어지면 칠판 옆의 소칠판에 옮겨 적었다가 종례 시간에 꺼내서 부른다.

도종환 / 전 충북 덕산중 교사

정이 넘치는 종례 장면 한 토막

집에 고구마가 좀 있어서 달걀 한 꾸러미, 소금과 함께 들고 학교에 갔다. 화요일이기 때문이다. 이날은 우리 반 마지막 6교시가 체육이라 교실이 비고, 나는 수업이 없다. 요 틈새를 이용해 고구마와 달걀을 삶아서 ─ 교실엔 모둠 간식 조달용(?) 버너와 냄비가 비치되어 있음 ─ 체육을 마치고 온 아이들과 나눠 먹으려는 것이다.

달걀을 먼저 삶아서 건져놓고 고구마가 익는 동안 쪽지를 학급 인원수만큼 만들어 '큰 고구마 한 개' '새끼 고구마 한 개' '고구마 털 한 개' '고구마 꼬랑지 약간' '고구마 두 개와 달걀 하나' '달걀 하나와 소금' '소금만 약간' 등의 글을 써넣고 여러 번 접어 바구니에 담아두었다. 제대로 삶았는지 달걀 하나를 먹어보고 있는데 종이 울렸다.

허겁지겁 삼키며 버너 등을 치우기 바쁘게 시끌벅적하게 교실을 들어선 아이들은 "이게 무슨 냄새지? 고구마 냄새 같은데?" "아니다! 삶은 달걀 냄새다." 하며 코를 킁킁거렸다. 모른 체하고 칠판에 '청소 마치고 달걀, 고구마 추첨 있음, 꽝은 없음'이라고 썼다.

청소 후 쪽지 바구니를 들고 아이들 사이를 돌면서 "자기가 뽑은 쪽지는 펴보지 말고 자기 모둠장을 주도록 한다. 모둠장은 쪽지를 다 받아서 모둠원과 함께 펴보도록 한다. 그리고 배급을 받으러 오는 거야."라고 했다. 모여서 쪽지를 펴보면서 "우와! 우리는 고구마 두 개에 달걀 다섯 개다. 근데 여섯 명이 나눠 먹기가 애매하다." "가위바위보 해서 한 사람이 달걀 두 개 먹자." "큰 고구마 한 개는 두 쪽으로 나누고 고구마랑 달걀이랑 섞어 먹자. 근데 소금이 없잖아?" "야! 소금 약간이 뭐냐? 꽝은 없다더니……. 우린 고구마만 걸려서 소금은 필요 없잖아?" "고구마랑 소금이랑 물물교환 할 사람~." "너 그거 100원에 팔아라." "선생님! 우리 이번에는 떡볶이 말고 모둠끼리 고구마 삶아 먹기 하지요!" 서른 개쯤 되는 고구마와 서른 개의 달걀로 시끌벅적한 피난민 배급소 풍경이 연출되었다.

박계해 / 전 경남 개운중 교사

우리 반 일은 우리가 한다

학급자치를 살리는 조종례

중학교 1학년 아이들은 발표를 잘한다. 이거 하자 저거 하자 건의사항도 많고, 원하는 것도 많다. 그러다가 2, 3학년 올라가면서 점점 발표하는 태도를 잃고, 적극적인 참여의지를 잃는다. 고등학교에서는 학급회의조차 제대로 되지 않는다는 하소연을 듣기도 했다.

왜 학년이 올라갈수록 점점 자치와 자율 조정 능력을 잃어가는 것일까? 1학년을 맡으면서 나는 아이들의 그런 발표 태도와 자치 능력을 키우는 학급운영을 해보리라 마음먹었다. 학급회의나 조종례는 학급자치를 위한 중요한 발판이 되었다.

조회는 말 그대로 회의이다. 조회가 회의라면 모두가 참여하여 서로의 안녕을 묻고, 그날 하루 생활 설계에 대한 제안과 생각을 교환할 수 있어야 한다. 우리 반 조회는 사회자가 일정한 순서에 따라 진행하는, 회의 형태로 이루어진다. 공식적인 전달사항이나 챙겨야 할 가정통신문, 각종 수합물 같은 것은 담당자가 따로 있어서 이들이 회의 시간을 이용해 해결한다.

이러한 조회의 모든 진행사항이나 내용은 '조회 공책'에 기록한다. 조회 공책은 조회 내용뿐 아니라, 그날 학급에서 일어났던 일까지 모두 기록하여 나중에 학급문집 만들 때 자료로 쓸 수 있게 하였다. 이 조회 일기는 조종례를 맡은 모둠이 기록·관리하며, 평소 교실 앞에 걸어두어 누구라도 볼 수 있게 하였다.

학생 사회자가 앞에 나와 조회 시작을 알리면 시끄러워지기 시작한다. 그러나 그것은 뭔가 저희들끼리 교감을 나누기 위한 분주함이다. 사회는 원하는 모둠에서 맡으며, 모둠원들이 순서를 정해서 한다. 조회는 '인사 나누기 → 알림사항 전하기 → 조회 주제 발표 → 마무리'로 전개한다.

1) 서로 인사하기

눈인사 등 여러 가지 방법으로 인사를 나눈다. 학년초에는 짝과 껴안기를 많이 했다. 가장 꼭 껴안은 짝의 사진을 찍어주고 포토제닉상을 주기도 했다. 아이들 사이에서 유행하는 게임으로 인사를 진행하는 사회자도 있다.

인사하기는 교실생활에 점차 익숙해질수록 시들해지기 쉽다. 그러나 아침인사는 하루를 알차고 즐겁게 보내겠다는 자신과 친구에 대한 약속이기 때문에 절대 거르면 안 된다고 강조했다.

놀이에 재주가 많은 친구가 있으면, 게임으로 하는 아침인사 등 좀 더 색다른 방법을 계속 개발해서 활용할 수 있을 것이다.

2) 알림사항 전하기

각 담당자들이 나와서 알림사항을 전달하는 시간이다. 공식적인 알림사항에 덧붙여 건의사항이나 학급에 대해 제기된 문제를 논의할 수도 있다.

우선 가정통신문이나 각 수합물 담당자들이 나와서 이런저런 공지사항이나 요구사항을 알린다. 개인적으로 필요한 사항이 있는 아이도 나와서 발표한다. 또, 그날의 전달사항을 따로 교실 앞칠판에 적어두는 형식으로 알림판을 운영하겠다는 모둠이 있어서 그렇게 하기도 했다.

특별히 학급 전체 문제가 건의사항 같은 것으로 불거져나오면, 모둠별로 간단히 토론을 거친 후 발표, 여기서 나오는 의견을 규칙으로 정하기도 한다.

3) 주제 발표

알림사항이 끝나면, 조회의 메인메뉴, 즉 사회를 맡은 모둠에서 기획한 주제 발표가 진행된다.

3, 4월은 주제 발표 때 '자기 소개와 명언 말하기'를 했다. 번호순으로 매일 2~3명씩 나와서 발표를 하는 것인데, 노래를 부르는 아이, 춤을 추는 아이 등 다양하게 자기를 연출해서 참 즐거운 시간이 되었다.

5월부터는 전체 일곱 모둠 가운데 한 모둠이 사회를 전담하기로 하고, 나머지 여섯 모둠이 각각 한 요일을 맡아 주제조회를 운영했다. 모둠별 주제는 4월말 학급회의를 통해 미리 정했는데, '내가 선생님이 된다면' '앞으로 3일만 살 수 있다면' '짝 얼굴 그리기' '단오 부적 만들기' '요요대회' 등 모둠별로 다양한 주제를 만들어냈다. 이 계획을 5월 조회 계획서에 반영하여 발표했다.

주제 발표의 방법은 아침자습 시간 전에 주제 발표의 제목을 칠판에 미리 적어두면 된다. 주제 발표 시간이 되면 담당 모둠에서 나와 사회를 보며 각 모둠별로 한 명씩 발표를 시킨다.

사회는 발표 내용을 정리한 뒤 짤막하게 느낌을 말하고 끝낸다.

4) 회의 마무리

사회자가 그날 이야기된 전달사항과 학급의 주요 소식 등을 정리하면, 아이들은 박수를 치며 조회를 끝낸다. 조회 운영은 매월 마지막 주에 열리는 모둠장 회의를 통해서 평가하고, 조금씩 바꾸어가며 운영한다.

5) 종례는 명상으로

6교시가 끝나면 한 아이가 칠판에 '명상 준비'라 쓰고 아이들은 명상 자세를 한다. 3분 명상을 통해 매주 조금씩 다른 내용으로 하루 동안의 나를 되돌아보고 반성한다. 이어 전달사항이 있는 사람은 발표하고, 나도 잔소리를 곁들여 몇 마디 거든다. 종례 끝. 인사를 하면 집중의 박수(종례 시간에 아이들이 우연히 만들어낸 박수)를 치면서 하루를 마친다. 5월부터는 그날 각 모둠에서 제일 떠든 아이의 이름을 '얼굴 찌푸리지 말아요'라는 노래 중간중간에 넣어 부르기도 했다.

오늘의 조회 · 종례 공책

어제보다 나은 오늘

년 ( )월 ( )일 ( )요일

발표 모둠:　　　　　사회자:　　　　　기록자:

모둠발표내용	● 조회 내용(오늘의 주제): · 건전지 책방 : · 순금 : · 백수클럽 : · 선풍기 : · 맑은 공기 : · 누룽지 : · IMF :
오늘의 선생님(　　　　) 이유	
함께 생각하기	
전달 내용 · 건의 내용	
오늘 있었던 일	

오늘의 가장 좋은 친구: 이유:	오늘의 부족한 친구: 이유:
(　　　　)의 칼럼	

우리 반 일은 우리가 할 수 있게 되었다

우리 반 아침조회는 담임이 없어도 항상 제 시간에 진행된다. 담임이 꼭 그 자리에 있을 필요가 없기 때문이다. 때로는 너무 시끄러워 사회자와 떠드는 아이 사이에 싸움이 벌어지기도 하지만 시간이 지나면서 점차 조정하는 방법을 배워간다. 사회자 역할을 경험하면서 선생님의 어려움도 이해하게 되고, 발표력뿐만 아니라 상대방의 입장에 서는 법을 깨달아 남을 존중하는 태도도 배운다.

저희들끼리 스스로 결정하고 운영하므로 학급에 대한 불만드 적다. 전달사항이나 준비물 등도 친구들이 직접 관리하니까 담임이 할 때보다 많은 정보가 교환되고, 친구에 대한 미안함 때문에 일 처리도 빠르고 적극적이다.

5월 중간 고사가 끝날 즈음, 유난히 발표력(겉모습은 소란스러움과 다르지 않다.)이 뛰어난 아이들 때문에 다소 지친 데다, 자치조회도 점점 겉도는 것 같아 불안한 마음에 간단한 설문조사를 한 적이 있다. 설문 결과를 보니, 아이들은 뜻밖에 조종례를 자치 개념에서 긍정적으로 받아들이고 있었다. 고마운 마음이 들었다. 모둠장은 모둠장대로 여러 번 회의를 거치면서 제법 회의를 할 줄 아는 아이들이 되어 있었다.

주희선 / 경기 회룡중 교사

삶을 키우는 아침 시간 운영

여전히 많은 학교에서는 '아침 자율 학습 시간'을 정규 학습의 일부로 여겨 학습지를 풀거나 교과 공부만을 강요하는 관습적인 태도를 버리지 못하고 있다. 그런 상황을 감안하면, 오히려 이 시간대를 대폭 줄여 조회를 겸한 간단한 담임 시간으로 활용하는 일부 학교의 사례는 눈여겨볼 만하다. 여기서는 일반적으로 학급 자율 활동이 어느 정도 인정되는 경우를 예로 삼아 그 운영 방법의 지혜를 살펴본다.

지역이나 학교 급별에 따라 약간씩 운영 방침이 다르긴 하지만, 아침 시간 — 흔히 아침 자율 학습이라고 이름지어진 — 은 각 학급에 주어지는 일종의 자율 시간이다. '자율'이라는 이름으로 강요되는 일제 학습의 문제만 벗어날 수 있다면 학급 담임이 재량권을 어느 정도 확보할 수 있는 시간인 것이다.

아침자습 시간(이하 아침 시간)은 조회와 잇대어 배치되어 있다는 점에서 만남의 의미를 확장할 수 있고, 또한 본격적인 수업이 시작되기 전에 자기를 추스르는 학습의 예비 단계라는 점에서 좀 더 다양한 자기 탐색 활동 시간으로 유용하다. 학급운영의 중심을 '자치 능력과 공동체성의 함양'에 둔 경우라면 특히 이 시간은 활용가치가 크다. 오후에는 방과후 활동이다, 학원이다 해서 상담 시간조차 마련하기 어려운 실정을 감안하면, 이 시간이야말로 개인의 빛깔과 학급의 고유한 빛깔을 빚어내는 데 적절하게 활용할 수 있기 때문이다.

관건은 어떤 계획을 세우느냐와 얼마만큼 지속적으로 추진하느냐에 달려 있다. 자칫 거창한 계획을 세우고 추진하다가 '자율'의 개념이 자리 잡기도 전에 끈을 놓치고 흐지부지하면 이후에 추스르기가 더 어렵다. 거창한 계획보다는 아이들의 자아 성숙에 초점을 맞춘 차분한 계획이 오히려 더 실속 있는 효과를 거둘 수 있다.

아침자습의 정확한 시간대나 재량권(이 시간에 방송 청취나 환경 명상 등을 하는 학교가 많다.)에 대한 골격이 잡히면, 먼저 할 일은 학급회의에 부치든가 아니면 설문지를 통해 아이들의 의견을 조사하는 것이다. 여기서 나온 의견을 바탕으로 학급운영위원회에서 구체적인 주제와 실행 방법을 정한다. 결정사항이 의욕만 앞세운 것이거나 학교와 갈등을 빚을 소지가 있으면 담임이 중재하여 조정하는 게 좋다.

두 번째 초점은 지속성에 대한 연구다. 어떤 목표와 주제를 정하든 지속적으로 추진하기란 매우 어렵다. 주별 혹은 월별로 학급운영위원회를 열어 평가회를 갖고 문제점을 수정, 보완해나가야 한다. 지속성을 독려하기 위한 또 다른 방법은 주기적으로 성과물을 내는 것이다. 이 성과물에 따른 적절한 보상과 격려는 아침 시간 운영에 탄력을 실어준다. 이 시간을 이용해서 할 수 있는 소재들을 찾아보자.

아침 시간을 활용하는 지혜 1 — 매체 활용

신문과 잡지를 좀 더 구체적으로 읽는 데 활용한다. 앞서 소개한 신문을 이용한 '생각하는 하루'(173쪽 참고)를 이 시간대에 끌어들여 진행할 수도 있지만, 매체 읽기를 좀 더 구체화할 요량이라면 아이들 눈높이에 맞춘 실용적인 정보로 재구성하는 방안도 활용해봄직하다.

박 교사는 고3 담임이다. 아이들은 입시 때문에 자기 활동은커녕 빈 시간에도 논술이니 뭐니 해서 자료를 챙겨 읽느라 신경이 칼끝처럼 곤두서 있다. 이 점에 착안한 박 교사는 함께 나눌 만한 신문 자료를 만들어 매일 아침 시간에 같이 읽기로 했다.

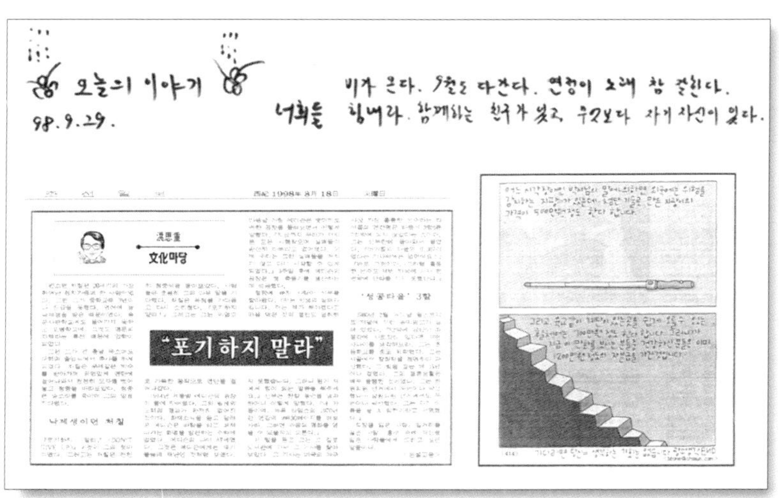

박 교사는 몇 명의 편집위원과 매일 오후에 그날치 일간지와 잡지를 펴놓고 함께 읽을 만한 글을 뽑아낸다. 사설이나 칼럼, 만화 등 종류는 가리지 않는다. 고3인 탓에 학습 방법이랄지 체력 관리 방법, 입시 관련 정보는 특히 눈여겨 뽑아낸다. 이렇게 뽑아낸 기사 가운데 좀 더 신경 써서 읽을 만한 것으로 두세 꼭지 골라 B4 용지에 편집을 하고 학교 인쇄소에 넘긴다. 이 자료는 아이들이 아침 시간에 기다리는 가장 '반가운 손님'이 되었다.

아침 시간을 활용하는 지혜 2 — 조회 시간 확대 운영

대부분 아침 시간은 조회 시간과 잇대어 편제되어 있다. 이런 경우 조회를 확대해서 운영하는 것도 한 방법이다. 특히 학생들이 중심이 되는 자치조회는 단 몇 분 안에 수습하기 어려울 때가 많으므로, 주제 행사의 폭을 넓히면 좀 더 여유 있게 진행할 수 있다. 또한, 앞서 소개한 《좋은생각》 따위의 책자를 이 시간대까지 확대해서 운영하는 것도 좋은 방법이다. 이 경우, 좀 더 꼼꼼한 읽기와 생각하기, 쓰기가 가능하므로 해당 날짜의 글을 읽은 뒤 그 소감을 발표하는 순서를 가질 수 있다.

아침 시간을 활용하는 지혜 3 — 책읽기

아침 시간에 교사들이 가장 선호하는 방법은 책읽기다. 잘만 지도하면 그래도 제일 실속 있는 장사다. 그러나 엄정하게 따져보면 대부분의 책읽기는 실패에 그치고 있다. 책을 읽는 현상 자체만을 두고 형식적인 감독을 하기 때문이다. 좀 더 적극적인 경우 독서 공책을 마련하여 독서 감상문도 쓰게 하고, 퀴즈대회나 독서왕 뽑기 같은 행사도 벌이지만, 자칫 겉치레에 그쳐 책읽기를 내면화하는 데 실효를 거두지 못하는 경우도 많다. 아침 시간의 본격적인 책읽기는 읽는 과정을 꼼꼼히 챙기는 데 주목해야 한다.

〈예시 24〉 독서표

나(　　)의 독서표

제목:　　　　지은이:　　　　시작한 날 : 　월　일

날짜 순서		선생님 확인	궁금한 점	느낀 소감, 인상 깊은 구절
1일차	월　일			
2일차	월　일			
3일차	월　일			
4일차	월　일			
5일차	월　일			
6일차	월　일			
7일차	월　일			
8일차	월　일			( )야, 이 책 좀 읽어봐. 왜냐구?
9일차	월　일			
10일차	월　일			

중학교 1학년을 맡고 있는 이 교사는 독서 지도에 별달리 요란을 떨지 않는다. 학급문고도 특별하게 만들지 않는다. 그러면서도 실속 있게 지도한다고 인정받고 있다. 그는 3월 중순쯤 철저하게 아이들의 눈높이에 맞춘 책을 20권 안팎 추려서 목록을 만든다. 그리고 사나흘에 걸쳐 각 책에 대한 짤막한 '맛보기' 시간을 갖는다. 결론을 감춘 채 전체 개요와 함께 극적인 대목만 살짝 들려주는 것인데, 아이들은 이런 꼬드김에 넘어가 굳이 협박하지 않아도 각자 취향에 맞는 것으로 한 권씩 사들고 나타난다. 이 교사는 바로 책표지 안에 독서표를 한 장씩 붙여준다. 본격적인 책읽기에 들어가면 이 교사는 반 전체를 돌면서 매일 일일이 독서표에 서명을 해준다. 서명을 하면서 짤막하게라도 이야기를 나눈다. 내용을 대부분 알고 있으므로 아이들의 독서 수준도 금방 파악할 수 있어 개별 지도가 가능하다. 책읽기로 끌어들이기가 어려워서 그렇지, 일단 읽는 재미에 빠지면 누가 뭐래도 꼼짝하지 않는다. 책을 다 읽은 아이는 책의 독서표를 떼어 뒷게시판에 붙인다. 인상적인 구절이나 느낌이 빼곡하게 적힌 그 독서표는 자기가 읽고 싶은 책을 먼저 지목할 수 있는 일종의 권리증이다. 일년이 채 안돼 추천도서 목록을 다 읽어치우는 아이도 있다.

그 밖에 유의할 점

꼭 교과 외 활동으로 채우는 것이 '교육적'인 것은 아니다. 아이들과 합의만 이루어진다면 모둠을 활용한 그야말로 '자율 학습' 시간으로 운영할 수도 있다. 사실, 효과적인 학습 태도 익히기만큼 매력적인 주제가 또 어디 있는가. 어떤 주제로 운영을 하든 아이들의 관심과 성장을 좀 더 꼼꼼하게 챙기고 격려해주는 과정이 중요하다.

아울러 공책을 활용하는 지혜를 도입해볼 만하다. 각자 개인 공책을 한 권씩 준비해서 아침 시간에 운영하는 주제를 누가 기록하는 것이다. 어떤 날은 주제가 있는 글쓰기, 어떤 날은 독서, 어떤 날은 신문 읽기, 어떤 날은 상담하기…….

공책상담 겸해서 교사가 주기적으로 확인하여 이끌 수만 있다면 이 공책은 연말에는 소중한 '나의 비망록'이 되어 있을 것이다. ■

아침자습 이야기

도난 사고를 미리 예방하는 지혜

최 교사는 학급 생활지도에서 가장 어려운 점으로 분실 사그를 꼽는다.

일단 일이 터지면 그냥 넘어갈 수도 없고, 그렇다고 문제를 해결하기란 더욱 어렵기 때문이다. 자칫 잘못 다루면 물건은 물건대로 못 찾고 아이들은 아이들대로 상처를 받는, 참으로 견디기 힘든 상황과 맞닥뜨리게 된다. 그동안 쌓아왔던 신뢰를 한꺼번에 잃을 수 있다는 '치명적인 지뢰'도 묻혀 있다.

몇 번의 도난 사고를 해결하는 과정에서 이런 '쓴맛'을 본 최 교사는 늘 예방교육에 신경을 쓴다. 도난 사고야말로 예방이 최고다. 3월말쯤 그는 하루 날을 잡아 이런 시간을 갖는다. 우선 아침자습 시간을 이용해 모둠별로 둘러앉게 한 뒤, 짐짓 심각한 표정으로 모둠마다 백지를 한 장씩 나누어준다.

"지금부터 모둠별로 해결책을 하나씩 낸다. 주제는 '우리 모둠은 학급 도난 사고를 이렇게 해결하겠다.'이다. 가장 좋은 안을 낸 모둠에게는 상품이 있다. 시간은 10분."

담임의 표정을 살피면서 아이들은 무슨 사고가 터졌나 지레 긴장을 하고 머리를 맞댄다. 발표를 시켜보면 온갖 아이디어가 속출한다. 그러나 최 교사가 노리는 것은 아이디어가 아니다. 그런 과정을 통해 도난 사고를 바라보는 아이들의 의식도 엿볼 수 있고, 스스로 조심해야 한다는 경각심을 심어줄 수 있는 것이다. 굳이 어떤 내규 같은 것을 만들지 않아도 이것만으로 훌륭한 예방교육이 된다. 약속대로 좋은 생각을 낸 모둠을 뽑은 뒤, 그는 학급 도난 사고가 얼마나 서로에게 치명적인 상처를 주는지 경험을 통해 깨우쳐준다. 그리고 결론을 내린다. 친구를 시험에 빠뜨리고 싶지 않으면 자신의 것은 자신이 챙기라고.

그런 예방교육 덕분인지 그 뒤 도난 사고는 부쩍 줄어들었다.

주제가 있는 아침 시간

학급은 담임의 교육관과 학급운영의 방침에 따라 여러 가지 색깔로 나타난다. 아침 자습 시간은 담임의 자율적인 재량권 확보가 어느 정도 가능한 시간이다. 어찌보면 부담스러운 짐이기도 하지만, 잘만 운영하면 많은 성과를 낼 수 있는 시간이다.

우리 반은 모든 행사를 두레별로 운영한다. 자리 배치는 물론 청소도 두레별로 진행하고, 그 밖에 학급에서 일어나는 모든 일도 두레를 중심으로 논의하고 해결한다.

유일한 학급활동 시간, "우리는 두레별로 뛴다"

아침자습 시간도 당연히 두레가 담당한다. 우리 학교는 전교생이 8시 10분까지 등교해서 20분 동안 일일한자와 영어 쓰기를 한다. 우리 반은 학습두레가 이 일을 담당하고 있다. 그날 익혀야 할 영어 단어와 숙어, 한자를 작은 칠판에 적어놓으면 나머지 아이들은 따로 준비한 공책에 이 내용을 날짜별로 써나간다. 점검도 학습두레의 몫이다.

이 과정이 끝나면 본격적인 아침 두레활동이 시작된다.

아침자습 시간을 활용한 이 두레활동은 8개의 두레가 매일 돌아가면서 담당한다. 학급활동 월별 계획을 세울 때 미리 날짜별 담당 두레를 정하고, 그 순서를 학급 달력에 표시해놓는다. 두레마다 차례가 돌아오면, 사전 두레회의를 거쳐 다음 날 두레활동의 주제를 정하고, 그것을 미리 칠판에 써놓고 하교한다.

두레활동의 주제는 개인별로 하는 것도 있고, 두레 집단활동으로 이루어지는 것도 있는데, 개인활동보다는 두레활동이 많은 편이다. 주제(예를 들면 '용돈받는 과정을 만화로 그리시오.' 등)에 따른 활동이 끝나면 완성 작품을 담당 두레에게 제출한다. 담당 두레에서는 각 두레의 작품을 심사해서 '오늘의 으뜸상'을 뽑아 뒷게시판에 붙인다.

● 아침 두레활동 주제의 예

• 내가 살아가는 이유에 대하여 / 우리 학교가 좋은 이유

• 내가 좋아하는 것들 / 내가 공부하는 이유

• 내 짝 얼굴 그려보기 / (   )이 없는 우리 교실

• 각 두레에게 꼭 하고 싶은 이야기 / 우리 반 문제점 지적하기

- 거울에 비친 내 모습과의 대화 / 노가바 만들기(주제 : 청소년 문제, 우리의 하루, 나의 소원 등)
- 용돈받는 과정 만화로 그리기 / 이 주일의 노래에 얽힌 이야기
- 내가 교장 선생님이 된다면 / 나 할 말 있어요
- 청소 시간의 문제점과 대책 / 짝에게 쓰는 편지와 삼행시 쓰기
- 함께 쓰는 시 / 상황별 아이디어 개발하기
- 주제에 따른 두레별 토론

나머지 작품은 문집용 자료로 파일에 보관한다. 우리 반은 두레마다 파일을 하나씩 가지고 있다. 여기엔 두레회의, 두레 월간 계획서, 두레활동 작품 등 두레활동과 관련된 모든 자료가 담겨 있다. 이것은 누구나 볼 수 있도록 사물함 위 책꽂이에 늘 꽂아둔다.

아침 시간에 꼭 두레활동만 하는 것은 아니다. 주제는 다양하다. 여기에는 회의도 포함된다. 아침학습을 담당하는 두레는 월초에 미리 정해지지만 긴급 상황이 생겨 회의가 필요한 경우는 학급운영위원회(여기에는 반장, 부반장, 대의원과 두레장이 참가한다.)를 통하여 그날의 주제를 선택한다.

우리 반은 남녀 합반인데, 얼마 전에 체육복을 갈아입는 문제로 싸움이 일어났다. 점점 감정싸움으로 번져서 뭔가 해결책이 필요할 시점이었는데, 마침 담당 두레에서 그 문제를 주제로 올렸다. 서로의 이해 관계가 복잡하게 얽혀 있던 터라 이 논쟁은 아침 시간을 통해 사흘 동안 계속되었다. 결국 결론이 내려졌고, 지금도 우리 반은 그날 정한 규칙에 따라 체육복을 갈아입고 있다.

담임의 역할, 과정에 주목하기

아침 두레활동을 활성화하기 위해서는 정해진 주제에 지나치게 얽매이기보다 상황에 따라 융통성을 발휘하는 지혜가 필요하다.

시험 기간에는 각 과목 부장을 중심으로 시험 정보 교환 시간으로 운영하고, 또한 숙제가 아주 많다고 판단되는 날이나 매우 중요한 결정사항이 있을 때는 숙제를 하거나 회

〈예시 25〉 아침 두레활동 발표문 1

가장 기뻤던 사건 써 보기 으뜸작

만화책 선물받았을 때

내가 가지고 있는 만화책 두 권은 추억이 있다. ○○○○년 8월 3일자 《댕기》는 내가 처음 산 만화책이다. 앞표지는 만화가 강경옥 선생님께서 그리셨다. (주인공 모습으로 봐서는 선우이다.) 선우가 음료수를 들고 있는 모습 아주 진지했다.

○○○○년 1월 3일자 《댕기》는 내가 아빠에게 처음으로 만화책을 선물받은 것이다. 이은혜 선생님께서 그린 휘경이 머리가 조금 길어 어깨를 약간 넘길 정도고, 검은 자켓에 모터 사이클 모자를 팔 옆에 끼고 멋진 폼으로 서 있다.

처음 것은 앞에서도 말했듯이 내가 처음으로 서점에 가서 구입했다.

두 번째 것은 또 역시 앞에서 말했듯이 아빠에게서 처음으로 만화책을 선물로 받은 거. 지금도 아빠 보고 싶을 때 들춰 본다. 나에겐 진짜 소중한 만화책! 책꽂이에서도 가운데 칸을 채운다. / 신정이

내가 가진 온힘을 쏟아 기말 고사를 준비한다!

〈 시험 범위 〉   이름:

과목	범위	과목	범위
기산		도덕	
과학		수학	
사회		음악	
국어		한문	
영어		체육	
미술		가정	

〈 나의 공부 계획 〉

시험날	과목	목표 점수	목표 달성을 위한 나의 공부 작전
8 (월)	기산		
	과학		
	사회		
9 (화)	국어		
	영어		
	미술		
10 (수)	도덕		
	수학		
	음악		
11 (목)	한문		
	체육		
	가정		

의를 열 수 있어야 한다. 물론 그런 결정은 학급운영위원회를 통하여 아이들 스스로 하게 해야 한다. 매일 두레활동을 벌이는 것이 부담스러우면 일주일에 3일은 두레활동을 하고, 3일은 각자 공부하는 방법도 좋겠다.

어떤 활동을 벌이든, 회의를 거쳐 스스로 주제를 결정하는 과정을 중시해야 한다. 결과에 집착하다보면 완성도에 매달리게 되고, 결국은 그 조급함 때문에 과정을 무시하고 밀어붙이게 되는 경우가 많다.

결과물을 중시하기보다 활동 과정에 모둠원들이 어떻게 참여하고, 두레끼리의 상호 작용은 어떻게 이루어지는지 면밀하게 관찰하는 것이 훨씬 중요하다. 이런 과정은 의견을 당당하게 제시하는 태도와 남의 의견을 경청하는 자세를 길러준다는 점에서 그날그날의 으뜸작을 내는 것보다 훨씬 의미 있는 일이다.

또한 아이들끼리 묶어주기만 하고 지도를 소홀히 하면 활동력이 뚝 떨어진다. 담임의 적극적인 개별 지도가 결합될 때 좀 더 활동력이 살아나고, 긍정적인 방향을 잡을 수 있다.

해결해야 할 문제들 — "우리를 믿어주세요"

이런 두레활동 중심의 아침 시간을 운영하려면 몇 가지 유의해야 할 점이 있다.

가장 먼저 현실적으로 타개해야 하는 문제는 시끄럽다는 것이다. 조용한 옆 반에도 미안하고, 순시를 도는 교장, 교감 선생님의 눈초리도 만만치가 않다. 나는 아이들에게 여러 차례 당부를 했다. 될 수 있으면 진지하고 조용한 분위기 속에서 두레활동을 하자고, 우리 반 잘되자고 다른 반에게 폐를 끼치는 것은 옳지 않다고. 두레별 토론을 통해 이 문제도 내규로 정했다. 그러나, 아무리 조용하게 진행한다 해도 쥐 죽은 듯이 조용한 다른 반과 비교하면 어느 정도의 소란은 감수해야 했다.

이에 따른 눈칫밥은 나중에 아이들의 숨결이 생생하게 담긴 학급문집이 발간된 뒤에 충분히 보상받을 수 있었다. 우리 반 학급문집에 대한 동료교사들의 반응은 아주 호의적이었다. 오히려 아이들의 활동이 제대로 이루어지려면 우리 반 정도의 소란은 기꺼이 감수해야 하는 것 아니냐는 여론이 형성되기도 했다.

둘째, 공부와 관련된 우려다. 특히 학부모들께서 그렇게 다른 것만 하다가 성적이 떨어지기라도 하면 어쩌냐는 우려를 많이 했다. 그러나 나는 이 활동이 오히려 학습에 긍정적인 태도를 길러주었다고 판단하고 있다. 아이들 사이에서도 두레활동을 통해 공부에 대한 정보를 주고받을 수 있어서 도움이 되었다거나, 단지 나만 잘하는 공부가 아니라 함께 잘하는 것의 소중함을 깨달았다는 평가가 많았다.

우리 반에 공부는 아주 잘하는데 성격이 좀 이기적인 친구가 있었다. 이 친구가 단 하나 못하는 것은 체육이었다. 시험 즈음해서 두레원들이 이 친구에게 체육 실기평가 내용을 연습시켰다. 덕분에 이 친구는 생전 처음 가장 우수한 실기점수를 받게 되었다. 이후에 이 친구는 두레 학습의 리더가 되어 두레원들의 공부를 이끌어주는 역할을 맡게 되었다. 물론 전체 두레원의 성적이 향상되었고, 기념으로 축하잔치를 열었다. 이런 긍정적인 부분을 위해서라도 학부모 통신을 활용할 필요가 있다. 학부모 통신을 통하여 두레활동의 의미와 아침 시간 운영에 대해서 그 취지와 방법을 자세히 알리면, 그들도 응원군이 된다.

세 번째는 시간적으로 이런 테마 진행이 가능한가의 문제다. 이런 것은 탄력적인 운영으로 얼마든지 극복할 수 있다. 그날 해결할 수 없는 것들은 다음 날까지 이어서 하면 되고, 필요한 경우에는 집에 가서 할 수도 있다. (해보면 대부분은 그날 으뜸작 선정까지 마칠 수 있다.) 아이들을 대상으로 하는 일이 무엇이든지 그렇겠지만 여유 있게, 넉넉하게 생각하고 길게 바라보면 일이 한결 쉽다.

박춘애 / 광주 두암중 교사

우리 생각 어때요?

시험이 끝나고 하고 싶은 일!

1위 노래방에 가서 목이 터져라 신나게 노래를 부른다.

2위 친구와 쇼핑을 한다.
(경제 위기를 극복해야지. 아이쇼핑만 하세용!)
재밌는 비디오를 잔뜩 빌려다본다. (빨간 딱지를)
친구들과 만나서 수다를 떤다.

3위 잠 좀 자고 싶어요.(언제는 안 잤냐?)
크리스마스도 다가오고, '남자 친구 만들기 작전'을 세운다.
여기저기 그냥 놀러다닌다.

4위 영화를 보러 간다.
여유 있게 책을 읽는다. (무슨 책? 만화책!)

기타 '동해물과 백두산이⋯.' 나올 때까지 텔레비전을 실컷 본다.
겨울바다로 여행을 떠나고 싶다. (와 멋있다!)
그리운 사람들에게 편지를 쓴다.
집에서 뒹굴뒹굴 빈둥빈둥 놀아야지.

즐거운 청소 시간 만들기

교실은 생활을 함께 하는 삶의 기본 공간이다. 그러므로 책임감을 갖고 스스로 하는 청소의 중요성을 강조, 지도할 필요가 있다. 청소는 지위가 낮은 사람만이 하거나 남이 해주는 것이 아니라, 함께 땀 흘리면서 기꺼이 감당해야 할, 나와 우리를 위한 일이기 때문이다.

청소는 자신의 생활 공간을 자기 힘으로 정리하는, 자신을 위한 일의 과정이다. 또한 이 일은 단순히 정리의 의미에서 끝나는 것이 아니라 재생산을 위한 준비 과정이다. 그런 점에서 청소는 생산을 위한 노동이며 그 과정 자체가 교육이다. 청소를 통해 자신의 흔적을 되돌아볼 수도 있고, 친구들과 함께 청소하며 협동심과 역할 분담도 배운다. 청소가 생활의 한 부분으로 자연스럽게 자리 잡아 즐거운 분위기 속에서 이루어지기 위해서는 억지와 강요보다 깨달을 기회와 모범의 제시가 필요하다.

청소하는 방법 가르치기

아이들이 청소하는 모습을 보면 뜻밖에 청소하는 방법 자체를 제대로 익히지 못한 경우가 많다. 어떤 순서로 해야 효과적인지, 쓸고 닦는 일을 어떻게 처리할지, 청소 도구는 어떻게 관리해야 하는지. 특히 저학년일수록 꼼꼼하게 지도해야 한다.

◑ '이렇게 청소합시다' 의 예

1) 청소할 때는 되도록 마스크를 쓰고 할 수 있도록 한다.

2) 종례가 끝나면 모든 학생들은 책상에 의자를 올려 뒷칠판 쪽으로 옮긴다.

3) 청소하기 전 주번은 미리 양동이에 물을 받아오고, 청소 당번은 창문을 활짝 연다.

4) 빗자루를 가진 사람은 빗자루에 양동이의 물을 묻혀 교실 앞쪽을 구석구석 쓴다.

5) 대걸레질을 하는 사람은 물기를 꼭 짜서 교실 앞쪽부터 구석구석 잘 닦는다.

6) 뒤에 있는 책걸상을 다시 앞쪽으로 옮기고, 뒤쪽을 쓸고 닦는다.

7) 쓰레기는 재활용이 가능한 것과 그렇지 않은 것으로 분리한 후 처리한다.

8) 왼쪽이나 오른쪽 줄을 기준으로 책상 줄을 맞춘다.

9) 손걸레를 잘 빨아 책상, 사물함, 교탁, 창틀을 닦는다.

10) 걸레는 깨끗이 빨아 꼭 짜놓고, 나머지 도구는 제자리에 챙겨놓는다.

11) 쓰레기통을 비우고, 교실 창문과 복도 창문을 닫는다. (담임 검사)

12) 주번은 검사를 맡은 후, 창문의 잠금 상태를 확인하고 하교한다.

청소 당번 효율적으로 운용하기

인원이 많다고 청소가 잘되는 것은 아니다. 교실과 복도, 현관(특별구역) 정도라면 6~7명 정도가 적절하므로 모둠별로 하는 것이 효과적이다. 기간은 매일 바꾸기보다 일주일 간격으로 한다. 매일 바꾸면 적응이 안돼 혼란스럽고, 길면 지루해서 적극성이 떨어진다.

모둠이 정해진 경우라면 미리 순서를 정해 게시판 등에 붙여놓는다. 청소 기간에 특별한 사정이 있는 학생은 모둠장이 확인하는 선에서 서로 맞바꾸어 조절하는 식으로 모둠에 재량권을 준다. 모둠을 활용하지 않는 경우라면, 새로운 달이 시작되기 전에 자기가 청소하고 싶은 날을 정하게 한 후(인원수에 따라 횟수 조절), 월간 청소 당번을 확정해서 진행하는 방법도 있다. 특별구역은 고정 당번을 둘 것인지, 돌아가며 할 것인지 학급회의를 통해 결정한다. 화장실처럼 서로 피하는 구역은 주번 면제 등 특혜를 주어서 고정시키는 것도 한 방법이다.

담임과 함께하기

담임의 청소 참여는 생활하고 일하는 즐거움을 함께 누리고, 모범을 보일 수 있다는 점에서 지속적으로 이루어지는 것이 좋다. 학년초 임장 지도는 특히 중요하다. 아직 청소 방법에 익숙하지 않기 때문에 대걸레질부터 쓰레기 분리 수거, 걸레 말리기 등 세부적인 지도가 필요하다. 학년초에 지도를 잘하면 금세 틀이 잡힌다.

일단 교사가 함께 참여하면 늘 열심히 하는 아이와 기회만 나면 딴 짓을 하는 아이들 사이의 갈등을 줄일 수 있다. 또한 자연스럽게 아이들을 파악하는 계기가 되기도 한다. 아이들이 청소하는 모습만 봐도 그 아이의 특성, 성격과 습관이 보인다. 학년초에는 청소와 집단상담을 병행하는 것이 효과가 높다.

혹시 지도를 직접 할 수 없는 경우에는 나중에라도 교실 정돈 상태를 둘러보고 확인을 해서 격려해주는 것이 좋다. 교사의 지도 없이 스스로 청소하는 방법을 권장할 경우에는 점검표를 활용하는 것도 한 방법이다.

주번이 작성하고, 그 점검표를 토대로 교사가 사후 지도를 한다. 좋은 평가를 받은 모둠에게 과자 파티 등 일정한 보상책을 주는 것도 재미있다. ■

〈예시 28〉 청소 점검표

주별 청소 점검표

표시 방법 : 좋다 ◎   보통이다 △   나쁘다 ×

점검 항목	월	화	수	목	금	토
1. 칠판을 깨끗하게 정리했는가?						
2. 교실 바닥과 복도는 깨끗한가?						
3. 책상은 잘 닦고 줄을 맞췄는가?						
4. 손걸레, 대걸레는 빨았는가?						
5. 청소 용구는 잘 정리했는가?						
6. 쓰레기 뒤처리를 잘했는가?						
7. 모두가 협력했는가?						
오늘 특히 잘된 점						
오늘 특히 부족한 점						
종합 평가와 주번 소감						

※(매일 교실에 부착할 것) 주번은 점검표를 관리할 의무와 권리가 있습니다.

혼자서 하는 청소 검사

중학교 시절, 청소가 끝나면 교실 뒤편에 일렬로 서서 군대 사열받듯이 담임 선생님을 기다렸다. 분단장이 바로 선생님을 모시고 오면 다행이지만, 자칫 교무실에 안 계시기라도 하는 날이면 꼼짝없이 그대로 서서 선생님을 기다려야 했다. 청소하는 시간보다 검사받으려고 기다리는 시간이 훨씬 오래 걸렸다. 나는 이런 기억 탓으로, 청소가 끝나면 나의 검사 없이 각자 집으로 돌아가게 한다. 청소를 스스로 책임져야 할 자연스런 생활 과정으로 받아들였으면 하는 바람도 깔아서 말이다.

대신 아이들이 돌아가고 난 뒤에 교실에 들러 여기저기를 들러본다. 책상 속도 들여다본다. 빈 교실에 서면 아이들의 모습이 다 보이는 것 같다. 다 둘러본 뒤 청소 검사 소감을 간단하게 칠판에 적어둔다. — "우와, 교실이 너무 깨끗하다. 수고했다. ○월 ○일 담임" 혹은 "쓰레기통 비우지 않고 정리정돈 불량. 경고(1회)에 처함. 담임"

이런 메모는 이튿날 아이들에게 고스란히 전달된다. 2회 이상 경고를 받으면 일주일 더 청소하도록 규칙으로 정해놓았기 때문에 아이들은 대강 하지 못한다. 일 때문에 같이 청소하지 못하는 경우가 많아서 겸사겸사 이 방법을 활용하고 있다. 어느 책에서 벌 청소는 좋지 않다는 취지의 글을 읽은 적이 있다. 원칙적으로 동감하지만 달리 생각하는 부분도 있다. 벌로 청소를 시키면 노동에 대한 부정적인 인식이 심어진다는 것인데, 청소를 함으로써 다른 많은 사람이 얻는 기쁨 등을 봉사의 개념으로 이해시킨다면 오히려 체벌이나 처벌보다 좋은 방법이 될 수도 있다.

우리 반은 7~8명이 일주일씩 돌아가며 한다. 매일 바뀌면 일이 몸에 붙지 않아서 효과가 떨어지고, 시간도 오래 걸린다. 물론, 담임이 매일 뒷검사를 하고 그 결과를 반영한다 하지만, 문제가 나타나는 경우도 있다. 열심히 하는 아이는 늘 열심히 하고, 그렇지 않은 아이는 늘 배짱을 부리는 것이다. 이런 식의 갈등은 어디서나 꼭 있게 마련이다. 이런 문제는 아이들과 자주 대화를 나누어 조정하고, 당사자는 따로 불러 이야기를 나눈다.

학급을 운영할 때 불합리한 것을 담임과 함께 개선해나가는 과정은 매우 중요하다. 이 과정에서 아이들이 자연스럽게 민주적인 태도와 습관을 갖추게 되는 것이다.

임종길 / 경기 권선고 교사

똥 누고 밑 안 닦는 녀석 있어?

아침자습 시간에 들어가면 나는 혼자 청소를 한다. 아이들과 간단한 얼굴 인사를 끝낸 뒤, 바로 빗자루를 집어든다. 다니면서 말없이 줍거나 쓸어담는다. 찔리는 게 있는 녀석들은 내가 가기 전에 주변을 살펴 휴지를 줍거나, 많다 싶으면 나를 도와 비질을 한다. 그런 뒤에 대걸레로 교실 앞쪽과 뒤쪽을 열심히 문지른다. 10여 분쯤 걸린다. 속이 다 개운해진다. 속이 개운하면 아이들도 예뻐 보인다.

이런 아침청소를 하면서 속으로 은근히 깔고 있는 계산이 있다. ― 일을 마치고 나면 기분이 좋아진다. 그런 기분은 스스로 일을 해본 사람만이 깨달을 수 있다. 일이 몸에 배면 일을 하지 않고는 못 배긴다. 청소도 당당한 일이다. 할 수 있는 사람이 즐겁게 하자. ― 아이들이 이런 것을 좀 배웠으면 싶은 것이다.

그래서 나는 청소를 '권리'로 여긴다. 아무나 못하게 한다. 청소할 때 꾀를 부리거나 투덜대면 '일할 수 있는 권리'를 박탈한다. 칠판 앞에 의자를 하나 갖다놓고 거기 앉혀둔다. 나머지는 즐겁게 웃으며 놀며 청소를 한다. 참다 못한 녀석은 통사정을 한다. "선생님, 저도 청소 좀 시켜줘요!"

우리 반 청소는 모둠별(6명)로 일주일씩 돌아가면서 한다. 인원은 많을 필요가 없다. 또 누구는 여기, 누구는 저기, 이렇게 구역을 잘게 나누지도 않는다. 내 구역 다 했다고 손 털고 구경하는 얌체만 만들 뿐이다. 일은 섞여서 해야 배운다. 또 이것저것 해봐야 일머리가 생긴다. 일이 있는 아이는 모둠장과 협의하여 자기와 품앗이할 아이를 대신 세워둔다.

나도 아이들과 섞여서 같이 한다. 하다보면 아이들이 다 보인다. 실속 없이 유난을 떠는 녀석, 말없이 남의 몫까지 하는 녀석, 일머리가 없는 녀석. 또 쓰레기를 보면, 물건을 유난히 흘리고 다니는 녀석이 누군지, 미술을 하다가 중도에서 포기한 녀석이 누군지 금세 알 수 있다. 챙겨두었다가 다 상담할 때 써먹는다.

청소가 끝나면 단 5분이라도 같이 이야기를 하거나 논다. 일을 함께 마치고 놀면 놀이도 잘 풀린다. 아이들을 다 보낸 뒤, 칠판에 내일 계획을 한마디 적어놓는다.

"오늘은 시 외우는 날입니다. 시 외우는 가슴은 따뜻합니다."

이선실 / 서울 월촌중 교사

산다는 것은 곧 일을 하는 것이고, 그런 일의 뒷마무리가 청소다. 청소는 똥 누고 밑 닦듯 누구나 해야 할 자연스런 뒷일이다. ― 일을 벌이기만 좋아하지 뒷수습을 못하는 요즘 아이들에게 청소는 큰 비중으로 가르쳐야 할 교육 덕목이다.

중요한 만큼 싫어하지 않도록

새 학년이 시작되어 다른 할 일이 많다고 해도, 나는 그 무엇보다 우선해서 가르쳐야 하는 것으로 '청소'를 꼽는다. 함께 쓰는 공간을 함께 가꾸고 돌보는 것은 당연한 것인데 당연한 일을 하지 않고도 사랑받으며 잘 지낸다면, 청소하는 아이는 청소하지 않는 아이 때문에 속상해져서 세상이 불공평하다고 생각할 것이고, 청소하지 않는 아이는 담임 눈치만 보기 때문에 약삭빠른 기회주의자가 될 수도 있다.

우리 반은 요일별로 모둠이 정해져 있어서 해당 요일의 청소를 '관리'하는데, 한 모둠은 6~7명이다. 무슨 일이든 머릿수가 많으면 가르치기 힘들기 때문에 처음 일주일 동안은 해당 모둠원들만 남겨서 청소를 한다. 청소 관리를 하려면 청소하는 법을 완전히 알아야 하니까. 먼저 교실을 깨끗이 청소하고 복도와 계단을 청소한다.

청소 후 집단상담을 하고 집으로 가는데, 소수의 학생이 넓은 구역을 해야 하니 시간이 꽤 걸린다. 월요모둠의 예를 든다면 월요일만 청소하고 화요일부터 토요일까지는 일찍 집에 간다는 점을 수차 강조하여 이해를 시켰다. 청소 후 평가를 엄중히 하고 완벽하지 못한 부분은 '다시!'를 반복하였다. 처음이자 마지막 훈련을 정확하게 하기 위해서다.

이렇게 토요일까지 하고 나면 나는 무척 힘이 든다. 하지만 한 명 한 명에 대해 골고루 지도할 수 있고 청소 시간이 조용해서 좋다. 무엇보다도 그 상황에서는 놀 수가 없다. 이것은 요일마다 한 모둠씩 일주일 만에 끝나는 '선생님의 청소 지도'로, 빗자루 잡는 요령에서부터 화장실 청소 순서에 이르기까지 다 배운다.

그렇게 한 주가 지나면 모둠장들과 함께 청소 구역을 세분한 표를 만든다. (아이들이 더 공정하고 꼼꼼하게 잘 나눈다.) 교실 앞뒤는 월요모둠, 교실 1, 2분단은 화요모둠, 교실 3, 4분단은 수요모둠, 복도는 목요모둠, 계단은 금요모둠, 화장실은 토요모둠 등으로.

그리고 매일 뒤로 한 구역씩 미뤄서 청소 구역을 바꾼다. 돌아보아 어딘가의 청소 상태가 나쁘면 나는 해당 요일의 모둠장에게 그것을 지적하고 모둠장은 해당 구역을 맡은 모둠을 지도한다. 이렇게 하면 청소 시간이 아닐지라도 더러워진 구역을 지도하는 데 그만이다. 청소 구역 일일 실명제라고나 할까.

매일 하지 않아도 되지만 수시로 돌보아야 할 교실과 복도의 유리창과 거울, 액자, 그 밖의 기물은 학급 인원수에 맞춰 배분하여 모두에게 고르게 나누어준다. 자기 모둠 구역의 청소가 끝나면 남은 시간 동안 이 개인 구역을 청소하기도 하고, 아직 깨끗하면 도서실에 책을 빌리러 가거나 자기 자리에 앉아 쉴 수 있다.

한 달 정도는 청소 후 검사를 꼼꼼히 하고 지적해주어야 한다. 주어진 구역이 좁고 분명하며 개인 지도를 한 번쯤은 받게 되므로 비교적 잘 해낸다. 종례 시간에는 돋보일 만큼 열심히 청소한 아이를 칭찬해주고 '청소를 잘하는 것이 공부를 잘하는 것보다 훌륭한 일'임을 강조한다. 의외로 공부를 잘하는 학생보다는 보통 아이들이 더욱 열심히 하는 것을 알 수 있고 작은 관심에도 민감하게 반응하니 가르치는 재미도 더하다.

우리 학교는 왁스 청소를 해서 일주일에 한 번쯤 바닥을 왁스로 닦는데, 왁스로 닦기 전에 물걸레로 바닥의 먼지를 닦아내야 한다. 물기가 마르면 긴 막대 밀대로 왁스를 문지르는데, 작년에 많은 예산을 들여 시공한 바닥자 관리에 시간이 많이 소모되고 힘이 든다. 이것이 대청소인 셈인데 오후 수업에 체육이 든 날을 대청소하는 날로 정해두면 복장이 편해서 청소하기 좋다.

어쨌든 모두 같이 바닥을 닦을 때는 '교실은 여학생이, 복도와 계단은 남학생이, 화장실은 모둠장들이' 하는 식으로 나누어주고, 해당 요일을 관리하는 모둠원 가운데서 담당자를 지적해준다. 담당자는 깨끗하다고 판단되면 나에게 얘기하고, 나는 상태를 보아 검사해준다. 청소 용구는 해당 요일의 모둠에서 챙기지만 뒷정리는 주로 내가 책임진다.

대청소를 한 다음 날은 환경이 비교적 깨끗하다. 이럴 댄 쪽지를 나눠주고 '최근 수업 시간에 태도가 나쁘거나 반에 피해를 주는 학생'을 적어내도록 한다. 많이 적힌 아이 몇 명을 뽑아 남게 한 다음, 나머지 아이들은 "어제 열심히 했으니 오늘은 푹 쉬어라. 친구들이 대신 해줄 테니까!" 하고 보낸다.

남은 아이들 가운데 남학생은 교실과 복도, 계단의 휴지를 줍게 하고 여학생은 화장실 쓰레기 처리를 간단히 하게 한 다음, 모아놓고 "괜히 재수없이 걸렸다고 생각하지 말고 '내 덕분에 친구들이 편하게 쉴 수 있었다.'고 생각해라. 청소는 원래 벌주기 위한 것이 아니고 신성한 노동이라 했지? 군소리 없이 열심히 해서 고맙고, 앞으로도 종종 걸리도록!" 하며 다독거리고, 혹 뽑힌 데 대해 불만이 있는지 확인하고 변명할 기회도 주어 마음에 응어리가 남지 않게 한다.

그런 벌 청소 외에 반장, 부반장 그리고 나, 이렇게 셋이서만 청소를 하는 날도 있다. 나머지 아이들은 그냥 가는 날도 있고 가끔 모둠장들만 남아서 하기도 했으므로 청소하는 일에 대한 부정적인 시각은 안 생길 것이다. 특별히 학급 임원들과 할 얘기가 있는 날은 그런 학급 봉사를 한 후에 했다. 더러는 음료수와 함께, 특권층의 여유를 누리면서.

청소 지도를 위한 종례, 종례를 겸하는 청소

그렇다고는 해도 청소 시간에 모두가 얌전히 청소하는 것은 아니다. 그래서 '심화 학습'이 필요하다.

우리 반은 '나의 발자국'이라는 이름의 알림장을 쓰고 매일 검사를 맡는데, 이 공책을 학급운영에 두루 이용한다. 종례 시간에 청소에 대해서 훈화하고 싶은 경우,

① 청소 시간에 가장 열심히 하는 친구의 이름과 그렇게 생각하는 이유를 쓰라.

② 청소 시간, 이런 아이는 얄밉다.

③ 나의 청소 자세는 어떤 편인가?

④ 청소를 아주 잘하는 모습을 묘사해보자. (모르는 사람이 들어도 장면이 그려질 만큼 상세하게 써보라고 덧붙인다.)

등의 내용을 칠판에 써놓고 아이들이 그에 대해 쓰는 동안 음악을 틀어놓고 기다린다. (교실에는 반드시 녹음기가 있어야 수시로 쓸 수 있다.)

이것이 오늘의 종례사항이다. 아이들이 다 쓰고 나면 "읽어볼 사람?" 하고 읽히는데, 아이들이 자청하기도 한다. 이 발표 가운데 ④번에 해당되는 내용을 소개한다.

먼저 여학생, "빗자루를 들고 뿌연 먼지가 날리는 것을 무릅쓰고 팔이 저리도록 깨끗이 쓸고 난 후 나의 아름다운 손으로 걸레를 움켜쥐고 칠칠한 친구들이 미처 발견하지 못한 창틀, 거울 아래, 교탁 밑을 찾아다니며 깨끗이 닦는다. 그리고 칠판이나 게시판 위에도 먼지가 있을 것이므로 현식이와 같은 변태 남학생들이 치마 밑을 보는 것을 무릅쓰고 올라가 닦은 다음 함박미소를 머금고 공주처럼 유유히 내려온다. 그러면 평범한 아이들이 교실 바닥을 깨끗이 닦고 나를 맞이할 것이다. 책걸상을 잘 정돈하고 난 후 시커먼 걸레를 '우리 새끼'라고 생각하고 빡빡 둔질러 빤 다음, 구정물이 안 나올 때까지 잘 헹군다. 그리고는 아름다운 손을 씻고 이마의 땀을 훔친 다음 교실로 와서 걸레를 널어놓고 흐뭇한 미소를 머금고 빛나는 교실을 둘러본다."

다음은 남학생, "더럽고 버리기 직전의 옷을 입고 와서 교실에서 막 뒹군다. 그 다음 그 옷을 빨아 다시 입고 뒹굴고, 마지막으로 찢어서 걸레를 만들어 또 닦는다. 닦으면 자연히 고개를 좀 숙이는데 절대로 여자 애들 팬티는 보지 않는다. 여자들은 높은 데 올라가지 않는 것이 좋다. 우리 반의 현식이와 진우는 이상한 데에 관심이 많고 흑심을 품기 때문에 교육상 주의해야 한다. 하지만 나도 볼 수 있기 때문에 혹 더러우면 팬티 청소 좀 하라고 점잖게 일러준다. 내가 쓴 벽의 낙서는 시치미를 뚝 떼고 '이런 나쁜 애들 봤나!' 하면서 빡빡 문질러 지운다."

이쯤 되면 교실은 웃음바다가 된다. 웃는 가운데 청소를 기쁘게 받아들일 수 있지

않을까? "모두 애썼다. 힘들여 청소한 교실을 더럽히지 않도록 주의하자! 집에 가다가 자기 돈으로 시원한 물이라도 사먹어라!" 하고 생색을 낸다.

청소 시간이 하도 소란하여 종례를 겸한 청소를 해보는 때도 있다. 자기 구역 청소가 끝난 학생은 주어진 과제를 해결하면 바로 집에 갈 수 있는 것인데, 특별한 종례 내용이 없는 날, 청소 시작과 동시에 작은 글씨가 인쇄된 손바닥만 한 종이 쪽지를 나눠준다. 청소를 하면서 암송할 내용인데, 청소 시간에 그것을 암송하느라 중얼거리는 소리가 얼마나 아름다운지 모른다.

이 작은 통과 의식은, 학습이 부족해서 정신적 소외감을 가진 아이에게 큰 용기가 되기도 한다. 우리 반에 한글 해독이 어려운 아이가 둘 있는데 둘 다 외웠고, 통과할 때 눈동자가 환하게 빛나는 것을 보고 코끝이 찡했다. 청소하느라 얼굴이 발그레 달아오른 소년소녀의 얼굴을 바로 마주 보는 일이 얼마나 행복하며, 최선을 다해 주어진 시를 암송하는 목소리가 얼마나 근사한지는 그들의 담임, 나만이 안다.

담임의 작은 배려로 청소가 즐겁다

1학기 반성 자료에 '선생님이 가장 좋았던 점'을 쓰는 항이 있었는데 '우리가 힘들 때 대신 청소해주신 일'이라고 쓴 아이들이 많았다.

"오늘은 내가 청소할게!" 시험 치기 전날, 이틀 치는 시험의 첫째 날, 체력장 하고 지친 날 등 내가 생각해도 정말 청소하기 싫을 것 같은 날, 혹은 인심 쓰고 싶은 날은 이렇게 말한다. 나의 추종자(?)가 남아 함께하는 경우가 대부분이지만 혼자 할 때도 있다. 이럴 때 나도 내키면 열심히 하고 힘들면 휴지만 줍는다. 다음 날 아이들과 함께 깨끗이 하면 되니까. 하루 하지 않은 대신 더 열심히 하게 된다.

청소가 중요한 만큼 청소가 싫어지지 않도록 배려해야 한다. 그러나 그것은 거의 불가능하다. 우선 아이들은 45분 수업에 10분 휴식을 반복하는 여섯 시간 수업에 지칠 대로 지친 상태이고, 청소를 하기에 손쉽고 쾌적한 도구며 수도 시설 등이 충분히 제공되지 못한 환경에서 전교생의 요란한 소음을 들으며 청소를 한다. 그것은 무척 피곤하고 힘든 일이다. 그리고 매일 해야 하는 일이기도 하다. 그러나 담임이 함께 그 현장에서 말을 보태고 힘을 보태며 평가를 하는 등의 자극을 줌으로써 성실함에 대한 보상을 해준다면 정신적인 충족감을 얻을 수 있어 훨씬 힘이 덜 들 것이다. 상황에 따라 청소의 양을 조절해주고 그들의 수고에 대해 충분히 알아주는 일은 그다지 큰 노력이 필요하지 않지만 그 효과는 아주 크다.

박계허 / 전 경남 개운중 교사

조회나 아침자습 시간에 하는 자기 소개

학년초는 아이들도 정신없고 교사도 정신없다. 아침 시간도 어영부영 흘려보내기 일쑨데,
의례적인 인사만 간단히 하고 말 것이 아니라, 이 시간에 담임의 아이들 읽기를 겸해
아이들이 서로를 알아가는 시간으로 만들어보자.

내 이름에 숨은 뜻은

① 이름을 지어주신 분과 담긴 뜻을 미리 알아오게 한다.
② 한 사람이 일어서거나 앞으로 나와서 발표를 한다.
③ 이름에 얽힌 사연도 함께 발표한다.
④ 끝나면 다른 사람을 지적하여 발표가 이어지게 한다.

●유의사항
• 교사(진행자)가 먼저 모범을 보여 어떻게 하는지 설명하는 것이 좋다.
• 자신의 이름에 대하여 그동안 특별한 관심을 가지고 있지 않던 아이에게 자신의 이름에 대한 긍지를 갖도록 한다.
• 되도록 자발적으로 참여하게 한다.
• 준비되지 않은 아이라도 나와서 이름을 소개하도록 미리 약속한다.

나의 신문 만들기

① 일간 신문의 1면을 보여준다. 중요 기사는 크게 처리되고 사진도 첨가되지만 작은 기사도 있음을 알린다.
② 자기가 살아오면서 겪은 중요 사건, 잊을 수 없는 일, 또는 미래의 자기 모습 등을 생각한다.
③ 가장 중요한 사건부터 제목과 크기를 배치한다.
④ 다른 사람이 이해하기 쉽도록 뼈대만 추려서 사건을 정리한 후 사진이나 그림을 삽입한다.
⑤ 남은 공간에 광고, 만화, 친구, 가족 소식 등을 적는다.
⑥ 완성된 신문을 가지고 나와서 설명한다.
⑦ 벽에 게시한 후 돌려보면 더욱 좋다. (잘된 것은 학급 신문이나 문집 자료로 모아둔다.)

●준비물
• 일간 신문, 4절 도화지, 사인펜, 색연필, 사진, 풀, 가위, 색종이 등

●유의사항
• 만들어놓은 자료를 먼저 보여주며 방법을 설명하는 것이 좋다. (교사의 것이나 선배들이 한 것)
• 미리 사진을 챙기고, 중요한 사건은 부모님께 여쭈어 준비하게 한다.
• 시간이 부족하면 집에서 해오게 한다.
• 기교보다 솔직한 내용을 싣는 것이 중요함을 이해하게 한다.
• 좋아하는 것, 가보고 싶은 곳, 별명 등도 싣도록 한다.

명함 만들어 돌리기

① 명함에는 친구에게 자신을 소개하고 싶은 간단한 내용을 넣어 직접 만들도록 한다. 자신의 사진이나 이름, 전화번호, 이메일 주소 등을 적는다.
② 스티커 사진을 붙이는 등의 작은 아이디어를 제공할 수도 있다.
③ 10장 이상 만들어서 서로 돌려받도록 하고 나중에 명함을 가장 많이 돌린 사람과 가장 많이 받은 사람을 소개하는 것도 좋다.

이건 내가 최고!

① 아이들 이름을 쓴 큰 전지를 준비해 교실 한쪽에 붙여둔다.
② 아이들이 직접 자신의 이름 뒤에 자기의 장점과 특기를 적게 한다.
③ 며칠 후 전지를 떼어 아이들의 이름을 부르면 일어나 직접 설명한다.

담임이 내주는 재미있는 학급 숙제

교과서와 규정을 벗어나면 몸과 마음이 자유롭다. 몸과 마음이 자유로우면 문득 생각의 틀이 열린다.
뭐 해라 뭐 해라 하기도 염치없는 날, 조종례 격식을 벗어나 좀 인간적인 숙제를 내보자.
강제할 필요는 없다. 해온 숙제를 가지런히 정리해서 게시판에도 걸어보고, 발표도 해보자.

'나'에 대한 숙제

- 오늘 청소한 이야기 자세히 써보기
- '나의 고민'이라는 주제로 5줄 이상 써오기
- 오늘 하루 동안 내가 한 일 가운데 가장 후회스럽거나
  반성되는 일 세 가지 쓰기
- 나에게 가장 중요한 것 10개 쓰기
- 텔레비전에 출연하게 되었을 때 하고 싶은 말 생각하기
- 부모님께 알아오기
  ① 내가 가장 자랑스럽고 사랑스러울 때
  ② 내가 가장 밉고 속상하게 할 때
- 나의 생각
  ① 부모님께 가장 듣기 싫은 말
  ② 부모님께 가장 듣고 싶은 말
  ③ 부모님께 가장 하고 싶은 말
- 나의 뿌리와 가훈 조사하기

'우리 학급, 친구'에 대한 숙제

- 오늘 청소하는 과정을 자세히 쓰기
- 하복을 입고 온 소감과 친구 모습에 대한 생각 쓰기
- 각종 학급 행사를 마친 소감 쓰기
- 학급 분위기를 파악하기 위한 숙제
  ① 우리 학급이 고쳐야 할 점 두 가지 이상 쓰기
  ② 우리 학급의 좋은 점 세 가지 이상 쓰기
  ③ 실내에서 해서는 안 되는 행동 쓰기

'어버이날' 전후에 낼 만한 숙제

- 부모님한테 사랑한다는 말 세 번 하기
- 부모님 손바닥이나 발바닥 그리기
- 도서관에서 부모님 읽으실 책 빌려드리기
- 부모님 어깨 10분 이상 주물러드리기
- 엄마, 아빠 뽀뽀하는 사진 찍어오기

'문화, 정서, 웃음'을 위한 숙제

- 머리 감고 푹 자기
- 우리 선생님이 왜 그리 아름다운지 생각해보기
- 텔레비전 프로그램 하나 보고 소감 쓰기
- 오늘 발견한 낙엽 가운데 가장 예쁜 것 주워오기
- 밤 하늘의 별 5개 이상 세기(이 숙제는 날씨를 잘 보고
  해야 한다. 그렇지 않으면 "날씨 좀 보고 숙제 좀 내세
  요. 어제 구름이 잔뜩 껴서 별이 안 떴잖아요." 하는 비
  난을 받는다.)
- 나의 귯은 몸 묘사하기
- 별 쓸모도 없는데 몸에 털이 나는 이유 생각해오기
- 내 똥 색깔 살펴보기(똥은 건강의 척도, 황금색 똥이
  나오는 날 선생님께 신고합시다.)
- 밥 100번 씹어서 삼키기(10회 이상)
- 하교할 때 운동장에서 물구나무서서 학교 건물 쳐다보
  기(늘 보던 것도 관점을 달리하면 새롭게 보입니다.)

꽃씨를 심은 왕자

세 명의 왕자를 둔 왕이 고민에 빠졌다. 곧 세자를 봉하고 왕위를 물려주어야 할 터인데, 세 명의 왕자가 다 출중한 인물에 기골이 장대하고 영리했기 때문에 그 가운데서 누구를 골라야 할지 몰랐던 것이다.

왕은 점점 늙어가고 있었다. 다급해진 왕은 어떤 현자를 초청하여 의견을 물었다.

현자는 좋은 방법을 말해주었다.

"우선 폐하께서 천하를 한 바퀴 돌고 돌아오십시오. 그리고 떠나실 때 세 명의 왕자님께 아름다운 꽃씨를 나누어드리십시오. 그리고 돌아오셔서 꽃씨를 가장 잘 보관한 사람에게 왕위를 넘겨주십시오."

다음 날 왕은 아들 셋을 부른 다음 이렇게 말했다.

"왕자들아, 나는 오늘 천하를 돌아보러 떠날 것이다. 너희들에게 귀한 꽃씨를 각각 나누어주마. 너희들의 목숨이 걸린 일이니 명심하고 잘 간수하거라."

첫째 왕자는 세상 경험도 많았고 계산도 빨랐다.

'씨앗을 금고 속에 넣어두자. 부왕께서 돌아오시면 그것을 보여드리면 돼.'

첫째 왕자는 씨앗을 아무도 모르게 금고에 넣고서 꽁꽁 잠가두었고 그는 하루 종일 열쇠를 차고 다녔다.

둘째 왕자도 나름대로 생각했다.

'아무래도 왕위가 걸려 있는 것 같아. 씨앗을 잘 보관해야 돼. 형처럼 금고에 넣어두면 썩어버릴 거야. 어떻게 할까? 음, 그렇게 하면 되겠구나.'

그는 시장으로 나가 씨앗을 팔았다. 그는 귀한 씨앗을 판 돈을 잘 보관한 다음 부왕이 돌아오면 다시 그 씨앗을 사서 보여드리기로 했다.

'이게 가장 멋진 방법인걸. 아무도 모르게 하면 돼. 새 씨앗이니까 싱싱하겠지. 부왕께서 언제 돌아오실지도 모르잖아. 그동안 나는 마음 푹 놓고 있다가 부왕이 돌아오시면 즉시 그 씨앗을 사가지고 와서 보여드리면 돼.'

셋째 아들은 형들보다 어렸기 때문에 약간 어리숙했지만 사랑이 풍부했다. 그는 전혀 계산적이지 못했다. 그러나 그의 생각에는 아버지에 대한 사랑이 담겨 있었다.

'아버지께서 내게 씨앗을 주셨어. 여기엔 평소 사려 깊은 아버지의 뜻이 담겨 있을 거야. 씨앗이란 무엇일까? 그것은 땅속에 심어졌다가 자라나는 것이지. 그렇다면 씨앗을 심어두면 되겠구나. 그게 씨앗을 잘 토관하는 방법일 거야.'

셋째 왕자는 왕위 같은 것에는 관심이 없었다. 다만 아버지의 뜻을 잘 받드는 일에만 관심이 있을 뿐이었다.

한 해가 흐른 다음 왕은 궁궐로 돌아와서 아들들을 불렀다.

왕은 먼저 첫째에게 말했다.

"넌 바보로구나. 씨앗은 금고 안에서 보존될 수 없다. 그건 죽어버리지."

둘째에게 말했다.

"너는 첫째보다는 좀 낫군. 그러나 씨앗을 보존하기는 했지만 늘리지는 못했어. 씨앗을 올바로 보존하려면 수백만 배로 불려야 한다. 너는 씨앗의 양을 그대로 보관하는 데 그쳤어. 너 역시 실패야."

왕이 셋째 아들에게 씨앗을 보여달라고 하자, 셋째는 부왕을 뜰로 모시고 갔다. 그는 꽃을 가리키며 말했다.

"저것이 그 씨앗에서 나온 꽃입니다. 무척 아름답지 않나요? 원하신다면 씨를 수백만 개로 늘려드릴게요."

왕은 너무나 기뻤다.

"얘야, 네가 내 마음을 알았구나. 바로 이거야. 씨앗을 보존하는 단 하나의 길은 그것을 땅에 심어 새싹이 나게 하는 일이지. 참 잘했구나. 너에게 내 왕위를 물려주겠다."

사물의 본성을 이해하고 사람과 사물에 애정을 갖고 있을 때 올바른 판단이 가능하다. 애정은 진지한 성찰을 낳는다.

무엇이 목숨을 구했나

소형 보트 하나를 가지고 있는 남자가 있었다. 그는 봄철이 되면 그 보트에 식구들을 태우고 호수로 나가서 낚시질을 하곤 했다.

어느 해의 일이었다. 여름이 지나자 그는 배를 뭍으로 끌어올렸다. 그런데 배 밑창에 작은 구멍이 하나 뚫려 있었다. 그는 겨울 동안에는 보트를 쓰지 않으므로 이 구멍을 내년 봄에 고치리라 생각하고 보트를 그대로 두었다. 그 대신 칠만은 칠장이를 불러서 말끔히 해두었다.

이듬해 봄이 되었다. 그에게는 두 아들이 있었는데 그 아들들은 어서 빨리 보트를 타보고 싶어했다. 그는 그동안 보트에 뚫린 구멍에 대해서는 까마득히 잊어버리고 있었다. 그래서 그는 아무 생각 없이 아이들만 호숫가로 내보내게 되었다.

아이들이 호수로 나간 지 여러 시간이 지난 뒤에야 그는 그 구멍을 생각해냈다. 아이들은 아직 수영도 배우지 못한 데다가 노 젓는 법도 서툰 편이었다. 그는 당황했다. 그리고는 다급한 마음에 부리나케 호수로 달려나갔다.

그런데 놀랍게도 아이들은 보트 타기를 다 마치고 집으로 돌아오고 있었다. 그는 보트 밑바닥을 살펴보았다. 작년 겨울에 난 그 구멍은 이미 누군가가 튼튼하게 막아놓았다. 그는 마음에 짚이는 데가 있어 얼른 칠장이를 찾아갔다. 그가 선물 한 꾸러미를 건네자 그 칠장이는 영문을 모르겠다는 듯이 반문했다.

"배에 칠을 해드린 값은 이미 받았는데, 이 선물은 왜 가져오셨습니까?"

사나이는 말했다.

"나는 당신에게 배에 칠을 해달라고 말했습니다. 그런데 당신은 칠을 하면서 구멍까지 막아주셨습니다. 그 때문에 저의 두 아들이 목숨을 건질 수가 있었습니다. 그 작은 꼼꼼함은 사실 이런 작은 선물 꾸러미 하나로는 다 갚을 수 없을 만큼 큰 것입니다."

생각해봅시다

아무 생각 없이 한 작은 행동이 자기와 다른 사람에게 큰 손해를 끼치기도 하고 큰 도움을 주기도 한다. 보트에 칠을 해주는 칠장이의 작은 행동(보트에 난 구멍을 막아준 일)이 아이들을 살리지 않았는가? 길을 가다가 우연히 유리 한 조각을 주워 그 유리에 찔릴지도 모를 아이를 도울 수 있다. 거창한 목표를 내세우며 작은 성실을 외면하는 사람들은 한번 새겨볼 이야기다.

냉동차 속에서 얼어죽은 사람

화물 회사에서 잡부로 일하는 한 남자가 있었다. 어느 날 그는 냉동차 짐칸에 들어가 물건을 꺼내고 있었다. 그런데 갑자기 밖에서 문이 철커덕 잠기고 말았다. 게다가 운전기사는 지체없이 운전석에 올라 차를 출발시켜버렸다.

그는 눈앞이 깜깜했다. 소리를 지르고 문을 발로 차보았지만, 차가 어찌나 큰지 아무 소용이 없었다. 냉동차는 고속도로로만 달리는지 쌩쌩 바람 소리만 들렸다.

'아, 이제 나는 죽었구나. 으, 추워.'

그는 절망한 채 그 자리에 주저앉았다. 시간이 지나자 그의 몸은 점점 차가워지기 시작했고, 턱이 덜덜덜 소리를 내며 떨리기 시작했다. 나중에는 손발이 얼어붙는가 싶더니 곧 팔도 움직일 수 없게 되었다.

'하필이면 냉동차 속에 갇히다니, 아 너무 춥다.'

그는 사랑하는 가족을 떠올리며 정신을 차리려고 애를 썼다. 하지만 점점 정신은 희미해지고 몸도 더 굳어지는 것 같았다. 다시 한 번 일어나 고함을 지르고 문을 두드리고 싶었지만, 이미 온몸이 얼어붙어 있어 불가능한 일이었다. 그 사실을 알 리 없는 무심한 운전기사는 몇 시간 후에야 다음 정거장에 멈췄다. 사람들이 냉동차 짐칸에 물건을 실으려고 문 쪽으로 다가왔다. 드디어 냉동차 문이 덜컥 하고 열렸다.

"세상에 이럴 수가!" "아니, 무슨 일인데 그래?"

사람들이 하나 둘 문 앞으로 몰려들었다.

"고장난 냉동차 안에서 사람이 얼어죽었어!" "뭐라구?"

차갑게 얼어죽은 시체를 본 사람들은 모두 벌린 입을 다물지 못했다.

사실 그 냉동차는 오래 전부터 고장이 나 있었다. 그러니까 냉동차 안은 공기도 충분했으며 온도도 적절했다. 다만 고속도로를 달려오느라 벌어진 틈새로 찬바람이 조금 들어왔을 뿐이었다. 그런데도 그 안에서 사람이 얼어죽은 것이다.

생각해봅시다

냉동차 안의 온도는 실제로 사람이 얼어죽을 만큼 찬 온도는 아니었다. 그런데도 그 사람이 얼어죽은 것은 냉동차 안에 갇힌 순간 당황하여 판단력을 잃었기 때문이다.

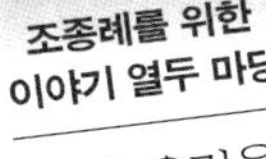

정말로 중요한 것

세계적으로 유명한 어느 식물학자가 섬으로 식물 채집을 떠나게 되었다. 섬은 육지에서 그리 멀지 않았다. 그래서 식물학자는 조그만 배를 타고 건너기로 하였다.

착한 사공은 식물학자를 배에 태우고 섬을 향해 노를 저었다. 그런데 그 식물학자는 무척 거만했다. 자기보다 지식이 적은 사람은 무조건 깔보는 그런 사람이었다.

"여보게 사공, 자네는 몇 나라의 말을 할 줄 아는가?"

"저는 우리나라 말밖에는 할 줄 모릅니다."

"참 한심하군. 나는 무려 10개 국어를 할 줄 아는데."

식물학자는 또 이렇게 물었다.

"여보게 사공, 자네는 책을 얼마나 읽었나?"

"그저 몇 권 정도밖에는 읽지 못했습니다."

"겨우 몇 권이라고? 그럼 여태 뭐 하며 살았나? 정말 한심한 일이군. 나는 수만 권의 책을 읽어 모르는 게 없는데."

그럴 즈음 작은 배는 깊은 바다 한가운데 와 있었다. 그때였다. 하늘에서 갑자기 비가 쏟아지며 폭풍이 몰아쳤다.

"어, 어……."

식물학자는 깜짝 놀라 뱃전을 붙잡고 잔뜩 겁에 질려 있었다. 순간 배가 홀러덩 뒤집어졌다. 식물학자와 사공은 바다에 빠져 허우적거렸다. 식물학자는 수영을 할 줄 몰라 자꾸 물 속으로 가라앉았다. 그러나 사공은 유유히 헤엄쳐 해변으로 빠져나왔다. 사공은 뒤를 돌아보며 식물학자에게 말했다.

"학자님은 모르는 게 하나도 없다지만 제일 중요한 생명을 구하는 방법을 모르시는군요."

생각해봅시다

공부한다는 것, 지식을 갖는다는 것 역시 실제적인 기능과 함께 중요한 것이다. 어느 것도 우월한 것은 없다. 어떻게 부려 쓰는가의 문제일 뿐이다.

그렇게도 몹시 원하십니까?

어느 날 한 젊은이가 이름 높은 현자를 찾아왔다.
"선생님, 저는 지혜와 학식을 얻으려고 수천 리를 걸어 찾아왔습니다. 부디 저를 거두어 가르침을 주십시오."

현자가 말했다.
"나를 따라오시오."

현자는 젊은이를 해변으로 데려갔다. 그들은 물이 허리에 찰 때까지 바다로 들어갔다. 그때 현자는 갑자기 젊은이를 잡더니 그의 머리를 물 속에 집어넣었다. 그는 버둥거렸으나, 현자는 그대로 붙들고 있었다. 마침내 젊은이가 더 이상 몸부림치지 않을 때, 비로소 현자는 그를 해변으로 데려다 눕히고는 시장의 광장으로 돌아갔다. 젊은이는 정신을 차린 뒤 현자에게 돌아와 이와 같은 행동의 이유를 따졌다.

현자는 그에게 물었다.
"물 속에 있을 때, 당신이 가장 원했던 것은 무엇이었소?"
"저는 공기를 제일 원했습니다."

그러자 현자가 말했다.
"당신이 물 속에서 공기를 원했던 만큼 지식과 예지를 몹시 원한다면, 그것을 가르쳐달라고 누구에게 부탁할 필요가 없겠지요."

생각해봅시다

배우고 싶다고 하지만, 사실은 가르쳐주기만을 기다리는 경우가 더 많다. 떠먹여주는 지식보다 스스로 구하는 지식이 앎의 기쁨을 맛보게 한다.

참지혜

신으로부터 '소원 세 가지를 들어주겠다.' 는 언질을 받은 사람이 있었다. 그는 당장 첫 소원을 말했다. "저를 미인들에게 사랑받는 사람이 되게 하소서."

그날부터 그의 앞에는 아름다운 여자들이 헤아릴 수 없이 많이 나타났다. 그를 보기만 하면 사랑하지 않곤 배겨내지 못하는 미인들이 넋을 놓고 그를 따라다녔다. 그런데도 그는 행복을 느끼지 못했다. 오히려 미인들로부터 시달림을 받아 날로 파김치처럼 지쳐갔다. 견디다 못한 그는 신께 두 번째 청을 넣고 말았다. "그들로부터 저를 구하소서. 저는 그들의 사랑 공세에 지쳤나이다."

그의 주위는 다시 조용해졌다. 이제 그에게 기회는 딱 한 번밖에 없었다. 그는 무엇을 원할 것인가를 곰곰이 생각해보았다. 높은 자리를 달라고 할 것인가, 돈을 많이 벌게 해달라고 할 것인가, 오래오래 살게 해달라고 할 것인가. 많은 소원이 그의 머릿속을 어지럽혔다. 이것을 청하자니 저것을 놓치기 싫고 저것을 청하자니 이것을 놓치기 싫고……. 그는 신경쇠약이 되었다. 그는 마침내 한 가지 남은 소원을 신의 답을 구하는 것으로 쓰고 말았다. "부디 제가 무엇을 청해야 했는지 그것을 가르쳐주소서."

신은 대답했다. "내가 너라면 첫째는 사랑받는 것보다는 사랑하는 능력을 달라고 했을 것이다. 그리고 두 번째는 솔로몬처럼 귀담아듣는 지혜를 달라고 했을 것이고, 셋째로는 세상을 살아가면서 그때그때 충실할 수 있게 해달라고 했을 것이다."

"주여, 우둔한 저에게는 이제 기회가 없나이다." 신은 말했다.

"아니다. 이제라도 늦지 않았다. 이 세 가지 씨앗은 내가 진작 너의 마음속에다 깊이 심어놓았던 것이다. 그러니 노력하기에 따라 풍성한 수확을 거둘 수도 있고 거둘 수 없기도 할 것이다."

생각해봅시다

당신이 신으로부터 '세 가지 소원을 들어주겠다.' 는 언질을 받는다면, 무엇을 원하겠는가?

잊으라는 건 안 잊고

어느 부잣집 도령이 서울 구경을 왔다. 어린 도령의 짐 보따리에는 돈도 두둑히 들어 있었다. 도령은 서울에 와서 어느 여관에 짐을 풀었다.

그런데 이 여관집 주인 부부는 욕심깨나 있는 사람들이어서 그 어린것의 보따리가 은근히 탐이 났다.

무슨 방법이 없을까 연구하던 중, 호박씨가 머리를 아둔하게 만들고 기억력을 없애는 데 큰 도움이 된다는 이야기를 듣고 호박씨를 한 말이나 사들였다. 그 아이가 맡겨둔 보따리를 찾을 생각을 못하고 시골로 돌아가면 그 돈으로 자기네 팔자를 고쳐보려는 생각에서였다.

주인집 부부는 틈나는 대로 호박씨를 까서 한 줌씩 도령의 입에 넣어주었다. 도령은 고소한 호박씨를 맛나게 먹었다.

'아유, 잘 먹는다. 저렇게 잘 먹는 걸 보니 보따리 맡긴 걸 잊어버리겠구나.'

부부는 눈길을 부딪치며 웃음을 나눴다.

도령이 구경을 다하고 떠날 날이 되었다. 아침을 잘 먹고 호박씨 한 줌을 받아 입에 넣고 씹으며 도령은 "내 보따리 주세요."라고 하는 것이 아닌가.

주인은 기가 막혔지만 임자가 달라고 하니 어쩔 수가 없어 그 묵직한 보따리를 꺼내서 도령 어깨에 메어주었다.

총각이 공손히 인사를 하고 대문을 나선 지 한 시간이 훨씬 지났을 때 주인 아줌마는 무릎을 치며 소리를 질렀다.

"아이구머니, 그 총각이 잊으라는 보따리는 잊지 않고 밥값을 잊고 그냥 갔으니 이 일을 어쩌면 좋아."

생각해봅시다

우리는 때로 헛된 욕심을 부린다. 꼭 재물 욕심만이 아니다. 멋있게 생긴 사람 얼굴을 흉내 내느라 자기만이 가진 소박한 아름다움을 잃기도 하고, 헛된 공상에 빠져 시간을 낭비하기도 한다. 하루하루 성실하게 일하고 지나친 욕심을 부리지 않을 때 오히려 많은 것을 얻는 법이다.

컴퓨터에 한글을 띄운 소년

'컴퓨터에서 한글을 쓸 수 있다면 참 좋을 텐데.'

고등학교를 갓 졸업하고 컴퓨터를 다루는 조그만 회사에 들어간 소년은 컴퓨터의 위력을 보면 볼수록 더욱 안타까워졌다.

서양에선 벌써 컴퓨터가 유익한 정보를 제공해 일상생활에 커다란 도움이 된다는 신문 기사가 실렸다. 우리나라에서도 컴퓨터를 이용하여 여러 가지 문제를 빠르고 정확하게 처리해야 한다고 입을 모으고 있었다. 그러나 컴퓨터는 미국에서 개발된 것이기에 모든 것이 영어로 처리되었다. 소년은 항상 컴퓨터에 한글을 쓰지 못하는 것이 마음에 걸렸다. 소년은 회사에서나 집에서나 어떻게 하면 컴퓨터에 한글을 사용할 수 있을까 고민했다. 그러던 어느 날 소년은 모든 영어는 대문자로 시작하거나 소문자＋소문자로 이루어진다는 사실을 발견했다. 소문자＋대문자인 경우는 거의 없는 것이다. 즉 'iM' 'aM' 'sTudent' 라는 형식이 영어에 없다는 것이다. 누구나 아는 사실이지만 소년은 이것을 컴퓨터에 적용해보았다. 소문자＋대문자(aK, sY)로 시작하는 것은 영어가 아닌 한글로 읽으라고 컴퓨터에 명령한다면 한글을 읽지 않을까 하는 것이었다.

여기에서 출발하여 밤을 새워가며 컴퓨터와 씨름한 소년은 드디어 컴퓨터가 한글을 읽을 수 있는 '7비트' 한글을 만들어냈다. 이것이 오늘날 컴퓨터가 한글을 읽는 원리이다. 컴퓨터를 많이 알고 공부한 학자나 전문가도 해내지 못한 일을 고등학교를 갓 졸업한 소년이 해냈다. 우리나라 컴퓨터계의 커다란 숙제를 해결한 것이다.

생각해봅시다

이 이야기를 들으며 두 가지를 생각해보자. 하나는 훌륭한 발명은 '왜? 어떻게?'라는 문제의식을 통해 조그만 원리에서부터 찾아진다는 것이다. 사물의 원리를 좀 더 폭넓게 생각하면 거기에 놀랍고 새로운 사실이 있다. 또 하나는 대학에서 컴퓨터를 배운 사람도 하지 못한 일을 고졸 소년이 해냈다는 것이다. 자기가 일하는 분야에 열정을 갖고 있다면 좋은 성과를 거둘 수 있다는 증거가 아니겠는가.

내일은 일을 할 테야

북극 가까운 곳에 새 한 마리가 살고 있었다.

새의 이름은 야명조(夜鳴鳥). 이름 그대로 '밤에 우는 새'이다.

북쪽의 낮은 짧다. 햇살이 비춰 잠시 간밤의 추위를 잊게 하면 야명조는 신바람이 나서 노래 부른다.

그러나 즐거움도 잠깐 해가 기울어 추위가 콜아치면 새는 목에 피가 맺히도록 울부짖는다.

"아이 추워, 너무 추워서 견딜 수가 없구나. 내일은 집을 지을 테야. 한낮의 해가 있는 동안 일을 할 테야."

야명조의 울음소리는 자기 집에서 따스한 잠을 자고 있는 모든 동물을 섬뜩하게 만들었다.

아침이 되어 해가 비치면 야명조는 또 지난밤의 추위를 잊고 즐거움을 찾아 이리저리 날아다녔다. 밤이면 또 추위에 떨며 울부짖었다.

고통스런 긴 밤과 쾌락의 짧은 낮을 번갈아보내며 야명조는 늙고 초라해져갔다.

생각해봅시다

우리도 추위와 따스함을 번갈아맞으며 살아간다. 고통과 행복, 희망과 실망, 성공과 좌절 등 우리의 삶은 어느 한 가지로 이루어지는 게 아니다. 이런 과정에서 슬기롭게 서기 위한 자기만의 꿈이 필요하다. 야명조는 따스한 낮에는 집을 짓고 추운 밤에는 그 집에서 편안한 잠을 자며 내일을 꿈꾸어야 했다.

죽은 호랑이

강원도 태백산 깊은 계곡에 아주 날쌔고 무서운 호랑이가 한 마리 살고 있었다. 그놈은 한 번 뛰면 십 리를 넘었고 사슴이나 토끼 따위의 작은 짐승은 그놈이 한 번 울면 오금을 떨었다. 마을 사람들은 매년 추수가 끝나면 그 호랑이를 위해서 제사를 지내곤 했고, 사람들의 입에서 입으로 퍼진 이 호랑이에 대한 명성은 마침내 물 건너 미국에까지 알려지게 되었다.

미국의 부자들은 한국의 호랑이를 갖고 싶어했기 때문에 너도나도 사냥꾼을 데리고 한국으로 건너왔다. 그들은 수많은 호랑이를 잡아죽였는데, 그들이 죽인 호랑이 숫자만 5백 마리가 넘을 정도였다. 하지만 태백산 호랑이만은 잡히지 않았다. 미국의 부자들은 한결같이 그 호랑이를 탐냈지만 잡기는커녕 오히려 도망가기에 바빴다. 그래서 그들은 태백산 호랑이를 '왕호랑이'라고 불렀다.

30년이 지나도록 끝내 왕호랑이를 잡지 못하자 미국의 부자들은 모두 포기하고 고향으로 돌아갔다. 정말 대단한 호랑이였다. 미국의 부자들은 고향으로 돌아가긴 했지만 자존심이 몹시 상했다. 그래서 그들은 회의를 거듭한 끝에 한 사람의 유능한 사냥꾼을 태백산 계곡에 파견하기로 했다. 그는 미국에서 제일가는 지혜와 솜씨를 가진 아주 무서운 사냥꾼이었다.

그 사냥꾼은 오자마자 태백산 으슥한 곳에 캠프를 치고 숨어서 왕흐랑이의 습성과 생활 방식을 망원경으로 자세히 조사했다. 그 결과 백인 사냥꾼은 이 호랑이를 잡는 데 총을 사용해서는 안 된다고 생각했다. 그 대신 그는 아주 맛있게 만든 커다란 햄버거를 무기로 사용하기로 했다. 다른 사냥꾼들은 그를 조롱했으나 그는 아랑곳하지 않고 첫날 새벽에 커다란 햄버거를 산 속에 던져놓고 낮잠을 즐겼다.

왕호랑이는 새벽에 먹을 것을 잡으러 나왔다가 아주 이상한 고기 냄새를 맡았다. 그 냄새는 이제껏 자기가 맛보지 못한 묘한 것이어서 잔뜩 호기심이 생겼다. 조금 썩은 듯한 냄새였지만 그 냄새가 호랑이의 코를 자꾸만 간지럽혔다.

그러나 조심성이 많은 왕호랑이는 사냥꾼의 미끼인지도 모른다고 경계하여 하루 종일 그 고깃덩어리를 지켜보았다. 그래도 별 이상이 없자 슬쩍 맛을 보았다. 약간 역겨운 맛이 톡 쏘았으나 혓바닥을 간지럽히는 독특한 맛에 그 햄버거를 단숨에 먹어버렸다. 그 덕택으로 왕호랑이는 그날 사냥을 하지 않아도 되었다.

다음 날 아침, 백인 사냥꾼은 자기가 놓아둔 햄버거가 없어진 것을 알고 속으로 쾌재를 불렀다. 그리고는 같은 크기의 다른 맛을 가진 햄버거를 던져놓았다. 왕호랑이는 오늘도 어제와 같은 고깃덩어리가 숲 속에 떨어져 있지 않을까 하는 기대를 갖고 어슬렁거리다 또 다시 그 이상한 고깃덩어리를 발견했다. 이번에는 어제 것보다 더 맛이 좋았다. 두 번씩이나 햄버거의 맛에 길들여진 이 호랑이는 다시 사냥을 한다는 게 어리석은 짓이라고 생각했다. 그리하여 왕호랑이는 다음 날부터 뛰어가는 법, 뛰어오르는 법, 혹은 사냥하는 법 따위를 연습하지 않았다. 오로지 숲 속에서 주운 햄버거로 배를 채우고 하루 종일 낮잠을 즐겼다. 그리고 '내가 왕호랑이여서 아마도 다른 호랑이들이 맛있는 음식을 갖다바치는 것'이라고 꿈을 꾸고 있었다. 그런 꿈을 꾸면서 왕호랑이는 오직 사냥꾼의 햄버거에 의지하여 살아갔다. 그러다보니 빛나던 이빨은 흔들리고 날카롭던 발톱은 솜방망이처럼 부드러워져서, 이제 그는 왕호랑이도 아무것도 아닌 불쌍한 거지가 되고 말았다.

어느 날 그 호랑이는 자기가 동물원의 철창에 갇혔다는 것을 깨달았다. 그런데 그는 조그만 방 안에 갇혀 있는 자신을 보고 매우 안심했다. 그는 어린이들의 장난감이 되었다. 어떤 아이가 과자를 주면 그놈은 부끄러운 듯 받아먹었고, 또 어떤 아이가 막대기로 쿡쿡 찌르며 놀리면 슬슬 피했다. 심술궂은 아이들이 그놈의 머리 위에 오줌을 싸도 그저 흐릿하게 죽은 눈으로 쳐다볼 뿐이었다.

이제 그놈은 한때 자신이 세계적인 명성을 가졌던 태백산 숲 속의 왕호랑이라는 사실을 기억조차 할 수 없었다. 다른 동물들도 그를 존경하지 않았다. 그는 늙고 불쌍한 노예가 되었으니까.

생각해봅시다

이 우화는 외래 문명 앞에서 자기의 것을 잃어가는 우리 모습을 빗대어 꼬집고 있다. 자랑스런 우리 문화를 비하하고 남의 것을 최고의 것으로 여기며 생각 없이 따라가다보면 우리도 추하고 늙은 호랑이가 되고 만다. 스스로를 망가뜨리는 것은 자신을 지키려는 냉철함을 잃는 데서 시작된다.

발 이야기

2백만 년 전, 인류의 진보를 알리는 위대한 발걸음이 시작됐다. 인류 최초의 조상이 발만으로 땅을 내딛기 시작한 것이다. 이로써 앞발은 땅에서 해방돼 뜻대로 세상을 조작하는 행운을 누리게 됐다. 그리고 인간은 그 앞발을 이용해 세계를 정복했다. 앞발의 이런 성공은 뒷발의 희생 때문에 가능했다.

인류가 발에 얼마나 많은 신세를 지고 있는가는 여러 통계들로 입증된다. 사람이 1km를 걸을 때마다 발은 16톤의 무게를 지탱한다. 게다가 앞으로 나아가면서 발은 땅에 닿는 충격 때문에 20% 정도의 하중을 더 받는다. 체중계 앞에 그냥 서 있으면 70kg이지만, 한 발을 내딛기만 해도 84kg의 무게가 발에 실리는 것이다.

사람이 일생 동안 발을 땅에 부딪히는 횟수만 해도 1억 번 이상이다. 사람이 평생 걷는 거리는 지구를 4바퀴 반 도는 것과 맞먹는다. 이런 엄청난 막노동을 견디기 위해 발은 경이로울 정도로 복잡한 얼개를 갖고 있다. 발에는 26개의 뼈와 114개의 인대, 20개의 근육이 있다. 7천2백여 개의 신경이 뼈와 인대, 근육을 거미줄처럼 둘러싸고 있다. 이러한 복잡한 장치가 서로 균형을 이뤄 무릎과 허리, 뇌에 전달되는 충격을 최소화하는 것이다. 레오나르도 다빈치는 발의 이런 구조를 가리켜 '공학의 최대 걸작품'이라고 불렀다.

하지만 발은 그 구실이나 중요성에 비해 신체의 다른 기관만큼 주목을 받지 못했다. 오히려 끔찍하게 남용되고 천시돼온 편에 가깝다. 오래 전부터 발은 숨겨야 할 것, 더러운 것으로만 치부됐다. 울퉁불퉁한 길을 걷든, 하이힐을 신든, 통굽 구두를 신든 혹사되는 것이 발의 당연한 운명인 양 받아들여졌다.

그러나 전문가들은 발을 잘못 다루면 여러 가지 질병이 생기기도 하고 수명을 줄일 수도 있다고 말한다. 발이 피곤하면 관절, 허리, 목 따위의 신체 모든 부위에 무리가 생기고, 결국은 온몸에 노폐물이 쌓여 장기의 노화를 재촉한다는 것이다.

생각해봅시다

발 이야기를 하다보니 우리 사회에서 묵묵히 일하면서도 천대받는 많은 사람들이 떠오른다. 발의 건강과 함께 우리 사회의 발에 해당하는 사람들의 건강한 삶에도 신경을 써야 할 것이다. 발이 우리 몸을 지탱해주듯 우리 사회를 지탱해주는 발 같은 사람들이 있다. 우리는 그분들의 고마움을 모른 채 지나오지 않았는가?

달래와 떡

어느 왕에게 외아들이 있었는데 며느리를 고르게 되었다. 며느리를 구하는 방을 보고 아름다운 처녀들 수백 명이 궁전으로 모여들었다. 왕은 이들에게 숙제를 냈다.

"너희들에게 여기 쌀 한 되씩을 주겠다. 이것만으로 한 달 동안을 먹다가 다시 모여라."

쌀 한 되라면 사흘에 다 먹어버릴 만큼 적은 양이었다. 어떤 처녀는 멀겋게 쌀물을 끓여서 마시기도 하고, 어떤 처녀는 처음부터 굶기도 했다. 그 처녀들 가운데 달래라는 소녀가 있었다. 달래는 밤새 생각에 잠겼다.

아침이 되자 달래는 무릎을 탁 치고 일어나 그 쌀 한 되를 가지고 몽땅 떡을 만들었다. 그리고 시장에 나가 떡을 팔았다. 달래는 떡 판 돈을 가지고 다시 쌀을 사서 떡을 만들었다. 이제는 더 많은 떡을 만들 수가 있었다. 그러고는 남들처럼 굶는 것이 아니라 장사해서 번 돈으로 먹고 싶은 것을 실컷 사먹었다. 그러니까 몸도 건강해지고 떡판을 이고 다니며 햇볕에서 일을 했기 때문에 얼굴도 알맞게 타서 아름다워졌다. 약속한 한 달이 지났다. 왕은 궁궐로 들어오는 처녀들을 보고 혀를 찼다. 인력거를 타거나 아버지 등에 업혀오는 처녀들뿐이었다. 달래는 쌀가마니를 가득 실은 소달구지를 몰고 들어왔다.

"임금님이 주신 쌀 한 되로 장사를 하여 그동안 제가 잘 먹고 남은 것이 한 달구지가 되었사오니 받으옵소서."

왕은 아주 흡족해했다.

"달래는 앉아서 먹기만 한 것이 아니라, 열심히 일해서 그것을 불렸구나. 이 나라의 왕후는 일하기를 즐거워하는 달래가 되어 마땅하다."

생각해봅시다

얼굴만 예쁜 처녀가 왕후가 되어 대접받는 나라라면 그 나라의 모습은 어떻게 되었을까? 그런데 우리나라는 어떠한가?

스스로 맛을 알아야
가르칠 수 있습니다

책을 읽는다는 것은 즐거운 일입니다.

그런데, 과연 그러합니까? 우리가 아이들에게 독서라는 것이 얼마나 즐거운 일인지 가르친 적이 있습니까? 혹시 아이들에게 책을 읽는 것은 고통스러운 일인데, 나중에 훌륭한 사람이 되기 위해서는 그까짓 고통쯤이야 참고 견뎌야 한다고 말하지 않았습니까? 아이들의 삶이 온통 경쟁으로 가득한데, 그래서 그 경쟁에서 승리하기 위한 정보를 섭렵하기 위한 책읽기만이 의미가 있는데, 도대체 아이들이 어디에서 마음의 양식을 쌓는 즐거움을 찾는다는 말입니까?

바로 이것이, 현재 우리나라 아이들이 가지고 있는 독서의 문제점입니다. 이러한 상황에서 아이들이 책을 읽지 않는 것은 너무나 당연합니다. 따라서 책읽기 지도에 대한 논의는 선생님들의 자기 반성으로부터 출발해야 합니다. 선생님의 삶은 그렇지 않으면서 아이들에게만 그러한 삶을 이야기하는 것은 강요이며 억압입니다.

준비된 선생님만이 아이들에게 독서의 즐거움을 가르칠 수 있습니다. 예컨대 소설을 통해서 다른 사람의 삶과 자신의 삶을 비교해본 경험이 있는 사람, 인문 교양을 통해서 인간의 근원에 대하여 깊이 생각해본 적이 있는 사람, 과학 교양서를 읽고 우주와 인간에 대한 궁극적인 의문을 현대과학이 어떻게 설명하고 있는지 알게 된 사람, 그리고 이러한 여러 경험을 통해 스스로의 삶을 윤택하게 가꾸어본 적이 있는 사람만이 아이들에게 독서의 즐거움을 가르칠 수 있습니다.

아이들에게 독서 지도를 제대로 할 수 있는 방안은 훌륭한 테크닉이 아닙니다. 바로 선생님들의 진지한 자기 성찰과, 그 성찰을 도와줄 수 있는 책읽기의 바른 태도입니다. 훌륭한 선생님은 아이들을 감동시킬 수 있습니다. 자신의 삶에 비추어 책읽기의 즐거움을 아이들에게 말해줄 수 있습니다.

　독서 지도를 하는 선생님의 과제는 아이들이 책을 읽는 즐거움을 맛보게 하는 것입니다. 노동으로서의 책읽기를 교묘한 방법으로 강제하는 선생님이 되어서는 안 될 것입니다. 그러나 이러한 원칙에도 불구하고 몇 가지 작은 기술적인 요령은 필요합니다. 방법에 대한 고민 없이 원칙과 열정만으로 아이들을 지도하는 것은 또 다른 차원에서 무책임한 일이기 때문입니다. 그 몇 가지 작은 기술적인 방법 가운데 한 가지를 사례로 들어보겠습니다.

　《슬램덩크》라는, 청소년들 사이에서 엄청난 인기를 누리는 만화가 있습니다. 나는 아이들과 함께 이 책을 읽고 토론을 했습니다. 아이들과 이 책을 읽고 난 뒤에 내가 한 일은, 이 만화책에 대한 비평적인 접근이었습니다. 먼저 아이들에게 다음과 같은 질문을 던지고 해답을 요구했습니다.

　첫째, 《슬램덩크》는 왜 재미있는가?

　둘째, 우리나라 청소년들이 《슬램덩크》를 재미있어하는 이유는 무엇인가? 즉, 《슬램덩크》를 좋아하는 청소년들은 어떤 의식을 가지고 있는가?

　셋째, 《슬램덩크》에 등장하는 세 명의 주인공, 즉 채치수, 강백호, 서태웅 가운데서 내가 되고 싶은 성격의 소유자는 누구이며, 이유는 무엇인가? 혹은 친구로 사귀고 싶은 사람은 누구이며, 이유는 무엇인가?

　대단히 어려운 질문이라고 생각할지도 모르겠습니다만, 아이들은 별로 어려워하지 않았으며, 대부분의 경우 거친 대로 자신의 견해를 밝혔습니다. 그 이유는 명확합니다. 아이들은 《슬램덩크》에 대해서 확실하게 '관심'을 가지고 있으며, 자신이 '관심'을 가지고 있는 대상에 대해서는 많은 것을 이야기할 수 있다는 것입니다. (대화를 통해 우리는 서로 《슬램덩크》를 읽을 때 느꼈던 자신들의 감성이 토론 속에서 객관화되는 것을 느끼게 되었습니다. 어떤 작품에 대한 문제 제기와, 그 문제 제기에 대한 답변을 이끌어내는 토론 과정, 그리고 그를 통해 이르는 자기 결론이야말로 바로 그 어렵다는 '비평'이 아닙니까.)

이와 같이 아이들이 관심을 가지고 있는 분야에 대한 비평적 토론, 예컨대 대중음악, 영화, 패션, 건축, 연극, 만화, 컴퓨터 게임과 같은 장르에 대한 비평적 토론을 몇 차례에 걸쳐서 진행한 뒤에 아이들은 아주 놀라운 변화를 보여주었습니다. 그 가운데 하나는 바로 아이들이 기성세대도 어렵거나 재미없어서 읽기 귀찮아하는, 여러 가지 대중문화 비평 잡지의 글들을 호기심을 가지고 접하기 시작했다는 것입니다.

요즘 아이들은 텔레비전과 컴퓨터 게임에 중독되어 있습니다. 이런 아이들에게 책읽기의 즐거움을 가르치는 것은 사실 대단한 노력이 필요합니다.

그 노력의 첫 번째는 아이들이 관심을 가지고 있는 분야를 '아는' 것입니다.

두 번째는 아이들이 관심을 가지고 있는 분야에 대해서 폭넓은 이론적 지식을 '쌓는' 것입니다.

세 번째는 아이들이 관심을 가지고 있는 분야에 대해서 폭넓은 이론적 지식을 '알려주는' 것입니다.

이것이 아이들로 하여금 자신들이 관심을 가지고 있는 것에 대하여 지적인 호기심을 갖게 하는 거의 유일한 방법입니다. 그 후에는 아이들의 지적인 호기심을 채워줄 수 있는 몇 가지 책을 소개해주면 됩니다.

예를 들자면 이런 것입니다. 아이들이 관심을 가지고 있는 분야의 평론을 모아서 아이들에게 읽힙니다. 예컨대 만화에 관심이 있는 아이에게는 만화 평론을 찾아서 읽히고, 영화에 관심이 많은 아이에게는 영화 평론을 찾아서 읽힙니다. 그렇게 함으로써 아이들은 자신이 재미있어하는 분야에 대한 객관적이고도 비판적인 태도를 배울 수 있고, 자신들이 즐겁게 접하는 분야에 대한 주변적인 지식들을 이해할 수 있습니다. 요즘 아이들은 다른 것은 몰라도 자신이 '관심'을 가지고 있는 것에 대해서는 만사를 제쳐놓고서라도 공부하고 배운다는 사실을 잊어서는 안 됩니다.

만일 어떤 가수에 관심이 있는 아이라면 그 가수에 대한 평론을 읽히는 것도 좋을 것입니다. 물론 이것은 쉬운 일이 아닙니다. 아이들이 읽을 만한 좋은 평론은 그다지 많지 않습니다. 그러나 찾아보면 가끔은 어른들을 대상으로 한 평론이지만, 그다지 어렵지 않아서 아이들과 함께 읽어도 좋을 글이 있습니다. 그런 글을 찾는 것은 선생님들이 해야 할 '당연한 수고'입니다.

만일 아이들에게 이런 이야기를 들려줄 수 있는 분이라면 그 선생님이 가르치는 아이들에 대해서는 더 이상 독서 문제를 그민하지 않아도 될 것입니다.

"야, 네가 드렁큰 타이거를 좋아한다고? 그럼 너 힙합이 뭔지 알아? 짜식, 그것도 모르면서 팬은 무슨 팬이냐? 좋아, 내가 한 가지 문제를 내지. 힙합은 춤의 양식일까? 패션의 양식일까? 아니면 음악의 양식일까? …… 힙합은 패션의 양식으로부터 출발했어. 그게 말야, 거지 패션이라고 서구에서 등장한 패션인데…… 알겠니? 야, 이런 지식을 가지고 팬레터 쓰면 멋있을 것 같지 않냐? 다른 애들은 그냥 오빠 좋다고 떠들어대는데 너는 오빠의 춤과 패션과 음악에 대해서 비평하는 거지. …… 그러고 싶다면 배워야지. 있잖아, 서점에 가면 이런 책이 있거든. 사서 봐. 선생님도 사실 이 책을 보면서 그런 사실을 알았거든."

그 아이가 진짜로 드렁큰 타이거를 좋아하는 아이라면, 아마 한잠도 안 자고 그 책을 읽어낼 것입니다. ▪

송재희 / 문화평론가

한 권을 읽히더라도 꼼꼼하게 읽히기

책읽기 지도에 앞서 생각할 문제들

읽을 것을 강요하기보다 자기 체험을 통해서 접근하라

독서 지도의 실태를 가만히 들여다보면, 교사를 포함한 대부분의 어른들은 아이들에게 '책 읽히기' 그 자체에 집착하고 있는 경우가 많다. 아이들이 책을 읽지 않는 까닭이 무엇인지 돌이켜볼 생각도 않고 그저 '빨리, 그리고 많이' 읽힐 궁리만 하고 있다. 그러나 이런 '양과 속도'에 대한 집착은 결코 독서 문화를 일으켜세우는 데 도움이 되지 못한다. 그것은 다분히 가시적인 어떤 목적을 위한 일시적인 독서에 불과하기 때문이다. 책 읽는 문화를 뿌리내리게 하려면 오히려 독서를 교육 문제로 보지 말아야, 특히 입시 문제와 떼어놓을 줄 알아야 한다. 그럴 때 아이들은 '논술에 대비하기 위하여' '창의력과 사고력을 기르기 위하여' 혹은 '독후감 숙제를 하기 위하여' 책을 읽어야 한다는 부담에서 벗어날 수 있다.

예나 지금이나 공부라는 것은 지겹고 부담스러운 일이다. 책읽기가 아이들에게 습관이 되고 즐거움이 되기 위해서는 그런 부담에서 벗어날 수 있도록 교육과 책읽기를 별개로 생각해야 하며, 자연스럽게 책과 친할 수 있게 배려해야 한다. 독후감 쓰기를 가르치기에 앞서, 권장도서 목록을 강요하기에 앞서, 자신에게 어떤 책이 어떠한 감동으로 남아 있는지 그 체험의 육성을 들려줄 수 있어야 한다.

책읽기 지도는 국어 교사만 하는 것?

'책읽기 지도는 국어 교사만이 할 수 있다.'는 생각만큼 지독한 편견은 없다. 이런 편견은 '쓰기' 영역에까지 이어져, 학교신문이나 교지 편집은 당연히 국어 교사의 의무이자 권리가 되었다. 그러나, 아주 거칠게 이야기하면 국어 교사는 과목의 특성상 많은 책을 대할 수 있어서 그럴 뿐이지, 사실 전문적으로 할 수 있는 것은 문학 도서에 대한 안내와 글쓰기와 관련된 철학과 방법 다루기에 그칠 뿐이다.

모든 교사는 자신의 체험과 전공 과목을 살린 책읽기 지도를 해야 하고, 또 할 수 있다. 모든 담임은 자신의 교과목이 있다. 그러므로 당연히 아이들에게 그 과목을 더 잘 가르치고, 아이들의 흥미와 관심을 유도하여 지적 향상에 힘쓸 수 있도록 지도해야 할 의무와 책임이 있다. 그런데도 직원회의 때 보면 독서 교육은 국어과의 몫으로 치부된다. 다른 교과 교사들은 내 일이 아니라는 듯 그저 교무수첩에 받아 적어서는 교실에 가서 아이들에게 책 많이 읽으라는 전달만 한다. 그리고는 끝이다. 학급 담임은 담임대로, 교과 담당 교사는 또 나름대로 아이들에게 읽혀야 하고 읽히고 싶은 책이 있을 것이다. 그러므로 '국어 전공이 아니라서' 책읽기 지도 과정까지 끌어올릴 의무는 없다는 생각은 다분히 직무유기요 핑계일 뿐이다.

영어과, 사회과, 수학과, 과학과, 기술·가정과, 예체능과 등 각 교과에 따른 보조 자료로서의 책은 얼마든지 있다. 혹은 교과를 초월하여 모든 교사가 아이들과 함께 읽고 토론할 수 있는 책이 왜 없겠는가? 자기 교과목에서 읽힐 책이 없다는 것은 어불성설이다. 설사 적절한 책을 떠올리지 못한다 하더라도 자연인으로서 감동적으로 읽은 책이 있을 것이다. 책을 읽히려고만 하지 말고 교사도 함께 책을 탐색하고 더불어 읽는 자세가 중요하다.

가정에서도 부모가 자녀들과 함께 책을 읽고 자연스럽게 그 책에 대한 이야기를 하고 감상을 주고받는 가운데 저절로 그 집안의 독서 분위기가 만들어지는 것이다. 그저 책을 사주고 읽으라고만 해서는 숙제에 가까운 부담만 심어줄 뿐 생활화가 되거나 몸에 배는 습관으로 상승되지 못한다. ■

같이읽기 책은 내 돈으로 사서 읽는 습관을 들이자

'돈 가는 곳에 마음 간다.'라는 말을 굳이 빌리지 않더라도 책은 되도록 내 돈으로 사서 읽는 것이 좋다. 돈이 없어 사고 싶어도 못 사는 사람도 물론 있겠지만, 형편이 되는 사람은 될 수 있으면 사서 읽는 것이 좋다.

도서관이나 학급문고가 있어서 충분히 책이 확보되는 경우라 하더라도 내가 읽고 싶은 책은 아낌없이 일단 사놓자. 그러면 읽고 있을 때의 마음 자세가 달라지며, 다 읽고 나서도 언제라도 다시 꺼내 읽을 수가 있고, 마음대로 줄 치고, 읽으면서 생각나는 대로 이곳저곳에 주석을 달 수도 있기 때문이다. 이렇게 책을 내 마음대로 할 수 있는 행위야말로 책 속의 내용을 내 것으로 수용하는 데 얼마나 큰 도움이 되는지, 책을 반납할 때 서운했던 경험을 가져본 사람들은 다 알 것이다. 농담 삼아서 아이들에게 "쌀 팔아서 책 사라. 그러면 글자 한 자 한 자가 다 쌀처럼 보일 거다. 하루쯤 안 먹어도 사니 하루 세 끼에 해당하는 쌀을 시장에 가져가서 팔면 되지 않느냐."라는 얘기까지 해보았다. 그러면 아이들은 깔깔 웃는다. 아이들이 쌀을 팔아 책 샀다는 소리는 못 들어보았다. 하지만 점차 자기 용돈으로 책을 사는 모습을 자주 보곤 한다.   김명희 / 경북 안동여중 교사

학급문고를 통한 책읽기 지도

교실 안 작은 도서관 운영하기

학교 도서관에 충분한 책이 마련되어 있고, 도서실 이용 문화가 자리 잡은 상태라면 구태여 학급문고를 마련할 필요는 없다. 오히려 그런 경우의 독서 지도라면 도서관의 책을 활용할 수 있도록 배려하는 게 효과적이다. 학급문고는 차선책일 뿐이다.

학급문고, 어떻게 마련할 것인가

학급문고의 '영양가' 여부는 좋은 책의 확보와 교사의 운영 의지에 달려 있다. 아무리 많은 책이 있더라도 조잡한 것 일색이면 없느니만 못하고, 좋은 책을 많이 갖추었다 해도 읽기 문화가 활성화되지 않는다면 이 역시 '장식용 박제품' 일 뿐이다.

학급문고는 3월말쯤 교사가 미리 준비한 목록을 바탕으로 준비 계획을 짠다. 목록을 제시하지 않고 모으면, 별로 쓸모없는 책으로 채워질 위험성이 있다. 도서 목록을 마련하기 전에 아침 시간이나 수업 시간을 활용하여 짬짬이 책에서 인용한 이야기를 들려주며(이야기 수업) 책에 대한 관심을 불러일으키는 밑작업이 있어야 한다.

도서 권수는 처음부터 욕심을 부릴 필요는 없다. 한 명당 두 권 남짓(전체 60~70권) 되게 조절하면 된다. 많다고 많이 읽는 것은 아니다. 사실, 아무리 뛰어난 독서력을 가진 아이라고 해도 한 해에 50권 이상 읽기는 어렵다. 학급문고는 양보다 질에 관심을 기울여야 한다.

아이들 스스로 책을 구입하기 어렵다는 판단이 들면 학부모들의 도움을 받는다. 우선 학급문고 설치와 책의 목록을 담은 '학부모님께 드리는 글'을 보내 동의를 구하고, 1인당 2권 정도 구입할 수 있도록 한다. 이때 같은 책이 중복되지 않도록 하기 위해서, 부모의 동의를 얻은 학생에 한해 구입할 책 이름을 정해줄 수도 있다.

대도시 학교에서는 일주일 정도의 기간을 두고 직접 서점에서 사올 수 있도록 한다. 책을 구입할 겸 시내 중심가에 있는 서점을 견학하는 것도 좋은 공부가 된다. 농어촌 지역의 학교는 구입 도서를 직접 출판사에 주문하거나, 시내 큰 서점에 요청하여 일괄 구입하는 방법이 있다.

책장은 학교에 요청하여 마련하는 것이 원칙적으로 옳다. 그러나 이것이 용이하지 않을 경우, 아이들에게 협조를 구하여 일년간 빌리거나 기증받는다. (학급문고 설치를 알리는 가정통신문에 미리 이 협조 내용을 밝히는 방법도 있다.)

학급문고는 보관을 목적으로 하는 것은 아니므로 굳이 책장을 구입할 필요는 없다. 아이들이 교과 실습 과정에서 만든 책꽂이를 활용해도 좋다.

대신 교실문 잠금 장치를 확실하게 해두어야 분실을 막을 수 있다.

학급문고 효과적으로 운영하기

1) 도서위원(도서부원) 선정

도서 대출이나 관리와 관련된 운영의 모든 일을 책임감 있게 해낼 도서위원을 2~3명 정도 정한다. 학급회의 조직에 도서부가 있거나, 도서를 책임질 모둠이 미리 정해져 있다면 그에 맡긴다. 그런 경우에는 책을 모으는 일부터 할 수 있도록 권한을 주는 것도 좋은 방법이다.

2) 책의 분류와 도서 안내 자료집 만들기

책의 분량이 많지 않으므로 전문적인 도서관 분류법을 따를 필요는 없다. 책 제목을 가나다순으로 분류하거나 접수 순서에 따라 일련번호를 매기고, 일련번호에 따른 '학급문고 목록'과 '학급문고 대출일지'를 만든다. (책등에도 견출지를 사용하여 일련번호를 붙여놓는다. 책 표지는 비닐로 싸두어야 훼손을 막을 수 있다.) 도서 대출 카드를 만들어 관리할 경우에는, 16절지의 1/4 크기(대출일, 대출 기간, 반납일, 반납 확인 등의 내용

3학년 2반 학부모님께 드리는 글

안녕하십니까. 저는 경희중학교 3학년 2반 (   )의 담임 교사 안정선입니다. 올해로 교사생활 8년째를 맞았습니다만, 여전히 많이 모자라고 부족합니다. 그 부족함을 채우기 위해 열심히 노력하고 있습니다. 늘 관심과 협조를 부탁드립니다.

체계적이고 꾸준한 독서보다 더 좋은 공부는 없다고 생각합니다. 그래서 저희 학급에서는 학급문고를 운영하기로 하였습니다. 효과적인 학급문고 운영을 위해 학부모님들께 몇 가지 부탁 말씀을 드립니다.

학급문고 운영 계획

학급문고는 담임 교사가 가지고 있는 100여 권의 도서와 학급 학생(총 43명)이 1인당 평균 3권 정도씩 내는 책 120여 권 정도를 가지고 운영할 계획입니다. 학생들이 제출할 도서는 2명의 도서부장과 5명의 도서부원에 의해 철저히 관리되도록 하고 학년이 끝날 때에는 반드시 돌려줄 것입니다. 만약 가져온 책이 분실되었을 경우 똑같은 책이나 그에 상당하는 책으로 배상받을 수 있습니다. 책은 1인당 2권씩 일주일간 대출받을 수 있습니다.

책은 다음과 같이 모읍니다

책은 학생들이 가지고 있는 것 가운데 3권씩 가져와 내면 됩니다. 되도록 책을 낼 때에는 '누구에게 빌려주어도 부끄럽지 않은' 좋은 책으로 골라낼 수 있도록 지도해주시기 바랍니다. 가능하면 다음의 도서 목록에 있는 좋은 책 가운데 아직 자녀가 읽지 않은 것을 구입해 보내주시면 더욱 감사하겠습니다. 또한 평균 3권이지만 평소 좋은 책을 많이 읽어, 가지고 있는 책이 많은 댁에서는 학급문고 취지에 동참하시는 의미에서 더 보내주실 수 있다면 더욱 감사하겠습니다.

학생들이 낸 책은 엄정한 심사를 거쳐 학급문고에 적합하지 않다고 생각되면 되돌려 보내도록 하겠습니다. 물론 가정 사정에 의해 책을 내기 어려운 경우는 사정을 담임 교사에게 이야기하면 면제받을 수 있습니다. 책을 낼 때, 특히 새로 구입해 내게 하면 조금 부담은 되겠지만 3권의 좋은 책을 냄으로써 120권의 좋은 책을 만날 수 있다는 생각으로 가정에서 조금씩 신경 쓰셔서 좋은 책들을 보내주시기 바랍니다. 더 좋은 의견 가지신 학부모님들께서는 학교(02-9××-××××)로 연락해주시면 고맙겠습니다.

○○○○년 3월 담임 안정선 드림

〈예시 29〉 학급문고를 모으기 위한 학부모 통신

으로 구성)로 만들어, 책 뒤에 대출 카드 꽂이를 붙인 뒤 꽂아둔다.

이때, 단순히 학급문고 목록을 만들어놓고 손을 떼기보다 그것을 보강해서 좀 더 충실한 길잡이 기능을 할 수 있는 '도서 안내 자료집'을 만드는 것이 효과적이다. 공책을 이용해 학급문고 각 권에 대한 지은이와 간단한 해제를 곁들이는 형식의 도서 안내 자료집은 아이들이 책을 고르는 데 큰 도움을 줄 수 있다. 이 자료집 역시 다소 시간이 걸리더라도 도서위원이 책임지고 만든다.

도서번호	책 이름(갈래)	지은이	출판사	책 내용	원주인	비고
20	몽실 언니(소설)	권정생	창비	주인공 몽실이가 해방 뒤 전쟁을 겪으며 힘겹게 살면서도 희망을 잃지 않고 삶을 가꿔가는 감동적인 이야기	신용주	
21	우리 옛이야기 백 가지	서정오	현암사	입에서 입으로 전해져 내려오는, 사라져가는 우리 옛날 이야기를 엮은이가 직접 다니면서 채집해놓은 책. 우리 민족의 정서가 고스란히 살아 있다.	엄기영	

이 자료집을 축소 복사해서 학급원 전원에게 나누어주고 독서 공책 앞에 붙여서 활용하게 하는 방법도 있다. 이렇게 하면 언제든지 목록을 참고할 수 있으며, 자신이 읽은 책을 표시해가며 한 권 한 권 책을 정복하는(?) 성취감을 맛볼 수 있다.

3) 대출 기간과 도서 관리

대출 기간은 일주일 정도가 무난하다. 대출 연장은 1회에 한하여 허락하되, 더 이상의 연체가 없도록 한다. 연체되면 학급회의를 통해 정한 벌칙에 따르게 한다. 책을 빌릴 때는 도서위원에게 신청하고, 그 위원이 도서 대출 일지(〈예시 32〉 참고)에 기록한 뒤 대여한다. 도서위원은 해당 대출자란에 반드시 서명한다.

〈예시 31〉 학급문고 운영 규칙

학급문고 구성 원칙

1. 학급문고는 학급원의 뜻에 따라 자율적으로 구성한다.
2. 처음 도서 목록은 담임 교사가 준비하고, 이후의 구입은 학생의 신청을 받아서 한다.
3. 1인당 한 권 이상의 참여로 구성한다. 도서는 학년말에 본인에게 돌려준다.
4. 훼손하거나 분실하는 경우에는 변상을 원칙으로 한다.

학급문고 대출과 운영 방법

1. 대출은 1인 1권 일주일을 원칙으로 한다. (만화책은 예외)
2. 대출 연장은 1회에 한해서 같은 책으로 가능하다. 대출료는 1회 100원으로 한다.
3. 연장 신청을 하지 않고 반납일을 어겼을 경우, 1일 100원의 벌금을 낸다.
4. 대출료나 벌금은 새 책을 구입하는 기금으로 쓰인다.
5. 도서위원은 매달 2회 새 책 구입 신청을 받는다. 단, 만화책은 따로 기준을 마련한다.
6. 도서위원은 매달 가장 열심히 책을 읽는 학생을 '이달의 독서인'으로 추천한다.
7. 도서위원은 담임 교사와 협의하여 다양한 독서 권장 행사를 벌인다.

도서 대출 일지는 튼튼한 공책으로 만들어 도서위원이 관리하는 것을 원칙으로 하되, 요청이 있을 때는 학급문고 옆에 비치한다. 분실하였을 경우에는 학급원에게 공고하여 함께 찾아보고, 만약 찾지 못할 때는 원칙에 따라 같은 책으로 변상한다. ■

〈예시 32〉 도서 대출 일지

도서 대출 일지

일련번호	책 이름	대출 날짜	반납 날짜	대출자	반납 확인	비고

책읽기를 돕는 몇 가지 프로그램

독서 공책 다양하게 활용하기

책을 읽은 감상을 글로 정리함으로써 책에 담긴 감동과 가치를 내면화할 수 있다는 점에서 독후감은 여전히 유용하다. 그러나 독후감은 책을 효과적으로 감상하기 위한 수단일 뿐이다. 그런데도 '책읽기는 곧 독후감'이라고 전제하고 독후감 쓰기를 고집함으로써 오히려 아이들의 책읽기에 부담만 얹어주는 경우가 많다. 독서 과정과 결과를 형식에 얽매이지 않고 스스로 모으는 활동에 주목한다면, 오히려 독서 공책이 활용가치가 높다.

먼저, 튼튼한 공책을 한 권 마련하고 제목을 붙인다. 책은 자신을 새로운 성장의 길로 이끄는 일종의 길라잡이이므로 그런 의미를 담은 제목이면 좋겠다. 공책 앞장에는 권장도서 목록이나, 도서부에서 마련한 도서 안내 자료집을 붙여 장차 책읽기 계획을 세울 수 있게 한다.

공책에는 책읽는 과정을 자연스럽게 기록하게 한다. 담임이 고유의 양식을 개발한 경우에는 그에 따르게 하되, 그렇지 않은 경우에는 형식에 제한을 두지 않고 스스로 적어나갈 수 있게 한다. 이때, 책을 다 읽어야 독후감을 쓸 수 있다는 고정관념에서 벗어나 그날그날 읽으면서 느낀 생각, 인상적인 구절 등을 자유롭게 메모할 수 있도록 한다. 사실, 그것만으로도 훌륭한 책읽기 활동이 된다.

책읽기가 끝나면 분량 제한 없이 전체 소감을 정리하도록 한다. 잘된 소감문을 읽어주어 생각을 효과적으로 정리하는 방법을 일러준다. 별도의 양식을 사용하여, 소감문을 작성하는 방법도 생각해볼 수 있다. (〈예시 33〉 참고) 이 양식은 공책에 붙여도 좋고, 교사가 관리하거나 게시판에 전시하여 격려하는 방편으로 삼을 수 있다.

'독서 공책'이라고 하여 꼭 독서에 관한 내용만 고집하지 않는다. 독서 기록뿐만 아니라, 학급활동의 내용이나 자신의 활동 내용을 총괄하는 기록장으로 활용할 수도 있다. 즉, 신문 기사에 대한 비평, 행사 소감문, 생활문 쓰기를 독서 활동에 포함시켜 누가기록하는 것이다. 교사가 주기적으로 확인하여 이끌 수만 있다면 이 공책은 연말쯤 보물 같은 '나의 성장기'로 태어나게 된다.

〈예시 33〉 개인별 독서 감상 카드

개인별 독서 감상 카드

학년　　　반　　　번	이 책을 읽게 된 동기는?
이름 :	
책 제목 :	
지은이 :　　　　출판사 :	
읽은 기간 :　　　　～	
줄거리와 감상을 써봅시다	특히 기억에 남는 장면이나 구절은?
	누구에게 이 책을 권하고 싶은가? (왜)
	담임 선생님 말씀

'내가 권하는 책' 편지 쓰기

책읽기 활동이 서서히 궤도에 접어들었다는 판단이 들면, 평소에 재미있게 읽었던 책을 다른 사람에게 소개하는 편지 쓰기를 해볼 수 있다. 어떤 책을 읽었을 때의 느낌이나 추천하는 이유를 담은 소개글을 다른 사람에게 주고, 다른 사람의 소개를 받아봄으로써 책에 대한 관심을 높일 수 있다. 이때 추천하는 책은 가능한 도서 목록에 있는 책 가운데서 고르도록 한다.

우선 편지 쓰는 시간이 정해지면(한 달에 한 번 혹은 격주로 아침 자습 시간이나 학급회의 시간을 택하는 것이 좋겠다.) 각자 편지지나 16절지를 준비한다. 자기 짝이나 좋아하는 친구에게 그 책을 소개하는 편지를 쓴다. 책의 제목과 지은이, 내용이 두루 들어가도록 하고, 그 친구에게 권하는 까닭을 쓴다. 좋은 구절을 한 부분 덧붙여 소개해도 좋을 것이다. 편지가 완성되면 친구에게 주고, 하루 이틀 정도 지난 뒤 모두 걷어서 묶는다. 뒷게시판에 걸어두면 모두가 돌려 읽을 만한, 좋은 책 소개장이 된다. 아이들 입맛은 아이들이 먼저 아는 법이다.

책 광고 문안 만들기

광고를 만드는 사람들은 그 물건의 특징을 사람들의 가슴에 와닿는 표현과 이미지에 담아 전하기 위해서 애를 쓴다. 신문이나 잡지의 책 광고를 보면 책의 특징을 잘 드러내려고 애쓰고 있을 뿐만 아니라, 읽는 사람의 흥미와 호기심을 불러일으켜 읽고 싶은 마음이 들도록 번득이는 아이디어를 동원하고 있다.

책을 읽고 난 뒤에 그 책에 대한 광고를 만들어보는 것도 소감을 정리하는 좋은 방법이 된다. 그것은 독후감을 쓰는 것과 맞먹는 내용 파악력과 집중력을 기울여야 하기 때문이다. 광고의 성과는 물건의 핵심과 특징을 얼마나 정확하고 예리하게 파악해서 전달했느냐와 관계가 깊다. 광고 만드는 요령을 간단하게 설명한 뒤 진행하면 뜻밖의 작품을 만날 수도 있다. 단순히 문안을 만드는 데 그치지 않고, 색이나 그림, 디자인을 활용해서 광고로서의 격을 갖추게 해도 재미있다.

〈예시 34〉 책 광고 문안

도디어,
이야기 꾸러미가 한아름 배달되었습니다.
우리 옛이야기 백 가지!

당신이 이 책을 꼭 읽어야 하는 세 가지 이유!

첫째, 죽이고 깨뜨리는 격렬한 컴퓨터 게임에 익숙한 당신의 가슴에 잔잔한 감동과 구수한 사람 사는 맛을 살려드립니다. 뭔가 부러지고 피가 튀어야 고개를 끄덕이는 당신의 잔인성이 스스로 무섭지 않습니까?

둘째, 무식이 흐르는 그대에게 슬기를 채워줍니다. 한 농부가 수달을 잡으려고 이십 리 길을 쫓았습니다. 이 쫓기던 수달이 어느 집으로 숨었는데 그만 그 집 개가 냉큼 잡아버렸습니다. 이 수달은 쫓던 농부의 것입니까, 아니면 개 주인의 것입니까? 지혜롭게 판단을 내려보십시오. 판단이 안 서는 당신에게 말합니다. "그럼 372쪽을 펴봐!"

셋째, 우리의 할아버지 할머니가 어떤 분인지 알게 해드립니다. 산길을 홀로 가다가 호랑이를 만났습니다. 당신 손에는 작대기 하나밖에 없습니다. 어떡하시겠습니까? 우리의 할머니는 간단하게 물리쳤습니다.

※ 좋은 이야기를 듣고도 남에게 안 전해주는 사람은
이야기 귀신이 잡아갑니다!

우리 반(모둠) 명언 사전 만들기

책을 읽다보면 인생의 진실을 담은 소중한 구절을 만나게 된다. 명작 속의 그 몇 구절이 평생 가슴에 남아 중요한 삶의 순간에 올바른 선택을 하도록 돕기도 한다. 책을 읽을 때는 '아, 바로 이거야!' 하며 감동을 느끼던 부분들도, 책을 덮었을 때는 기억 속에 가물거리다가 결국은 사라지고 만다.

개인 독서 공책을 통해 이런 구절을 놓치지 않고 기록하는 방법이 가장 좋지만, 그 장면과 구절을 학급원이 다 같이 공유하는 기회를 갖는다는 점에서 따로 기록할 수도 있다. 학급 명언 공책을 한 권 갖추고, 책읽기 시간이 끝난 뒤 돌려가면서 자기가 책을 읽으며 메모했던 구절을 옮겨 적는 것이다. 옮겨 적을 때는 어느 책 몇 쪽인지 그 출처를 정확히 밝힌다. 학급 단위가 크다 싶으면 모둠 단위로 축소해도 좋다.

모둠이나 전 학급원이 같은 책을 읽는 경우에 이 명언 공책 쓰기를 하면, 같은 책이라도 어떻게 달리 받아들이는지 비교할 수 있기 때문에 '비평적 효과'를 얻을 수 있다. 자기가 무릎을 치며 읽었던 구절이 누군가에 의해 공책에 먼저 적혀 있을 때는 정서적 동질감을 느끼기도 할 것이다. 언제든 열람할 수 있도록 공개된 장소에 놓아둔다.

독서 퀴즈대회

이 방법은 책읽기의 올바른 목표를 이루는 데 큰 도움이 된다고 볼 수는 없다. 하지만 책읽기에 흥미를 갖게 하고, 책을 통해 무엇을 얻었는지 생각할 기회가 된다는 점에서 유용하다. 모든 학급원이 같은 책을 읽고 있을 때 특히 활용할 만하다. 도서위원이 출제위원이 되어 문제를 내고, 진행 방법은 텔레비전에서 하는 여러 퀴즈 프로그램을 참고하여 모둠별로 지식을 겨루게 한다. 퀴즈대회가 지나치게 시끄럽게 진행된다 싶으면 이를 변용하여 십자말풀이(가로세로 퍼즐)로 진행하면 된다. 이 퍼즐은 출제가 쉽지 않으므로 교사가 주관한다. 책을 꼼꼼하게 읽은 아이가 유리하도록 출제하는 것이 좋다.

차차차, 독서 노래방

모둠이 함께 읽은 책에 대해서 그 내용이나 감상을 담은 노랫말을 지어 기존의 노래에다 맞추어 부르는 것이다. 이때 율동이나 동작을 적절히 배치하면 재미는 두 배가 된다. 상품을 내걸고 옆 반 선생님(혹은 국어 교사나 음악 교사)까지 모시고 와서 심사를 부탁하면 열기가 교실을 더욱 뜨겁게 달굴 것이다. ■

〈예시 35〉 독서 노래방

굳세어라, 몽실아

원작 : 몽실 언니 (권정생 지음) / 원곡 : 사랑으로

(1절)
내가 살아오는 동안에 힘든 일 참 많았었지
사랑하는 엄마 내 곁을 떠나도 나는 원망하지 않아
그러나 아빠 전쟁터 나가셔서 다리 다치셨을 때
엄마가 곁에 계셨다면 조금 덜 힘들었을 텐데
아아 힘들어 울고 싶을 때 어린 동생 난남이 보며
배고플 때도 울고 싶어도 이겨냈었지

(후렴)
아아 영원히 변치 않을 세상의 큰 사랑으로
어두운 곳에 손을 내밀어 밝혀주리라 밝혀주리라

생각의 힘을 키우고 마음의 키자람을 돕는 책

책읽기를 싫어하는 아이도 즐겁게 읽을 책
첫걸음

짱뚱이 시리즈 신영식, 오진희의 고향 이야기 1~5
오진희 지음, 신영식 그림, 파랑새어린이 중1부터

바로 우리 엄마 아빠들이 어렸을 적 모습들 — 1970년대 풍경과 이야기를 담은 생활만화. 학원이다 컴퓨터다 정신 없는 요즘 도시 아이들이 보면 깜짝 놀랄 만한 이야기들이다. 비록 겪어보지는 못했지만 주인공 '짱뚱이'를 통해 어른들의 '그 시절'을 생생하게 느낄 수 있다. 아주 작은 삶의 실마리 하나로 인생의 희노애락을 100% 경험하는 짱뚱이의 엉뚱한 호기심에 절로 낄낄거리게 된다.

얄개전
조흔파 지음, 아이필드 중1부터

이 책은, 책 읽으라면 대뜸 '재미있는' 책부터 찾는 아이들에게 권할 만하다. 낙제를 두 번이나 해서 자기보다 두 살 아래 후배들과 함께 공부하는 16살 중학교 1학년 '나두수'. 얄개 두수가 벌이는 기상천외한 말썽은 돌부처도 움찔할 정도이다. 하지만 건강한 시선으로 두수를 이해해주는 가족과 선생님의 사랑도 가득하다. 1954년 출간 당시 '명랑소설'이라는 별칭까지 얻으며 영화로도 제작되었다. 이 책의 미덕은 무엇보다도 쉽게 읽히는 가운데 건강한 웃음과 사랑을 느낄 수 있다는 점이다.

나 어릴 적에 1, 2, 3
위기철 지음, 이희재 그림, 개나소나 중1부터

6, 70년대 달동네를 무대로 아홉 살 꼬마 여민이가 겪게 되는 세상의 모습. 지금은 아홉 살짜리 아들도 있는 주인공이 달동네 사람들과 함께한 어린 시절을 회상하는 내용이다. 가난했지만 자상하고, 성실한 부모님을 둔 여민이는 달동네 사람들과 이웃하며, 셀렘과 사랑, 두려움이라는 성장의 공기를 들이켜 마음 따뜻한 아이로 자라난다. 만화라 책 읽기에 익숙하지 않은 아이들에게 더욱 추천하고 싶다.

아픔과 성장, 마음속의 방
성장 1

땅에 그리는 무지개
손춘익 지음, 김세현 그림, 창비 중1부터

텔레비전에는 화려하고 부족한 것이 없어 보이는 사람들이 나온다. 돌아보면 나는 늘 속이 빈 듯 배가 고프다. 투정 부리고, 짜증 내고 언제나 해달라고만 조르고 있는 철부지 내 모습. 우리 아버지 어머니는 어린 시절 어떤 꿈을 꾸었을까? 가난의 무게만큼 불행했을까? 마음속엔 어떤 빛깔의 무지개를 꿈꾸었을까? 이 책은 어렵지도 지루하지도 않다. 책읽기를 꺼리는 친구들도 쉽게 우리 아버지와 어머니의 그 시절로 떠나볼 수 있다.

마당을 나온 암탉
황선미 지음, 김환영 그림, 사계절 중1부터

이 책은 단지 알을 낳기 위해서만 존재하는 삶에 대해 회의를 느낀 암탉의 이야기이다. 암탉의 소망은 한 번이라도 알을 품어서 병아리의 탄생을 보고 싶다는 것. 그러나 암탉은 이미 알을 낳을 수 없는 폐계가 되어 버림을 받는다. 결국 암탉은 편안한 마당을 벗어나 험난한 세상으로 나아간다. 자기가 처한 환경을 변화시키고자 하는 사람이나, 자기 인생의 주인이 되고자 하는 사람이 읽으면 좋겠다. 글은 빨리 읽더라도, 덮고 나서는 오래오래 생각하면 좋을 책이다.

싸우는 아이
손창섭 지음, 김호민 그림, 우리교육 중1부터

아무 때나 주먹을 날리고 약한 사람 울리는 그런 싸움꾼 이야기가 아니다. 주인공 창수는 구구절절 싸울 이유가 충분하다. 누나의 월급을 떼어먹으려는 회사 과장님, 신문 값은 커녕 신문마저 못 쓰게 만드는 아저씨, 아이스케키 장사를 방해하는 아이들, 오갈 데 없는 영실이를 부려먹기만 하는 옆집 사람들. 할머니와 누나와 힘들게 살아가는 창수 앞에는 왜 이렇게 싸울 일만 일어나는 것일까? 불의를 참지 못하고, 가난하고 불쌍한 사람들의 손을 잡아주는 우리의 주인공 창수. 50년쯤 전의 이야기지만 바로 오늘을 사는 내이웃 이야기 같다. 읽고 나면 마음이 따뜻해진다. 창수가어떻게 삶의 주인공으로 올곧게 서는지 지켜보자.

겨울방

게리 폴슨 지음, 고광삼 그림, 박향주 옮김, 문학과지성사

중1부터

긴 겨울방학 동안 무엇을 하면 좋을까? 따뜻한 아랫목에엎드려 맘껏 책을 읽거나, 어른들이 들려주는 옛이야기에귀를 기울이는 것은 어떨까? 꼭 그런 기분으로 읽을 수 있는 책이다. 미국 오대호 부근의 한 시골 농장에서 부모님과할아버지와 함께 살아가는 소년의 이야기로, 읽다보면 "그때는 내가 젊었지."라며 쓸쓸한 표정을 짓는 할아버지가생각나서 얘기를 들어주고 싶은 마음이 생긴다. 주인공과함께 어떻게 겨울에서 봄으로 바뀌는지 조금 더 눈을 크게뜨고 찬찬히 살펴보자. 《우리들의 여름》(콘스탄틴 파우스토프스키 지음, 유딘 그림, 서미현 옮김, 소년한길)을 여름방학에 읽고 이 책을 겨울방학 때 읽으면서 자연과 친구했던 경험을 나눌 수 있다.

검은 여우

베치 바이어스 지음, 김우선 그림, 햇살과나무꾼 옮김, 사계절

중1부터

아주 인상 깊은 사건을 겪고 나면, 한참이 지난 후에도 마음속에 매복해 있던 그때 감정이 되살아나 몸을 흔들곤 한다. 이 책의 주인공 톰이 그렇다. 하릴없이 들판과 숲을 헤매다 우연히 검은 여우와 만난 톰. 서로 조용히 지켜보고마음속에 간직하면서 숨길 수 없을 만큼 사랑을 키우는데,그 여우를 지켜줘야 할 일이 벌어진다. 인간의 친구로서의동물과 그 마음을 이해해주는 어른들이, '이해의 힘'이 얼마나 큰 사랑을 낳는지 보여준다. 《시튼 동물기》(어니스트톰슨 시튼 글·그림, 햇살과나무꾼 옮김, 논장), 《늑대의눈》(다니엘 페낙 지음, 문학과지성사)을 좋아하는 사람은《검은 여우》도 꼭 만나보기를 권한다.

선생님의 밥그릇

이청준 지음, 강우현 그림, 다림 중1부터

짧은 소설 다섯 편을 모은 책이다. 선생님에 대한 불신이쌓인 아이들에게는 〈선생님의 밥그릇〉을, 가난을 부끄럽게여기거나 가난 때문에 위축된 아이들에게는 〈별을 기르는아이〉를, 좋아하는 이성 친구에게 자기 마음을 제대로 표현하지 못하고 일부러 괴롭히기만 하는 아이들에게는 〈그가을의 내력〉을, 부모님의 사랑을 거부하거나 부모님을 몹시 실망시켜서 속상하고 한편으로는 위로받고 싶은 아이들에게는 〈나들이 하는 그림〉과 〈어머니를 위한 노래〉를 권해주고 싶다.

국화

김정희 지음, 우종택 그림, 사계절 중1부터

주변을 돌아보면 엄마 아빠 없이 살아가는 아이들이 보인다. 이런 아이들은 또래 아이들보다 훨씬 더 어른스럽다.이 책의 주인공 국화도 그런 아이이다. 아버지는 징용에 끌려가시고 어머니는 돌아가셨지만 버거운 세상살이를 어른스럽게 견뎌낸다. 더부살이를 하는 처지이지만 자기보다더 어려운 바우네를 돕고, 묵묵히 양어머니의 고민을 함께나누고, 마음의 문을 닫고 살던 양할머니의 마음 빗장도 걸어낸다. 남의 고민을 들어주기보다는 자기를 앞세우려는아이에게 귀 기울여 들어주고 진심으로 다른 사람을 배려해주면 어떤 일이 생기는지 알려주는 책이다.

당-나귀 귀

쎄르쥬 뻬레즈 지음, 문병성 그림, 박은영 옮김, 문원 중1부터

난 죽지 않을 테야

쎄르쥬 뻬레즈 지음, 문병성 그림, 김주경 옮김, 문원 중1부터

이별처럼

쎄르쥬 뻬레즈 지음, 김주경 옮김, 문원 중1부터

쎄르쥬 뻬레즈가 쓴 이야기들은 아주 슬프다. 삶을 찬찬히들추어 보여주면서 충격을 전하는 문학의 힘이 실린 작품이다. 이 소설에서 주인공은 학교에서 구박받고 집에서도학대당한다. 어떻게 보면 도무지 살고 싶지 않은 상황이다.

이런 슬픔을 보고 아이들이 세상을 부정적으로 볼까 걱정
도 되지만, 아이들은 오히려 책에 푹 빠져든다. 슬픔에 공
감하는 순간, 자신도 모르게 억눌려 있던 감정이 해방되는
체험을 하게 된다. 책을 읽어도 느낌이 없다고 투덜대는 아
이들이 읽을 책이다.

내 이름은 디니

주디 블룸 지음, 이지연 옮김, 이채　　**중1부터**

주인공 디니는 꿈도 많고 고민도 많은 평범한 열세 살 소녀
이다. 그런데 어느 날 척추측만증 진단을 받고 하루 종일
보정기를 끼고 살게 된다. 사춘기 소녀로서는 정말 견디기
힘든 일이다. 그러나 디니는 끝까지 좌절하지 않고 스스로
의 인내와 친구들의 도움, 그리고 가족들의 따뜻한 보살핌
으로 이러한 과정을 잘 견뎌낸다. 장애나 질병을 가진 아이
들, 자신이 가장 힘든 처지에 놓여 있다고 생각하는 아이들
이 이 책을 읽고 자신의 아픔을 극복할 수 있으면 좋겠다.

나의 라임오렌지나무

바스콘셀로스 지음, 박동원 옮김, 동녘　　**중1부터**

한 아이가 환상과 꿈의 세계라는 껍질을 깨고 고통 가득한
현실로 부화하는 과정을 그려냈다. 이 책의 주인공 제제는
말썽을 일삼는 사고뭉치이지만 자신의 라임오렌지나무와
이야기를 나누며 꿈과 이상의 날개를 펼치는 생각이 깊은
아이다. 제제는 자신을 유일하게 이해해주던 친구 뽀르뚜
가 아저씨의 죽음을 통해, 지독한 성장의 통과의례를 경험
한다. 그리고 분신과도 같았던 라임오렌지나무가 처음 꽃
을 피우던 날, 제제는 자신의 유년 시절에 이별을 고한다.
무기력한 아이들에게 자신을 깨치는 아픔의 의미를 들려주
고 싶을 때 이 책을 권한다.

잃어버린 겨울 방학

이소완 지음, 양상용 그림, 소년한길　　**중1부터**

엄마 아빠의 싸움이 잦아져 엄마는 외갓집으로 내려가버리
고, 그런 엄마가 보고 싶어 혼자 길을 떠나는 영수의 이야
기 〈잃어버린 겨울 방학〉, 아빠에게 받은 시계를 훔쳐간 친

구와의 미묘한 갈등을 담은 〈만우절 연극〉, 돌아가신 할머
니에 대한 추억을 떠올리는 손녀 순영이의 이야기 〈할머니
의 모자〉 등 세 편의 이야기를 담았다. 섬세한 심리 묘사가
뛰어나 아이들 마음의 작은 변화를 살펴볼 수 있다. 요즘
흔히 볼 수 있는 풍경이지만, 그 속에서 아이들이 겪게 될
마음의 상처와 갈등을 느낄 수 있다. 또래들은 어떻게 살아
가는지를 들여다보며 가족과 친구들과의 관계에서 겪는 아
픔을 같이 느낄 수 있는 기회를 주는 책이다.

거미 길들이기를 배운 날

유타 리히터 지음, 남문희 옮김, 이룸　　**중1부터**

이 책의 주인공 메헨은 또래집단의 왕따 라이너의 유일한
친구였다. 하지만 왕따당하는 친구와 관계를 유지하는 것
은 어린 나이에 감당하기에는 무척이나 힘든 일이었다. 결
국 메헨은 다른 친구들과의 관계 유지를 위해 라이너를 무
시하게 된다. 어른이 된 메헨은 그때 일을 회상하며 라이너
를 추억한다. 그러나 메헨에게 남은 것은 '후회'라는 부질
없는 감정뿐이다. 사람들은 모든 것이 지난 뒤에야 깨닫고,
용서받고 싶어하고, 안타까워한다. 다른 사람을 너무 의식
하지 않고 자신의 생각을 펼쳐나간다면 후회하고 안타까워
하는 일이 좀 더 적어질 텐데. 어른이 되어가면서 진정으로
소중한 것이 무엇인지에 대해 생각하게 하는 책이다.

로빙화

중자오정 지음, 김은신 옮김, 양철북　　**중1부터**

시골 초등학교에서 만난, 그림을 잘 그리는 아이와 그의 선
생님 이야기. 선생님은 세상의 타락에 좌절해서 시골로 도
망온 사람이다. 시골 아이들과 함께 생활하던 그는 아이들
을 통해 회복되어가는 자신에게 놀란다. 농사일을 하는 가
난한 집안의 아이는 미술에 뛰어난 재능을 보이지만, 어른
들의 비뚤어진 욕망 때문에 제대로 꽃피지 못하고 시든다.
세상이 원래 야박한 줄 알지만, 그렇게 다 알아도 때로 무
너진다. '그냥 그렇게 사는 거야.'라는 세상 논리가 어떤
상황에서는 가슴을 세게 떼밀고, 그럴 때는 '다 알고 있으
면서 왜 이래.' 하고 스스로 속삭여보지만, 그래도 여러 날

힘이 없을 때가 있다. 이 책은 우리가 살면서 겪는, 겪을 수밖에 없는 좌절을 위로해주는 이야기이다.

아우를 위하여

황석영 지음, 이상권 그림, 다림　**중3부터**

어른들의 어린 시절, 빛바랜 흑백 사진 속 이야기를 읽으면서 그때의 주인공처럼 우리 아이들도 가정과 학교, 사회 속에서 좌충우돌 고민하고 있는 자신을 만난다. 〈아우를 위하여〉는 어떻게 살아갈 것인가의 문제를 교실 안에 풀어놓은 작품이다. 두려움에 맞서기를 바라는 작가의 마음이 읽힌다. 〈지붕 위의 전투〉에서 다룬 소재는 지은이가 쓴 어른을 위한 동화 《모랫말 아이들》에 나온 내용이다. 〈남매〉에서 애틋한 감정을 느낀 아이들이 〈입석 부근〉에서는 주인공의 심리를 따라가지 못할 수도 있겠지만, 중학생이 읽기에 좋은 소설을 만난 기쁨이 있다.

빨간 기와 1, 2

차오원쉬엔 지음, 전수정 옮김, 새움　**중3부터**

아이들의 공감을 얻어낼 만한 이야기가 없어 고민일 때, 책을 싫어하는 아이들에게 책을 조금씩 읽어나가는 재미를 알려주고 싶을 때, 그리고 무엇보다도 교사 자신이 학창 시절 풋풋한 마음을 잠시 동안이라도 되찾고 싶어질 때, 이 책을 읽어보자. 연작 형식의 장편인데, 길이가 부담스럽다면 두어 편만 뽑아 읽혀도 좋다. 특히 마냥 어린애였던 주인공 임빙이 첫사랑의 떨림에 눈뜨는 제6장 〈혁명적 대연계〉, 경쟁자에 대한 열등감으로 괴로워하는 등장인물을 통해 자신을 돌아보게 하는 제9장 〈염색공장 아들〉은, 사춘기 아이들의 여린 감정선을 씨실과 날실로 촘촘하게 엮어놓은 빼어난 성장소설이다.

나의 아름다운 정원

심윤경 지음, 한겨레신문사　**중3부터**

성장을 소재로 한 이야기이면서도 시대 상황이 소설의 배경으로 잘 펼쳐져 있어서, 어른이 읽으면 '그때 그 시절'의 추억을 더듬게 되고, 아이들이 읽으면 그때 우리나라에

무슨 일이 있었는지 묻게 되는 책이다. 어린 시절 미묘하게 느끼던 어머니와 할머니의 고부 갈등, 아버지가 어머니에게 가하던 폭력, 학교 선생님과의 기분 좋은 추억과 괴로운 기억 등 어린아이의 눈에 비치는 세상살이에 책 읽는 사람은 자기가 속한 세상을 되돌아보게 된다. 특히, 사색적인 문체가 사람을 잡아끄는 매력이 있다. 추억에 잠기고 싶은 사람, 세상일을 잔잔하게 사색하고 싶은 사람에게 읽어보라고 권한다. 반대로, 기운이 넘쳐서 마냥 날뛰는 아이에게 권해도 좋겠다.

성장 2　안에서 밖으로, 세상과 만나다

태양의 아이

하이타니 겐지로 지음, 오석윤 옮김, 양철북　**중2부터**

장애가 있다고, 여자라고, 피부색이 다르다고, 특정 지역 출신이라고 손가락질받는 일은 무척 억울한 일이다. 그런데 우리 주위에는 아직도 이런 종류의 차별이 너무나 많다. 이 책의 주인공 후짱은 오키나와 출신이라는 것 때문에 평생 차별당하고 상처받은 부모님과 이웃들에 둘러싸여 사는 아이다. 그렇지만, 그들은 그 상처 때문에 일그러지지 않는다. 엄마, 아빠, 이웃들이 품고 있는 사랑과 그 사랑의 원천인 오키나와의 역사에 대해 알아가는 어린 후짱의 성장이 늠름해 보인다. 아이들도 이런 후짱을 따라가다보면 자연스럽게 전쟁의 상처, 사회적 차별, 그리고 그 모든 것을 딛고 서게 하는 인간에 대한 사랑의 힘 같은 무거운 주제에 대해 가슴 깊이 생각하게 된다. 자신과 사회의 모습에 이제 막 눈을 돌리기 시작한 아이들에게 좋다.

희망 상, 하

양귀자 지음, 살림　**중3부터**

재수생이 바라본 세상 이야기다. 학생운동을 한 형, 아내를 자살하게 한 사기꾼을 쫓는 남자, 고문으로 인간성을 파괴

하는 형사, 화려한 네온사인에 눈멀어 인생을 망치는 누나 등, 제각각의 방식으로 세상을 살아가는 여러 사람들의 사연을 섬세하게 그리고 있다. 분명히 비극이지만, 그런 일은 흔하다는 이유만으로 지나쳐버리는 무감각을 다시 일깨운다. '인생'이란 말을 어렴풋이 짐작하기 시작하는 청소년이 읽으면, 세상살이에 대해 사색하게 된다.

처절한 정원

미셸 깽 지음, 이인숙 옮김, 문학세계사　**중2부터**

액자소설 형식으로 가족사의 숨겨진 비밀을 풀어가면서 나치의 반인륜적 범죄와 범죄 속에 가려진 인간성을 들춰내는 책. 어릿광대로 사는 아버지를 증오하던 아들은 아버지가 2차 대전 당시 레지스탕스였다는 사실을 알게 된 뒤 아버지를 이해하게 된다. 여기에는 실제 사건이었던 모리스 파퐁의 재판이 교묘하게 얽혀 있다. 두껍지 않아서 금방 읽어내릴 것 같지만 책장이 쉽게 넘어가지 않는다. 시처럼 곱씹으며 인간의 존엄성과 삶의 의미에 대해 헤아리게 된다. 이 책은 삶에 의욕이 없는 학생들이 읽으면 좋다.

양철지붕 위에 사는 새

김한수 지음, 문학동네　**중3부터**

IMF가 지나갔지만 이 땅에 사는 힘없고 빽 없는 사람들에게는 지금도 별반 다를 바 없는 팍팍한 시절이다. 이 책에 담긴 단편들은 2000년대판 〈운수 좋은 날〉이라고 해도 좋을 그런 이야기들이다. 현장감 있는 이야기들이 하나같이 가슴 아프다. 그래서 이 책을 읽은 아이들은 우리 현실, 세상과 관련지어서 이런 얘기 저런 얘기를 술술 풀어낸다. 노동소설로 《난장이가 쏘아올린 작은 공》(조세희 지음, 이성과힘)을 내세우지만, 솔직히 '평균'의 아이들에게는 어려운 편이다.

도련님

나쓰메 소세키 지음, 육후연 옮김, 인디북　**중2부터**

사람들은 제각각 다른 방식으로 세상을 살아간다. 어떤 사람은 현실과 타협하고, 어떤 사람은 모순된 현실을 바로잡고자 노력한다. 이 책에는 이런 다양한 사람들이 등장한다. 겉과 속이 다른 이중인격자 빨강 셔츠 교감, 이런 교감을 추종하며 그에 부응해주는 미술 교사 알랑쇠, 여기에 맞서는 정의파 수학 주임 교사 멧돼지, 그 사이에서 자신의 안위만을 생각하는 교장, 착하디 착한 영어 교사 끝물, 그리고 세상 물정을 잘 모르는 고집불통 주인공 도련님. 스스로 의리파라 자칭하는 녀석들과 이 책을 읽으면서 정의가 외면당하는 세태를 바로잡기 위해서는 어떤 일을 해야 하는지 함께 생각해보자.

성장
3 **모험을 통해서 깨우친 진실**

손도끼

게리 폴슨 지음, 김민석 옮김, 사계절　**중1부터**

이혼한 부모 사이를 오가며 생활하는 13세 브라이언이 뜻밖의 비행기 사고로 어딘지 모르는 삼림에 떨어지면서 겪게 되는 모험 이야기이다. 모든 것이 마련된 현대도시의 삶에서 벗어나 스스로 살아남는 법을 터득해가는 사이에 어느새 훌쩍 성숙해지는 십대의 모습을 볼 수 있다. 답답해서 어디론가 벗어나고 싶어하는 아이나, 무엇인가 새로운 것을 추구하고 싶어하는 아이들에게 안성맞춤이다. 디포의 소설 《로빈슨 크루소》, 과학서 《로빈슨 크루소 따라잡기》, 잭 먼로의 실화집 《기적처럼 살아남은 사람들》 등과 같은 '재난'을 극복하는 내용이다. 장르가 다른 이 책들과 함께 서로 비교하며 읽어도 좋겠다. 톰 행크스의 〈캐스트 어웨이〉 같은 영화와 함께 봐도 재미있다.

희망의 섬 78번지

우리 오를레브 지음, 유혜경 옮김, 비룡소　**중1부터**

유태인은 우리에게 두 가지 모습이다. 아우슈비츠 수용소로 끌려간, 책 《안네의 일기》와 영화 〈인생은 아름다워〉에 나오는, 말 그대로 참혹한 유태인들. 그리고 현대사에서 미국과 궁합을 맞춰서 아랍인과 전쟁을 벌이는 신흥부호세력이 된 유태인들. 참혹과 오만 사이에 있는 그들은 어떻게 같고 다른가? 이 책을 아이들에게 권하면서 박해받은 측면만을 부풀리는 입장에 박수를 보내는 것이 아닌가 싶어 선뜻 내키지 않았다. 그러나 무엇보다도 이 책은 폴란드 유태인 게토 지역에서 아버지를 기다리며 서너 달을 은신처에서 지낸 소년의 '성장'을 담은 소설이다. 사물을 자세히 관찰할 줄 알며, 나이에 비해서 생각이 깊은, 흘려들은 이야기를 가슴에 담아두고 지침으로 삼으며 두려움을 극복하고 희망을 만드는 소년이 나온다. 인간을 지켜주는 것은 무엇일까? 삶의 희망을 놓지 않는 것, 희망이 생겼으면 아무리 어려운 상황에서도 그것을 믿는 것. 이 책에서 알렉스는 우리에게 그 말을 대신 전하고 있다. 그리고 이 책을 읽고 작가가 궁금한 친구들은 작가의 또 다른 책《그림자 동물》(비룡소)을 찾아 읽으면 좋겠다.

별을 헤아리며

로이스 로리 지음, 서남희 옮김, 양철북　**중1부터**

《안네의 일기》는 나치의 유태인 학살에 관한 고전으로 꼽히지만, 중학교 아이들은 책이 두꺼워서 잘 읽어내지 못한다. 이럴 때 같은 제재를 다룬 이 책을 권해보자. 나치가 점령한 조국에서 유태인 친구를 탈출시키기 위해 나서는 안네마리의 이야기를 아이들은 술술 읽어내려 간다. 또, 다 읽고는 친구를 위해, 정의를 위해, 용기 있게 행동하는 안네마리에게 얼마나 감동받았는지를 열심히 이야기한다. 거대한 폭력에 맞서려는 평범한 사람들이 맞닥뜨린 두려움과 그것을 딛고 나아가는 용기와 지혜를 따라가보자.

야수의 도시

이사벨 아옌데 지음, 우석균 옮김, 비룡소　**중2부터**

표지에 그려진, 마음을 꿰뚫을 듯한 눈빛을 가진 재규어와 독수리를 보고 있으면 내 안의 영혼이 그들에게 불려나갈 것 같다. 눈길을 끄는 표지를 보고 빌려가기 시작한 책은 학교 도서실에서 판타지만 찾는 아이들도 곧잘 읽는 책이 되었다. 그러나 이 책을 주인공의 모험을 다룬 성장소설이

라고만 하기에는 왠지 허전하다. 할머니에게 맡겨진 소년이 아마존 밀림 지대에 있는 '야수'를 찾기 위해 숲에서 지내며 만난 인간 군상들의 면면과 숲에 사는 안개족의 진실, 그리고 소년과 소녀가 선택한 소설의 결말은 문명과 야만의 의미를 곱씹어보게 한다.

관계　가족이 주는 상처와 위안

너도 하늘말나리야

이금이 지음, 송진헌 그림, 푸른책들　**중1부터**

장편동화로, 쉬우면서도 감동이 있다. 사연 없는 가슴이 어디 있으랴마는, 이 책은 가정에 '사연'이 있는 주인공이 어려움을 극복해가는 과정을 호소력 있게 그려내고 있다. 아이들은 책을 읽으면서 각각의 인물들에 어이없어하기도 하고, 박수를 보내기도 하면서 자신에 대해 생각해본다. 중학교 수준에서 밑줄 그을 말들이 많은 책이다. 자신이 불행하다고 생각하는 아이나 부모님을 미워하는 아이들이 이 책을 읽으면, 마음이 순해지고 가족에 대한 희망을 그려보게 된다. '하늘말나리'는 주황색 나리꽃으로, 하늘(희망)을 향해 핀다. 이 책을 읽은 아이들 4명 가운데 3명이 '나도 하늘말나리다.'라는 표현을 쓰는 이유는 뭘까?

ᅰ 친구에게 생긴 일

미라 로베 지음, 박해선 그림, 김세은 옮김, 크레용하우스

중1부터

체육복을 갈아입는 탈의실에서 율리아는 우연히 같은 반 친구 하인리히의 등에 매맞은 자국이 있는 것을 본다. 율리아는 이 사실을 주변 사람들에게 알리고 도와달라고 하지만, 모두들 이 사건에 끼어들기를 꺼려한다. 그러나 율리아는 포기하지 않고 하인리히에게 계속 관심을 보이고 도와주려 애쓴다. 결국 자신의 처지를 숨기려고만 하던 하인리히도 율리아에게 마음의 문을 연다. 이 책은 아이들에게는

어려운 이웃을 도와주라고 말하면서, 정작 간절히 도움을 청하는 이웃 앞에서는 손익을 계산하며 뒷짐을 지는 어른들의 위선을 꼬집는다. 학대받는 친구의 문제를 해결해가는 율리아를 보면서 우리가 불의 앞에서 정말 해야 할 일이 무엇인지 생각하게 된다.

한나의 선물

머라이어 하우스덴 지음, 김라합 옮김, 해냄 **중1부터**

책장이 쉽게 넘어가서 아이들이 읽기에 좋다. 산다는 것에 대해서도 차분히 생각할 시간을 주는 책이다. 죽어가는 아이를 옆에서 지켜보며 느낀 절절한 마음을 진솔하게 표현했다. 죽음을 대면하는 가족의 슬프고도 솔직한 이야기를 읽다보면 가슴속이 따뜻하게 부풀어오른다. 긴 방학 한 귀퉁이를 잘라 이 책과 함께한 아이는 한층 성숙한 모습으로 새 학년을 맞이할 것이다.

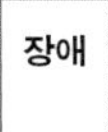

사람으로 만나자

햇볕 따뜻한 집

조은 지음, 신혜원 그림, 창비 **중1부터**

이 책에 나오는 동희네 가족이 장애아인 솔이를 만나서 함께 살다가 끝내 헤어지게 되는 과정을 보다보면 '이렇게 착한 사람들이 어디 있어?' 하는 심통이 나다가도 한편으로는 부끄러운 마음이 든다. 고아가 된 솔이를 치료하기 위해 동희네 엄마가 파출부까지 나가지만, 파출부 나가는 부잣집에서는 자신의 아이도 장애아라면서 구박하고 멀리한다. 각박해져가는 우리의 마음을 돌아보게 하고, 아이들에게 따뜻하고 고운 마음을 심어주는 책이다.

우리 누나

오카 슈조 지음, 카미야 신 그림, 김난주 옮김, 웅진닷컴 **중1부터**

고집스럽게 장애 문제에 천착하는 작가의 단편들은 하나같이 묵직하다. 다운증후군을 앓고 있는 누나를 둔 동생, 장애인 친구에게 거짓말을 하고 갈등을 겪는 아이, 뭐라 항변할 수 없는 상황에서 묵묵하게 이사를 가야 했던 친구, 주변 사람들의 시선 때문에 결혼식에 참석할 수 없었던 아이의 이야기까지, 이 단편집에 실린 여섯 편의 글은 장애를 안고 살아가는 인물과 그 주변 사람들의 마음을 다루고 있다. 잘잘못을 가릴 수 없는 상황 속에서 겪는 등장인물들의 갈등은 장애인에 대한 교과서적인 주장이 현실과 얼마나 동떨어져 있는지 섬세하게 짚어준다. 책장을 덮고 어떤 동화가 가장 마음에 와닿는지 아이들과 함께 이야기해보자.

손가락 끝으로 꿈꾸는 우주인

후쿠시마 사토시 지음, 은미경 옮김, 중심 **중3부터**

지은이는 볼 수도 들을 수도 없는, 보통 사람으로서는 상상하기 힘든 삶을 살아간다. 외롭고 힘들 때도 많지만, 웃음을 잃지 않고 끊임없이 세상과의 접속을 시도한다. 이 책을 읽고 난 아이들이 시청각장애에 대해 이해하고 관심을 갖게 되면 가장 바람직하겠지만, 평범한 것에 대해 새삼 감사하는 마음을 느낄 수만 있어도 좋겠다. 아니 사토시의 밝고 적극적인 삶의 자세에 '감염'될 수만 있어도 멋진 일이라고 생각한다.

우리들 이야기를 만나다

점

피터 레이놀즈 글·그림, 김지효 옮김, 문학동네 **중1부터**

미술 시간에 그림을 그리기 힘들어하는 베티는 선생님 덕분에 내면에 숨겨진 예술적 재능을 꽃피우게 된다. 베티는 자신이 받은 선생님의 사랑과 격려를 또 다른 '베티'가 될 어린이에게 전해준다. 아주 간명한 이야기이지만 절제된 대사와 탄탄한 전개, 사랑스러운 삽화들이 놀랄 만큼 훈훈한 감동을 준다. 진정한 자신을 찾는 일이 가장 아름다운 삶의 예술이라는 점을 다시 확인시켜 주는 책. 자신이 변변치 못하다고 열등감에 빠진 아이들, 학교교육에 상처 입은 아이들에게 권한다. 아울러 가르치는 일이란 무엇인가, 어떻게 가르쳐야 하는가 고민하는 교사와 학부모들과도 함께 보고 싶다.

모래밭 아이들

하이타니 겐지로 지음, 햇살과나무꾼 옮김, 양철북　　**중3부터**

수행평가로 독후감을 제출하게 했을 때 이 책에 대한 아이들의 반응은 과히 폭발적이었다. 담임 선생님 혹은 교감 선생님에게 권해주고 싶은 책이라고 이야기하는 아이들의 모습은 아이들이 바라는 교사의 모습을 다시 한 번 생각해보게 했다. 이 책의 주인공 구즈하라 준은 정식 교사가 아닌 임시 교사이다. 그는 아이들을 선입견이 아닌, 솔직한 마음으로 대한다. 교육이란 무엇인가에 대해 한번쯤 고민해본 사람에게, 참된 교사를 만나고 싶은 아이들에게 이 책을 권한다.

나는 선생님이 좋아요

하이타니 겐지로 지음, 햇살과나뭇꾼 옮김, 양철북　　**중2부터**

주인공 데쓰조는 파리 외에는 세상에 관심이 없다. 친구도 없고, 학교에서도 늘 겉도는 데쓰조를 맡게 된 고다니 선생님은 데쓰조의 마음을 열기 위해 노력한다. 문제아였던 데쓰조는 고다니 선생님의 도움으로 자신감을 가지고, 자신의 가능성을 소중하게 여기게 된다. 일본 초등학교를 배경으로 펼쳐지는 이 글은 살벌한 경쟁이 거대한 모래 바람처럼 덮치는 이 세상에서 "그게 아니에요."라고 또박또박 이야기한다. 시원한 샘물 같은 이들을 만나고 나면 불안한 마음이 가라앉고 평화로워진다.

사랑으로 매긴 성적표

이상석 지음, 자인　　**중1부터**

교사가 쓴 교육일기이다. 자신이 겪은 일, 만난 아이들, 문제가 된 상황 등이 나와 있다. 속이 훤히 들여다보이는 뻔한 모범 사례를 설교하는 책이 아니라, 자신이 저지른 잘못

이나 학생과 부딪친 갈등을 숨김없이 고백한다. 그래서 이야기를 읽는 맛이 있다. 꼭 어렸을 때 할머니 무릎에 앉아서 듣는 옛날 이야기 같고, 조금 더 자라서 술자리에서 얻어듣는 선배의 인생 이야기 같다.

서른일곱 명의 애인

김은형 지음, 즐거운학교　　**중1부터**

자기 사는 이야기를 만나면 누구나 즐거워한다. 아이들이 학교와 관련된 이야기를 들으면 좋아하는 것도 이 때문이다. 중학교 교사인 지은이가 아이들과 티격태격, 아웅다웅하는 모습이 생생해서, 한 장 두 장 책장을 넘기다보면, 그냥 책에 푹 빠져든다. 나이가 어려도 다 제 생각이 있는 법. 이 책에 담긴 중학교 아이들의 학교생활 이야기는, 아이든 어른이든 자기 삶의 현재 모습에 대해 생각할 계기를 준다.

선생님 이 옷 입고 오페라 가세요

임정아 지음, 김복태 그림, 사람의향기　　**중2부터**

아이들에게 꿈을 가지고 학교를 오게 하려는 욕심이 있다면 이 책을 권해주자. 우리 사회에는 자기를 망친 학교, 몹쓸 선생만 있는 게 아니고 이처럼 기댈 만한 선생님과 학교도 있다는 걸 알려주어야 한다. 우리 아이들이 이사 간 선생님 집에서 목숨을 걸고 첫 밤을 혼자 보내는 문조 같은 아이가 되고 싶도록, 선생님이 간직하고 있는 진심을 이 책을 통해 보여주어야 한다. 이 책을 읽는 아이는 그런 교사의 마음을 읽어낼 수 있을 것이라 믿는다.

삶이 빛날 때

ET 할아버지와 두밀리 자연학교

채규철 지음, 소나무　　**중1부터**

마음에 품고 따를 만한 사람이 있는지? 초등학교 때 읽은 위인전은 중·고등학생만 되어도 읽지 않는다. 생생하게

다가오지 않기 때문이다. 그러나 정말 아름다운 사람, 존경하고 싶은 사람이 없는가? 이 책은 경기도 가평의 두밀리 자연학교의 교장 선생님, 아이들이 ET할아버지라 부르는 채규철 선생님을 소개한다. 화상으로 문드러진 얼굴 가득 해맑은 웃음을 짓고 자연과 하나 되는 교육을 주창하는 할아버지 선생님. 그분이 살아온 내력 앞에 절로 고개가 숙여진다.

중국견문록

한비야 지음, 푸른숲　중1부터

《바람의 딸》 시리즈로 이미 충분히 유명한 지은이의 책을 다시 권하는 이유는 그녀의 진정성에 감동했기 때문이다. 삶을 대하는 자세, 늦깎이로 중국어를 배우는 사람의 애환, 그 안에서 만난 사람들에 대한 애정이 즐겁게 읽힌다. 곱씹을 만한 문장이나 천천히 음미할 구절이 없어 아쉽다는 사람도 있지만, 아이들은 이 책을 읽으며 삶의 모델로 바람의 딸을 꼽곤 한다. 한류 열풍이 아니라 가능성의 대륙인 중국에 대해 차분히 생각하거나, 그저 한비야의 인간적인 매력에 끌려도 좋다.

못난 것도 힘이 된다 1, 2

이상석 지음, 박재동 그림, 자인　중2부터

가출하고 술 마시며 방황했던 '못난' 과거를 그대로 드러낸 선생님이 있다. 그의 유년 시절과 청소년 시절을 들여다보면, 언뜻 반어법으로 보이는 이 책의 제목을 이해하게 된다. 굳이 자신의 과거를 돌아보며 소위 '불량한' 학생들을 이끄는 교사가 되지 않았다 할지라도 그의 방황과 고민은 삶에 값진 밑거름이 되었을 것이다. 학교에서 잔뜩 주눅 들어 있는 아이들이 웃으면서 이 책을 읽고, 학교나 교사에 대해 지니고 있는 막연한 불안(?)을 씻어버릴 수 있으면 좋겠다.

밥짓는 시인, 퍼주는 사랑

최일도 지음, 동아일보사　중3부터

봉사란 점수를 채우기 위해 필요한 것이 아니다. 남을 사랑하고 베푸는 마음으로 봉사를 해야 자신의 삶도 변화한다. 이 책은 봉사하는 삶을 쓴 글이다. 1편은 한 순수한 신학도가 개신교와 카톨릭의 편견을 깨고 수녀를 만나서 결혼하게 되기까지의 사연을 담았다. 남녀 간의 뜨거운 사랑과 함께 종교 간의 화해까지 느낄 수 있다. 2편에서는 588로 유명한 청량리 근처에 다일공동체를 설립하여 창녀, 노숙자와 함께하는 생활을 소개했다. 청소년기에 어떤 세상을 접하느냐에 따라 삶이 달라질 수도 있다. 어떻게 살아야 할까 고민하는 아이들에게 이 책을 권하고 싶다.

내 생애 단 한 번

장영희 지음, 샘터　중3부터

우리말만큼 영어를 잘 다루는 서강대 장영희 교수의 수필집. 지은이는 어려서부터 다리가 불편해 곱지 않은 시선을 받으며 자랐다. 초등학교 6학년 때 중학교에 가지 못할까 봐, 그러면 자기 인생이 끝날까 봐 필사적으로 시험 준비를 했다고 한다. 영문학자인 아버지의 영향으로 영문학도의 길을 걸으면서 학생들과 함께 생활하며 배우는 삶을 사는 지은이는 작은 일 하나에서도 꼼꼼하게 삶을 돌아보는 겸손한 사람이다. 자신이 장애를 갖고 있기에 다른 사람의 아픔을 깊게 들여다볼 줄 아는 사람이다. 자기 자신만 생각하고 남을 생각하지 못하는 아이들이 읽으면 좋을, 삶의 깊이가 느껴지는 책이다.

참꽃 피는 마을

임의진 지음, 이레　중3부터

시골에 사는 사람들의 잔잔한 이야기들, 따스한 가슴들이 이뤄내는 삶의 이야기들을 엮은 책이다. 시골 마을에 사는 목사님과 이웃 사람들이 가슴 아픈 삶을 서로 보듬고 감싸주며 사는 모습에 진한 삶의 냄새가 배어 있다. 이 책은 삭막한 도시에 사는 아이들에게 시골의 푸근한 정서와 걸쭉한 사투리의 맛을 느끼게 해준다. 여름방학 때 주변에 어디 '참꽃 피는 마을'이 없나 둘러보고 싶은, 그래서 그곳 사람들을 찾아가서 만나보고 싶은, '참사람'을 생각하게 하는 수필집이다.

나무처럼 산처럼

이오덕 지음, 산처럼 **중3부터**

아이들에게 자연과 더불어 사는 인간의 삶을 가르치며 평생을 살아온 지은이의 신변 이야기를 담은 책이다. 이론보다는 실천으로 후진들에게 본보기가 되고자 하는 분의 이야기이기도 하다. 자연과 더불어 사는 삶의 의미를 모르는 신세대들에게 경험을 곱씹으면서 들려주는 산과 나무, 풀의 이야기가 전자파에 노출된 채 기계하고만 교류하는 우리 아이들에게는 얼마나 귀하고 권할 만한 책인지……. 가을에 즐겨 먹는 감에 대하여 우리는 얼마나 알고 있는가? 감나무의 사계를 시시콜콜 전해주는 푸근한 할아버지의 이야기에서 잊혀져 가는 고향을 찾도록, 우리 아이들에게 읽히고 싶다.

나는 달린다

요쉬카 피셔 지음, 선주성 옮김, 궁리 **중3부터**

독일 외무장관인 지은이가 달리기를 통해 몸무게를 무려 37킬로그램이나 줄인 이야기다. 50세가 넘은 피셔는 전 세계에서 가장 바쁜 사람 가운데 한 명이면서도 의지와 인내를 바탕으로 훌륭하게 자신을 개혁하는 모습을 보여 준다. 그 안에는 인간 존재에 대한 깊은 사색이 담겨 있다. 여름날 너무 덥다고 짜증만 내는 아이들, 끈기 있게 몰두하지 못하는 아이들에게 추천한다. 아, 그리고 학교 체육에 지쳐 달리기라면 지긋지긋하다고 생각하는 학부모에게도 추천한다.

그리운 것들은 산 뒤에 있다

김용택 지음, 창비 **중3부터**

섬진강 가까이에서 농사를 짓고 사는 사람들 이야기다. 시골 마을 사람들이 사는 모습이 정겨우면서 생생하다. 인터넷과 컴퓨터 게임이 없으면 못 사는 도시 아이들은 그런 시골 마을이 따분하고 시시하리라 생각할지 모르지만, 그곳에는 그곳 나름의 생생한 삶의 기운이 있다. 도시 문명에서 자란 아이들에게 자기 경험과 다른 낯선 세계를 체험할 수 있게 한다.

환경 ## 우리는 좀 더 겸손해져야 한다

마지막 거인

프랑수아 플라스 글 · 그림, 윤정임 옮김, 디자인하우스 **중1부터**

누구나 편하게 읽을 수 있는 그림책이다. 주인공은 험난한 모험을 통해서 신비한 존재인 거인을 발견한다. 그들은 자연과 함께 호흡하는 생명체이다. 그런데 그들의 존재가 인간 세계에 알려지면서 거인의 발자취는 사라진다. "침묵을 지킬 수는 없었니?"라고 죽기 직전에 거인이 던진 말이 애절하게 들린다. 서평을 쓴 최재천 교수는 "자연에게 길은 곧 죽음이다."라고 한다. 이 책의 주제를 간명하게 드러내는 문장이다. 아이들에게 자연을 보호하는 방법을 가르치면서 이론이 아니라 편한 이야기로 전해주고 싶을 때, 이 책을 권하고 싶다.

씨앗을 지키는 사람들

안미란 지음, 윤정주 그림, 창비 **중1부터**

우리나라 농부는 쑥갓을 키울 수는 있지만 쑥갓에서 씨를 받을 수는 없다. 씨앗은 사서 써야 한다. 쑥갓 씨앗은, 쑥갓의 유전자 정보를 밝혀 특허를 따낸 회사의 것이다. 개인이 씨앗을 받으면, 그것은 이 회사의 지적재산권을 침해하는 일이 된다. 더구나 회사는 자기네가 개발한 농약에만 씨앗이 살아남도록 유전자를 조작했다. 씨앗과 함께 농약까지 파는 것이다. 농약에 땅이 더러워져도, 사람들은 이 회사의 농약에 매달릴 수밖에 없다. 외국의 큰 종자회사가 우리나라의 작은 종자회사들을 사들인다는 뉴스를 듣고, 이러다가 우리 땅에 맞는 씨앗이 점점 사라지지 않을까 불안해진다. 이 책은 이 땅을 살리고 이 땅의 사람도 살리려는 사람들에 대한 이야기다.

내 영혼이 따뜻했던 날들

포리스트 카터 지음, 조경숙 옮김, 아름드리미디어 **중2부터**

인디언의 삶과 문화에 대한 책은 많은데, 이 책은 그들의 위대한 유산을 소설의 형식에 담았다. 따분하겠다는 선입견을 가지지 않도록. 갑작스런 사고로 부모를 잃은 '작은나무'가 자연과 더불어 인디언의 삶을 지키고 있는 조부모에게로 가는 데서 소설은 시작된다. 그 세 사람의 숲 속 삶을 따라가다보면 따뜻하고 맑은 대지의 영혼들을 만날 수 있다. 단순하지만 지혜롭게 살아가는 인디언의 모습은 지금의 우리 모습을 되돌아보게 한다.

인디언 숲으로 가다

오이예사 지음, 장성희 옮김, 지식의풍경　**중2부터**

이 책은 이름 하나에도 의미를 부여하고 자연을 친구로 삼은 어느 인디언의 어린 시절 이야기이다. 어린 시절 지혜로운 어른들 아래서 야생의 삶을 보내고 미국 사회로 편입한의사 '오이예사'가 자신의 아들에게 인디언 고유의 삶의방식을 알려주기 위하여 썼다고 한다. 놀이와 경주로 하루가 저물고, 눈 위에서 버팔로를 쫓으며 보냈던 어린 시절,할머니로부터 질문과 토론을 통해 새로운 지식을 배우고,체험으로 세상을 알아갔던 그들의 이야기를 읽으면서 다시'문명'과 '야만'을 생각했다.

이 책을 읽으면서 《내 영혼이 따뜻했던 날들》에 나오는'작은 나무'의 할머니가 생각났다. 젊음만이 최고선이며,나이가 드는 것을 한 고비 꺾이는 것으로 생각하는 요즘,이 책은 다르게 살 것을 권한다. 이 책이 어렵게 느껴지면《시튼 동물기》나 《우리들의 여름》을 권한다.

삽 한 자루 달랑 들고

장진영 글·그림, 내일을여는책　**중2부터**

이 만화는 농촌에 뿌리 박아가는 한 도시인의 생활을 바탕으로 한다. 그림은 세련되지 않지만 푸근하고 정겨우면서여운이 있다. 연고도 없는 강화도에 내려가 농사짓고 산다는 게 속없는 사람들이 생각하는 것처럼 그리 낭만적인 일은 아니다. 요즘 '느리게 살자.'는 말을 자주 듣는다. 삶의기준 자체를 바꾸는 것, 더 단순해짐으로써 더 평화로워지고 더 치열해지자는 이야기일 것이다. 하지만 그 길이 결코평탄치만은 않다.

울지 않는 늑대

팔리 모왓 지음, 이한중 옮김, 돌베개　**중2부터**

이 책은 자연학자인 지은이가 캐나다에서 늑대와 순록을연구하며 보낸 경험을 바탕으로 썼다. 늑대는 다른 종에게위협을 주지 않는다는 지은이의 생각이 소설처럼 흥미진진하게 이어지면서, 인간과 늑대가 맺은 관계에 대해 준엄하게 묻는다. 야생늑대의 멸종으로 끝나는 결말 때문에 가슴이 쓸쓸한 사람은 꼭 《늑대의 눈》을 찾아서 읽기 바란다.인간과 늑대의 교감을 그리고 있는 이 동화책의 결말은 얼마나 따뜻하고 신나는지……. 우리나라의 야생동물에 대해서 더 알고 싶은 사람에게는 《사라져가는 한국의 야생동물을 찾아서》(김연수 글·사진, 당대)를 권한다.

회색곰 왑의 삶

어니스트 톰슨 시튼 지음, 장석봉 옮김, 지호　**중2부터**

텔레비전에서는 온통 애완동물을 데리고 노는 프로그램이판을 치고, 야생동물은 멸종되어가고 있다. 장엄하게 일생을 보내고, 장렬하게 최후를 맞이하며, 부모 노릇을 훌륭하게 해낸 동물들의 삶은 인간들의 삶의 결핍과 오만을 조용히 지적한다. 지구의 주인은 인간이 아니라는 것, 인간의덕목이라고 생각했던 용기와 의지, 가족애와 책임감, 고독과 쓸쓸함은 오직 인간의 것만이 아니라고 한다. 이 책을환경 혹은 자연과학 영역으로 분류하기 전에, 이 책이 담고있는 생명과 삶의 메시지를 많은 사람과 나누고 싶다.

시와 소설을 읽는 시간

탄광마을 아이들

임길택 지음, 실천문학사　**중1부터**

강원도 탄광마을 작은 학교에서 초등학생을 가르치는 교사가 함께 생활하던 아이들을 그린 시집이다. 가난하고, 힘겹고, 때로는 위험한 탄광마을 생활이 아이들의 모습을 통해

비쳐진다. 쉽고 편안한 시들이다. 시를 어려워하는 학생이라면 읽어볼 만하다. 일찍부터 관념의 세계에 빠져서 어지러워하는 학생이나, 입시 경쟁에 목매달고 있는 학생이나, 자극적인 상업문화로 눈빛에 허영심이 스민 학생에게 좋은 약이 되는 시집이다. 진정한 순수란 하얗게 삶을 표백하는 게 아니라 자기 삶의 색깔을 소중하게 감싸안는 것이다.

아내에게 미안하다

서정홍 지음, 실천문학사 　중2부터

아이들은 '시'라고 하면, '저 높은 곳'에서 울리는, 자기들과 상관없는 소리, 또는 늘 사랑 타령만 하는 달콤한 목소리라고 여긴다. 이런 아이들이 이 시집을 읽으면서, 시가 뭐 이러냐고 툴툴댄다. 하지만 조금 있다보면, 아이들은 손에서 책을 놓지 않는다. 시인은 노동자로 일하며 살아가는 삶을 특별하게 꾸미지 않고 소박하게 적었는데, 아이들이 참 좋아한다.

정민 선생님이 들려주는 한시 이야기

정민 지음, 보림 　중2부터

대학에서 국문학을 가르치는 지은이가 초등학생 아들에게 시를 바르게 이해하는 길을 알려주는 책이다. 대부분의 아이들이 압축된 형식과 함축적 의미라는 시 고유의 특징 때문에 시를 어렵게 생각한다. 더구나 어려운 '한시' 이야기라니! 하지만 이 책은 한시를 통해서 사물을 바라보고 자기의 생각을 표현하는 방법과 시를 이해하고 감상하는 방법 따위를 소개한다. 특히 매끄럽게 번역된 40여 편의 한시와 그 배경에 대한 자상한 소개, 그리고 한시 원문과 책 속의 인물들을 소개한 별책은 '시'에 대한 이해를 돕는다. '시'에 대해 관심 있는 학생이면 꼭 읽어볼 책이다.

고전소설 속 역사여행

신병주 · 노대환 지음, 돌베개 　중3부터

〈전우치전〉에서는 당시 민중들의 꿈과 희망을, 〈홍길동전〉에서는 당시 사회의 벽과 개혁사상가 '허균'의 꿈을, 〈허생전〉에서는 조선시대 경제의 허와 실 등을 읽어내는 이 책

은, 고전문학 작품(소설 14편, 수필 2편)을 통해 조선 중·후기 사람들의 삶과 정치, 경제, 사회, 문화 전반의 모습을 살피고 있다. 특히 각 장의 끄트머리마다 붙어 있는 짤막한 읽을거리는 조선시대를 이해하는 또 다른 재미를 준다. 역사에 관심 있는 아이에게는 물론이고, 수업 중에 우리 고전문학에 대한 동기를 유발하는 데도 적절히 쓸 수 있다.

손가락에 잘못 떨어진 먹물 한 방울 – 운영전

조현설 지음, 김은정 그림, 나라말 　중3부터

사랑 사랑 내 사랑아 – 춘향전

조현설 지음, 이지은 그림, 나라말 　중3부터

아이들에게 옛글을 가르치는 일은 꽤 어렵다. 글 자체가 위압감을 줄 때가 많기 때문이다. 꼼꼼하게 현대어로 번역해주어도 옛글에 대한 어려움을 쉽게 지우지 못한다. 그런 이유로 작품을 통해 배워야 하는 것들을 놓치게 되는 것 같아 고전을 쉽게 접할 수 있는 책이 있었으면 했다. 그런 참에 이 책들이 나와서 참 반가웠다. 원본을 충실히 살리면서도 편안하게 고전을 읽을 수 있도록 책의 편집과 삽화가 깔끔하고, 글의 이해를 돕는 참고 자료도 돋보인다. 무엇보다도 고전 작품의 일부분만 접하는 아이들에게 전문을 읽힐 수 있는 길이 열려서 속이 다 시원하다.

과학　물음표에 대한 탐구 정신

벌레도 재채기할까?

제임스 웽버그 지음, 정주연 옮김, 지호 　중1부터

아이들이 곤충에 대해 쏟아놓은 질문들만 후루룩 훑어보다가 피식 웃음이 났다. 진지한 질문도 있지만, 좀 황당하고 짓궂은 질문들도 많았기 때문이다. 만약 곤충학자가 아이들의 이런 황당한 질문들을 마주했다면 어떻게 했을까? 이 책에 등장하는 곤충학자는 아이들의 질문을 무시하거나 피하지 않는다. 아닌 것은 아니라고 분명하게 얘기해주고 그

게 왜 아닌지 차근차근 알기 쉽게 설명해준다. 곤충도 사랑을 할까? 사랑이 아니라 짝짓기를 한다. 사랑을 안 해? 그렇다고 실망할 필요는 없다. 곤충의 짝짓기에는 더 흥미진진한 얘깃거리가 숨어 있으니까. 중간중간 곁들인 그림을 보면 곤충들이 보잘것없다거나 징그럽다는 생각이 들지 않는다. 곤충을 좋아하는 아이, 호기심 많은 아이가 읽으면 더 좋아하고, 그렇지 않은 아이도 곤충과 친해질 수 있는 책이다.

개구리에게 최면걸기

에드워드 두엔싱 지음, 이한음 옮김, 지호　중1부터

도시에서 사는 아이들이 미리 이 책을 읽고 자연을 대한다면 마법 같은 일을 경험할 수 있다. 이를테면 개구리에게 최면을 거는 일 같은 것. 자연에 해를 입히지 않고서도 자연을 즐길 수 있는 놀이들이 가득하다. 동물, 곤충, 식물, 지구 등에 대한 여러 가지 이야기와 지은이의 경험이 어우러져 직접 자연과 과학을 경험할 수 있도록 이끌어준다. 이 책은 과학에 대한 궁금증이 많은 아이는 물론, 과학을 싫어하거나 자연현상에 무신경한 아이들에게 적극 추천한다. 더불어 벌레를 무척 싫어하는 아이들에게도.

살아 있는 것들의 아름다움

나탈리 앤지어 지음, 햇살과나무꾼 옮김, 해나무　고2부터

현미경으로 송홧가루를 보고 있으면 눈으로는 보이지 않는 작고 아름다운 세상을 만나게 된다. 지은이는 생명의 아름다움을 거창하고 추상적인 것에서 찾지 않는다. 사소한 것들 속에서, 모범적이지 않은 행동 속에서 세밀한 부분을 들여다보고 찾아내어 생명에 대한 인식의 폭을 넓혀준다. 또한 우리가 알고 있던 지식에 대한 창의적인 문제 제기가 과학을 하는 방법임을 가르쳐준다. 단백질, 핵산 등의 분자까지 의인화하는 탁월한 이야기 솜씨로 첨단의 어려운 전문 지식을 유쾌하게 전한다. 과학을 공부하는 법을 알고 싶거나, 생물학자가 되고 싶은 사람에게는 귀한 안내서이다. 읽는 도중에 이해가 안 되는 부분이 나오면 건너뛰어도 된다. 책을 덮어버리면 많은 것을 잃을지도 모르니까.

하리하라의 생물학 카페

이은희 지음, 궁리　중2부터

이 책은 독특하다. 그리스·로마 신화에 나오는 이야기를 끄집어내어, 현대생물학의 관심 주제와 연결지었다. 각 단락마다 고전적인 신화를 인용하고, 사후 피임약, 광우병, 동성애, 환경 호르몬, 복제 돼지, 생화학 테러 같이 최근 우리 관심사 안에 들어와 있는 과학 주제들을 연관성 있게 설명하고 있다. 과학 이론이 우리가 사는 현실에 어떻게 적용되는지를 잘 풀어내어서, 책을 읽다보면 '아! 이래서 이 내용을 아는 일이 의미 있구나.' 하는 생각이 들게 한다. 재미있는 그림과 입말투를 살려 써서 읽는 맛이 상큼하다. 중간중간 어려운 말이 나오면 따로 상자로 처리해서 그 낱말을 설명해준다. 이 책은 성적이 중하위권에 있는 아이들도 잘 읽는다. 특히 낯선 과학 용어를 쉽고 친절하게 알려주어 과학 공부의 기초를 닦게 하는 책이다.

생명이 있는 것은 다 아름답다

최재천 지음, 효형출판　중3부터

자신의 눈으로 자기 모습을 보려면? 거울이 필요하다. 그렇다면 인간이라는 종족을 알려면 무엇을 보면 될까? 지은이는 동물을 보면 알 수 있다고 한다. 동물들의 세계를 살피다보면 때로는 짐승만도 못한 인간의 모습도 종종 발견하게 된다. 그래서 이 책은 동물이라는 거울에 비친 인간들의 일그러진 초상이다. 그렇다고 이 책이 인간의 '열등성'을 강조하고 있지는 않다. 초점은 책 제목이 암시하고 있듯 생명에 대한 사랑이다. 구체적인 사례를 제시하며 자신의 주장을 펼치고 있는 이 책은 동물생태학에 관한 상식도 늘릴 수 있다.

장난꾸러기 돼지들의 화학피크닉

조 슈워츠 지음, 이은경 옮김, 바다출판사　고2부터

'화학' 하면 여러 가지 화학 기호만 떠오르는데, 이 책의 지은이는 '우리가 살아가는 과정이 화학' 이라고 말한다. '청바지 속에 숨어 있는 화학' '요오드를 입힌 감자를 권총 모양으로 만들어 탈옥한 위조 지폐범의 화학적 탈출' 등의

소제목만 봐도 그렇다. 교사들은 유기화학 전문 용어와 화학 물질 이름 때문에 아이들이 어려워하지 않을까 걱정했는데, 오히려 아이들은 모르는 용어는 굳이 신경 쓰지 않아도 내용을 이해하는 데 어려움이 없다며 재미있어했다. 아이들은 '재미있는' 교양 화학서, 자신들이 원하는 과학책이라며 이 책을 꼽았다.

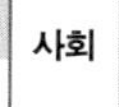

| 사회 | **세상을 읽는 눈** |

힘센 사람이 이기는 건 이젠 끝

브리지뜨 라베 · 미셸 퓌엑 지음, 쟈크 아잠 그림, 김예숙 옮김, 소금창고　**중1부터**

이 책은 어린이를 위한 철학 도서로 기획되었지만, 중·고생이 읽기에 전혀 유치한 수준이 아니다. '평화가 왜 필요한가?' 하는 질문에 대해 마치 손이 닿지 않는 등을 긁어주듯 간결하고 명료한 문장으로 시원스럽게 답해준다. 40쪽 정도의 짧은 분량이지만, 인간 사회에서 나타나는 개인 간의 다툼, 집단 간의 분쟁, 그리고 국가 간의 전쟁이 발생하는 원인과 성격을 예리하게 설명한다. 그 속에서 평화는 저절로 오는 것이 아니라, 스스로 만들어가야 하는 것임을 강조하고 있다. 남을 괴롭히면서 자신의 존재를 확인하려는 아이들이 읽는다면 자신의 행동이 얼마나 야만스러운 것인지 느낄 수 있을 것이다.

무기 팔지 마세요!

위기철 지음, 이희재 그림, 청년사　**중1부터**

한국의 한 여자 아이가 같은 반 남자 아이가 쏜 장난감 총 비비탄에 맞고 '무기 팔지 마세요!'라는 운동을 시작한다. 인터넷을 통해 이 사실을 접한 미국의 제니라는 아이는 이 사실을 미국 사람들에게 알리고, 그들 스스로 무기 반대운동을 펼쳐 총기규제법안을 통과시킨다는 이야기다. 어른들은 전쟁을 아무렇지 않게 벌이고, 자신의 이권을 위해 다른 나라를 침략하는 데에 아무런 죄책감을 느끼지 않는다. 그런 어른들을 보고 자란 아이들은 무엇을 배우게 될까? 어려운 내용을 쉽게 이해할 수 있는 동화책이라, 많은 아이들이 읽고 진정한 평화에 대해 생각해볼 수 있었으면 좋겠다.

깨어나 일어나

국제평화의 어린이회 지음, 인권운동사랑방 인권교육실 옮김, 사람생각　**중1부터**

인권 문제를 다루었다고 하니 굉장히 무겁고, 어려울 것이라 생각할 수도 있겠지만 이 책은 결코 어렵지 않다. 인권을 세계 여러 나라 아이들의 사례와 예시를 통해 나타내고 있으며, 특히 어린이나 청소년이 원하는 소망에 대해 이야기하고 있다. 아이들이 이 책을 읽고 인권이 얼마나 중요하며 고귀한 것인지, 인권을 지키기 위해 우리가 어떻게 살아가야 하는지 알았으면 한다.

십시일反

박재동 외 글·그림, 창비　**중2부터**

국가인권위원회가 인권 만화책을 기획했다. 뛰어난 만화가 열 명이 함께했다. 이 책에는 전쟁에 희생된 사람들이 있고, 몸은 멀쩡하지만 마음이 불구인 사람들에게 괄시당하는 아름다운 장애인이 있고, 가정폭력에 시달리는 어머니 밑에서 눈물 흘리는 아이가 있고, 정의를 지킨다는 법에 쫓겨다니는 이주노동자가 있고, 부모에게 인정받지 못해 아파하는 동성애자가 있다. 분명히 이런 사람들과 함께 산다는 사실을 이미 다 아는데, 새삼스럽게 가슴이 막 아프다. 책 한 권 읽었다고 금방 달라지지는 않겠지만, 훗날 아이들이 세상에 눈뜰 때, 이 책을 다시금 떠올리리라.

통계 속의 재미있는 세상이야기

구정화 외 지음, 통계청　**중1부터**

중학생에게 세상 이야기를 재미있게 알려주는 책으로 안성맞춤이다. 제목 그대로 통계 수치로 생각해본 우리 사회의 단면들을 짧고 쉽게, 재미있고 명쾌하게 정리한 책이다. 숫자를 분석하고 해석하는 과정 속에서 신용카드, 대통령 선거 방송, 이주노동자, 비정부기구, 애완동물, 외모지상주의, 주5일제 등 세상을 이야기한다. 통계에서 출발하여 세상 이야기를 펼치고 있는 지은이들의 입담과 폭넓은 배경 지식을 함께 즐길 수 있다.

청소년을 위한 정치 이야기

도리스 슈뢰더-쾨프, 잉케 브로더젠 엮음, 박종대 옮김, 다른우리
중3부터

정치란 무엇인가를 쉽게 알려 주는 어린이·청소년 정치 안내서. '여성 할당제와 남녀 평등, 헌법은 왜 필요하고 어떻게 만들어질까? 내각의 진짜 뜻은 무엇일까? 의회의 역할, 의원들의 봉급, 국가가 부채를 지면 어떤 일이 생길까?' 등 정치 현안에 대한 이해를 도울 수 있는 주제들을 아이들의 눈높이에 맞춰 풀어내었다. 유럽 중심으로 서술되었다는 점이 조금 아쉽지만 이를 불평할 수 없을 정도로 좋은 책이다. 인간 세상이 도대체 어떻게 움직여가야 하는가 관심이 많은 아이들에게 적합하다.

다영이의 이슬람 여행

정다영 지음, 창비 **중2부터**

이라크전을 통해 우리 사회에서 관심 밖이었던 이슬람권이 조명을 받았지만 아이들과 함께 읽을 책이 마땅히 없었다. 그런데, 여고 2학년생이 이슬람 지역을 다녀와서 쓴 이 책을 발견하고 무척 반가웠다. 이 책의 장점은 폭넓게 이슬람 지역을 공부하고 떠난 여행이라 세계사 교과서에서 한두 발짝 나갈 수 있는 친절한 안내서라는 점, 무엇보다도 아이들의 눈높이에 맞는 정겹고 발랄한 글이라 쉽게 읽힌다는 점이다. 지적인 호기심이 왕성한 아이, 혹은 어디론가 떠나지 못하고 집에서 꿈만 꾸고 있는 아이가 읽으면 더 좋을 책이다.

토토의 눈물

구로야나기 테츠코 지음, 김경원 옮김, 작가정신 **중2부터**

《창가의 토토》로 유명한 지은이가 전 세계를 돌아다니며 만난 어린이들의 이야기. 텔레비전 화면이나 통계 수치 등

을 통해서만 알아왔던 아이들의 고통이, 지은이의 증언을 통해 생생하게 전달된다. 탄자니아, 에티오피아, 르완다, 인도, 이라크, 보스니아…… 기아와 분쟁으로 얼룩진 나라들을 돌아다니면서 목격한 가혹한 현실이 가감 없이 그려진다. 아이들은 '토토'라는 이름에 반가워하면서도 책에 대해서는 주저한다. 이 책을 읽고 나면 아이들은 자신이 누리는 것들에 대해 미안해하고 부담스러워한다. 아이들이 그런 마음을 피하지 않고 힘든 사람들을 외면하지 않았으면 한다. 왜냐하면 지은이는 그 혼란스럽고 고통스런 땅의 아이들에게서 희망을 발견하고 있기 때문이다.

한국 현대사 산책 1970년대편 1, 2, 3
한국 현대사 산책 1980년대편 1, 2, 3, 4

강준만 지음, 인물과사상사 **중3부터**

우리가 살고 있는 '여기, 바로 지금'을 제대로 이해하기 위해서는 과거의 역사를 바로 알아야 한다. 최근 격동의 현대사를 조망하는 책이 속속 출간되고 있는데, 그 중 1970년대부터 1980년대의 정치, 경제, 사회, 문화, 언론 등 여러 영역에 걸쳐 주요 사건을 중심으로 우리 현대사를 조망하고 있는 이 책이 아이들과 함께 읽기 가장 좋은 것 같다. 중학교 졸업을 앞둔 중3 학생들이 긴 겨울방학 동안 이 책을 읽으며 우리 사회를 보는 넓은 안목을 기르는 데 도움을 받았으면 한다.

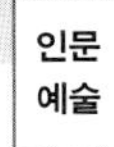

깊고 넓은 또 하나의 세상

인문예술

쿠르트 아저씨와 함께하는 음악의 세계 1, 2

쿠르트 팔렌 지음, 이군호 옮김, 에코리브르 **중1부터**

손뼉을 치면서 박자를 맞추고, 계단을 오르면서 음표를 배운다. 콘서트홀에 가서 오케스트라가 어떻게 구성되어 있는지 보고, 오페라 극장에 가서 오페라를 듣는다. 명곡을 창조한 작곡가의 삶도 들여다보고, 직접 악기도 연주하면

서 재생기술도 배운다. 음악의 여러 활동 중에 듣는 것에만 익숙한 우리에게 이 책은 음악에 다양한 측면들이 있다는 것을 생생하게 보여준다. 이렇게 저렇게 따라 하다 보면 음악의 세계가 어렵지만은 않다는 것을 알게 된다. 빗소리가 툭툭 떨어지는 한여름 밤에 새로 알게 된 음악을 틀어놓고 그 음악에 빠져보는 것은 어떨까?

오주석의 한국의 美 특강

오주석 지음, 솔　**중3부터**

우리 미술에 대한 무한한 자부심을 키워줄 수 있는 책이다. 저자의 예리한 시각과 빼어난 설명 솜씨가 돋보인다. 무엇이 아름다움이며 어떻게 그려내는지, 또 어떻게 즐겨야 하는지 자연스럽게 알려준다.

저자의 강연 내용을 바탕으로 펴낸 이 책은 쉽고 재미있다. 그래서 어느 순간에는 '아, 직접 강연을 들어보았으면……' 하는 생각이 들 정도이다. 그동안 서양 미술에 대한 안내서들은 많았지만 정작 우리 미술에 대해 깊이 있으면서도 재미있게 읽을 수 있는 책은 별로 없었다. 겨우 골라낸 몇 권의 책마저 아이들에게 읽혀 보면 너무 어렵다고 하여 난감한 적도 많았다. 이 때문에 이 책은 더욱 값지다. 그림 읽기는 결국 사람 읽기요, 삶 읽기다. 중학교 3학년 정도면 충분히 읽을 수 있다.

우리가 정말 알아야 할 우리 신화

서정오 지음, 현암사　**중1부터**

요즘은 초등학교 때부터 그리스·로마 신화에 푹 빠져 있는 아이들이 많다. 그런데 정작 우리나라 신화는 '단군 신화'에 대한 것만 단편적으로 알고 있는 경우가 대부분이다. 이 책은 우리에게 알려지지 않은 '우리' 신화들을 소개하고 있다. 저승사자가 생겨난 이야기, 죽은 사람도 살려내는 꽃 이야기, 하늘 세상 총각과 땅 세상 처녀가 만나 혼인하는 이야기, 아들 낳기를 기다렸다가 딸 일곱을 내리 낳은 이야기 등. 이번 겨울방학에 할머니가 들려주는 옛이야기처럼 구수한 우리 신화를 먼저 읽고 친구에게 재미있게 얘기해 주면 어떨는지.

벼랑에 선 도시와 건축

최부득 지음, 미술문화　**고1부터**

얼마 전 시작된 '청계천 복원 공사'를 보면 이제는 도시화에 대한 인식이 바뀌고 있는 것을 알 수 있다. 지은이는 짤막짤막한 글로 인공구조물로 덮여 있는 도시의 문제들을 조용조용 이야기하고 있다. 그러나 그 내용은 준열하기까지 하다. 지은이는 아름다운 도시를 가꾸는 것은 꼭 돈이 많아야 되는 것이 아니라며 일본의 '구마모토'와 브라질의 '꾸리찌바'를 비교하여 설명한다. 그 속에서 우리들이 늘 접하는 건축물을 통해 살기 좋은 도시의 모습을 생각해볼 수 있도록 한다. 문고판 정도의 크기에 사진까지 곁들여 있어 아이들이 쉽게 읽을 수 있다.

그대가 본 이 거리를 말하라

서현 지음, 효형출판　**고2부터**

한때 우리는 높은 빌딩이 올라가고 화려한 간판이 많아지면 동네가 발전한다고 믿었다. 그러나 지금은 그렇게 되면 사람이 살기 힘들어진다는 목소리가 점점 커지고 있다. 이 책은 전문 건축가가 청계천, 대학로, 인사동길, 남대문시장 등 서울과 지방 도시의 주요 거리들을 돌아보며 도시가 어떻게 인간의 삶과 관계되는지 이야기하고 있다. 우리가 늘 생활하는 공간을 색다르게 등장시키면서 인간의 삶과 도시의 모습이 어떻게 변해왔는지 서술한다. 우리가 지켜야 할, 그리고 알아야 할 도시의 바른 이미지를 형성시키는 데 도움을 줄 것이다.

이 도서 목록은 2000년 여름부터 2003년 겨울까지, 〈책으로 따뜻한 세상 만드는 교사들〉이 함께 읽고 뽑은 책들입니다.

한 단계 더 — 조금 어려운 책에 도전하려는 학생들에게

불놀이

조정래 지음, 해냄   **고1부터**

분단소설 가운데 가장 뛰어난 작품은 《태백산맥》이다. 그러나 10권의 방대한 분량을 읽어내기란 쉽지 않다. 이 책은 《태백산맥》 지은이의 초기 작품으로, 아이들이 분단소설을 접할 때 길잡이 역할을 해 준다. 우리 민족의 이념 갈등이 어디에서 비롯되었는지, 왜 폭력으로 표출되었는지, 분단을 앞뒤로 해서 왜 수많은 민간인들이 서로 죽고 죽이는 일이 벌어졌는지, 현대사의 격랑기를 소설로 형상화하고 있다. 소설 전체에 걸친 팽팽한 긴장감은 자극적인 컴퓨터 게임에 길들여져서 아무것에나 따분하다고 투덜대는 아이들도 충분히 반할 만하다.

내 목은 매우 짧으니 조심해서 자르게

박원순 지음, 한겨레신문사   **고1부터**

역사를 전공하지도 전기작가도 아닌 변호사 박원순이 쓴 '세기의 재판 이야기' 이다. 이 책을 통해 우리는 역사를 제대로 보는 '진실의 눈' 을 키울 수 있다. 지은이는 불의와 허위가 난무하는 당대 법정에서는 희생양이 되었지만, 역사의 법정에서는 새로운 평가를 받은 소크라테스, 예수, 잔다르크, 토마스 모어, 갈릴레이, 드레퓌스 등의 재판 과정을 살피며 '목숨을 걸고서 진실과 신념을 지키는 위대함' 을 전해준다. 어려울 것 같지만 의외로 쉽게 읽힌다. 적절한 비유와 안내 그리고 법정의 긴박함을 역동적으로 그려내고 있다. 세상을 올바르게 알고 싶은 아이들에게 권한다.

스스로를 비둘기라고 믿는 까치에게

김진경 지음, 푸른나무   **고1부터**

잠꾸러기. 3학년 수업을 들어가다보면 한 반에 서너 명은 엎드려 있는 풍경을 본다. 이 친구들은 아주 어려운 시험 문제도 3분이면 끝낸다. 지은이의 시선은 여기에서 시작된다. 잠꾸러기와의 대화 속에서 수업 시간에 자는 아이들의 아픔을 자신의 것으로 받아들이고 그 속에서 교육의 본질을 발견한다. 교사는 완전함을 기준으로 학생을 판단하는 자가 아니라 도움을 주는 사람이라는 지은이의 말처럼 이 책은 학생들이 각자의 좁은 경험과 생각의 틀을 넘어서 진실로 나아가는 데 좋은 조언자가 되어준다.

마음 알기, 자기 알기

이남희 지음, 실천문학사   **고1부터**

스스로 자신의 길을 찾아갈 때 가장 필요한 것은 무엇일까? 무엇보다도 자신을 자세히 들여다보면서 자신을 확인하는 일이다. 그래야만 삶의 의미를 발견하고, 앞날을 설계할 수 있다. 이 책은 이런 의도에서 만들어졌다. 처음에는 융의 이론을 바탕으로 한 정신분석학 개념들이 많아 읽기 부담스러워 보이기도 하지만 아이들은 이 책을 잘 읽는다. 구체적인 예를 제시하면서 쉽게 풀어썼기 때문이다. 또한 각 장마다 연습 문제 형식으로 자신을 파악하는 활동도 들어 있다. 교사나 친구들과 함께하면 좋겠다.

시로 읽는 세상

김용찬 지음, 이슈투데이   **고1부터**

이 책은 많은 작품을 다루지도, 깊이 있는 작품 해석을 하지도 않는다. 지은이는 '시가 사람들을 위해 무엇을 할 수 있을까?' 라는 질문에서 시작하면서 일관된 시각으로 24편의 시를 해석하고 있다. 그래서 "현실과 유리된 관념적인 시는 지적 허영일 뿐" 이며 "시란 현실에서 시작해서 현실에서 매듭지어진다." 라는 해답을 찾는다. 시의 진정성에 주목하고 있는 것이다. 시인이 처한 시대적 상황과 그 시대의 아픔을 형상화한 작품들에 주목하여 조목조목 이야기한다. 시라고 하면 머리에 쥐부터 난다는 한 남학생에게 읽혔더니 "시는 특별난 사람만 짓는 건 줄 알았는데 그게 아닌 것 같아요." 라고 말한다. 그걸로 된 거 아닌가. 시와 내가 동떨어져 있지 않다는 것, 시를 짓는다는 것과 시를 이해한다는 것은 모두 우리가 발 딛고 있는 현실에서 이루어지고 있음을 안다면 시에 한 걸음 더 가까이 갈 수 있을 테니까.

전쟁중독

조엘 안드레아스 지음, 평화네트워크 옮김, 창해   **고1부터**

'부자의 나라, 정의의 나라, 자유를 수호하는 나라' 라고 떠들어대는 미국의 군사비가 연방정부의 자유재량 예산 중 51.6%를 차지한다는 이야기를 첫 장에 소개하면서 전쟁이란 문제를 경제적으로 접근한다. 특히 미국 행정부의 군사주의 때문에 힘 약한 나라뿐만이 아니라 자국민마저도 힘들어한다는 사실은 미국에 대한 편견을 깨뜨린다. 2001년 9·11과 관련된 내용까지 언급하고 있어 최근의 이라크 전쟁에 대해서도 생각해보게 된다. 미국과 이라크의 전쟁에 찬성했던 사람들이나 한국군 파병을 찬성했던 사람들에게 꼭 보여주고 싶다는 아이들의 의견이 많았다.

희망의 이유

제인 구달 지음, 박순영 옮김, 궁리　**고1부터**

과학사에는 인류의 자존심을 일거에 무너트린 두 사건이 있다. 하나는 인류의 조상이 원숭이일 수 있다는 진화론이고, 다른 하나는 제인 구달의 발견이다. 제인 구달은 침팬지 '데이빗 그레이비어드'가 나뭇가지를 다듬어 흰개미를 잡아먹는다는 사실을 학계에 보고, '호모 파베르'(도구적 인간)라는 오래된 신화에 종지부를 찍었다. 이 책은 과학사에 큰 발자취를 남긴 동물학자 제인 구달의 자서전이다. 《타잔》을 즐겨 읽던 소녀가 우연한 기회에 아프리카 케냐로 가게 되고, 거기서 고생물학자 루이스 리키와 함께 침팬지 연구를 시작하게 된 저간의 사정이 기록돼 있다. 이 책에는 유명한 동물생태학자로서 제인 구달의 학문 활동만 기록된 것은 아니다. 평화운동과 환경보호운동에 적극적으로 나서는 실천적 지식인의 모습도 생생하게 그려져 있다.

0.6°

김수종 지음, 현암사　**고1부터**

책 제목 0.6°는 지난 100년 동안 상승한 지구 평균 기온을 가리킨다. 환경 문제가 바로 코앞에 닥친 긴박한 문제임을 체감하게 하고, 환경 보호를 위한 노력을 이끌어내기 위해 쓴 환경서이다. 생태학을 전공하지 않은 비전문가이지만 지구 환경 이슈를 적절한 자료와 현장 취재 경험을 토대로 이야기하듯 풀어가고 있다. 복잡하고 어려운 주제이지만 그의 다양한 접근 방식 때문에 학생들은 재미있게 읽는

다. 환경 문제는 국경에 관계없이 광범위한 지역에 큰 피해를 준다는 것을 피부로 느끼게 된다.

다르게 사는 사람들

정순택 외 지음, 이학사　**고1부터**

트랜스젠더, 동성애자, 장애 여성, 비전향 장기수, 이주노동자 — 우리 사회 소수자들이 직접 자신의 삶을 있는 그대로 풀어놓은 책이다. 이 책엔 '우리의 권리를 보장하라!' 나 '인권을 존중하라!' 와 같은 격한 구호나 선동은 없다. 사회에서 소외받고 배제된 당사자 혹은 그들 곁에서 고락을 함께하는 이들이 담담하게 써내려간 수기라고 보는 편이 옳겠다. 우리는 늘 사회적으로 인정받는 삶을 살기를 희망한다. 그래서 남들과는 색다르게 살아가는 사람의 모습을 자세히 살펴볼 기회가 없다. 이 책을 통해 아이들이 다르게 사는 삶에 대해 이해하게 되었으면 한다. 아니 다르게 사는 삶이 있다는 것만 알게 되어도 좋겠다.

여성, 남성의 거울

박완서 외 지음, 김경수 엮음, 문학과지성사　**고1부터**

한국 사회에서 여성으로 살아간다는 건 어떤 의미를 담고 있을까? 여성은 태어나는 것이 아니라 만들어진다는 말을 예로 들지 않더라도 여성은 수많은 편견 속에서 살아가고 있다. 근대 이후 여성에 대한 사회적 시각을 담고 있는 작품들 — 나혜석의 〈경희〉부터 박완서의 〈마른꽃〉까지 아홉 편의 단편소설들 — 은 여성에 대한 사회적 편견들을 이해하고, 현재를 가늠하며, 미래의 여성관을 세울 수 있는 기회가 될 것이다. 단편소설의 끝 부분에 담긴 생각할 문제들은 여성에 대한 시각을 넓히는 데 도움이 된다. 하지만 아이들이 혼자 읽고 풀기에는 만만치 않아 교사가 함께 읽고 답을 찾아간다면 더 깊이 있는 책읽기를 할 수 있다.

허삼관 매혈기

위화 지음, 최용만 옮김, 푸른숲　**고1부터**

이 책은 빽빽한 글줄에 그림과 사진이 하나도 없는, 보통 아이들이 제일 싫어하는 책이다. 그런데 이 멋없는(!) 책을

아이들이 읽고서 재밌다고 말한다. 큰 사건이다. 이 책은
1950년대를 전후하여 주인공 허삼관이 가족을 위해 한평
생 피를 팔면서 살아가는 인생역정 이야기다. 고등학생쯤
되면, 주변 사람들 눈시울을 적시게 할 만한 인생 이야기를
가진 아이들이 적지 않다. 부서진 가정에서 아이들은 감당
할 수 없는 압박을 받는다. 다 티내지 않고 내색하지 않고
멀쩡한 척 살아서 그렇지, 술 몇 잔 마시고 신세타령을 뜨
겁게 할 만하다. 자기 처지에 기죽거나 분노해서 방황하는
젊음들에게 이 책을 권한다.

나는 고백한다 현대의학을

아툴 가완디 지음, 김미화 옮김, 박재영 감수, 소소   **고1부터**
사람들은 현대의학에 대해 기대를 하면서도 두려워하고 의
심의 눈초리를 보낸다. 이 책은 의사들이 어떻게 사는지를
이야기한, 보기 드문 책이다. 추리소설을 읽을 때와 비슷하
게 긴장감이 넘친다. 의사들이 어떻게 해서 초보자에서 베
테랑으로 성숙해가는지, 의사들은 어떤 때에 난감해지는지
잘 나와 있다. 의사를 고소득 전문직이라고 해서 공부를 아
주 잘하는 학생이면 적성을 살피지도 않고 의대 진학을 권
유하곤 하는데, 그런 권유를 받는 학생이라면 이 책을 읽으
면서 자신을 가늠할 수 있다. 전문직의 삶이란 겉으로 보이
는 안락함 뒤에 자신의 한계와 맞서 싸우는 열정이 뒷받침
되어야 한다는 사실을 알려주기에 좋은 책이다.

아담을 기다리며

마사 베크 지음, 김태언 옮김, 녹색평론사   **고1부터**
성공만을 지상 목표로 하고 있는 하버드생 부부가 예기치
않게 다운증후군 아이를 임신한다. 주위의 몰이해와 비난
에도 불구하고 '보이지 않는 존재들'의 특별한 도움으로
아이를 지켜나간다. 그 과정에서, 그들은 하버드 사회가 강
요하는 신념에 대해 깊은 회의를 하게 된다. 아, 인생에는
얼마나 아름다운 것이 많던가! 더 높이 뛰어오르는 것만이
중요한 것은 아니다. 이 책을 읽다보면 우리 안에 깊숙이
숨어 있는 비밀들을 하나씩 꺼내놓고 털어내게 된다.

이슬람

이희수, 이원삼 외 지음, 청아출판사   **고2부터**
이슬람이 인류 역사에서 손꼽히는 고도 문명이라는 사실을
알게 된 것은 최근의 일이다. 교사로서 나는 그간의 무식이
몹시 부끄러웠다. 무지가 죄일 수 있다는 말이 성립되는 이
유는, 무지가 이웃의 아픔을 외면할 수 있게 하기 때문이
다. 다른 존재에 대한 무지는 때로 남의 설움을, 공감이나
동정이 아니라, 공포로 받아들여서 약한 자를 짓밟는 데 동
조하는 결과를 낳기도 한다. 이슬람 지역에서 10년씩 연구
한 전문가 여섯 명이 모여서 쓴 이 책은, 우리 사회가 이슬
람에 무지한 만큼 아주 귀중한 작업이다. 사회, 문화, 정치,
역사, 종교, 문화 교류 등 여러 분야에 대해 살피면서 일반
인들이 어렵지 않게 읽을 수 있도록 서술되어 아이들이 읽
기에도 무리가 없다. 아이들이 이 책을 어려워한다면, 그것
은 글이 어려워서가 아니라 내용이 낯설기 때문이다.

용감한 여성들, 늑대를 타고 달리는

막달레나의집 엮음, 삼인   **고2부터**
이 책은 성 매매 여성들의 삶에 대한 보고서이다. 여성학을
공부한 여성들이 직접 성 매매 여성들을 만나서 이야기를
나누고 그네들의 생활을 쭉 적었다. 손쉽게 '값싼 동정'을
베풀지 않았고, 도덕으로 죄를 심판하듯이 쓰지도 않았다.
현실을 무섭게 그려내는 식으로 겁을 주려 하지도 않는다.
'아이들이 읽으면 이 먼지 뿌연 세상의 탐욕에 덜 희생되
겠지.' 하는 심정으로 이 책을 권했다. 아이들은 이 책을 아
주 잘 읽었고, 인상 깊었다고 했다. 특히 실업계 학교에서
가르치는 분이라면 널리 권하고 아이들과 같이 읽으면 좋
겠다. 알면, 불행을 조금이나마 피해갈 수 있다.

쎄느강은 좌우를 나누고 한강은 남북을 가른다

홍세화 지음, 한겨레신문사   **고2부터**
언제부터인가 아이들은 자기 주장이 무척 강해졌다. 말도
잘하고 주장도 분명하다. 그런데 남이 하는 이야기를 잘 알
아듣지는 못한다. 토론을 해보면, 늘 아쉽다. 경험이 있으
면 주장할 수는 있지만, 남의 이야기를 알아들으려면 넓게

알아야 한다. 불끈 치솟는 힘은 있지만 체계 있게 생각하는 힘은 모자란 아이들, 그런 아이들에게 나는 이 책을 권한다. 이 책은 한국 사회의 문제를 제기한 글을 모은 사회평론집이다. 아주 독특한 관점이나 눈에 띌 만한 기발한 문제 제기가 아니라, 우리가 듣기에 당연하다고 여겨지는 상식에 기대어 한국 사회를 군데군데 문제 삼는다. 고등학교 2학년 정도면, 눈에 힘만 주면 읽을 수 있는 책이다.

달리는 기차 위에 중립은 없다

하워드 진 지음, 유강은 옮김, 이후   **고2부터**

하워드 진은 이 책에서 자신의 행동보다 긴 싸움에서 만난 수많은 사람들을 묘사하는 데 더 많은 지면을 할애했다. 그에게 중요한 것은 신념이면서 사람이었다. 그는 일생 동안 흑인들을 위한 민권운동, 베트남전 반전운동, 비민주적인 대학행정에 대한 저항을 해왔지만, 그는 승리에 대한 전망보다는 다른 사람들과 함께 서 있다는, 함께 위험을 무릅쓰고 작은 승리를 기뻐하며 함께한다는 사실에 더 큰 의미를 두었다. 그는 역사라고 하는 것이 보통 사람들의 현실을 얼마나 등한시하고 있는지 이해한다면서 보통 사람들의 곁에서 세상을 변화시키려고 노력한다. 좀 어렵다는 의견도 있고, 지은이가 만난 많은 사람들의 묘사 때문에 지루할 때도 있다. 하지만, 행동으로 자신이 속한 사회를 더 정의롭고 인간답게 만들려고 노력하는 모습을 보며, '어떻게 살아야 하는지' 고민해보는 계기가 되었으면 한다.

신문읽기의 혁명

손석춘 지음, 개마고원   **고2부터**

이 책은 신문을 이리 보고 저리 보며 신문 기사가 어떻게 씌여지는지를 따져서 설명하는 책이다. 단순한 사건을 보도하는 데도, 기사를 쓰는 사람의 가치관이 어떻게 작용하는지 알려주고, 보도사진에서 신문사의 의도가 어떻게 영향을 끼치는지 알려준다. 요즘 아이들이 토론하는 모습을 보고 있으면, 처음에는 참 자기 주장을 잘하는구나 싶은게, 조금 더 지켜보면 남의 주장은 잘 못 알아듣는다는 사실을 알게 되어 답답해진다. 대상을 꼼꼼하게 뜯어 읽는 연습이

제대로 되지 않아서 그렇다. 왜 나는 비판적으로 생각하지 못할까, 어떻게 하면 논술 쓰기를 잘할까, 이런 고민을 진지하게 하는 아이에게 이 책은 도움이 된다.

우리 통일, 어떻게 할까요

강만길 지음, 당대   **고2부터**

우리는 왜 통일을 해야 하는가. 단일 민족이라서? 분단으로 인한 여러 비용이 너무 심각해서? 오랫동안 한국 근현대사 연구에 몰두해온 노학자 강만길은 '인간답게 살기 위해서'라고 정리한다. 이 책을 읽으면 우리 삶을 억누르고 있는 분단 현실의 의미와 극복 방안에 대해 깊이 생각해 보게 된다. 왜 분단이 되었는지, 어떻게 통일의 노력을 해왔는지, 왜 통일의 길이 어려운지 등에 대해 날카롭게 파헤치는 안목과 우리 민족의 통일을 앞당겨 평화롭고 인간다운 삶을 이끌어낼 젊은 세대들에 대한 애정을 확인하는 즐거움이 크다.

민통선 평화기행

이시우 글·사진, 창비   **고2부터**

지은이는 자유의 반대가 관성이라 이야기한다. 저항하고 꿈꿀 자유까지 막는 관성. 우리는 어쩌면 그 관성 속에 몸을 맡겨버리고 앞으로 앞으로만 나아가고 있는지 모른다. 민통선 평화기행은 우리에게 조용히 외친다. 어쩌면 우리의 생활 속에 철책이 존재하고 있을지도 모른다고. 책을 읽으며, 책 속에 있는 사진을 보며 우리는 또 다른 희망을 찾을 수 있을지 모른다. 이 책을 읽는 아이들이 그 희망의 이유를 찾을 수 있다면 이 여행은 또 다른 시작이 될 것이다.

이 도서 목록은 2000년 여름부터 2003년 겨울까지, 〈책으로 따뜻한 세상 만드는 교사들〉이 함께 읽고 뽑은 책들입니다.

※ '빛깔 학급운영'은 《빛깔이 있는 학급운영》, '빛깔 학급문집'은 《빛깔이 있는 학급문집》의 약칭입니다.

	3월	4월
	● 개학식/입학식　● 정·부반장 선거/CA 조직 ● 교실 환경 꾸미기	● 학…
첫만남 준비 (빛깔 학급운영 1권 20쪽) ● 학급운영 오리엔테이션 ● 쪽지통신 (첫주 종례는 쪽지통신을 활용한다.)		
연중 활동	교사일기(교단일기) 시작 (짧게라도 쓴다. 첫날부터 쓴다. 학생 관찰과 학급 흐름에 주목한다.) ------→ **학급일기** 모둠이 없어도 일기는 쓴다. (빛깔 학급운영 1권 29쪽, 88쪽) ------	
학급 일상 활동	● 자기 소개서 작성 / 학부모 설문 수합 (빛깔 학급운영 1권 36쪽, 39쪽) **정·부회장 / 임원 선출** (빛깔 학급운영 1권 50쪽) -----	**임원진 집단상담과 다과회** ----- **모둠 집단상담** (빛깔 학급운영 1권 124쪽)
	모둠 구성 (빛깔 학급운영 1권 80쪽) ----- 모둠이 구성되면 모둠일기를 쓴다. 월별로 '모둠일기 베스트 5'를 뽑아 격려한다. **교실 꾸미기** (빛깔 학급운영 3권 18쪽) ※게시판은 학급활동 결과…	**가정방문** 4월부터 5월에 걸쳐 실시한…
학급 행사	● 자기 소개	**3월 생일잔치** (빛깔 학급운영 1권 114쪽) **모둠 비빔밥 비벼 먹기** ----- 비밀친구 놀이 (2주간) (빛…
학급회의 주제	● 학급 규칙 만들기 ● 환경미화 계획 세우기	● 우리 반 소풍 계획 짜기 ● 3월을 마친 소감 발표하기
학부모 만나기	**학부모 통신 1호 발송** (빛깔 학급운영 1권 23쪽, 2권 226쪽) ----- 학부모 총회 준비 (빛깔 학급운영 2권 180쪽, 228쪽) -----	**학부모 총회 개최**
게시판 운영	● 쪽지신문 마련하기 (빛깔 학급운영 1권 89쪽, 3권 31쪽) ● 예감이 좋은 친구·선생님 쓰기 ● 지우개 낙관 전시회 (빛깔 학급운영 3권 48쪽)	● 내 몸의 비밀 ● 내가 족집게 도사 (빛깔 학급운… ● 짝지 얼굴 그리기
학급문집 활동	● 편집부원 뽑기 (빛깔 학급운영 3권 157쪽) ● 예산 미리 확보하기 (학교운영위 요구) ● 미리 챙길 원고 첫날 소감, 임원 선거에서 생긴 일, 담임 첫인상	● 모둠일기 3, 4월치 입력하기 ● 학급일기 3, 4월치 입력하기 ● 행사 소감문 챙기기

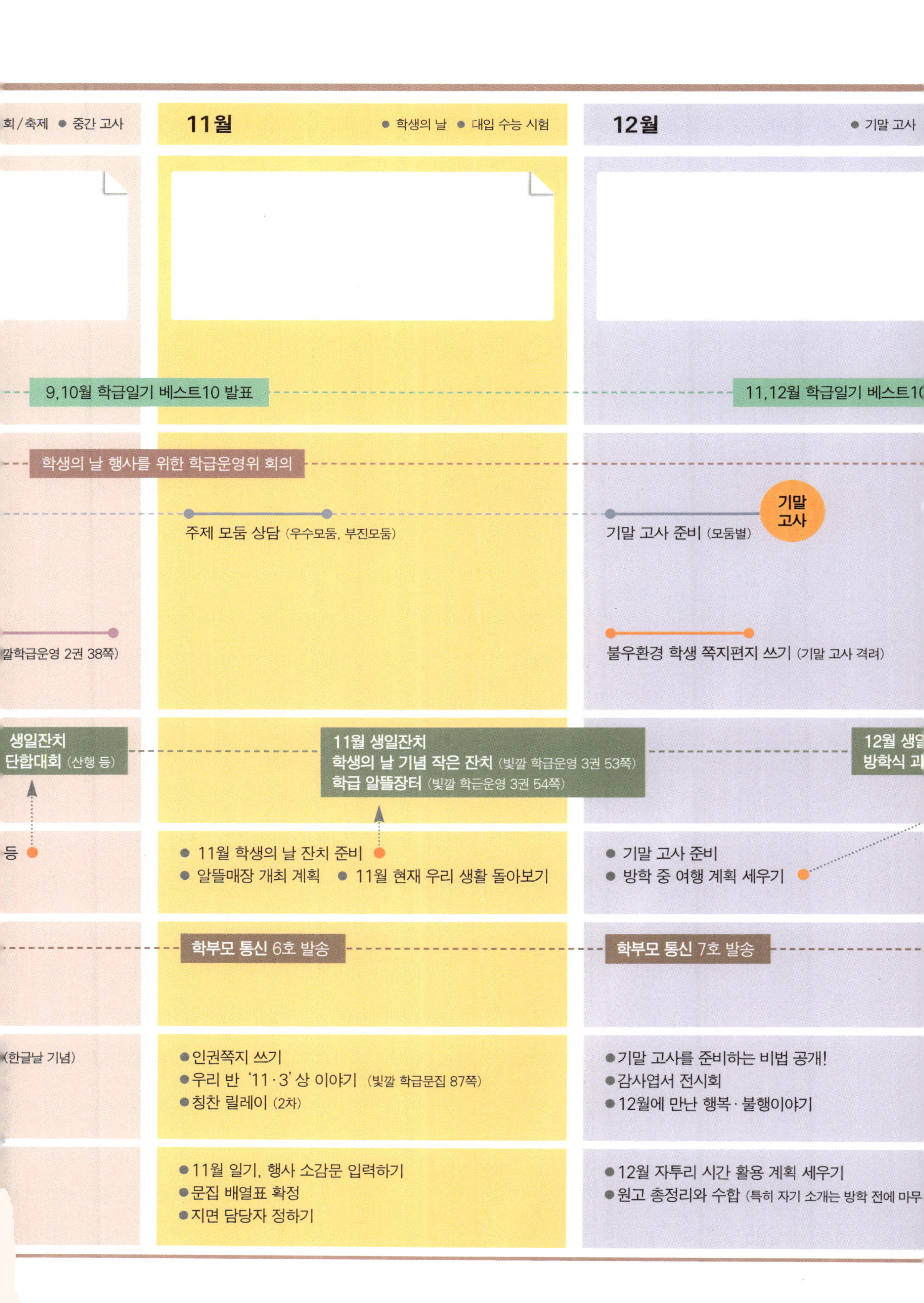
회/축제　● 중간 고사
11월　● 학생의 날　● 대입 수능 시험
12월　● 기말 고사
9,10월 학급일기 베스트10 발표
11,12월 학급일기 베스트10
학생의 날 행사를 위한 학급운영위 회의
주제 모둠 상담 (우수모둠, 부진모둠)
기말 고사 준비 (모둠별)
기말 고사
깔학급운영 2권 38쪽)
불우환경 학생 쪽지편지 쓰기 (기말 고사 격려)
생일잔치 단합대회 (산행 등)
11월 생일잔치
학생의 날 기념 작은 잔치 (빛깔 학급운영 3권 53쪽)
학급 알뜰장터 (빛깔 학듭운영 3권 54쪽)
12월 생일 방학식 과
등
● 11월 학생의 날 잔치 준비
● 알뜰매장 개최 계획　● 11월 현재 우리 생활 돌아보기
● 기말 고사 준비
● 방학 중 여행 계획 세우기
학부모 통신 6호 발송
학부모 통신 7호 발송
(한글날 기념)
●인권쪽지 쓰기
●우리 반 ‘11·3’상 이야기 (빛깔 학급문집 87쪽)
●칭찬 릴레이 (2차)
●기말 고사를 준비하는 비법 공개!
●감사엽서 전시회
●12월에 만난 행복·불행이야기
●11월 일기, 행사 소감문 입력하기
●문집 배열표 확정
●지면 담당자 정하기
●12월 자투리 시간 활용 계획 세우기
●원고 총정리와 수합 (특히 자기 소개는 방학 전에 마무

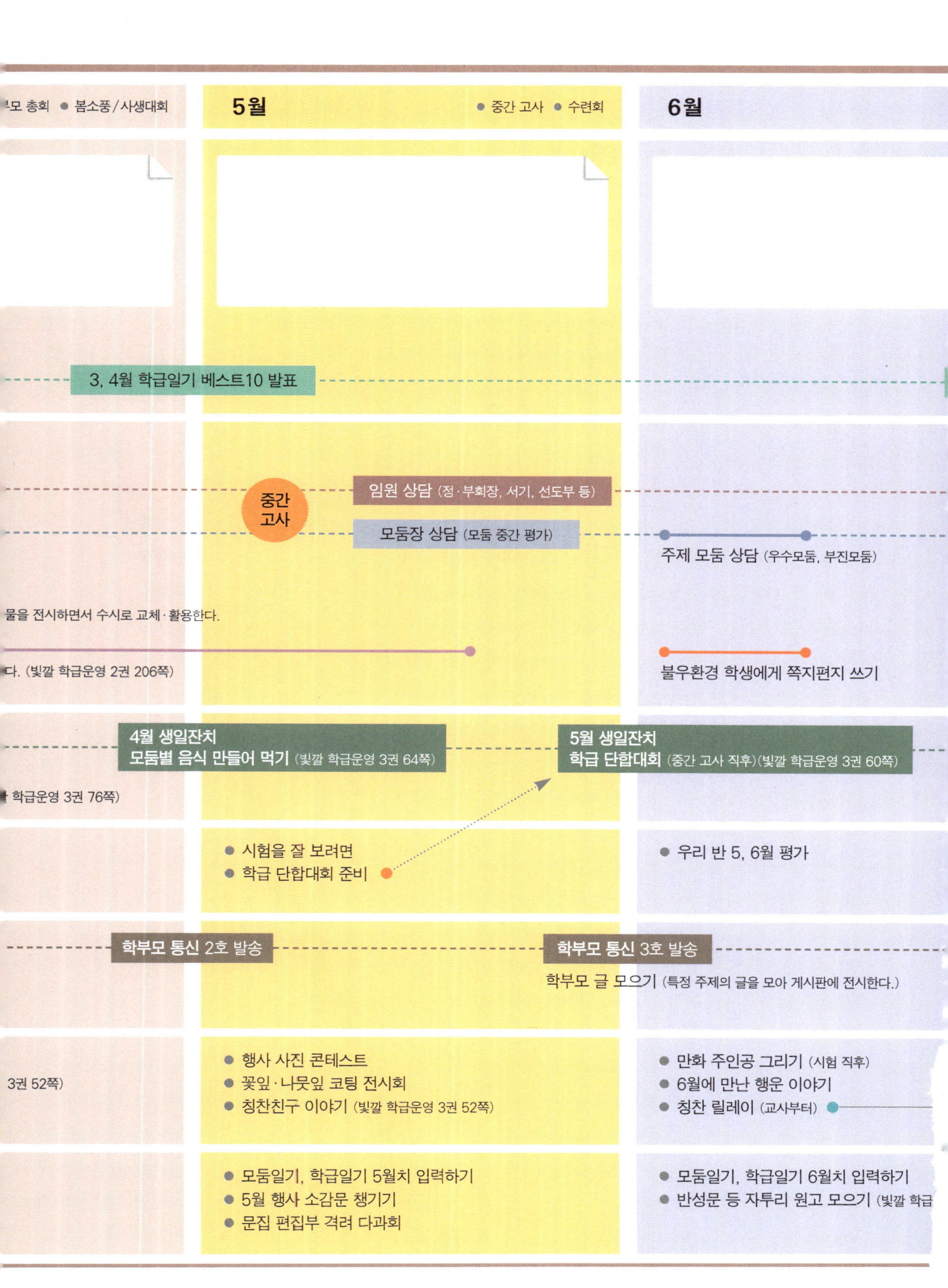
모 총회 ● 봄소풍/사생대회
5월
● 중간 고사 ● 수련회
6월

3, 4월 학급일기 베스트10 발표

중간 고사

임원 상담 (정·부회장, 서기, 선도부 등)
모둠장 상담 (모둠 중간 평가)
주제 모둠 상담 (우수모둠, 부진모둠)

물을 전시하면서 수시로 교체·활용한다.
다. (빛깔 학급운영 2권 206쪽)
불우환경 학생에게 쪽지편지 쓰기

4월 생일잔치
모둠별 음식 만들어 먹기 (빛깔 학급운영 3권 64쪽)
5월 생일잔치
학급 단합대회 (중간 고사 직후)(빛깔 학급운영 3권 60쪽)
학급운영 3권 76쪽)

● 시험을 잘 보려면
● 학급 단합대회 준비
● 우리 반 5, 6월 평가

학부모 통신 2호 발송
학부모 통신 3호 발송
학부모 글 모으기 (특정 주제의 글을 모아 게시판에 전시한다.)

● 행사 사진 콘테스트
● 꽃잎·나뭇잎 코팅 전시회
● 칭찬친구 이야기 (빛깔 학급운영 3권 52쪽)
3권 52쪽)
● 만화 주인공 그리기 (시험 직후)
● 6월에 만난 행운 이야기
● 칭찬 릴레이 (교사부터)

● 모둠일기, 학급일기 5월치 입력하기
● 5월 행사 소감문 챙기기
● 문집 편집부 격려 다과회
● 모둠일기, 학급일기 6월치 입력하기
● 반성문 등 자투리 원고 모으기 (빛깔 학급

한눈에 보는 일년 학급운영 (2학기)

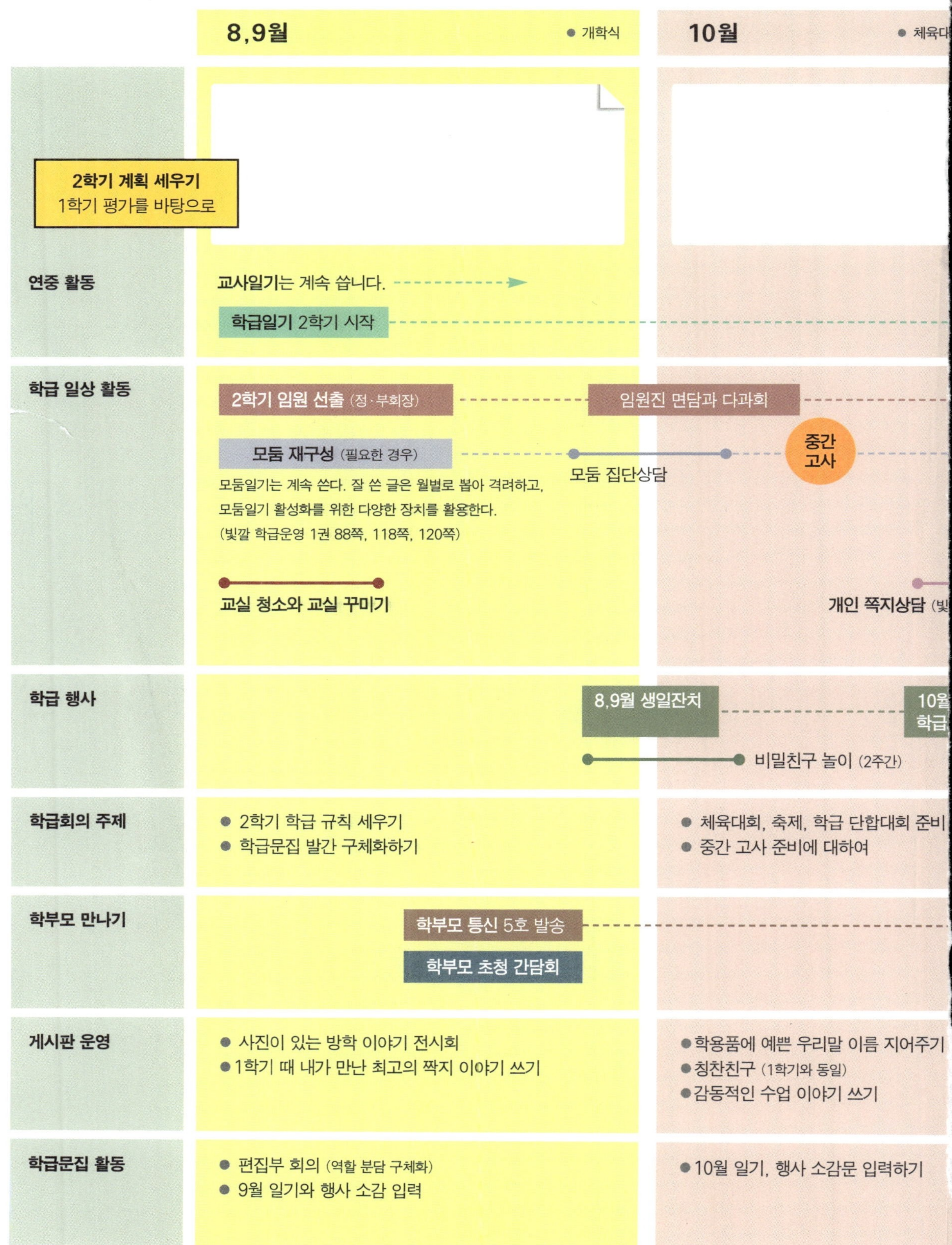

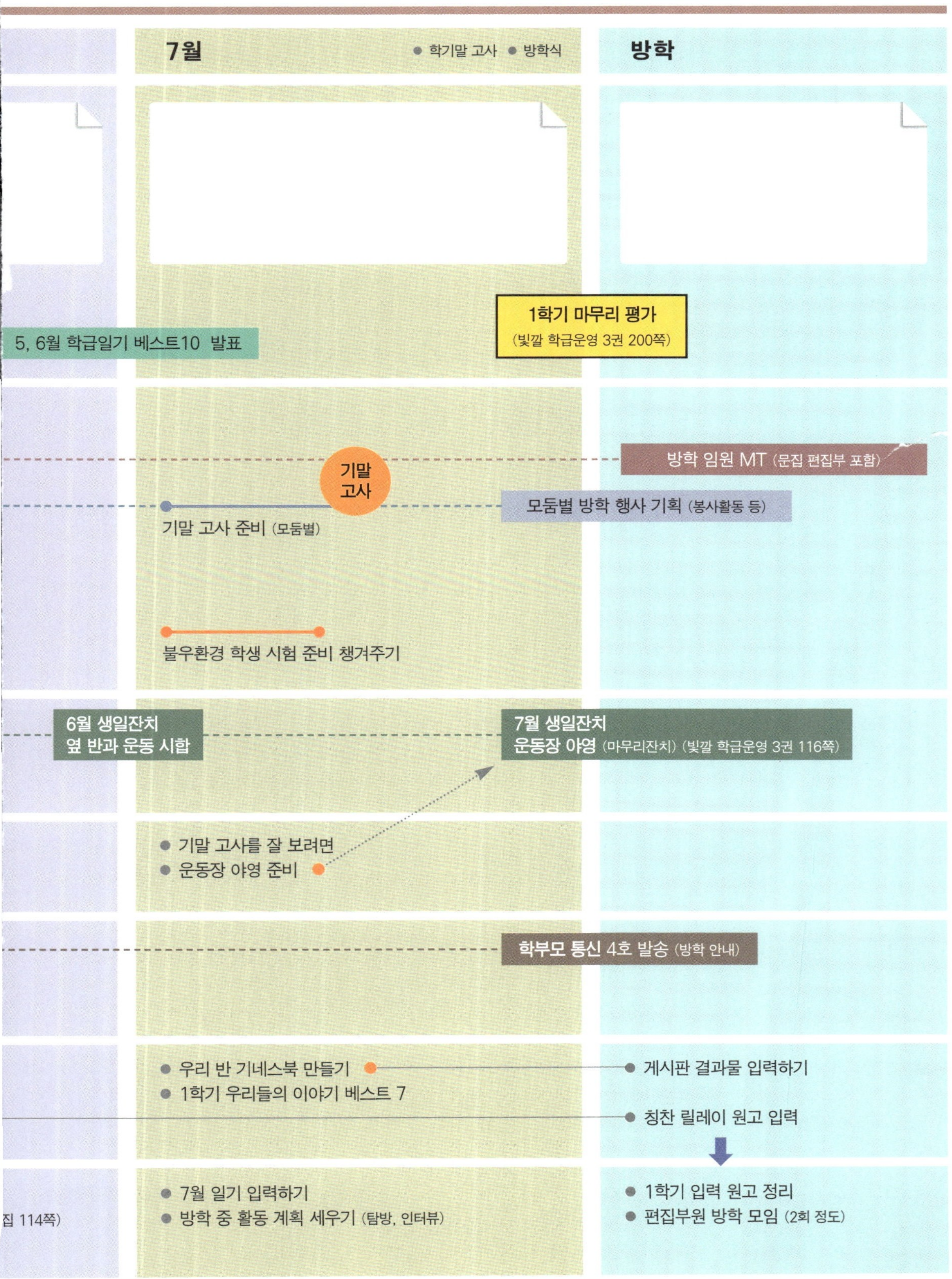

※ '빛깔 학급운영'은 《빛깔이 있는 학급운영》, '빛깔 학급문집'은 《빛깔이 있는 학급문집》의 약칭입니다.